可能性の政治経済学

ハーシュマン研究序説

矢野修一 著

法政大学出版局

目　次

序　章　変化を誘発する知性の組織化に向けて ———————— 1
　　　　——なぜハーシュマンなのか——
　　　　はじめに　1
　　1　「ポシビリズム」について　3
　　2　「政治経済学」について　7
　　3　変化を誘発する知性の組織化——原理主義の誘惑を断つ　10
　　4　民主主義と市場経済へのスタンス——権力制御の「制度」　12
　　5　本書の構成　16

第1章　ワシントン・コンセンサス批判と日本式開発主義 ———— 19
　　　　——「変化を誘発する知性」の要件——
　　　　はじめに　19
　　1　ワシントン・コンセンサスへの批判的潮流　20
　　2　官・学による日本的アプローチの模索　23
　　3　権威主義開発モデルの誘惑　30
　　4　「国家‐市場」軸の相対化　37
　　　　小　括　47

第2章　ポシビリズム・不確実性・民主主義 ———————————— 49
　　　　——ハーシュマン的方法論への視座——
　　　　はじめに　49
　　1　ポシビリズムと社会科学　50
　　2　ポシビリズムと不確実性——「意図せざる結果」をどうみるか　58
　　3　ポシビリズムと多様な社会　68
　　　　小　括　74

iii

第3章　大戦間期世界経済の構造分析 —————79
——政治化された貿易——
はじめに　79
1　貿易の政治化　81
2　大戦間期の世界貿易——ハーシュマンの視点と分析　90
3　「貿易の政治化」分析への評価　119
　　小　　括　135

第4章　情念制御の開発思想 —————137
はじめに　137
1　開発経済学の盛衰　139
2　経済余剰と外部経済への視座　145
3　ハーシュマンの開発論の底流　149
4　開発論を支える市場経済観　163
　　小　　括——「社会の持続」とポシビリズム　174

第5章　企業家的機能と改革機能 —————177
——シュンペーターからハーシュマンへ——
はじめに　177
1　シュンペーターの「企業家」像　178
2　開発論と「企業家機能」　185
3　変動局面の主観的認識とコミュニケーション　191
　　——「改革機能」への注目
4　シュンペーターとハーシュマン——発展の内成因への視角　199
　　小　　括——学習とコミュニケーションの理解に向けて　203

第6章　開発プロジェクト評価と発展プロセスへの視点 —————205
はじめに　205
1　開発プロセスの起動とプロジェクトの特性　208
2　開発プロジェクトの特性と副次効果　219
3　開発プロジェクト論の射程　226
　　小　　括　232

第7章　世界銀行「改革」のさざ波と社会的学習 ─── 235
　　　──ポスト・ワシントン・コンセンサスのなかのハーシュマン──
　　　はじめに　235
　　1　世界銀行への批判と「改革」の動き　236
　　2　世界銀行内部におけるハーシュマン評価　242
　　3　コンディショナリティ的思考方法へのスタンス　252
　　4　世界銀行内部におけるハーシュマン評価をどうみるか　257
　　5　「社会的学習」への示唆　265
　　　小　　括──経済学と政治学の架橋に向けて　274

第8章　経済学・政治学架橋の試み ─── 277
　　　──「離脱・発言・忠誠」モデルの意義──
　　　はじめに　277
　　1　新自由主義への原理的批判　278
　　2　離脱・発言・忠誠　285
　　3　「離脱・発言・忠誠」モデルと市民社会　307
　　4　「離脱・発言・忠誠」モデルの評価　326
　　　小　　括──「累積性のある理論」の可能性　333

終　章　極論との訣別 ─── 337
　　1　ガルブレイスと前提条件の物神化　337
　　2　極論を越える　339
　　3　未然の可能性を生きる　342
　　　おわりに　344

参考文献　347
あとがき　363
人名索引　367
事項索引　370

凡　例

本書における引用・参照文献の表記は，以下のごとく理解していただきたい。

1）欧文文献について，［Hirschman 1998: 47］とあれば，巻末「参考文献」にある Hirschman, A. O.［1998］*Crossing Boundaries: Selected Writings*, New York: Zone Books 中の p. 47 からの引用ないし参照個所を指す。
2）邦訳のある欧文文献について，［Sen 1999: 153-154, 訳 173-174］とあれば，Sen, A. K.［1999］*Development as Freedom*, New York: Oxford University Press 中の pp. 153-154，その邦訳文献『自由と経済開発』(日本経済新聞社，2000 年) 中の 173-174 頁からの引用ないし参照個所を指す。訳文は，原則として邦訳書を用いたが，とくに断りを入れずに変更していることがある。
3）邦文文献についても，欧文文献に準ずるが，欧文文献の邦訳書をそのまま引用ないし参照しているものもある。それについては，たとえば［キルケゴール 1996: 80］とあれば，ちくま学芸文庫から 1996 年に出された『死にいたる病』の 80 頁からの引用ないし参照個所であることを示す。"Kierkegaard"ではなく，「キルケゴール」と表記することで邦訳書からの引用・参照であることを示している。
4）一個所で複数の文献を引用・参照した場合は，著者アルファベット順に，［長峯 1985: 169; Taylor 1994: 59-62］，［Friedman 1988: 208-212, 訳 231-235; Meldolesi 1995: 7; Rothschild 1994］といった具合に，セミコロンで区切りながら表記してある。
5）ハーシュマンがまず論文の形で雑誌その他に発表し，その後論文集に収められたようなものは，論文集から引用・参照した。たとえば，"Exit, Voice, and the Fate of the German Democratic Republic"については，当初，*World Politics*, Vol. 45［1993］に発表されたが，引用・参照は［Hirschman 1995］から行なった。

序　章　変化を誘発する知性の組織化に向けて
　　　　なぜハーシュマンなのか

はじめに

　重苦しい空気が漂っている。贅を尽くし技術の粋をきわめた煌びやかな都市空間での空疎な消費の影で，諦念と虚無感が時代を支配しようとしている。人類がよろめきながらも営々と築き上げてきたルールは，いとも簡単に踏みにじられ，行き場のない憤怒と怨嗟が世界中で渦巻いている。紛争，テロ，貧困，失業，差別，排除，抑圧といった事態は和らげられることもなく蔓延し，数多くの人々を絶望の淵に追いやっている。進歩を目指してきたはずの人類の営為は，いまもさまざまな悲劇を生みだしつづけている。

　このようなことは，本書の冒頭であらためて確認するまでもないかもしれない。現代のこうした閉塞状況は，よほど鈍感な感性でないかぎり察知しうるからである。『可能性の政治経済学』と題する本書での問いは，この先にある。すなわち，社会科学，とくに現代の経済学が，こうした状況に対して現実的・具体的に向き合えるだけの「知性」に本当の意味でなりえているのかどうか，そして，八方塞がりのようにも見える状況を前に，それでも社会科学の可能性を信ずる者は，いったいどのようなスタンスをとればよいのだろうか，という問題である。

　いかに悲惨なものであれ，現状は放っておくしかないのか。それとも，変えうるのか。しかしながら，変えるとすれば，何をどう変えるのか。そもそも現状は徹頭徹尾ダメで，否定的契機しか見いだせないのか。否定的契機しか見いだせないとすれば，それは現実がそうであるというより，凝り固まった理論，概念装置のせいではないか。現実のどこかで生起しつつある，萌芽状態の「可能性」を見きわめ，それをよりよき方向へ育む知的枠組みが必要なのではないか。果たして，既存の経済学にそのような枠組みは見いだせる

のだろうか。

　現実の政治同様，近年，経済学の世界も保守化の傾向が著しい。経済学の主流において，マルクス経済学は，とうの昔に単なるイデオロギーとしての扱いを受けていたが，保守主義の台頭，冷戦の終結という事情は，マルクス経済学の没落を決定的なものにし，ついにはケインズの経済学をも葬り去った感が否めない。一部の人々が，それでもさまざまな理論を模索しているものの，いま，経済学の世界は，新自由主義に代表される保守的な思考によって支配されているといってよい。

　現在の日本で主流派経済学は，勇ましい「構造改革」の指南役を担っている。市場原理を徹底させ，非効率な銀行，企業，労働者を淘汰すれば，活力溢れるものたちがとって代わるだろう。市場メカニズムは神聖不可侵であり，社会の改良とか変革を意図して，その動きに介入するなどもってのほかである。そのようなことは歴史が証明しているではないか。財政赤字の累積を見よ，社会主義体制の崩壊を見よ。市場経済という神を奉ずる以外，難局打開の道はないのだ。現在のような不況局面にあって，主流派経済学の主張とは，さまざまなレトリックや理屈に飾られているとしても，煎じ詰めれば，こうしたものであろう。

　保守化傾向を強める経済学の世界では，閉塞状況を克服するための社会の改良，変革など，口にするのも気恥ずかしくなるような状況である。そのようななか，本書ではあえて，変化を導く知性のあり方をアルバート・O.ハーシュマンに求め，彼のいう「ポシビリズム」(possibilism) を検討し，社会科学における「ポシビリズム」の意義と「可能性」を世に問うことにしたい。いまある状態がすべてではなく，現状は変えうるし，人は変わりうる。文明の危うさ，社会の壊れやすさを意識しつつ，真の変化を導く知性となりえていなければ，いかに精緻な理論化が進もうと，社会科学は空しいものとなる。筆者なりに読みとれば，数多くの著作に込められた彼のメッセージとは，こうしたものである。主著が邦訳されていることもあり，ハーシュマンは日本の学界でもさまざまな分野で注目され検討されてきた。屋上屋を架す愚を恐れず，本書では，単に個々人の上昇志向を理論的に正当化するというよりも，「希望の組織化」に向けた理論としての「政治経済学」こそ，ハーシュマンの目指したものであるということを明らかにしていきたい。

1 「ポシビリズム」について

　ハーシュマンの「ポシビリズム」は本書全体で扱うテーマであり，その方法論については第2章で詳しく検討する。だが，この言葉自体は必ずしも一般的なものではないので，ここでごく簡単に触れておくことも必要だろう。
　日本でもよく知られているように，ハーシュマンの知的影響力は多分野に及んでいる。フランス，イタリアをはじめとするヨーロッパ経済の分析から専門的研究をスタートしたハーシュマンは，国際関係論，経済発展論，政治哲学，経済思想史，組織論などの分野で刺激的な著作を残し，さまざまなインスピレーションを与えているが，「学派」のようなものを形成するにはいたっていない。というより，ハーシュマンの方法そのものが，特定の学派への帰依，学派の形成を拒むものであるといってよい。本書で徐々に明らかにしていくが，その方法論ないしは社会における具体的諸問題へのスタンスこそ，ポシビリズムである。
　"possibilism" あるいは "possibilist" とは，いうまでもなく "possibility"（＝「可能性」）からの造語である。内容をくみとり，あえて訳せば，「可能性追求主義」，「可能性追求主義者」とでもなろうか。日本語としての「座り」もあまりよいとはいえないので，本書では，「ポシビリズム」，「ポシビリスト」とするが，言葉そのものはハーシュマンのオリジナルではない。歴史的には，19世紀末，フランス労働党から脱退した社会主義労働者同盟に与えられた呼称である［堀井1993］。集産主義的革命主義に反対して，可能なかぎり漸進的に社会改良を行なおうとするその姿勢は，左翼の伝統においては揶揄の対象ともされてきた。ハーシュマンがこのことを認識していたか否かは定かでないが，彼が自らの方法論をポシビリズムと称することには，より積極的な意味があるだろう。スローガンだけ勇ましくても，真の変化は導けないからである。
　長年，ラテンアメリカで被抑圧者の教育，識字運動に携わってきたP. フレイレは，こうした点に関連し，つぎのように述べたことがある。

　　左翼の知識人たちが陥りやすい口先だけの大言壮語——いまでもそれに

身を委ねているものは少なくない——あれは，歴史における言語の役割への恐るべき無知を表していたのだ。
「徹底的な農地改革を。妥協的なそれは阻止」「人民の議会，しからずんば議会は閉鎖しよう」……実際にはこうした饒舌は真空のなかでおこなわれるわけではないから，ほんとうに必要なものごとの変化をますます遅らせる結果をもたらすのである［フレイレ 2001: 56］（強調引用者）。

　これはハーシュマンにも共通する認識である。以前とられた政策の帰結を真摯に検証することなく，知識人たちが無責任につぎからつぎへと行なう「イデオロギー上のエスカレート」は，当該社会に何の意味ある変化ももたらさない［Hirschman 1981: 122］。混乱と対立を深めるのみである。すべてを変えなければ何も変わらないなどというのは，現実がそうであるというより，往々にして扇動家によるスローガンにすぎない。
　ハーシュマンは，人間の築き上げた文明がむなしく崩壊していく場面になんども出くわしている。ドイツにおける社会民主党青年運動への関与，スペイン共和国政府義勇軍への参加，イタリアにおけるレジスタンス活動，フランス陸軍への志願，ヨーロッパ知識人の亡命支援活動，そしてアメリカ陸軍への従軍。ユダヤ人ハーシュマンは自らの正義感のおもむくまま，時々の状況に対応してきたが，文明の壊れやすさ，理性の脆さという認識は身に染みついたはずである。大戦間期，ベルリン，パリ，ロンドン，バルセロナ，トリエステ，マルセイユ，ニューヨークと渡り歩くとともに，三度も従軍した彼は，一皮むいた人性の野蛮さ，そんな人間の振りかざす理性の怖さを身をもって体験した[1]。
　ただ，「それでも，なお」という粘り腰も会得したようだ。厳しい現実は見据える。文明などはかないものだし，理性なるものも，はなはだあてにならない。しかし，人間を蹂躙するさまざまな状況に対し，それでもなにがし

---

[1] ハーシュマンの激動の半生については，コーザー［1988］，Fry［1945, 1993］，Hirschman［1995, 1998］，Meldolesi［1995］，矢野［1999a］などを参照のこと。ハーシュマンは，「生涯に達成した仕事のうち，もっとも誇りに思うのは何か」という L. コーザーの質問に対し，数々の専門的著作ではなく，義兄エウジェニオ・コロルニら，反ファシストたちとのイタリアでのレジスタンス活動，マルセイユでのヴェリアン・フライとのヨーロッパ知識人救援活動をあげたという［コーザー 1988: 182］。

かの対応はできるはずだろう。いや，できなくてはならない。そうでなければ，何のための社会科学か。この姿勢が学問上のスタイルにもつながっている。いまある状態がすべてではない。この状況は変えられる。だが既存の決定論的理論は，往々にして別の可能性を否定してしまう。理論上はかくのごとくにしかならないはずだ，と。「蓋然性」(probability)，さらには「確実性」(certainty) を追い求めすぎるため，変化の道を理論的に閉ざしてしまう。萌芽状態の「可能性」(possibility) が見えなくなってしまう。ハーシュマンは「生起しつつある現実」に目を向け，問題山積の状況に「隠された合理性」を見いだし，社会の変化プロセス，希望への道筋を明らかにすることを自らの研究課題としてきた。社会に起こるさまざまな変化，出来事を一般的原理，歴史法則ですべからく説明することは，ポシビリズムとはもっともかけ離れている。

　ハーシュマンは語っている。

　　起こりそうなこと（the probable）を識別する能力とは，現実のものかもしれないし，想像上のものかもしれない。いずれにせよ，私の著作を貫く基本的特長とは，そうした能力を減価させるという犠牲を払いつつも，可能な（possible）こと，可能であると思われることの領域を拡大していくことである［Hirschman 1971: 28］。

　こうしたハーシュマンのポシビリズムについては，ときに「楽観的」との批判がなされる。本当に厳しい現実を見据えているのか，と。だが，その批判は必ずしもあたらない。
　ここで，ポシビリズムというスタンスを理解するために，活躍した分野のまったく異なる2人の論者のテキストに注目してみよう。「可能性を追求する」ことが，必ずしも単なる楽観論ではないことが明らかとなろう。
　一人目は，イギリスの歴史家 E. H. カーである。彼は，大戦間期の国際情勢を分析した古典的著作のなかで，つぎのように述べたことがある。

　　ユートピアンは，未来に眼をむけて，創造的な自然さで思考する。リアリストは，過去に根をもとめて，因果関係をとおして思考する。だが，およそ健全な人間の行為，したがって健全な思考はすべて，ユートピア

とリアリティとの平衡，自由意志と決定論とのそれを保持するものであるはずである。徹底したリアリストは，事態の因果的生起を全く無条件に受け入れるために，現実が変革できることを認めようがなくなるのである。根っからのユートピアンは，因果的生起を否認することで，かれが変革をつよく求めている現実を知りその変革手順をつか͡む͡つてを見失ってしまうことになる［カー 1996: 39］。

　これから述べていくように，ポシビリズムは，単に希望的観測を表明するものではなく，「ユートピアとリアリティ」，「自由意志と決定論」の，困難ではあるが可能な「平衡」を保持しようとするものである。
　二人目は，先ほども引用したフレイレであるが，彼はつぎのように述べている。

　　ぼくは一方で，なんらかの形で具体的に発現している絶望を否認することはできないし，それをそうあらしめている歴史的・経済的・社会的根拠に目を塞ごうとも思わない。それでもなお，ぼくは，希望と夢を抜きにして，人間の存在を理解することはできないのである。希望というものを抜きにしたら，よりよく生きようとする人間の不断のたたかいは，理解できないものになってしまう。希望は人間の存在論的な必要条件なのだ。絶望，すなわち行方を失った希望は，この必要条件にゆがみが生じている，ということなのだ。絶望がプログラムとなれば，われわれは行動するバネを失って，宿命論に屈従することになる。さまざまな力を結集して世界をつくりなおすためにたたかうことは，もう不可能になってしまう［フレイレ 2001: 8］。

　カーはポシビリストの目指すべき方向性を，フレイレは希望の意味を，それぞれ指し示すとともに，変化を認識し誘発する知性のありようを示唆している。ほんの一例にすぎないが，こうしてカーやフレイレのテキストに照らし合わせてみれば，ポシビリズムという「構え」はけっして楽観論ではないし，また奇異なものでもない。この構えを，どれだけ社会科学の有効な理論・概念となしうるか。ポシビリズムについて，より詳しくは，本書第2章で展開していく。

2　「政治経済学」について

　ファシズムに翻弄されたハーシュマンの終生変わらぬテーマに、「国家」、「権力」がある。第3章で詳しく検討するが、彼の第一作『国力と貿易構造』[Hirschman 1945] は、一見純粋に経済的な関係に潜む権力行使の芽を、外国貿易を事例として理論的・実証的に剔りだそうとしたものである。ハーシュマンは反市場主義者ではない。市場原理主義者とは違った意味においてではあるが、むしろ積極的な市場擁護論者であるといってよいだろう。だが、権力、政治的要因を自らの分析の射程に据えたいハーシュマンにとって、既成の「経済学」は、いかにも不十分・不適切なものであった。

　1930年代の世界不況が生みだした大量の失業、政治的動乱を目の当たりにして、ハーシュマンは経済学に引き寄せられた。1935年から36年にかけロンドン・スクール・オブ・エコノミクス（LSE）で学んだ時代、経済学に開眼するとともに、出版されたばかりのJ. M. ケインズの『一般理論』をむさぼり読んだというが［Swedberg 1990: 153］、経済学について、当時ケインズが懸念を隠そうとしなかった状況は、その後、より深刻化したように思われる。ケインズは、自由放任の経済理論、ならびにそれを説く者についてつぎのように述べていた。

> このような理論は、あまりにも美しく、あまりにも簡単であるために、それがあるがままの事実から導き出されたものではなく、単純化のために導入された不完全な仮説から導き出されたものにすぎないことなど、容易に忘れられがちである。……彼らは、その単純化された仮説を健全なものとみなしており、それ以上の複雑化を不健全なものとみなしているのである［ケインズ 1981: 340］。

　経済学が理論的に純化していけばいくほど、ハーシュマンにとっては、ますます違和感を感じるものになっていった。後年、ハーシュマンは、経済学者に囲まれて仕事をしていたときでさえ、「つねに『純粋』経済学から離れ、経済的現象と政治的現象の関連を探求したいと強く思っていた」と吐露して

いる［Swedberg 1990: 158］。

　それゆえハーシュマンにとって，経済学は「政治経済学」（political economics）としてしかありえなかった。彼が目指したのは，政治と経済の諸力をともに内生的変数とするような理論，「経済学と政治学の合体」（economics-cum-politics）である。批判の対象にしてきたのは，単純な「合理的経済人」を想定したうえ，「経済」を自己調整的なものとみなし，均衡成長をモデル化するような「経済学」である。権力的要素，政治的要因を分析の外に置き「所与」としたり，均衡破壊的要因として排除したりする考え方は，ハーシュマンにとっては受け容れがたいものであった［Hirschman 1971: 15］。そうした経済モデルを他分野にまで安易に適用しようという「経済学帝国主義」について問われたとき，ハーシュマンは断固反対の立場を表明した［Swedberg 1990: 158］[2]。

　このように，変化を認識し誘発する知性のあり方として「政治経済学」を志向したハーシュマンであるが，マスター・キーのように，すべてに適用でき，すべてを説明できるような枠組みを構築しようとしたわけではない。M. ヴェーバー的な表現を用いれば，「実在を演繹できるような学説体系の完

2）経済と政治の相互作用の探究ではなく，政治的現象をただ単に純粋経済理論で説明するだけの一方向的研究もが"political economy"と称されることもあることから，ハーシュマン自身は，"political economy"を拒否するわけではないが，自身のスタンスを示す，より適切なタームとして"political economics"，"economics-cum-politics"をあげたのだと思われる。

3）ヴェーバーによれば，「実在がなんらかの意味で最終的に編入され，総括されるような，ひとつの完結した概念体系を構築して，そのうえで，そこから実在をふたたび演繹できるようにする」とか，「徹頭徹尾合理的な，つまりあらゆる個性的な『偶然』からも解放された，全実在の一元論的な認識」に到達するとかということが，社会科学（ヴェーバーのいう「文化科学」）の目標ではない［ヴェーバー 1998: 100-103］。社会科学の方法論として，ヴェーバーがきっぱりと拒絶したのは，個別的実在から法則を抽出したあと，なお把握されずに残るものは，法則がさらに完成されていけば，法則のもとで理解できると考えること，それでも法則的に把握できないものは，偶然的なものであり，無意味な好奇心の対象になりうるのみで，科学上は非本質的なものであるとして除外することであった［同上 1998: 75］。

　後述するように，ハーシュマンは，ヴェーバーの議論に批判的見解を述べるところもあるが，人間の行為に関わる事象を一元的法則のもとで把握することを拒絶する点ではあい通じるものがある。法則的理解を一方で緩やかに保持しつつ，新奇性，個別性への眼を見失わないこと。これがポシビリズムには不可欠である［Hirschman 1971: 27-28］。

成」を社会科学における究極の理想としたわけではないのである[3]。

　人間は，ある特定の目的に向けて，持てる知識・情報を駆使し，自ら行使しうる手段を見きわめ，ときに他人と協力したり対立したりしながら，外部環境に働きかける。行為の帰結を事前に予想しながら働きかけるわけだが，ここで，知識に限界があり将来を完全には見通せない人間は，誤りを犯し失敗することもある。失敗は失望も生み，意図せざる結果にたじろぐこともあろうが，そこから何かを学習し，ふたたび外部環境に働きかける。学習したからといって完全知に到達できるわけではないから，また失敗し失望することもあろう。だが，いずれにせよ，不確実な世界でのこうした主体的行動の反復こそが人間社会の豊かさの根源でもある。先が見通せないからこそ，人は困難な課題にもあえて挑んでしまうのである[4]。

　社会科学が対象とするのは，まさに，こうした人間の行為が織りなすさまざまな事象である。人間行動がここで述べたようなものであるとするなら，そうした行動を扱う分野で物理学のような法則を打ち立て，そのもとで諸事象を完全に理解することは不可能であろう。ヴェーバーが社会科学の方法論をめぐる，あの著名な論文で，言葉や表現を変えながら繰り返し訴えかけたのも，こうした点にかかわる。もしも物理学のような体系をのみ「科学」と称するのなら，政治経済学は科学たりえない。だからハーシュマンは，自らの研究の本質について質問を受けたとき，自分のやってきたことの8割がたは，経済学や政治学，社会学などの学問分野を「越境」（trespassing）するための「技芸」（art）であり，残りは，科学とでも理論とでも，好きに名づけてくれて結構という答え方をした［Swedberg 1990: 156-157］。

　ハーシュマンは，社会科学において物理学に近似させた理論，体系を打ち立てることは不可能だし，そのようなことは必要でもないと考えていたはずである［Hirschman 1995a: 91，訳107-108］[5]。それでも，人間の行為を認識し社会の動きを理解して有効な変化を導くためには，（それを科学と称する

4）実際に発生するかもしれないさまざまなコストは，課題に挑む前には完全には見通せないが，こうした意味での不確実性は必ずしも悪いことではない。見通せないがゆえにこそ，人はその困難な課題にあえて挑んでしまう。そして，最初からコストがわかっていれば，挑戦しなかったであろうような課題を成し遂げてしまうことがある。ハーシュマンはこれを「目隠しの手の原理」と呼んだが，この点について詳しくは，本書第6章を参照のこと。

のか，また，自然科学的な意味での理論といえるのかはともかく）何らかの知的枠組みが必要であろう。ハーシュマンは，そうした知的枠組みとして，経済学者をはじめ，歴史上のさまざまな思想家たちの営為を摂取しつつ，「政治経済学」を志向した。物理学的な意味での科学，理論ではないかもしれないが，人間の行動・社会を扱う学問としては，それでよいのではないか。社会科学者のなすべきこととは，人間社会（social world）のすべての出来事を一般的法則に押し込めて説明することではなく，そこで生起しつつある変化を目に見えるようにする手段を増やすことなのだから［Hirschman 1971: 29］。

　本書では，ハーシュマンのこうした姿勢に単なる「開き直り」以上の「知的胆力」を見いだしていくつもりである。経済的要因と政治的要因，市場諸力と非市場諸力の「相互作用の継起」（sequence of interaction），シーソー的関係など，政治経済学の具体像について，詳しくは本書各章で検討していく。

3　変化を誘発する知性の組織化——原理主義の誘惑を断つ

　具体的実在を完成品としての理論にあてはめれば「安心」はできる。説明がついてしまう。あてはまらなければ，例外であり，偶然であり，したがって当該学問分野にとって対象外であるとして除外できる。説明しなくてもすむ。だが，人間社会の諸問題をすべてこのスタンスで扱っていては，「可能性」を圧殺し，変化を見誤ることもある。ハーシュマンが繰り返し主張するのは，新たな現実に驚き，眼を見開く能力の重要性である。この「驚くという能力」（the capacity to be surprised）が，とくに経済学帝国主義には欠如している［Swedberg 1990: 155-159］。すべて説明できると考え，また説明しようとする。

　驚くという能力を発見するため，あるいはそうした能力をたえず彫琢するため，ハーシュマンは現実を見つづけ，手持ちの理論を懐疑的に反芻し，と

5）ハーシュマンは，経済的要因と政治的要因の相互作用を彼なりに一般化したモデルを提示した著作のなかで，皮肉をまじえつつ，こう述べたこともある。「豊富な分析道具を有する経済学者に対する政治学者の劣等感に匹敵するのは，物理学者に対する経済学者の劣等感ぐらいのものである」［Hirschman 1970: 19］。

きに学問分野を越境する。人間社会の諸問題は，必ずしも，都合よく学問分野ごとの名札をぶら下げて生起するわけではないという認識がそこにはある。もちろん，「学際化」と口でいうのは簡単だが，それには困難と危険がともなう。だが，それを認識しつつなお，重苦しい空気の支配する現在，上にも述べた「ユートピアとリアリティ」，「自由意志と決定論」の，困難ではあるが可能な「平衡」を目指すような，まさに「知的胆力」が求められているのではないか。「真の『変化』を誘発する知性の有効な組織化」［蓮見 2002］が必要なのではないか。本書でハーシュマンを検討するのも，現代経済学に欠落しているように思われる，そうした方向性を彼の議論に見いだそうとするからである。

　困難な現実を前にしたとき，人は往々にして単純な「原理主義」の誘惑にかられる。答えをすぐに見つけたがる。手持ちの枠組みのなかで決着をつけたがる。ハーシュマンはこれを「結論を急ぐ激情」，あるいは「理論化の強迫観念」と呼んだことがあるが［Hirschman 1971: 349］，現実とまともに向き合い，それに働きかけ，何らかの有効な変化を引きだそうとすれば，その奉ずるものが国家であれ，市場であれ，果ては宗教であれ，原理主義は具体的解決策を提示するというより，むしろそれを見えにくくしがちである。ある種の一時的熱狂は生みだすことができても，改革への持続的エネルギーは生じず，真の改革にはほど遠い状況を現出しかねない。

　現実の政治でも，学問の世界でも極論がはびこる現在，必要とされているのは，真の変化を誘発するための知性の組織化であり，勝手にこしらえた理想的国家，理想的市場を振りかざして単純な解決策を提示したり，千年王国を希求することではない。現実の社会の担い手は，けっして間違いを犯さない哲人，超人などではない。自らの価値基準を変えることなく，一心不乱に私的利潤を追求する合理的経済人，一次元的人間などでもない。状況の改善を願い，積極的に関与しようとしながら，躊躇したり，判断を誤ったり，希望と現実のギャップに失望するような人間である。悩みながら，それでも何かを学びとり，他人と協力しつつ社会に働きかけるような人間である。どのような物質的制約条件をも乗り越えられる，思いどおりの歴史をつくることができる，などと考えるのは不遜であり，幼稚性の現れでもあるだろう。しかしながら，「変えうる世界，変わりうる主体」というのは，安物のキャッチ・コピー以上の意味をもっている。現在の情勢は複雑で困難に満ちている

が，各種原理主義に内包される人間観を越え，先を完全に見通せないがゆえに誤りを犯すが，だからこそ学ぶことができる人間を出発点に，真の変化を導くことが求められている。ハーシュマンの議論は，そのための手がかりを与えてくれるはずである。

4　民主主義と市場経済へのスタンス——権力制御の「制度」

　本書においては，以上述べてきたような問題意識をもってハーシュマンの議論を検討していくが，長年にわたる彼の膨大な研究をたった1冊の本ですべて扱おうというのは，筆者の力量からいっても，まさに暴挙である。したがって，本書で扱うのは，ハーシュマンの全体像というよりも，その一部とならざるをえないだろう。『可能性の政治経済学』に「ハーシュマン研究序説」というサブタイトルを付した所以である。本書では，それに限定するわけではないが，経済発展・開発の分野を中心に議論を展開していくことになる。だが，ハーシュマンが途上国開発の研究からさまざまな着想を得たことを考慮すれば，こうした切り口からも，ハーシュマンの問題領域の深奥部を垣間見ることが可能であると思われる[6]。

　ここで，「変化を誘発するための知性」という観点から，経済発展・開発・市場移行をめぐる昨今の議論を簡単に振り返ってみよう。そこには，さまざまな問題点が浮かび上がってくる。

　開発・市場移行のための戦略論をめぐっては，国際通貨基金（IMF），世界銀行といった国際機関と援助大国日本の間で，近年，「開発主義論争」とでもいうべきものが繰り広げられてきた。詳しくは第1章で検討するが，この論争を通じて興味深い論点が明らかになると同時に，世界の開発や市場移行に大きな影響を与える国際機関や援助大国の政策理念が開発や市場移行を目指す当該地域において，かえって混乱をもたらしかねないという問題点も浮上しているように思われる。

---

[6] L. メルドレージは，さまざまなエピソードにも触れつつ，ハーシュマンの業績全体を手際よくまとめた［Meldolesi 1995］。本書のような研究においても大いに参考になるが，本書では，「変化を誘発する知性の組織化」という観点を前面に押しだし，筆者なりの「ハーシュマン研究」を提示していきたいと思う。

途上国，市場移行国の初期条件はそれぞれ異なるので，十把一絡げの構造調整政策の問題点は明らかである。新自由主義的政策によっては，途上国・移行国にとって何より重要な供給能力の維持・向上，モノづくりのプロセスが阻害されてしまうだろう。しかしながら，日本式開発主義では，いまだに，開発主体としての国家による「上からの開発」が最重視されているにすぎない。経済の発展段階に注目せよという考え方は，それに応じた政治の発展段階を主張するものとなり，民主主義，基本的人権の保障などは，所得弾力性の高いもの，すなわち，より高次の発展段階で果たされるべき贅沢な目標とされるようになる。

　両者の議論は，世銀による『東アジアの奇跡』［World Bank 1993］発表以後，またアジア危機の認識，その対処法をめぐっても白熱してきたが，結局のところ，それぞれが理想的市場，理想的国家を念頭に論争を繰り広げている感が否めない。本当の意味で変化を導けるような知性の組織化が図られているとは，いいがたいように思われるのである。

　そして，これら極論によって，「民主主義」が理論上，看過されるか，あるいは，より積極的に否定されているのは偶然ではない。どちらも，それぞれの基準にもとづく合理的経済政策の即時実行という観点から，民主主義的プロセスを厄介なものとして取り扱う傾向にある。新自由主義においては，規制の緩和・撤廃による市場経済化・私的所有権の確立が政治的民主主義をも自動的に定着させるものであると考えられがちであり，何よりも市場経済化のための経済政策の即時実施が最優先される。日本式開発主義においては，上述のとおり，国の長期的発展に向けて意見を一致させる必要があり，さまざまな主体が勝手なことを主張する民主主義などは抑えられるべきである，ということになる。いずれにせよ，一般市民を排除するような政策手法がよしとされ，民主主義は，理論的帰結として否定されるのである。

　では，ポシビリズムにおいて，民主主義はどのようにとらえられるのだろうか。これまで述べてきたことからも明らかなように，可能性を追求するポシビリズムの出発点とは，完全な国家，完全な人間，完全な制度，完全な知識など存在しないという冷めた現実感覚である。国家が掲げる高邁な目標など，どこか信用ならない。水も漏らさぬ制度を誇っても，人間のやることだから，どうせ間違いも犯すことだろう。誤る，失敗する，衰退するというのが世の常だ。ハーシュマンは現実について端から冷めた見方をしている。だ

から現実への働きかけから手を引くのではなく，「それでも，なお」あるいは「だからこそ」，ハーシュマンは，最善でもない，最悪でもない，その狭間にありながら，状況の改善を図る人間行動への視点，変化を誘発する知性を模索してきたはずである。

そのようなハーシュマンにとって，おそらく民主主義とは，対立渦巻くなか，完全ではない人間社会がかろうじて発見したひとつの制度である。相手を屈服させることによって，あるいは，上からの権力によって，対立を消し去るのではなく，差異や対立を前提としつつ問題を処理していくことを旨とする制度である。一人ひとりに状況改善への権利が認められ，異議申し立てができる社会は，意志決定に時間を要するし，決定された内容も二転三転するかもしれない。完全を誇る哲人，理性的国家にすべてが委ねられている社会よりも，どこか不細工で非効率的な動きをしているように思われるかもしれない。しかし，可能性としては，そして長い目でみると，社会へのダメージ，コストがもっとも少ない制度なのではないか。完全からはほど遠い権力の暴走，過ちをより効果的に制御しうるのではないか[7]。

むろん，民主主義も人間の手になる不完全な制度である以上，とんでもない方向に作用する危険もある。ましてや，一回かぎりの法律の制定，普通選挙の実施，形だけの政党制の導入で完成するものではない。また簡単に外部から移植できるものでもない。おそらくは，それぞれの地域の人々が，完結しない不断の運動体として持続させざるをえない制度であろう。社会の破滅，理性の崩壊を目の当たりにしてきたハーシュマンにとって，この不完全な制度をよりよく機能させることが，ポシビリズムの大きなテーマのひとつなのである。

そしてまた，ハーシュマンにとっては，おそらく市場経済も，完全ではない人間社会がかろうじて発見したひとつの制度である。単なる交換本能，致富欲求なら人類史とともに古く，それにもとづいて交易も行なわれてきただろう。だが，もともとそれらから発展していった市場経済，さらには，それらによって育まれた人々の習慣や心性には，権力を制御し人間社会をより穏

---

[7] 保守反動派のレトリックを批判する文脈のなかで，ハーシュマンはつぎのように述べたことがある。「普通の人間を暗闇のなかを手探りしている愚者として描き，反対に自分自身を際だって洞察力のある賢者と想定するのは，あまりに傲慢なことではないだろうか」[Hirschman 1991: 36, 訳42]。

和なものにする機能を見いだせないか。資本主義の揺籃期，宗教や理性はもはや人間の「情念」(passions) を制御しえず，戦乱や革命が頻発した。このままでは社会は破滅する。このとき，初期の政治経済学者を含む，社会の破滅を回避しようとした一群の人々は，勃興しつつあった資本主義市場経済に一縷の望みを託した。金儲け，致富欲求もまた人間の愚かな情念にほかならないが，それを理由に排されるべきものではなく，「利益」(interests) の追求という，より穏和な情念がより危険で破滅的な情念を制御するということが本気で期待されていた。商業の拡大がより穏和な政治体制をもたらすこと，すなわち経済の拡張，富の可動化にともない，経済システムは複雑化し，繊細な「微調整」が必要となり，その結果，気まぐれな権力の濫用は抑制されるようになるということ。ハーシュマンの跡づけた資本主義擁護論の骨子はこのようなものである [Hirschman 1977]。

現実には，初期の市場経済擁護論の期待に反し，その後の世界で情念の爆発は，止むどころか，その規模と悲惨さを増幅させているといってよいだろう。利益追求の陰がちらつく戦争も珍しくはない。しかし，だからといって市場経済は廃絶されるべきものか。市場経済も民主主義同様，いったん私的所有権を確立すれば，あとは個々人の私的利益追求本能に従ってきちんと機能し，最適な資源配分を成し遂げてくれる，というような便利な制度ではない。その不完全性ゆえ，放っておけば極端な動きを示し，社会に混乱をもたらしかねない。市場経済を神の地位に奉るのではなく，しかしながら放棄するのでもなく，これもまた人間がつくりあげた不完全な制度であるという認識のもと，よりよく機能させること。ポシビリズムにおいては，これもまた大きなテーマなのである。

民主主義，市場経済は，けっして立派ではない，世俗に生きる人間がつくりあげた，不完全で，たどたどしく，それゆえ失敗の多い制度なのかもしれない。だが，戦乱の世紀を生き抜いたハーシュマンがそれでも支えようとするのは，権力の暴発を抑え，人間社会の多様性・自由を保持する，現実的な「可能性」を秘めた制度だからである。『開発，民主主義，そして越境の技芸』(*Development, Democracy, and the Art of Trespassing*)。これは，1986年，A. フォックスレイ，M. マクファーソン，G. オドーネルらが編集・出版したハーシュマン記念論文集の題名だが，ここまで述べてきたように，それは，ハーシュマンの問題関心と業績を適切に反映したものである。

5　本書の構成

　以上，本書の問題意識とともに，ハーシュマンの議論において鍵となる概念・考え方を大まかに説明してきた。そのなかでも本書の構成について若干触れたが，序章を締めくくるにあたり，あらためて各章の概要を述べておこう。

　第1章「ワシントン・コンセンサス批判と日本式開発主義」においては，まず，「ワシントン・コンセンサス」を標榜する国際機関と日本の開発援助関係者によるつばぜり合いの模様，および日本式開発主義の基本理念を検討する。そして，日本式開発主義による新自由主義批判に見るべき論点は多いものの，権威主義開発体制容認論に陥りかねない危険性を指摘する。国際開発機関と日本の援助関係者・関係機関との開発主義論争を批判的に検討する作業を通じ，「変化を誘発する知性の要件」を浮かび上がらせることによって本書全体のテーマを端的に扱う章である。

　以下，各章では，序章で述べた問題意識のもと，ハーシュマンの議論を再検討していく。

　第2章「ポシビリズム・不確実性・民主主義」においては，「ポシビリズム」について序章で簡単に説明した内容をより具体的に論じていく。

　第3章「大戦間期世界経済の構造分析」は，ポシビリズムの源流を，彼が初めて世に問うた著作のなかに見いだすことを目的としている。『国力と貿易構造』[Hirschman 1945] は，古典的評価を受けながら，いまだ邦訳されていない。本章では，その内容を紹介するとともに，この著作をめぐるその後の議論にも触れ，検討している。

　開発主義には初期開発経済学に遡ることのできる論点も多いが，先の開発主義論争においてはあまり明示的に触れられることはない。第4章「情念制御の開発思想」においては，ハーシュマンの代表作のひとつ『経済発展の戦略』の諸論点を振り返りつつ，初期開発経済学の盛衰と，『情念の政治経済学』で展開されたハーシュマンの市場経済認識について論ずる。

　近年，「キャッチアップ型工業化」の議論のなかでも注目されているが，第5章「企業家的機能と改革機能」では，発展プロセスのミクロの原動力で

ある企業家の機能について，シュンペーターとハーシュマンを比較・検討していく。そこではシュンペーターからハーシュマンに連なる議論を跡づけるとともに，企業家だけが発展プロセスを先導するわけではないこと，さらには，変動局面の主観的認識の重要性について述べる。

　第6章「開発プロジェクト評価と発展プロセスへの視点」においては，構造調整政策に典型的なプログラム援助とは異なる，ハーシュマンのプロジェクト援助論を振り返ることで，発展プロセスを起動させ，それを持続させるメカニズムについて検討する。適切な価格インセンティヴを盛り込んだ正しい政策プログラムがあれば，発展プロセスが進展するわけではないことをあらためて確認していく。

　第7章「世界銀行『改革』のさざ波と社会的学習」においては，近年，ハーシュマンの議論をも援用しながら行なわれている世銀の改革，いわゆる「ポスト・ワシントン・コンセンサス」の内容を批判的に分析するとともに，開発・市場移行における「社会的学習」という視点から，ハーシュマンの議論を再検討する。

　第8章「経済学・政治学架橋の試み」では，さまざまな分野の研究者からいまなお注目されるハーシュマンの「離脱・発言・忠誠」モデルを簡潔にまとめた後，その意義を論ずる。不完全な人間社会に失敗はつきものである。企業，組織，国家の衰退は回避しがたいが，だからといって一時の衰退からすぐさま没落・消滅するのではなく，そこからの回復メカニズムも存在している。その際，さまざまな調整は市場経済的プロセスを通じてのみ行なわれるわけではないという視点は，開発・市場移行，ならびに民主主義を考察するうえでも決定的に重要である。経済学と政治学を架橋しようとしたハーシュマンの，ひとつの到達点について検討する章である。

　終章「極論との訣別」では，新自由主義にせよ，開発主義にせよ，真の変化を誘発する知性にはいたっておらず，かえって問題を大きくしかねないこと，社会科学の新たな可能性・方向性を模索するには，まずは原理主義的極論から距離をおくことが必要であり，ハーシュマンの所論は，この意味からも再評価されるべきことが，本書の結論として述べられる。新自由主義，開発主義のいずれにおいても，社会的存在としての自由な個人は理論上，否定される。不完全な人間社会が，複雑で困難な問題を抱えながら失敗を繰り返し，それでもこの先持続していけるかどうかは，「国家 – 市場」の二分法を

越え，さまざまな声の行き交う自由な社会をいかにして築き上げるかという一点にかかっている。対立を社会，組織の崩壊にいたらしめることなく，「求心化の契機」とするためには，極論からの訣別が不可欠となろう。

　こうした構成のもと，本書ではハーシュマンによる数々の業績のなかに，真剣に考えるに足る問題が散りばめられていることを提示していきたいと思う。

第1章　ワシントン・コンセンサス批判と日本式開発主義
　　　　「変化を誘発する知性」の要件

はじめに

　本来，開発経済学とは，世界市場から一定程度距離をおいた状態で，国家が介入しつつ遊休資源の国内利用を最大限図るべく組み上げられた理論であった［本山 1986b: 184-185］。だが周知のように，開発論の分野では，いわゆる「反革命」の時代が長くつづき，世界市場への統合を説く新古典派が正統的地位を占めてきた。開発や構造調整，あるいは市場移行を支援するIMF・世界銀行による政策処方箋の背景にあるのは，新古典派的な考え方である。マクロ経済を安定させ市場メカニズムを機能させるためには，政府の経済活動への介入を大幅に縮小することが必要であり，財政赤字の削減，国営企業の民営化，対外経済開放，多方面にわたる規制の緩和・撤廃を可能なかぎり急速に，ショック療法的に行なわねばならないというのが新古典派の基本的哲学であり，一般に「ワシントン・コンセンサス」と称される。

　現在，こうした哲学にもとづく処方箋に対し，途上国政府関係者，反グローバリズムを唱える市民団体ばかりではなく，専門的研究者ら，各方面から批判が噴出している。世界各地で各国固有の事情をほとんど勘案することなく，普遍的な処方箋の即時実効を迫るだけでは必ずしも期待された効果をあげられない。それどころか，この極端なデフレ政策が各国の長期的な生産能力，社会の安定をかえって損ねてしまっているというのである。

　近年，日本は，開発協力・市場移行支援策をめぐって，公然とIMF・世銀とは異なったスタンスを模索し，批判的見解を隠そうとしなかった。援助政策の現場ばかりではなく，アカデミズムの世界においても，ワシントン・コンセンサスに代わる政策理念の必要性が強く叫ばれるようになり，議論はいまや「開発主義論争」の様相を呈している。新古典派に対する批判そのも

のは，国際的潮流と重なる点も多く，具体的オルターナティヴとして注目すべき論点も提出されてきた。新古典派に代わるものとして，モノづくりや発展段階を重視する日本型モデルが模索され，その理論化こそがポスト冷戦における日本の知的貢献だとされているのである。だが後述するように，もし日本的アプローチが，市民社会を超越した開発主体としての国家，政府の役割を再評価するにとどまれば，非常に遺憾なことに，新古典派批判が開発独裁を新たな装いでもって容認することで終わりかねない。国家の機能を縮小すればよしとする新古典派的総括に問題があるとはいえ，抑圧的な権威主義体制による開発過程の主導・成就という認識にも危うさがある。

　新自由主義にせよ，開発主義にせよ，それぞれ理想的な市場，理想的な国家の機能を前提とするかぎり，真の変化を誘発し，それを持続せしめるような力を生みだしえない。各国とも危機的財政状況を経験している現在の世界では，市場万能論への批判はあるものの，開発主体としての国家の限界も十分に認識されている。そして，国家に集約されない非市場的要因の機能に注目し，「国家 - 市場」という二項対立の枠組みそのものを相対視することが，理論・実践の両面において無視しえない潮流となりつつある。

　本章では，ポシビリズムについての本格的な議論に踏み込む前に，ワシントン・コンセンサスおよび日本式開発主義の内容を批判的に検討することを通じ，21世紀の現代において「変化を誘発する知性」の要件を浮き彫りにして，本書全体のテーマを確認しておこう。

1　ワシントン・コンセンサスへの批判的潮流

(1)　ワシントン・コンセンサス——「最小公分母」か「新自由主義宣言」か

　一般に，IMF・世銀の基本的哲学，政策処方箋は，本部の所在地から「19丁目のパラダイム」あるいは「ワシントン・コンセンサス」と称される。名づけ親とされる J. ウィリアムソンによれば，ワシントン・コンセンサスとして括られる政策リストは，1989年，イギリス・サセックス大学開発研究所のセミナーに招かれた際，「ご自身の推奨する政策変更の具体的内容を明らかにしてもらいたい」という H. シンガーの問いかけに応える形で提示されたものである。このときウィリアムソンがあげた政策は，以下のとおりで

ある。すなわち，①財政規律の確立，②公共支出の優先順位の変更，③税制改革，④金融自由化，⑤輸出競争力を維持するレヴェルでの単一為替レートの設定，⑥貿易自由化，⑦直接投資の受入，⑧国営企業の民営化，⑨規制緩和，⑩私的所有権の確立，以上 10 項目である［Williamson 1996: 13-15］。これらの項目は，世銀による『世界開発報告 2000/2001』でもあらためて確認されている［World Bank 2001］。

　ウィリアムソンによれば，ワシントン・コンセンサスとは，ブレイディ・プラン当時，債務危機にあるラテンアメリカ諸国が採るべき政策目標としてワシントン中枢で考えられていたことの「最小公分母」，つまり「ある特定の時点で，ある特定の人々が，ある特定の国々に対するものとして適切であろうと考えていた政策リスト」にすぎないのであって，巷間いわれているような「新自由主義宣言」などではない［Williamson 1996: 21］。ウィリアムソンは，こうして言葉のひとり歩きに戸惑いをみせたのである。

　だが，ウィリアムソンの弁明にもかかわらず，一般にワシントン・コンセンサスは，IMF，世銀といった国際機関の開発哲学を集約する言葉と受けとめられてきた。その中身は，国家の役割を著しく限定し，市場メカニズムの優越性・普遍性を説く新自由主義そのものと理解され，批判的論者から激しく指弾されている。

(2) ワシントン・コンセンサスへの批判

　何人かの論者の批判に耳を傾けてみよう。

　先進国ならびに巨大多国籍企業主導の国際秩序に対し，第三世界の一般民衆の目線から批判的運動，啓蒙活動をつづけてきた S. ジョージは，長きにわたり，IMF・世銀による債務危機認識，債務危機への対処方法を糾弾してきた［George 1988］。これら国際機関の処方箋は，国際金融界を利するものであっても，先進国民，途上国民の双方にとって望ましいものではない。債務危機を国際金融界の利害調整という狭い次元で認識し，累積債務途上国の政治的・社会的状況への視点を欠落させた債務処理策，構造調整政策が，先進国にも跳ね返ってくるさまざまな問題の契機あるいは触媒となっているということを，「債務ブーメラン」なる言葉に集約して世に訴えた［George 1992］。

　彼女の研究グループが6つにまとめあげた債務ブーメランとは，地球環境の破壊，麻薬をはじめとする非合法経済の進展，銀行救済のための公的資金

投入，債務途上国不況の深刻化にともなう先進国の雇用および市場の喪失，移民，そして紛争である。詳しくは別のところで論じたが［矢野 1994］，21世紀を迎えた現在，ジョージらが指摘した6つのブーメランはますます現実味を増してきている。とくに第6のブーメラン，紛争・戦争はまさに直接人々の生活を破壊し命を奪うものであり，早急に対応されるべき課題であろう。彼女は，「債務ブーメラン」の研究において，過酷な構造調整政策に内包される財政支出の削減こそが，債務途上国における政策選択の幅，妥協の余地を狭め，紛争の遠因を形成すると指摘した[1]。そして，よりよい未来のためと称し，無謬の存在であるかのように，自らの教義を強引に押しつける世銀を中世キリスト教会になぞらえつつ批判したのである［George et al. 1994］。この点は第7章でも検討する。

　自由貿易論者として名高いJ. バグワッティは，理論的にも現実的にもそのメリットが確認されていない金融・資本取引の自由化に疑問を呈し，自らの利益のため，そうした自由化を強引に推し進めるインナーサークルに「ウォール街＝財務省複合体」という批判的名称を与えた［Bhagwati 1998］。R. ウェイドと F. ヴェネロソは，バグワッティの議論を敷衍し，ここに国際機関をも加えて「ウォール街＝財務省＝IMF複合体」と名づけた［Wade et al. 1998］。バグワッティらは，かつての日本や現在の中国を含め，数多くの国が資本勘定の自由化なしに成長してきたことの意味を重視し，資本勘定自由化のイデオロギー性を暴こうとしたのである。

　南米や東欧諸国において孵化したばかりの民主主義が持続する条件を研究したA. プシェヴォルスキらの研究グループも，ワシントン・コンセンサスを形づくる新自由主義に批判的である。彼らは，有効に機能する国家がなければ，民主主義も市場も存在しえないとし，政治的・経済的シーンから国家を後退させるだけである新自由主義的政策パッケージを批判した。経済的・

1） A. センは，途上国における健全な財政運営を支持しつつも，財政赤字をなにがなんでも敵対視するような考え方を批判している。財政保守主義の矛先は，貧しい国における巨額の軍事費のように，社会的利益がはっきりとしないような支出にこそ向けられるべきであり，将軍よりも教師や看護婦が財政保守主義の脅威を感じるなどというのは本末転倒であるとした［Sen 1999: 145, 訳 164］。だが，S. ジョージが指摘しているように，構造調整政策に内包される財政赤字削減要求は，往々にして，このように転倒した世界を現出せしめているのである。

社会的状況が非常に厳しいなかでも，ようやく勝ち取られた民主主義をいかにして維持すべきか，より具体的には，さまざまな政治勢力に民主主義制度の枠内で自らの利益を追求させるインセンティヴをいかにして生みだすかが彼らにとっての課題であるが，彼らは，新自由主義よりも日本的システムに一条の光を見いだそうとした。プシェヴォルスキらの研究が示唆する重要な結論は，株式市場が制度として未発達な状況においては，コーポレート・ガヴァナンスの点から，日本のメインバンク・システムがより許容しやすい選択肢のひとつとなりうる，というものである［Przeworski 1995: 95-99］。

　マクロ経済安定化の前提としてミクロ・レヴェルの企業規律を確立しようとするとき，特殊日本的なものとしてではなく普遍的な手段として，即時私有化以上に，メインバンクによるモニタリングが有効なのではないかという主張は，さまざまな論者によりなされている。先のウェイドとヴェネロソも，欧米流の金融システムのみが唯一合理的で効率的なものではないとし，アジア的な発展を「高債務型発展モデル」ととらえ，一定の状況下でのその合理性に着目した。資本に対する債務の比率が高いことは，それだけでただちに非合理的であるとはいえない。直接金融市場が未発達な状況で産業を「育成」しようとするとき，政府・銀行・企業が長期的・互酬的関係を保ち，高貯蓄率を背景とした間接金融方式を実践することには，クローニー・キャピタリズムを越えた一定の合理性があるというのである［Wade et al. 1998: 7］。

　このように，ワシントン・コンセンサスに対する批判的思潮には根強いものがある。以下で検討するような日本的アプローチ受け入れの土壌は，世界的規模で存在しているとみてよいだろう。経済大国であり援助大国である日本の動向は，実践的にも理論的にも注目されているのである。ただし，注目されているのは，民主主義を制限する開発独裁容認論ではない。この点の確認はきわめて重要である。

2　官・学による日本的アプローチの模索

(1)　「国家の戦略的役割」認知に向けての動き

　1980年代の債務累積問題を契機に，IMF・世銀の自由化・民営化政策は，まさに世界中の債務途上国を席捲した。途上国は，資金の借入と引き替えに，

いわゆる構造調整プログラムを飲まされたわけであるが，これを形づくるワシントン・コンセンサスは，冷戦終結後，市場経済移行諸国の支援策にも反映されてきた。

ワシントン・コンセンサスは，必ずしも日本の援助理念にそぐわないものであり，ことに開発戦略における国家の役割に関しては，両者は真っ向から対立するものであった。そして，1980年代後半から日本が独自の理念にもとづいて途上諸国に働きかけ，ワシントン・コンセンサスとは異なる戦略的・介入主義的政策の採択を積極的に支援するようになると，世銀と日本の齟齬が際立つようになった［Wade 1996］。

日本は独自の援助政策を貫くとともに，世界の援助大国として，そして第二の出資国として世銀に働きかけ，国家の戦略的役割を積極的に評価するよう求めた。世銀による自由化・民営化政策は必ずしも成果をあげていない一方，ワシントン・コンセンサスとは明らかに異なるやり方で開発に成功した事例が東アジアで積み上げられてきたはずであり［大野 1996: 295］，世銀は，政府が市場に介入することによって経済成長を果たしてきた東アジアの経験を研究し，今後の援助政策に生かすべきではないか［白鳥 1997］。1993年の発表当初，従来以上に政府の役割を評価する内容であるといわれた世銀報告『東アジアの奇跡』は，こうした日本の意向を受け，日本がスポンサーとなって作成されたものである。

ところが周知のように，『東アジアの奇跡』は，資金提供をした日本の期待に反し，全体として新古典派の枠組みを越えておらず，開発における国家の役割を積極的かつ正当に評価する内容からはほど遠いものであった［石川 1994; 白鳥 1994; Lall 1994］。報告書発表後，数多くの論評が出ていることもあり［大野 1995; Amsden 1994］，内容に関してここで詳述することは避ける。だが，「政府による介入ゆえに」を重視したい日本の立場とはまったく異なり，「政府による介入にもかかわらず，なぜ成長できたのか」という視点からなされた研究の結論では，業種・部門を特定しない，市場の機能一般を補完する政策は認知されたものの，肝腎の産業政策，政策金融に関しては限定的ないし否定的評価しか与えられなかったという点は，ここでも確認しておきたい。輸出振興策のみが，東アジア以外の地域においても反復可能な政策として積極的評価を与えられることとなったのである［World Bank 1993］。

有力な出資国である以上，世銀の政策に自らの意向を反映させたいという

のは，さほど驚くべきことではないにせよ，1980年代末以降，なにゆえ日本政府は反主流的見解の公然たる主唱者となったのか。アメリカを含め，いったん力をつけてしまえば，自らの発展史における重商主義的要素を忘れ，自由貿易を説いて回るというのが常なのに，なぜ日本はそうしないのか。1980年代末以降の日本と世銀との確執，『東アジアの奇跡』作成までのやりとりや経緯，日本の顔を立てつつ世銀の基本原理を譲らぬよう，そのなかで駆使されたレトリックの数々，さらにはアメリカ対外経済政策代行機関としての世銀の諸相を明らかにし，非常に興味深い議論を展開したウェイドは，こうした事態の理由としてつぎのようなことを指摘している。

　第一に，イデオロギー的確信である。ワシントン・コンセンサスにもとづく世銀よりも自らの援助のほうが効果的であるという信念が，日本の援助政策を支えている。これは，ことに金融面に関して顕著である。日本においては「モノづくりの文化」と「カネづくりの文化」というフレーズを対比させるのが一般的だが，金融部門は産業の下僕たれという信念は，援助政策にも反映されている。第二に，大蔵省をはじめとする組織利害の問題である。世銀はアジア各国に対する日本の譲許的かつ特定部門指向の援助政策に批判的だが，戦後日本の復興を産業金融でリードしてきたと自負する大蔵省は，世銀の見解においそれとは従いえない。第三に，日本の経済的権益の問題である。東アジア・東南アジア市場に強力な地歩を築き上げることは，日本の国益にもかなう。アジア各国の開発を世銀のルールとは違ったやり方で成就できれば，特殊ないし異端とされ批判の対象となってきた日本の政策にも，より普遍的な評価を与えることができる。そして第四に，国威発揚の問題，すなわち，経済的超大国であるにもかかわらず政治的には小国であると評される日本による政治大国化の目論みという点があげられている［Wade 1996: 13-14］。

　もちろん，省庁間の摩擦，利害関係の相違もあり，日本政府内が世銀批判でつねに完全に一致しているわけではない。日本政府と世銀の見解をことごとく対立的にとらえるのは誤りであるにしても，ウェイドは，以上のような点を指摘しつつ，要するに，世銀への日本の挑戦とは，日本的特殊性を越えたイデオロギー，しかも自由貿易，正統的自由主義とは異なったイデオロギー提出の必要性を痛感する日本のエリートたちによる幅広い試みの一環とみなされるべきである，としている［Wade 1996: 14］。

一方の世銀は，日本による譲許的融資を認めれば借入国にとって世銀融資の魅力が色褪せること，産業政策の手段として信用割当を強調する日本的手法は，金融自由化やマクロ経済改革という世銀の公式見解に真っ向から対立するものであること，日本的見解に従えば，世銀を戦略的・外交的に利用したいアメリカと対立してしまうことなどもあって，日本の介入主義的見方を警戒するとともに否定しようとした［Wade 1996: 14-17］。

　アジア通貨危機後は，アジア型資本主義全体があげつらわれ，国家の役割を重視する考え方に対しては，クローニー・キャピタリズム批判を対置する議論が多い。しかしながら，アジア危機も，上述したような日本のスタンスを変えるにはいたっていない。もとより，1997年の危機についてIMFやアメリカなどからなされるアジア型資本主義原因説には，無理がある。その説によっては，アジア型資本主義という問題含みの体制があったとして，その体制のもとで数十年にわたる「奇跡」が実現したこと，にもかかわらず，なぜ突如1997年になって危機が訪れたのかを説明できない。アジア型資本主義原因説は，因果関係を逆転させてしまっている。実際には，IMF融資の条件として構造調整を課したとき，まさにアジア型資本主義の危機を生みだしてしまった［平川 1999a: 33］[2)]。

　つまり，危機が構造的問題点を露呈させたのであって，その逆ではない。開発における国家の戦略的役割を説く日本のような立場からすれば，アジア通貨危機は，アジア型資本主義の問題よりは，むしろIMF・世銀が一律かつ性急に進める自由化の問題点が露呈した事件ということになる。1980年代末以来，IMF・世銀から距離をおく日本のスタンスは，1997年のアジア危機以後もつづき，危機直後のアジア通貨基金設立構想，IMF改革の提唱，独自のアジア支援策実施という形で現れている。

2）1997年夏以後，アジアを襲った通貨金融危機の原因分析に関しては，膨大な文献が出ているが，平川［1999a, b］は，危機に関するさまざまな解釈と争点を手際よく整理してあり，論争を概観し理解を深めるのに絶好の文献である。
　危機後の資本流出については，欧米系ヘッジファンドの行動を問題とする議論も多く，一部の論者は，欧米資本の陰謀説まで唱え，「西洋対東洋」のお決まりの図式を煽る形となっている。尹［1999］は，国内投資家がもつ情報の優位性という点などにも注目しつつ，より冷静な分析を行ない，こうした議論に釘をさす貴重な業績となっている。

(2) 日本的アプローチ理論化の動き——「開発主義」と「市場の育成」

　国際的な開発機関に国家の戦略的役割を認知させる一連の取り組みの概要は上述のとおりだが，近年日本では，理論面でもこれを後押しする動きが活発である。日本で目指されているオルターナティヴな議論において，重要な概念が「開発主義」と「市場の育成」である。

　大著『反古典の政治経済学』を著した村上泰亮は，日本において新古典派に代わりうる理論的枠組みを求めた先駆者のひとりであり，開発主義の概念を包括的・体系的にまとめあげた論者である。彼によれば，開発主義とは，私有財産制と資本主義市場経済を基本的枠組みとするが，1人あたり生産の持続的成長を内実とする産業化の達成を目標とし，それに役立つかぎり，長期的視点から政府が介入することを容認するような経済システム，一言でいうと，ナショナリズムの立場に立つ産業化の理論ないし政策である。

　村上のいう開発主義は歴史貫通的・普遍的なものであり，彼は，産業化のプロセス一般を念頭におき，通常は自由主義の典型とみなされるイギリスの工業化の歴史にすら「意図せざる開発主義」を読みとろうとする。産業化をめざす国家は，過当競争の弊害をコントロールしつつ，費用逓減の利益を最大限生かそうとして政策を展開するというのである。村上は，できあがったシステムとしての資本主義を永遠不変のものとし静態的にとらえる経済自由主義では，産業化の動態的プロセスそのものは分析不可能であるとし，新古典派の枠組みを越えて，費用逓減という前提のもと，後発工業国による産業政策の合理性と普遍性を説こうとした［村上 1992］。

　こうした村上の議論，そして「市場の未発達」という状態からの「市場の育成」を課題とした石川滋の議論［石川 1990］，さらには，開発・市場移行局面における非市場的な経済制度，慣習などの重要性を指摘した原洋之介の議論［原 1992］などを手がかりに，近年，精力的に日本的アプローチを模索しているのが，大野健一である。大野は，J. サックスらがロシアに対して提唱したような，いわゆる「ビッグバン・アプローチ」を念頭におきながら，新古典派的戦略に対して以下のような批判を展開している。

　第一に，新古典派は「市場育成」の本質をとらえていない。市場がそもそも存在していないところに制度，人材を含め，徐々につくりあげていかねばならない，まさに「社会的大変革」というべき課題は，市場の存在を前提とした自由化，規制緩和と同次元で扱うことはできない。「市場の失敗」と

「市場の育成」とは，本質的に次元の異なる問題である［大野 1996: 90］。第二に，新古典派はインフレ抑止を重視するあまり，実物的側面より短期の金融面に傾斜した議論を展開してしまっている。開発，市場移行といった社会的大変革を背景に短期的な金融問題を考えれば，それは二義的で比較的マイナーな問題である［同上: 27］。そして第三に，新古典派は市場メカニズムの機能に絶対的信頼をおき，市場以外の社会編成原理の果たす役割を想定していない。開発，市場移行とは，旧来のシステムを新たなシステムに入れ替えることであり，この新旧システムの相互作用には非経済的要因が関与し，市場経済の育成を左右するにもかかわらず，新古典派ではそれが認識できていない［同上: 35］。

大野の新古典派への評価は，以下のような指摘に凝縮されている。

> のっぴきならない社会構造を引き継ぎ，これから市場経済の制度と精神と担い手を育てていかねばならない国が開発経済学の対象だとすると，新古典派パラダイムがそのための知恵を提供することは方法論上不可能ではないだろうか。だとすれば，「新古典派」と「開発経済学」の組合せは研究の道具と対象の間に大きなミスマッチを起こしているといえよう［大野 1996: 51］（強調原著者）。

新古典派の牙城ともいうべき IMF に，一時籍を置いたこともある人物による新古典派批判は辛辣である。そして，大野によれば，冷戦後の世界において開発，市場移行が重要な課題であるにもかかわらず，上述のような新古典派的政策のマイナス面が明らかなとき，いま必要なことは，十分洗練された形にはいたらないまでも，日本の開発経験を体系化してみせることであり，それこそが世界に対する日本の「知的貢献」である。体系化しうる日本的アプローチがあるとすれば，それは，各国共通の政策メニューではなく，開発に向けて各国が抱える固有の問題を明示し，さまざまな開発戦略を策定するための基本的な「ものの考え方」である，というのが大野の主張である［大野ほか 1997: 168-169］。

そして，新古典派的戦略に対比されるべき日本的アプローチの具体的論点としては，以下のようなものがあげられている。

まず第一に，マクロ経済安定化に先立つミクロの制度改革，ことに「予算

のハード化」の重要性である。新古典派においては，企業の私有化，マクロ経済の安定化が最重視されるが，経営自主権を付与する前に，企業，銀行などミクロ・レヴェルでの金融規律，企業経営の自己責任原則を打ち立て，さらにはこのミクロの裏づけをもって，国家レヴェルで正常な財政金融制度を確立すべきことが主張される。第二に，経営効率向上を目指す「即時私有化政策の限界と危険性」である。所有権と効率性の関連を考えた場合，完全かつ急速に私有化するのではなく，国有制のままでも，民間との競争，経営権分離，リース，フランチャイズなどの手法をもって経営を改善していくことは可能である。現実世界においては，「コースの定理」の成立根拠は脆弱である。第二の論点にも関連するが，第三に，とりあえず目指されるべきは，完全な私有化よりも「供給能力の維持」であるという点である。生産の極端な低下のもたらす弊害を考慮すれば，所得の低下を回避し資本蓄積を高めることが不可欠であって，効率的に運営されるはずの理想的民間企業に比して，いかに非効率であれ，開発・市場移行過程の現実のなかで国有企業が果たしうる役割は大きいという認識である［大野 1996: 109-111］。

　こうしてみると，日本的アプローチは，いわゆる漸進主義的アプローチと重なる点も多いが，主唱者たちの議論によれば，その骨子は，与件を固定的なものとしてとらえるのではなく，動態的開発過程の操作可能性という前提のもと，開発・市場移行における国家・政府の責任・役割を明確化しようとすることにある。市場の育成という歴史的大事業を具体的に認識したうえ，新古典派理論にもとづく即時民営化よりも，時間をかけ，漸進的・段階的に国家の「制度能力」を向上させていくことに「戦略」としての優位性，現実性を見いだそうとするアプローチである。むろん，「日本的」という冠をかぶせるほど固有の論点をどれだけ含むのか，ことに初期開発経済学の多様な遺産にどれだけ目配りができているのかという疑問は残るが，真摯に新古典派へのオルターナティヴを目指そうという理論闘争そのものは評価されるであろう[3]。

3）日本的アプローチの基本的理念，具体的戦略は，初期開発経済学と重なる部分も多い。この比較に関しては，「初期開発主義と新開発主義」という視点から興味深い分析を行なった絵所［1999］が参考となる。しかしながら，初期開発経済学を引き継ぐのが，後述するような，権威主義的抑圧体制容認論としての日本的アプローチであるとするなら，それはあまりにも不幸な事態というべきであろう。

3　権威主義開発モデルの誘惑

(1)　日本的アプローチと権威主義開発体制の相関

　ここまで，日本的アプローチ模索の動きを，国際開発機関の理念をめぐる政治的つばぜりあい，理論的オルターナティヴ構築の両面から概観してきた。こうした官・学による日本的アプローチの模索は，国際機関の杓子定規な政策，それを支える新古典派理論に対する国際的批判の潮流と重なる点も多い。それゆえたしかに，日本的アプローチが提起する内容は国際的にも注目を集めている。世銀の教義にそぐわない援助政策を展開する日本の動きには，S. ジョージのような人物まで言及しているし［George et al. 1994: 60-61, 訳 73-74］，東アジアの開発プロセスにおける政府の役割に関する研究を背景に，長く開発主義的議論を展開している欧米の論者も数多い［Amsden 1989; Wade 1990］。

　しかしながら，日本的アプローチ提唱の根拠となる日本の経済発展プロセスそのものが，果たしてどの程度政府の産業政策によるものなのか，実際には議論は分かれている。経済発展をリードした工作機械工業にせよ，石油化学工業にせよ，産業政策がその業種の発展を促したという見解を否定する研究もある。こうした研究において指摘されているのは，産業政策を重視する議論は往々にして政府による政策の構想と政策の現実的効果とを取り違えていることが多いという点である［橘川 1998; Friedman 1988］。開発主義をめぐって，産業政策の効果を実証的に跡づけるということは最重要の論点のひとつだが，その効果の測定は難しく，議論の最終的決着はついていないというのが現状だろう［大野ほか 1997: 166］。

　産業政策の評価はひとまずおき，本章で指摘しておかねばならないのは，以下の点である。まず第一に，各論者による日本的アプローチの模索が，そのすべてとはいわないまでも，「国家－企業間関係」一般に注目し，国家による政策それ自体の重要性を導きだす議論になりがちであること，そして第二に，議論のそうした性格からか，往々にして，それの示唆する「開発体制論」が，合理的な経済政策遂行主体としての国家に権力を集中させることを説く，きわめて権威主義的なものであるという点である。

上述したように，メインバンク・システムをはじめとする日本的経済システムは，冷戦終結後，国際的には，南の権威主義開発体制，東の中央集権的計画経済体制からの移行過程における「民主主義の持続可能性」という点から注目されることも少なくない。市場経済を支える制度，人材が不足している移行過程において民主主義を維持・定着させようとすれば，経済学としてどれだけ理屈が通っていても，ブードゥー教的政治状況，すなわち非合理的で混乱した状況しか生みださないような新自由主義よりも，有効であると評価されているのである［Przeworski 1995: 84］。ところが，日本においては，「市場の育成」という点から経済の発展段階を重視し，漸進主義的アプローチをとる立場は，政治に関しても発展段階を強調し，たとえば，民主主義，人権などは，高次の段階における達成目標とすることが多く，初期段階における民主主義の制限を是認もしくは推奨しがちである。日本的アプローチの模索，そしてその枠組みのなかにアジアの発展過程を位置づけようという試みは，事実認識としても，規範的議論の提起としても，往々にして，抑圧的な権威主義的開発体制による開発の成功という結論を導く傾向がある。

大野健一の提唱する段階論をみてみよう。大野は，日本を含め，東アジアの経験と思われるものをひとつのモデルとして提唱し，開発・市場移行の段階論を展開して，それぞれの段階における政府の役割を具体化しようとした［大野 1996: 291-293］。

第1段階は，「国民づくり」と「政府づくり」の段階である。これは，国民には苦難に耐えるための統合原理が，政府には国家を維持するための機能が付与されるべき段階であり，こうした作業は，基本的人権や議会制や自由選挙の理念など，「きれいごと」ではすまないものであるとされる。大野の考えるところでは，もっとも克服が難しい段階であり，この段階で先進国並みの自由放任経済を勧告することは無謀かつ無責任である。

第2段階は，「市場経済の基礎条件整備」の段階である。これは政府が直接手段を行使して，きたるべき市場経済を支える基礎条件を整備すべき段階であり，具体的には「制度能力」の向上，人的資源の蓄積が重要である。

第3段階は，政府が選択的に産業を育成すべき産業政策の段階である。長期的ヴィジョンのもとでエリート官僚が経済をリードすべき段階だが，産業政策を遂行できるこの段階までくれば，持続的発展の軌道に乗るとされる。

そして最後の第4段階とは，キャッチアップの終了と自由化の段階である。

市場経済の成熟，民間部門の成長にともない，政府介入を撤退させていくべき段階であり，経済発展に成功したがゆえに要請される諸課題に取り組むべきであるとされる。政府介入の根拠を理論化するとともに撤退時期を確定する，いわゆる「サンセット・ルール」の必要性を主張する考え方は，開発主義の他の理論家，政策担当者に共通している［久保田 1994: 29; 村上 1992］。

　以上が大野の発展段階論であり，「東アジアから他地域へ発することができるもっとも一般的なメッセージは，以上の諸段階を十分認識し，自国がおかれた状況を見誤らないようにすることではなかろうか」と結んでいる［大野 1996: 294］。

　大野が端的に語っているように，この発展段階論は権威主義開発体制容認論と対をなしている。「市場の育成」という点から経済の発展段階を重視する立場は，政治に関しても段階を強調し，民主主義などはより高次の到達目標であるとされているのであるが，権威主義開発体制によって市場の未成熟状態から脱却することを第一の目標とする議論は，渡辺利夫によっても展開されている。渡辺は，韓国を例にアジア経済のダイナミズムをいち早く指摘し，「従属」で片づけられがちだった工業化のプロセスにおける途上国側の主体性を見いだした研究者のひとりであり，その先見性，先駆的業績は高く評価されるだろう。この渡辺も，権威主義的開発体制容認論さらには必要論を，きわめて明快に説く論者のひとりである。

　渡辺によれば，権威主義的開発体制とは，「軍・政治エリートが『開発』を至上の目標として設定し，それを達成すべく彼らが育成した官僚テクノクラート群に経済政策の立案・施行の任にあたらせ，経済開発の成功をもってみずからの支配の正統性の根拠とするシステム」である［渡辺 1995: 9-10］。そして「後発国が内外のきびしい条件下で急速な経済発展を試みようというのであれば，権威主義的な政治体制と開発戦略は避けられない」が，「権威主義体制のもとでの開発戦略が成功裡に進められるならば，その帰結として，権威主義体制それ自体が『溶解』する」との持論を長年主張している［同上: 40］。アジアの発展過程は権威主義体制に導かれたものであるととらえ，そしてこの事実認識を背景に，権威主義的開発体制を他地域へのモデルとしても提起しているわけだが，アジア危機以後も，この姿勢にまったく変化はない［渡辺 1999］。

　要するに，渡辺によれば，たとえ抑圧的であれ，権威主義的開発体制が容

認されるのは，それが独裁のための独裁ではなく，厳しい条件下での開発ナショナリズムの構築に正統性の根拠をおく体制であること，また，そうであるがゆえに，開発に成功すれば所得と高学歴に支えられた「中間層」が生みだされ，その多様な要求に応えるべく，体制そのものが「溶解」するという権威主義体制の「一時的な性格」によるというのである。

　こうした認識は，日本的アプローチを提唱する多くの論者に共通している。大野健一の発展段階論も，渡辺の主張を積極的に継承した議論である。大野によれば，ファシズムなどの温床となる悪性ナショナリズムに対して，経済発展と結びつくナショナリズムは社会を前進させる積極的な力になりうるとしたうえ，もし現時点で「想像の共同体」としての国民国家構築が困難であるならば，それが可能になるような単位まで既存の国家を分割すべきであるとまで主張する［大野 1996: 282-285］。国家という単位，主体に何よりも大きな信頼をおくのである。

　このような立場からすれば，漸進主義的認識を重視する日本的アプローチとは，煎じつめていくと，開発主体をあくまでも国家に収斂させ，発展段階を国家ごとに設定し，各段階において具体的課題とされるものを，開発の成功を自らの正統性の根拠とする有能かつ無謬の政府・官僚（さらには軍）に委ねるという戦略と，ほぼ同義になってしまう[4]。このアプローチにおいては，「国民」は，せいぜい「想像の共同体」［アンダーソン 1997］を信じ込まされる客体的存在であり，段階に応じてさまざまな権利が制限されている。そこでは，主体的市民は不在であり，それどころか積極的に否定されるべきものとなっているのである。

(2) 権威主義開発体制容認論の陥穽

　しかしながら，権威主義体制容認論・必要論の根拠は，自由，民主主義の制限という結論を導きだせるほどに盤石なものであろうか。以下でみるように，根拠はそれほど明確ではなく，その拠って立つ基盤は脆弱である。経済，政治とも発展段階を重視するがゆえに，民主主義という，より高次の政治制度は一時的に制限するというのが，そうした議論から出されるエクスキュー

---

[4] 村上の開発主義を批判的に検討した八木紀一郎は，「効率的官僚制だけでは開発主義に内在する攻撃的ナショナリズムと復古的原理主義の危険に対処できない」と結論づけた［八木 1999a: 226］。

ズである。だがこうした姿勢そのものに，すでに民主主義，多元的社会を疎んじる傾向を見いだしうる。したがって，権威主義体制の「溶解」といっても，こうした議論ではその具体的態様は明らかとはならないし，また多元的社会に重きをおく価値観，そういった社会を持続させる力は生じえない。冷戦後の世界に対する「知的貢献」を目指すなら，対立や多様性を前提としたうえで，壊れやすい社会をいかにして維持していくのかという課題に応えるものでなくてはならないはずであり，対立・多様性そのものの否定が暗示される戦略が，今後，有効な知的貢献になりうるのかは大いに疑問である。

　権威主義体制容認論ならびに必要論が，事実認識としても，規範的議論としても問題の多いものであることは，それぞれに関連する以下の諸点に見いだされるであろう。

　まず第一に，そもそもこうした議論の背景には，日本を含めた東アジアの開発経験に対する肯定的評価が絶対的前提としてあることである。民衆排除の開発体制は，マクロ的にみて，たしかに急激な経済成長を果たしたが，それは多大な政治的・社会的コスト，環境破壊などをともなうものであった［小泉 1998; コッペル 1998; オコンナー 1994］。世銀の『東アジアの奇跡』にせよ，それに批判的な日本の論者にせよ，東アジアの経済成長への肯定的評価は議論の絶対的な前提になっており，モニター，チェックを受けない開発体制のもたらすマイナス面への認識は非常に希薄である。

　第二に，利害の対立・不一致を開発への障害とする思考様式に貫かれている点である。利害対立を前提とし，それゆえにこそ利害調整と合意を内実とする「政治」プロセスの重要性が説かれるというよりは，対立を一掃し統合理念を作り上げ，先行き不透明な事態を一挙に見通しのきく予測可能なものにすべきであるという論調となっている。現実世界における利害調整の困難を前に根源的問題解決を指向する，こうした姿勢そのものが権威主義の容認につながっていく［Przeworski 1995: 61］。目先の個別利害を認めるがゆえにその調整に困難をともない，衆愚政治に惰しがちな民主主義は開発には不向きであり，権威主義のほうがよいとする，この種の議論は，実は民主主義体制を批判する一般的議論に酷似している。たしかに，民主主義体制は完璧な政治体制ではない。だが，そのことは必ずしも，権威主義体制が開発にとってよりよい体制であることを意味しない［Sen 1999: 150, 訳 169-170; 恒川 1998: 11-12］。

第三に，民主主義的プロセスには不信感を抱く一方，権威主義的国家・政府の政策遂行能力に対しては，信仰ともいうべき絶対的信頼を寄せている点である。短期的な利害対立を越えて長期的な「国益」を確定し，その国益に奉仕しうる主体として無謬の政府，国士的な官僚，さらには国家に忠誠を誓う近代的組織としての軍隊に期待しているわけであるが，これらの主体の「能力」は無前提に保証されるわけではない[5]。権威主義体制であれば，開発に成功するとはかぎらず，むしろ失敗例のほうが多く，権威主義体制による開発の過程で生じた政治的自由の喪失，人権侵害が経済的果実で埋め合わされることは，実のところ少ない［恒川 1998: 13］。また「能力」との関連でいうと，いわゆる「国家の自律性」という問題が重要となるが，権威主義体制容認論・必要論は，具体的・歴史的条件を越え，権威主義体制一般が世界システム，国内諸階級との関係において自律性を保証するものと誤認し［田巻 1994: 188-191］，結局のところ，政治を語っているようで，政治プロセスをブラックボックスとしてしまっている。

　この点に関連し，最近の開発主義研究の成果に目を向けておこう。末廣昭は，アジアの開発経験を念頭に，「開発主義」を「個人や家族あるいは地域社会ではなく，国家や民族の利害を最優先させ，国の特定目標，具体的には工業化を通じた経済成長による国力の強化を実現するために，物的人的資源の集中的動員と管理を行なう方法」と定義したうえ，これを，1950年代末以後における国内外の情勢の変化にともない，途上国に定着したイデオロギーであるとしている。「成長イデオロギーの国民的共有」［末廣 1998b］が目指され，「開発観念の政治的消費」［藤原 1998: 86］が行なわれたという認識である。だが，東アジアの開発体制の権威主義的性格は，従来の政治経済体制を刷新すべく，伝統的な権力観，秩序意識と上からの経済開発に自らの正統性を求めようとした政権の権力奪取の性格に起因するものである。そし

---

5) 絵所秀紀は，強い政府は失敗しないという仮定にもとづく議論など，「反」新古典派的というよりも新古典派「以前」的な議論であると指摘している［絵所 1999: 30］。また，一国ごとの政策体系の合理性という視点でアジアの経済成長を論じることから距離をおき，成長の本質を世界システムの動態との関連で理解しようとする平川均は，「先端技術の発達と情報化が，現在の東アジアの工業化を支えている。物と人と情報の移動が急速に進展する現在，政治体制のみを閉鎖体系のなかにおいて権威主義体制を不可避と結論することは，現代の後発工業化の質的変化を無視することに他ならないだろう」と述べている［平川 1997: 25］。

て，こうした権威主義体制が東アジアで成り立ちえたのは，冷戦下米ソの援助合戦・システム間競争や中国の共産化といった国際的政治環境によるところが大きい。これが末廣昭や藤原帰一の見解である［藤原 1998; 末廣 1998a, b］。

こうした内外の政治情勢を見据えた開発主義研究を踏まえれば，権威主義体制は，市場の未成熟という経済条件の要請する集権的経済政策に必然的に随伴するものであるとはいえない。アジアの経済成長はこの権威主義体制の合理的経済政策運営によるものである，という単純化された教訓をアジアの開発経験から引きだし，ポスト冷戦に向けて，普遍的に適用可能な権威主義開発モデルを抽出することには，かなりの無理があることが判然とするのである[6]。

そして最後に，権威主義体制容認論に関する第四の問題点であるが，それは，経済成長と民主化の因果関係をきわめて安直にとらえ，「溶解論」に典型的にみられるように，「経済成長を通じた民主化」を唯一の経路のごとく主張している点である。「経済成長を果たすまで民主主義はお預け」という考え方である。だが，かりに経済成長が実現したとしても，その過程で生みだされる「中間層」が民主化の担い手になるとはかぎらず，むしろファシズムや権威主義を支えるなど，反動化した例は歴史上事欠かないし，アジアにもその実例を見いだせる［岩崎 1998］。また経済成長という目的にとって，国民の抑圧・排除というのは，経験的・論理的に十分検証された必要条件ではなく［田巻 1994: 191-196］，戦後日本もそうだが，「民主化を通じた経済成長」という例もある［中村 1993][7]。

6）開発主義の本質を権威主義的政治体制にのみ求める議論には，批判的な意見も多い［末廣 1998b: 36-38］。開発主義の本質や起源をめぐる議論の整理については，とりあえず，矢野［2000a］を参照。

7）経済発展と民主主義の関連を検討する際，中村正則は，いわゆる「2000 ドルの壁」という仮説を打ちだし論争を巻き起こす一方で，戦前のデモクラシー運動，戦後の経済民主化が日本における民主主義の興隆，高度成長に果たした役割を指摘し，さらには，民需主導経済成長という側面を強調している［中村 1993］。日本モデルといえば，権威主義的国家主導の開発モデルが想起されるなか，軍事支出を抑え，民需主導の経済成長を果たしたという側面がもっとクローズアップされてもよいだろう。中村同様，J. K. ガルブレイスも，人的資本への投資と並んで，この点を日本の経済成長の教訓として引きだそうとしている［ガルブレイス 1987: vii］。

そもそも権威主義体制容認論において暗黙のうちに「モデル」とされる日本は，戦後の高度成長を経てはじめて民主化したわけではない。戦前の歴史を顧みても，自由民権運動や労働運動，小作争議といった一般国民のさまざまな運動のみならず，戦争という国家的目標への国民の動員，国民的合意の獲得のためにも，国家の政策として民主化が促された面は否定できない。日本においても，さまざまな理念，契機，主体が民主主義を制度として定着させてきた重要な要因であることは明らかである［三谷 1993］。要するに，経済成長と民主主義との関連というのは，長く関心を呼ぶテーマではあるが，その因果関係は，少なくとも「溶解論」ほど単純ではないことはたしかであり，各地域における民主主義の定着には，数値上の開発，経済成長から一定程度独立した，それ固有の論理があると考えるべきなのである［岩崎 1998；恒川 1998: 19-20］[8]。

4 「国家-市場」軸の相対化

上で批判的に検討してきたような日本的論調は極端な例ではあるが，実は国家回帰の傾向がはらむ一般的問題を象徴している。開発・市場移行に関する国家・政府の役割をめぐる新古典派批判は，それ自体，注目すべき重要な営みであり，また今後とも掘り下げられるべき論点も数多い。しかしながら，新古典派批判が，すなわち開発主体としての国家の再評価となり，かつ，その次元に議論が解消されてしまっているという感が否めない。市場の育成を，超越的権限が賦与された国家に託すという処方箋は，国家の統治能力を揺さぶるトランスナショナルな課題が山積し，またさまざまなグループによる国家指向の動きそのものが紛争を巻き起こしているポスト冷戦の現実に対して，どこまで有効なのだろうか。市場万能論の問題点は明らかだが，現在の諸問題は，市場の側に揺れすぎていた振り子を，国家側に回帰させることで解決されるほど容易なものではない。

理想的市場，理想的国家のどちらかにすべてを託すのではなく，複雑な諸問題を前に，それでも，より望ましい変化を引き起こすための具体的方途は

8）経済と政治の連関に関する，この重要な論点についてのハーシュマンの議論は後述する。

何か。もちろんこれは本書全体のテーマなのだが，第1章を締めくくる本節では，「国家‐市場」軸を相対化するための論点，とくに，市場原理主義批判がいつの間にやらナショナリズムという原理主義に行き着かないためにも，留保すべき論点を確認しておきたい。

(1) 「広義の政治」論

　日本的アプローチ提唱の背景には，戦後日本の高度経済成長という事実がある。この事実をどうとらえるか。何が重要な要因だったのか。非常に大きなテーマだが，ここでは，民主主義を制限する権威主義モデルに内包される考え方，つまり政府・官僚主導論への批判的見解について確認しておく。

　経済成長という目標に関し「政治」を重視する考え方は，国家の政治・政策，しかもその現実的効果よりも目標や構想に重きをおきがちである。国家が市場の外で，長期的展望に立って国益を確定し事前に綿密な計画を練り上げ，優秀な官僚が忠実にそれを実行する。その甲斐あって経済成長が果たされるというシナリオである。

　ところが同じく「政治」を語る場合も，国家レヴェルに限定した「狭義の政治」ではなく，一国の産業発展を「広義の政治」という文脈で理解しようとする議論がある。国家をめぐる権力闘争，国家による政策の形成や実行，これらは，いわば「大文字の政治」である。国家はいつの世でも計画を立て，政策を実行しようとするだろう。だが，そうしたことだけが政治ではない。むしろ，いまだ事態の展開が完全には定まりきらない状況下，さまざまな主体が自らの置かれた環境の改善を図るべく，必ずしも市場メカニズムに則らないようなやり方，価値基準で声を発し行動するということの総体を「政治」と認識し，これこそが産業発展の帰趨を決するという考え方が「広義の政治」論である。一例をあげてみよう。

　「奇跡」と称される日本の経済成長を分析したD. フリードマンによれば，日本の高度成長についての通説は2つに大別される。ひとつは「市場調整論」であり，この見方によれば，成功は市場によって生みだされた営利的経済活動へのインセンティヴの当然の結果，一言でいえば「市場メカニズム」によるということになる。しかしこの見方では，なぜ日本の生産者が市場の需要に即応できたのか，明らかにはならない。もうひとつは「官僚調整論」であり，これは，日本政府が生産者に対して，世界市場における競争で優位

に立つために適切な支援,指導を行なったとするもの,つまり「産業政策の有効性」を説くものである。だが,この見方は,政策に反映される政府の主観的意図と政策の現実的結果を混同してしまっている。フリードマンによれば,いずれの見方も日本の「奇跡」の内容を誤解している［Friedman 1988］。

また,市場調整論も官僚調整論も,産業上の競争といえば,スケール・メリットにより生産効率を高める問題であるととらえ,しかも効率性を追求していくなら企業,産業,国民経済は似たような形態に落ち着いていくという「収斂理論」であり,その意味では,両者に何ら変わりはない。最適な生産体制に「収斂」させるのが,市場競争なのか,国家介入なのかという点に違いが見られるだけのことで［Friedman 1988: 9, 訳 10-11］,「論争は,国家介入が効率向上を促進するのか妨げるのかどうかという点に集中している」［*ibid.*: 19, 訳 23］。まさに,「国家－市場」軸を前提として行なわれた『東アジアの奇跡』をめぐる論争を想い起こさせるような指摘である。

フリードマンは,物的・資源的制約を強調しすぎる市場決定論,政府の政策のみが政治であり,その政治が発展の方向を決するという「狭義の政治」論を批判し,日本の経済成長を,中小企業が重要な主体を成す「フレキシブル生産システム」の展開によるものとしている。これについては,彼の依拠する M. ピオーリと C. セーブルの議論［Piore et al. 1984］と絡め,別稿にて検討しておいた［矢野 1993］。ここでは,「広義の政治」論に依拠しつつ,権威主義開発体制モデルの根幹にある,官僚調整論に関する批判的論点をあらためて確認しておこう。なぜならピオーリやセーブル,フリードマンの見解には,ハーシュマン的認識が投影されているからである。

ピオーリ＝セーブル,ならびにフリードマンによれば,各国の発展過程は,収斂理論の想定とは異なり,多様でありえるし,また現実に多様であった。彼らの議論が正統的な経済学,政治学以上に精彩を放っているのは,社会の発展における多様な可能性を確信したうえ,社会編成原理としての資本主義の力がいかに強大であっても,収斂理論が想定したようには収斂し尽くさないのが現実の社会であると喝破しているからである。こうした点については,ややもすれば,狭く文化的要因をもちだして説明されることが多いが,彼らの議論を支えるのは,おそらくはそれをも包含するであろう「広義の政治」概念である。

彼らがいう「政治」とは,国家による政策に限定されるものではない。そ

れは,「大部分の人々が普通の意味で政治とは考えない, 社会の諸領域における争い」,「正義, 適切な行動, および社会全体を通じての諸権利に関して人々が持っている基本的志向」であり,「工業上の選択を可能にするのに影響を及ぼす信念と諸権利のセットを明確に規定すること」である [Friedman 1988: 17-18, 訳 20-21]。具体的には, 政府による産業政策のみならず, 労働者の抱くイデオロギーやキャリア期待, 生産現場におけるさまざまな要求, 下請業者間の調整, 中小企業と大企業との関係, 中小企業への資金配分, 企業経営者・政府関係者・労働者・自治体の間の政治的争いと妥協, 地域主義などが「広義の政治」を形成する。

「狭義の政治」, すなわち国家レヴェルの政治, 政策を重視する論者は, 一般に, 発展段階をも考慮しつつ, 特定の「国家介入形態」とさまざまな国の「経済的効率」とを直接関連づけようとする。新たなる意匠のごとく語られることも多いが, 近年の日本的アプローチも, 実のところ, この種の議論の系譜に属する。こうした議論に対して, 国家政策それ自体の重要性, そうした政策の「企業-国家関係」一般に関する含意は, 産業活動をめぐる, より広い政治的文脈のなかに位置づけることなしには評価できないというのが, フリードマンの主張の眼目である。

政治とはまさに国家の活動以上のものであって,「広義の政治」すなわち「社会全体を通じた政治的結果」が, 他とは異なる生産形態を採用するインセンティヴをつくりだしたり破壊したりすることによって, 産業を変化させ, 国民経済を再構築しうる [Friedman 1988: 208-212, 訳 231-235]。経済秩序はけっして自生的なものではないが, 上からの政策がストレートに反映され, 構築されるものでもない。「それは人々が仕事場や市場と格闘するにしたがって採用する, 正義と公正さの範囲の明確化による人工的創造物」である [*ibid.*: 17, 訳 21]。フリードマンは, 戦前・戦後の工作機械工業の発展, フレキシブル生産を担った中小企業の役割, 長野県坂城町に代表される産業地域主義などの事例を綿密に研究したうえ, 日本における産業発展と「広義の政治」の関連を明らかにしようとしたのである。

本章で概観したように, 新古典派であれ, 権威主義開発体制を容認する議論であれ, 国民経済, 産業体制の変化を単純で包括的な理論に還元する傾向にあるが, 現実には, 社会のあらゆるレヴェルでの政治が,「予見不可能な仕方」で産業戦略を規定している。「広義の政治」論が示唆するのは,「いま

あるものは，別のものでありえたし，別のものにしうる可能性がある」ということであり，ありうべき可能性の認識を通常の経済学，政治学の拘束から解き放つということである。

　通常，とくに経済学では，「利益」だとか「効率性」だとかは一義的に把握しうるもの，普遍的に確定しうるものと考えられている。したがって，資本主義市場経済のもとで利益を追求し効率性が高められようとすれば，組織の形態も国民経済の様相も，ある特定の型に収斂していくものと考えられるのである。しかし現実の社会では，何を利益とし，何を効率的とするかは，既定の事柄ではなく，まさしくそれをめぐって各主体が自己主張をしてきた。そのなかで対立点が明確にされたうえ，さまざまな合意が形成されてきたのであって，必ずしも理念的な資本主義の想定する発展経路を進まないのが常態であった。そして，この局面でこそ「政策」が語られてきた。いまだ事態が確定せず，多様な可能性を秘める社会だからこそ，政策を語りうるのであり，本当の意味で政策が議論されるのは，「広義の政治」を前提してのことである。

　ここで，ピオーリとセーブルの議論も簡単に振り返っておこう。
　ピオーリ＝セーブルによれば，ある法則に則り，きわめてスムーズにできあがったかに見える「大量生産体制」というものも，その特徴である労使関係，労働管理や工場組織，あるいは，国民の購買力，大量消費を支えるための諸制度を含め，試行錯誤のすえ，しかも当事者たちの意図を離れてできあがったものである。彼らは歴史を振り返りながらこうしたことを実証し，「それらの制度のある部分は別のものでもありえた可能性」を浮かび上がらせることで，現在の危機の乗り切り方，今後支配的となる技術体系，将来の企業組織，企業間関係も，条件しだいで市民，地域社会にとって，より「ましな」ものとできる可能性を示唆している。合目的的歴史観，必然的発展法則という考え方を排し，歴史を「思わざる発見」の過程として把握しようとしているのである［Piore et al. 1984: 92, 訳 123］。
　ピオーリ＝セーブルは，大量生産体制が危機を迎えるなかで，クラフト生産体制がコンピュータ技術の著しい発展と結びつき「柔軟な専門化」を実現する萌芽的可能性を論じたが，彼らの主眼について翻訳者のひとり山之内靖は，こう述べている。すなわち，彼らは「危機の背後に新たな可能性が浮かび上がっていることを指摘し，必ずしも順調に成長しつつあるとはいえない

この新たな可能性を社会的に共同化された自覚にまでもたらすこと」を目的としている，と［山之内 1993: 454］。ここで山之内は「新たな可能性を社会的に共同化された自覚にまで高める」という，まさに正鵠を射る表現を用いている。市場競争のただ中では，この新たな可能性は萌芽状態のまま消えゆくかもしれない。しかしながら国家は，この可能性の所在すら察知しえないかもしれないし，察知したところで上から旗を振るだけでは，この可能性を広く社会に行き渡らせることには大きなコストがともなうかもしれない。浮かび上がりつつある可能性を，政治的・経済的に，いかに無理・無駄を少なくして社会的な現実にまで育て上げるか。以下の諸章でも触れるように，ピオーリ＝セーブルは，たしかにハーシュマンのポシビリズムを継承しようとしているのである[9]。

以上みてきたように，予測能力や包括性という野望を犠牲にしても，必然的認識，合目的的歴史観に彩られた収斂理論ないし単線的発展論ではとらえきれない企業，産業，国民経済の多様な発展経路，存在形態を提示しうるというのが，ピオーリ，セーブル，フリードマンらの主張の含意であり，おそらくは彼らがハーシュマンから引き継いだ考え方なのである。これについては，次章でふたたび触れることになろう。

「日本の奇跡」を論じるうえで，フリードマンの「広義の政治」概念は，文字どおり広義でありすぎ，分析概念としての有効性が疑問視される場合もある［沢井 1990］。しかしながら，本章で議論してきたような開発主義論争では，政策が真っ白いキャンバスの上に描かれるものとするような考え方，さらにいえば，すでに描かれたものがあり，キャンバスが白くないなら，白く塗り込めた後に，理想的な配色で政策を実行するのをよしとするような考え方がはびこっている。権威主義開発体制による合理的経済政策の遂行に成功の要因を求める議論が横行するなか，その政策が展開する，より広い政治的文脈に目を向けなければ，政策の含意は明らかにならないとした「広義の政治」論の意義は，けっして小さくはない。

(2) 民主主義の機能

上述したような「広義の政治」にも関連するが，ここでもう一点，本章で

---

9) ピオーリ＝セーブルの「柔軟な専門化」という議論をいかに評価するかについては，批判的論点の検討も含め，矢野［1993］を参照のこと。

の議論のまとめとして，国家の役割に注目しながらも，けっしてそれを万能視しないA. センの主張を検討しておきたい。センの議論そのものは，日本式開発主義自体を批判することを目的としたものではないが，民主主義の価値と機能を説く彼の主張は，日本式開発主義に内包される権威主義体制の問題点をあぶりだすものとなっている。以下，本書でも展開していくように，センの議論は，ハーシュマンの議論と，ときに反発しながらも響きあう点が数多く見受けられる[10]。

センによれば，経済成長そのものは，人々を権利剥奪（deprivation）の状況から解放し，個々人の潜在能力を拡張していくための手段にすぎず，最終的な目的ではない。マクロ的な経済成長そのものよりも，成長の果実がどのように使われ，その結果，実際に人々が何ができるようになったか，どのような状態にあるのかが重要視される。彼は，所得そのものではなく，それを本質的な「機能」（人々が価値ある人生を生きていくうえでの）に転換するプロセス，すなわち「自由」を拡大していくプロセスに影響を与える諸要因に注目しているのである。人々のニーズ（public needs）は，経済成長そのもので満たされるとはかぎらない。「成長を通じた保障」（growth-mediated security）と「社会的支援主導の保障」（support-led security）を対比したセンの議論はいまや有名であろう。

人々の不安定な生活条件を除去するための方策として，理論的には「成長を通じた保障」，「社会的支援主導の保障」の2つがある［Drèze & Sen 1989: 183］。このことは，以下のような事実によっても確認できる。途上諸国の開発パフォーマンスを見比べれば，経済成長と平均寿命の伸び，生活の質の向上とは必ずしも一致しない。1人あたり所得が同程度の国家間でも格差があるし，所得は低くとも生活の質については優るといった逆転現象も見受けられる。韓国や台湾などのように，成長とともに寿命が伸びている国もあれば，

---

10) センとハーシュマンの議論の関連については，以下本書でも検討していくが，とりあえずは，峯［1999］を参照のこと。ここでプライヴェートな人間関係にも触れておくと，センの先妻エヴァは，ハーシュマンの姉ウルスラとコロルニの娘であり，したがってハーシュマンの姪である。彼女は，1985年に胃ガンで亡くなるまで良きパートナーとしてセンの研究を支えたという。センとエヴァの子供たちは，ハーシュマン夫妻を訪ねて楽しい時間を過ごしたというから［Sen 1998］，センとハーシュマンは個人的なつき合いも深いのである。なお，エヴァについては宇沢弘文もその回顧録で言及している（『日本経済新聞』2002年3月15日朝刊）。

ブラジルのように，そうでない国もある。マクロ的な経済成長があっても，雇用が伸びなかったり，成長の果実が公的支出を通じて基礎教育や保健医療の増進に向けられなくては，人々の生活は向上しない。また，成長はさほどではなくても，医療，教育，その他サーヴィスに直接，社会的支援を施すことによって平均寿命が伸びているところもある。たとえば，スリランカや改革前の中国，インドのケララ州などである［Sen 1999: 43-47, 訳 47-51］。もちろんセンは，開発体制が権威主義的であれば，良好なパフォーマンスがもたらされるなどという結論を導きだしはしない。

　本章のような議論にとって，センの主張が示唆に富むと思われるのは，以下のような点である。まず第一に，人々が実際に何ができるようになるか，どのような状況に置かれるかは，一国における市場経済の発達度にのみ着目していては明らかとはならず，むしろ，「公的制度」（public institutions）のあり方が重要であるという点である。1人あたり所得が同程度の国家間でも保健，福祉のレヴェルに差が生まれるのは，こうした公的制度，より一般的にいえば，非市場的要因の違いによる。公的制度を通じて一般市民に基礎的な財・サーヴィスを提供すること，すなわち「公的供給」（public provisioning）が適切になされれば，たとえ貧しい国であっても，人々の権利剥奪状況は緩和され，潜在能力は高まる。発展段階の重要性が叫ばれるが，一国が基礎教育と基礎医療の急拡大に着手するのに，ずっと豊かになるまで待つ必要はない。医療や基礎教育などにも資源は必要だが，これらの社会的サーヴィスは通常きわめて労働集約的であり，貧しい途上国においても供給可能なものである。そして，こうしたサーヴィスの充実を通じた人的資源の開発は，やがて経済成長にも結びつけることができるというのが，センの主張である［Sen 1999: 47-49, 訳 51-52］。

　示唆される第二の点は，国家は，非常に重要な主体ではあるが，万能ではなく，権威主義体制下であれ，人々のニーズを事前に確定することは必ずしもできないということである。慈悲深き国家が権力を行使し財やサーヴィスを供給することはできても，人々のニーズを同定できないまま，ただ「上から」行なわれる施しでは，真のニーズからはかけ離れてしまうことも多い。ニーズを特定し，それに対応するような公的活動がなされなければ，たとえ1人あたり所得が向上しても，人々の権利剥奪状況は緩和されず，開発の目的は達成されない。無駄もはびこるし，権利剥奪状況が緩和しない以上，社

会の不安定要因が残存あるいは増大するであろう。

　そして第三に，上で述べたことに関連するとともに，本書での議論にとってもっとも重要なのは，初期段階を含め，発展のいずれの段階においても民主主義は不可欠のシステムであるという点である。経済的課題が圧倒的に重要なとき，政治的自由などという「きれいごと」に関わる必要はあるのか。日本式開発主義の主唱者を含め，権威主義体制をよしとする為政者，理論家にはこうした考え方が根強い。これに対しセンは，基本的な政治的権利，自由の権利を優先させるべき理由について，以下のような考え方を提示している［Sen 1999: 147-155, 訳 167-175］。

　センによれば，それらの権利は，まず第一に，政治的・社会的参加を含め，それ自体が人間の潜在能力に直接関連するという意味で，開発のどの段階においても重視されねばならない。人々の自由，民主主義を制限して，何のための開発かという主張である。

　第二に，民主主義には，人々が経済的ニーズの主張を含め，自ら政治的主張を表明したり支持したりするのに耳を傾けさせる力を向上させるための，「手段としての役割」（instrumental role）がある。政治的・市民的権利が認められている体制のもとでこそ，人々は声をあげ，自らのニーズに対し政府の関心を向けさせて，適切な行動をとるよう要求できる。たびたび引用される事例だが，独立後のインドと大躍進期の中国とを比較しながら，センは，どんなに貧しくとも民主主義体制のもとでは大飢饉が起きることなどなく，災害時のような苦境においてこそ民主主義の機能が重要になるのだ，と述べている［Sen 1983: 757-760; 1999: 51-53, 訳 56-58］。

　そして最後に，ある特定の社会的文脈における経済的ニーズを理解するということも含め，民主主義には，ニーズを「概念化」していくうえでの「構成上の役割」（constructive role）がある。概念化されないことには，人々のどんな苦境があれ，ニーズはニーズとなりえない。何がニーズとみなされるかは，われわれが，どのような問題なら予防可能で対応策が打てると認識するかということに関係があり，こうした認識を導くうえで，人々の間での審議・討論が重要な役割を果たす［Sen 1999: 153-154, 訳 173-174］。上で述べたように，権威主義国家であってもニーズの概念化は万能ではない。ある社会における真のニーズを同定するためにも，多種多様な情報，主張をつきあわせ議論を積み上げていくこと，すなわち民主主義が保障する「開かれた対

話」が必要だというのが，センの主張である。

　人々のニーズは必ずしも事前に確定できるものではなく，権利が剥奪され，現実的苦境に立たされている一般市民が参加し声を発するさまざまな政治的プロセスを通じて明らかになっていく。こうしたセンの立場からすると，当然のことながら，民衆の参加は，政府に対し「協調的（collaborative）な方法」でも「対立的（adversarial）な方法」でも，権利剥奪の状況に対処するに有効な役割を担いうる。国益としての経済成長という目標を前にすれば，政治的自由などというのはきれいごとにすぎない。実際，貧しい人々にとって重要なのは経済的必要を満たすことであって，政治的自由などではない。こうして民主主義を軽視，さらには敵視する権威主義開発体制論との関連でとくに重要なのは，政治行動，ジャーナリズムの活動，見識ある人々による批判など，民主主義の「手段としての役割」，「構成上の役割」とも関連づけつつ，センが「敵対的な方法」の有効性を繰り返し主張している点である[Drèze & Sen 1989: 259]。個々の立場，意見の表明があり，さまざまな対立があってこそ，人々のニーズは明らかとなり，公的活動の具体的内容も決まり，開発の目的も果たされることになる。こうした見方からすれば，日本式開発主義に内包される一般市民の排除・抑圧など，開発にとって不可欠の要件を端から締めだしていることになるのである。

　以上，本章での議論のまとめとして「国家‐市場」軸を相対化すべく，ピオーリ＝セーブル，フリードマン，センによりながら，「広義の政治」，「民主主義の機能」について確認してきた。本章での議論にとって重要と思われる論点を手短に抜粋してきたにすぎないが，市場原理主義の問題は明らかだとはいえ，発展の担い手として，超越的権限を賦与された国家を待望することもまた問題があるという点は確認できたはずである。

　発展，変化の過程における「政治」のとらえ方に関わる本節の内容は，本書第8章での議論を示唆するものである。そこでは，ハーシュマンの「離脱・発言・忠誠」モデルの重要性が検討されることとなろう。

小　括

　ハーシュマンによるポシビリズムの現代的意義を掘り起こすという本書全体のテーマの序論として，第 1 章では，IMF や世銀といった国際開発機関と援助大国日本との間で繰り広げられた開発主義論争の内容を振り返ってみた。新自由主義への批判的潮流を確認したのち，日本的アプローチの意義と問題点を検討したが，本章での議論を通じて，開発や市場移行という切実な課題を前にして，原理主義的色彩を帯びる両者に代わりうる，真に変化を誘発する知性のあり方が模索されている状況が，ある程度は明らかになったはずである。

　ワシントン・コンセンサスを形づくる新自由主義への批判は，世界的にみれば，けっして少数派による囁きではなく，大きな思潮となっている。しかしながら，日本的アプローチを提唱するすべての論者とはいわないまでも，新自由主義批判が容易に国家主義へと転化してしまうところに日本の知的風土の危うさがある。国家百年の大計を前にすれば，衆愚のわがままを助長する民主主義など制限されてしかるべきという論調がいとも簡単に再生産されてしまうのが，現代日本のイデオロギー状況なのである[11]。

　資源・エネルギーの制約，民族対立など，困難な問題が渦巻くポスト冷戦における開発や市場移行とは，まさに人類史的な課題である。開発や市場移行のプロセスがいかなるものとなるかによって，これからの歴史が大きく左右されるといっても過言ではないだろう。更地にまったく新しい建物を建てようというのではない。旧体制の残滓，過去からのさまざまな遺産，しがらみを引き継ぎながら変化の道に歩みだそうというとき，新自由主義にせよ，日本式開発主義にせよ，当該社会にとって有益な「道しるべ」たりえるだろ

---

[11] 官・学あげて「日本的」なものが称揚される現在，石田雄の冷めた認識を本書でも共有したい。戦後日本の社会科学を批判的に回顧した石田は，目的合理性だけを価値合理性から切り離し，目的合理主義的効率増大の道を突き進んだ「近・現代日本の事例を反省すれば，日本は『東アジア的』な新しい『発展主義モデル』を開発したことを誇るよりは，そのひきおこした帰結から何を学ぶかという教訓を示すべき立場にあるといえるだろう」と述べたことがある［石田 1995: 127-128］。

うか。
　そこに完全なる市場が整備されているわけでも，完璧を誇る国家ができあがっているわけでもない。こうした状況下，世俗に生きるごく普通の人々が，それでも明日への道を歩もうとするとき，当該社会に真に有効な変化を導きだすための知性とはいかなるものなのか。利害対立を権威主義体制によって一掃しようとするのではなく，対立を前提として，さらには利害対立や不均衡を圧力としながら，変化のプロセスを進める術はないものだろうか。本書はその端緒をハーシュマンに求め，彼の研究を跡づけ検討を加えようとしているのである。

第2章　ポシビリズム・不確実性・民主主義
ハーシュマン的方法論への視座

はじめに

　6つの国に住み，3つの軍隊に入って戦い，社会主義と反ファシズムに関わる3つの運動に参加するという型破りな経歴をもつ亡命知識人 A. O. ハーシュマンは，半世紀以上の長きにわたり，開発論をはじめとして社会科学全般に多大な影響を及ぼしてきた。アカデミズムの境界を跳び越え，具体的世界と切り結ぶその著作は，各ディシプリン専属の多くの人々を戸惑わせ，また魅了しつづけてもきた。
　ハーシュマンは社会科学の分野に何を残したのか。戸惑わせながらも，魅力を感じさせるものとは，いったい何なのか。興味関心のある者は，シンポジウムを開催して侃々諤々の議論を行ない，また論文集をまとめあげた。
　P. エバンス，C. セーブル，C. ディアス＝アレハンドロ，M. デ＝チェッコ，P. ストリーテン，G. オドーネル，P. ブルデュー，A. センら，ハーシュマンの「越境」（trespassing）領域と人脈の広さを反映し，さまざまな分野の錚々たるメンバーが寄稿した記念論文集の刊行が，1986年［Foxley et al. 1986］。1980年代末には，米州開発銀行などがラテンアメリカの新たなる開発戦略を目指して，ハーシュマンの業績を振り返るシンポジウムを開催［Teitel 1992］，90年代に入ると，マサチューセッツ工科大学（MIT）を舞台に「ハーシュマン・セミナー」が定期的に催され，その成果が94年に公刊されている［Rodwin et al. 1994］。またプロジェクト評価方法が手詰まり状態にあった世界銀行も，1990年代に入り，それまで敬して遠ざけていた感のある，『開発計画の診断』［Hirschman 1967］に目を向けるようになった[1]。

---

　1) これについては，本書第6章および第7章参照。

ハーシュマン本人も地道に著述活動をつづけ，1995 年，98 年と，「回顧録」とは銘打たれていないものの，人生の断章を振り返るとともに，研究スタイルや方法論を総括するような論文集を出している［Hirschman 1995, 1998］。

　要するに，ハーシュマンは，日本においてはわずかな例外を除き，その全体像に対する大がかりな評価作業が行なわれていないとはいえ，1950 年代の「不均整成長論」の名とともに記憶にとどめられるべき「過去の人」ではない。社会科学において，いまなお，その概念，方法がトータルな形で注視されつづけねばならない最重要人物のひとりなのである。

　この第 2 章では，序章で簡単に触れた「ポシビリズム」（possibilism）について，さまざまな角度からさらに検討を加えていくこととする。新自由主義を含め，あまりに硬直的な社会科学は，「可能性の領域」を広げるというよりはすべてを必然化し，主体的活動の可能性を理論的に圧殺してしまう。「法則」「原理」を指向し体裁を整えようとしすぎると，こうした陥穽にはまりがちである。ときに衒学的な印象すら抱かれるハーシュマンであるが，ポシビリズムというスタンスは，社会科学，とりわけ正統的経済学に対して「変化」への視点を求め，法則，モデルではとらえきれない人間行動の「意図せざる結果」に驚愕し刮目すべきことを主張するものである。人間は将来を完全に予見できないがゆえに，誤り，失望するが，外界に働きかける行動をとおして，学びうる存在でもある。誤り，学びうる人間を前提すればこそ，変化を認識し，そのプロセスを導く知性を組織しうる。理想的市場，理想的国家において想定される合理的経済人，哲人は，完璧であるがゆえに，学びえないのである。

1　ポシビリズムと社会科学

(1)　「ハーシュマン様式」への反応

　序章でも触れたように，認知し擁護するに値するような，進歩的な経済的・政治的諸力を明らかにし，可能なる変化を模索しようとするハーシュマンは，また「社会の壊れやすさ」をも十分認識していた。だからこそ，「現在の社会はどんどん腐敗していくものであって，すべてが直ちに変革されねば何も変わらない」とするイデオロギーを，左右問わず拒否しつづけてきた

のである［Hirschman 1986: 12］。

　では，「異端」といわれ，「ハーシュマン様式」(Hirschmanesque) とも称される方法論は，一般的にはどのようなものと受けとめられてきたのであろうか。ポシビリズムは正当な評価を受けてきたのだろうか。まずはここで，ひとつの典型的見解をみておこう。

　先に述べたハーシュマン・セミナーの参加者のひとりに，才知に長け，経済学のさまざまな分野の諸問題に手際よく回答を与える，あのP.クルーグマンがいる。彼は，主著『経済発展の戦略』におけるハーシュマン的手法を以下の4点にまとめている。すなわち，「示唆に富む隠喩」(suggestive metaphor)，「制度的現実主義」(institutional realism)，「学際的説明」(interdisciplinary reasoning)，「論理一貫性にこだわりすぎない姿勢」(relaxed attitude toward internal consistency) の4つである［Krugman 1994: 52］。

　このようにまとめたのち，クルーグマンは，ハーシュマンの暗示的・叙述的方法論を鋭く批判している。現実を見ない正統派によるモデル化はモデルの誤用であり，これはこれで問題である。また，低開発国の複雑な現実を前にハーシュマンが用いた手法は理解できなくもない。しかしながら，ビッグ・プッシュ，収穫逓増など，結論そのものは正しい初期開発経済学が経済学の周辺に追いやられ，「開発経済学の衰退」を招いてしまったのは，ハーシュマンをはじめとする開発経済学者が経済分析の言説でもってモデルをつくらなかったからなのだ，というのがクルーグマンの見解である。

　クルーグマンによれば，必要なのは，まさにハーシュマンが放棄した研究姿勢，すなわち，豊饒で複雑な現実に大なたをふるい，控えめなモデルを生みだして，基本的な概念を描写しようとする意志である［Krugman 1994: 40］。彼のような立場からすると，重要かつ有効な概念を提起したにもかかわらず，モデル化をしなかったために傍流を歩まざるをえなかったハーシュマンは「悲劇のヒーロー」であり，「ハーシュマン様式」とは，正統的様式にけっして影響を与えない，一代かぎりの特異な意匠ということになるのであろう。ハーシュマンの手法に対する，こうしたクルーグマン的な評価は，職業的経済学者からの典型的反応のひとつとして非常によく理解できるものである。これに類似した批判は，かつて，H.チェネリーやD.シアーズなどからもなされた[2]。

　しかしながら，「モデル化の不備」という，正統的経済学からのあたりま

えすぎる批判で，ポシビリズムの積極性すべてが放擲されるであろうか。具体的現実のなかで，社会科学の個別分野に閉じこもっていては対処困難な問題が生じつづけ，たとえば経済学そのものも分析枠組み，存在根拠が問われているとき［内橋 1997］，ハーシュマンから受け継ぐべき論点，スタンスがあるのではないか。むろん，だからこそ本書も書かれているわけだし，そう認識する人が多いがゆえに，ハーシュマンをめぐるさまざまなセミナー，シンポジウムなどが開催されてきたのであろう。

先にあげたハーシュマン・セミナーには経済学のほか，さまざまな分野から研究者が集ったが，クルーグマン以外の参加者は，各々いくつかの留保，批判はしつつも，以下の諸章で検討するようなハーシュマン的手法に理解を示し，その積極性を多くの人々が評価していた。クルーグマンが批判した『経済発展の戦略』における分析にかぎってみても，幾人もの論者がその発展的継承を訴えている。

たとえば，E. ロスチャイルドは，低開発を，何らかの経済的前提条件の欠如というよりは，矛盾に満ちた諸力，意思の混乱の反映とする見方をハーシュマンと共有している。そして，経済の前進そのものへの期待とともにある，変化への抵抗が生みだす緊張をどのように取り除くか，また，より小さな管理しやすい緊張にどのようにもっていくかというハーシュマンの問題意識の的確さに触れ，現在の開発における問題は，「規模の経済」のモデル化というクルーグマン的なものとは異なることを指摘した［Rothchild 1994］[3]。さらに，L. ピアティは，狭義の経済学としての首尾一貫性よりも，開発の現実がつきつけてくる大きな問題にとにもかくにも対応することを優先する立場から，開発の諸問題をアカデミズムの技術的水準に合わせる形で狭くすることに反論した［Peatti 1994］。

B. サンヤールも，経済理論にもとづき援助機関や学者から提起されるよ

2）かつてチェネリーは，ハーシュマンの『経済発展の戦略』を評して，「投資（ないし発展）決意形成能力に力点をおくハーシュマンの議論からは，経済学というより，応用心理学的な開発論が生みだされることになる」と述べたし［Chenery 1959: 1064］，シアーズも書評のなかで，ハーシュマン的な経済政策論の考察は，経済学の否定であると指摘したことがある［Seers 1964: 158］。

3）ちなみに，ハーシュマンの姪であるエヴァの死後，A. センと結婚したのが，このロスチャイルドである。

うな，発展のための前提条件がすべて満たされるような国はすでに低開発国ではないとするハーシュマンの主張を引き継ぎ，「前提条件の物神化」からの解放を訴えた［Sanyal 1994］。以下の章でも論ずるが，「前提条件の物神化」の克服とは，「変化を誘発する知性」という本書のテーマにとって非常に重要な論点であり，ここでごく簡単にまとめておこう。

　資本，貯蓄，技術，企業者精神，マネジメント能力，熟練労働力等々，学者たちがつぎからつぎへと提起する前提条件リストは，放っておけば膨大なものとなる。途上地域の現実をみれば，たしかに，あれもなければこれもない。だが，この現実こそ出発点なのであって，理論的に導きだされた前提条件をすべて満たすような国は，最初から低開発国ではない。「前提条件の物神化」にとらわれた人々は，途上地域の，足りないものだらけの現実には悲観的になる一方，逆に，資本であれ貯蓄であれ，欠落した前提条件をそれぞれ外から補いさえすれば，発展への道を歩みはじめるというきわめて楽観的な，というより単純なスタンスをあわせもっている。ハーシュマンはこうした前提条件の物神化を克服しようとした。経済学が変化を導くどころか，へたをすれば，それを妨げる「拘束服」になりかねないという事例は，このように，「隠された合理性」を見いだしえなかったり，発展の過程で事後的に生みだされるものを前提条件と誤認するところにも見いだされるというのである。彼は，たとえばつぎのように述べたことがある。

> 経済発展に必要な一組のきまった「前提要件」なるものが存在しないのと同じように，後進性についてのはっきりした数の特徴なるものを指摘することは不可能である。ある背景またはある発展段階において進歩の妨げとなったものが，別の環境の下では有用なものに変わりうるのである［Hirschman 1958: 9, 訳 17］。

> 新しい技術を完全に使いこなすために必要な態度・社会の変化は，その技術が開発される以前もしくはそれとは同時には起こり得ないものであること，より一般的にいえば，それらの変化は技術進歩と無関係には起こり得ないものである［Hirschman 1967: 151, 訳 226］。

　「それ」がないから発展できないのではなく，「それ」を生みだすためにも

発展のプロセスを起動し維持しなければならない。そのプロセスの起動と持続を真に妨げているものは何なのか。しばしば誤解されるが,「可能なる変化」,「やり方しだいで手の届く夢」を模索するハーシュマンは楽観的なのではなく,障害や制約条件のとらえ方が通常の経済学者とは異なっているということなのである。ハーシュマンはけっして「ない夢」を追わせようというわけではない[4]。

　ハーシュマン・セミナーへの参加者ではないが,「内発的な発展」を重視するH.ブルートンもハーシュマンを評価し,興味深い論点を提供している。彼は,「問題解決作業（problem-solving exercise）の表現としての経済理論」と「均衡過程の表現としての経済理論」の違いをあげ,『経済発展の戦略』を含め,ハーシュマンの議論の積極性を主張してきたひとりである [Bruton 1985: 1118]。第4章で検討するような「開発経済学の衰退」,「開発の失敗」という事態を振り返り,累積的・弾力的な経済過程を確立する困難とは,外貨や貯蓄,熟練労働の不足などではなく,別のコストによるとしたブルートンは,いまある社会的・文化的システムのなかから変化を生ぜしめるとともに,システムと両立しうる経済過程を推進することの必要性とその困難に着目した。

　ブルートンが重視するのは,「所与の状況のなかで,通常,社会の全成員に受け入れられているような,人間行動を支配する約束事,規則,習慣」としての「制度」（institutions）,だからこそ,当該社会における安全（security）,継続性（continuity）,人間の役割・行動の定義づけと意味づけを担うような「制度」である。制度がこのようなものである以上,これが破壊されたり,急激に変化したりすれば,社会の緊張が高まる。外から見れば時代遅れのような制度でさえ,なおその社会の多くの人に効用をもたらす場合があるので,制度的要因を変化させるコストは高くなる可能性がある［Bruton 1985: 1105-1108］。「均衡過程の表現としての経済理論」である正統的経済学のみを絶対視し,これにもとづく政策に拘泥していては,まさに理論上,こうした「制度」など見えてこないし,変化のプロセスも認識できない。したがって変化の過程を推進することもできず,開発は失敗する。ブルートンは,「問題解決作業の表現としての経済理論」という観点から,ハーシュマンに

4）詳しくは,本書第4章～第7章の議論を参照のこと。

よる継起的問題解決の妥当性を主張するのである。

　純粋経済学者には，結果として生ずる政治的な変化を通じて間接的に，望ましい目的を達成できるような「次善の政策」を模索しようという姿勢，継起的問題解決の姿勢が往々にして欠けている。そして興味深いことに，そうした思考様式は，前進の絶対条件として即座の政治的変革が必要だと叫ぶ革命家とあい通ずるものがあるとハーシュマンは指摘する。最適な一回かぎりの正しい介入があるわけではなく，永遠に正しい唯一の政策を探究することは誤りなのであって，ハーシュマンは，可能な「継起」(sequences)，手順を見いだしていくことの重要性を繰り返し述べている［Hirschman 1971: 19-20］。ブルートンが親近感を抱くのも，ハーシュマンのこうしたスタンスであろう。この点については，第4章でも触れる。

　政策レヴェルにおける「標準化」(standardization)，「単純化」(simplification)，「集権化」(centralization) に照応してきた感のある社会科学は，これまで以上に，「多様性」(diversity)，「複雑性」(complexity)，「分権化」(decentralization) への視点が求められている［Mackintosh 1992］。ロスチャイルド，ピアティ，サンヤール，ブルートンらがハーシュマンに見いだしているのも，こうした方向での可能性である。多くの正統的経済学者の問題関心や手法とは，なお距離があるとはいえ，「可能なる変化」を模索するポシビリズムとあらためて真剣に向きあうべきときがきている。

(2)　**法則性と固有性**——「変化」への視点

　経済学に典型的にみられるように，社会科学においては，モデルをつくり一定の法則を導きだすこと，すなわち，規則性，安定した関係，単一の因果関連を見いだすことが主流となっている。クルーグマンによる先の批判はまさに，経済学本流からのものである。しかしながら，ハーシュマンが一貫してポシビリズムの立場を堅持しているのは，こうした社会科学では，具体的・歴史的現実を認識し変化を誘発するどころか，逆にそれを妨げる「拘束服」(straitjacket) になりかねないという懸念からである。この点について少し検討してみよう。

　ポシビリズムとは，「生起しつつある現実」(emerging reality) をどのように認識し，それに向き合えばよいのかということに関わる［Hirschman 1986: 6］。それは，「いまここにある現実」を永遠不変の現実とする見方とはほど

遠く，また，起こりつつある事態を「必然性」のもとで把握するという見方とも異なる。「起こりそうなこと」(the probable) を事前に識別する能力という，存在の定かでない能力を探し求め，自然科学にならって，一般的法則の確立にのみ専心すれば，曖昧で複雑だが，だからこそ「自由と創造性の領域」たりうる具体的世界を，人の手の及ばぬ物理的世界に還元することになりかねない[5]。

それゆえハーシュマンは，予測にはさほど関心を寄せず，予測すること，予測に資する原理・法則をうち立てることが社会科学の主たる任務だとも認識していない。ハーシュマンはつねに，「統計的推論にもとづき実際に起こりそうなことを予言するよりは，可能性のある領域，起こるかもしれない領域を広げていくことに関心を抱いている」[Hirschman 1998: 96]。「数多くの予言が破綻したいま，予測能力を求めることを多少犠牲にしても，複雑さを受け入れることが，社会科学における関心事ではないのだろうか」[Hirschman 1986: 139]。これがハーシュマンのスタンスなのである。

人間社会の事象すべてが，法則指向の社会科学に馴染まないのではない。規則的に行なわれ，したがって法則的に把握しうる人間行動というものもたしかにあるだろう。ただ，これまで述べてきたように，人間社会は物理的世界より錯綜し曖昧なものであり，一般的法則には還元しつくせない。ことに社会の変動を分析しようとするなら，一般的法則の研究にも，固有性の研究

---

5) ここで，正統的経済学が自らを近似させようとしてきた自然科学の分野での方法論の転換が，社会科学にも変革を迫ろうとしていることには注目しておいてよいだろう。I. ウォーラーステインらは，その共同研究のなかでつぎのように述べている。「時間的に可逆的であれば，その未来状態を予言するためには，『法則』と初期条件を知りさえすれば十分だった。そうではなく，平衡からかけ離れた系は『時の矢』の表現であり，時の矢が本質的で構築的な役割をするのである。そういった系では，未来は不確実であり，諸条件は不可逆的である。したがって定式化されうる法則は，ただ可能性を数えあげうるのみであって，確実性を数えあげることはできない」[ウォーラーステインほか 1996: 119-120]。

「複雑系」をめぐる新たな展開が，どれだけ経済学にパラダイム転換をもたらすかを見定めることは，本書の範囲，さらには筆者の力量をはるかに越えている。ポシビリズムと親和するかどうかも定かではないが，これまで経済学が理論的に依拠してきた自然科学的支柱は唯一無二ではないということが，まさに自然科学の分野で議論されはじめており，少なくとも，現行の正統的経済学と異なるというだけで「理論」ではないと断ずることはできなくなりつつあるということはいえるのかもしれない。

にも,「社会科学における市民権」が等しく賦与されるべきであるとハーシュマンは主張する。なぜなら,法則や過去の現実に完全には還元しきれない「新奇性」(novelty),「創造性」(creativity),「固有性」(uniqueness) があればこそ,社会の変動は起こりうるものだからである [Hirschman 1971: 27-28, 359-360]。

　固有性と法則性という形でハーシュマンが述べていることは,序章で引用した E. H. カーの「ユートピアとリアリティ」,「自由意志と決定論」との「平衡」ということに関わっているのはいうまでもない [カー 1996: 39]。ユートピアかリアリティか,自由意志か決定論か,そのどちらか一方に肩入れするのではなく,人間社会を理解するうえで,そのどちらにも目を配ることが重要であると指摘しているのである。その際,ハーシュマンは,社会科学,とくに経済学の世界が法則性に傾斜している現状に鑑み,法則性に傾きすぎる問題点を指摘し,新奇性,創造性,固有性をどのように理解すべきかに腐心してきた。先に述べた「前提条件の物神化」からの解放を目指した戦略の構築は,その一例である。

　法則的理解とは別様の生成プロセスを描写しようというポシビリズムの立場は,先のクルーグマン的批判にもみられるように,ときに理論やパラダイムの拒否と誤認されがちであった。しかし,社会科学における「理論」というものをどのようにとらえるかによって,評価は異なってくるだろう。ハーシュマン自身は,たとえば,代表作のひとつ『離脱・発言・忠誠』[Hirschman 1970] を見ればわかるとおり,十分理論指向であると認識している。シンプルな概念を駆使し,またそれらの相互関係に注目することによって,まったく異なったものと思われるような社会,政治,経済の幅広い状況に新たな見方をつけ加えることができるようになったと自負するハーシュマンは,つぎのような不満を述べたことがある。

> だから私は,「非理論的」であるとか,「反理論的」であるとか,ましてや「制度的」などと評価されるといささか怒りを覚える。……私が,より体系立った(つまりは理論的な)経済学者,社会科学者が見過ごしてきたことに注目し,それらを強調することにもっぱら関心を持っているかのような扱い方をされると,全面的には納得しかねるのである [Hirschman 1995a: 87, 訳 103]。

これは，M. マクファーソンによる評価への反論である。例外を見つけるべき法則を誰かが公表しなければ，そもそもハーシュマンのような仕事は成り立ちえないとまでマクファーソンにいわれては，一言返したくもなろう [McPherson 1986: 305-316; 1992: 258]。とくに自らの方法を「制度主義」とされることは，ハーシュマンにかぎらず，現在のアメリカの経済学者にとっては好ましいことではないらしい。理論的枠組みもなく，ただデータをかき集め，特定の経済制度に関して詳細な記述を試みるだけ，というニュアンスが含まれるからである [ホジソン 1997: 19-20]。
　理論というものをきわめて限定的・硬直的にとらえ，法則性に肩入れしすぎては，視点を変えればとらえうるはずの個別性を見失う[6]。生成しつつある個別性への向かい方に関しては，本書全体で議論していくことだが，次節以降，この点に関して，いくつかの論点を確認しておこう。

2　ポシビリズムと不確実性──「意図せざる結果」をどうみるか

(1) 可能なるものへの情念──ポシビリズムの思弁的基礎

　ここまでの議論からも察せられるように，ポシビリズムは，具体的・歴史的現実を取り巻く「不確実性」と表裏一体の関係にある。不確実性とは，事態が確定していないということであり，確定していない以上，「可能性の領域」が存在している。不確実な可能性に対しては，何らかの「希望」を託すこともできるし，不安，恐怖を感じるということもありえる。ここで，「希望への偏向」("bias for hope") を抱きつつ，可能性の領域を拡大することはできるし，建設的な社会変化を導きだすうえで，それは必要であるともいえるであろう。
　要するに，将来を予見できず，事前にすべてを確定しえないというのは，人間社会にとって忌まわしき宿命ではなく僥倖であり，まだ定まっていないということに可能性を見いだしていくのがポシビリズムなのである。そしてハーシュマンの著作に一貫する，こうした信念を導きだすうえで大きな影響

---

[6] マクファーソン的な批判にもかかわらず，伊丹敬之は，『離脱・発言・忠誠』 [Hirschman 1970] を念頭におき，ハーシュマンの概念構築，方法論を積極的に評価している [伊丹 2001]。この点については，第 8 章参照。

を与えた人物のひとりが，やや意外なことに，「絶望」のイメージがつきまとう 19 世紀デンマークの哲学者 S. キルケゴールである。ここでポシビリズムの思弁的基礎を一瞥しておくことも，本書の議論にとって有意義だろう。

　ポシビリズムの真髄，すなわち「可能なるものへの情念」（"the passion for the possible"）というのは，ハーシュマンによれば，キルケゴールから引き継いだ表現であるという ［Hirschman 1971: 359; 1995a: 134, 訳 164］。たしかに，たとえば，『死にいたる病』におけるキルケゴールのさまざまな叙述は，ポシビリズムの本質に迫るうえで非常に示唆に富むものである。いくつかの箇所を引用してみよう。

　　自分の破滅を信じるなどということは不可能である。人間的にはそれが自分の破滅であることを悟りながら，しかもなお可能性を信じること，これが信じるということなのである。……信じる者は，可能性という，絶望に対する永遠に確かな解毒剤を所有している。……決定論者，宿命論者は，絶望しており，絶望者として，その自己を失っている，彼にとっては，一切が必然だからである ［キルケゴール 1996: 76-77］（強調原著者）。

　　俗物根性は，無精神性であり，決定論と宿命論は精神の絶望である，しかし，無精神性もまた絶望である。俗物根性は精神のあらゆる規定を欠いており，蓋然的なもののうちに終始するが，そこへは可能的なものの入り込む余地はほんのわずかしかない ［同上: 79］。

　　宿命論と決定論には，緊張をゆるめやわらげる可能性が，必然性を調節する可能性が，つまり緩和作用としての可能性が欠けており，俗物根性には，無精神性からの覚醒作用としての可能性が欠けているのである。おもうに，俗物根性は，可能性を思いのままに処理できるつもりでいる，この巨大な弾力性を蓋然的なものの罠ないし癲狂院のなかへおびき入れたつもりでいる ［同上: 80］[7]。

7）原田 ［1996］ は短いものではあるが，こうしたキルケゴールの議論をきちんと踏まえたうえ，またミュルダールの議論と適切に比較しつつ，ハーシュマンの方法論に迫ろうとした着想豊かな研究である。

キルケゴールのこうした叙述のもとでとらえ返すと，ポシビリズムとは，不確実な世界に向きあう人間の主体的活動を「絶望の拘束服」から解放するキー・ワードとしての意味合いをもってくる。むろん，ポシビリズムは，宗教的・哲学的思弁の次元にとどまるものではなく，より政治的な実践に関わるものだが[8]，キルケゴールの叙述は，「目隠しの手の原理」，「スラック経済観」[9]，さらには，後述するような不均整成長論の含意をも想起させるのである。

　キルケゴールの言葉でポシビリズムを総括すれば，つぎのようになるだろう。「可能性においては，一切が可能である。それだから，可能性のなかをあらゆる仕方でさまよい歩けるわけであるが，しかし本質的には，二つの仕方でさまよえるばかりである」[キルケゴール 1996: 72]。とするなら，「俗物根性」の誤認しているように「思いのままに処理」できないまでも，「巨大な弾力性」をもつ「可能性」のなかを，「願望的，希求的な形態」でさまようべきである。

　ここで，キルケゴールのいう宿命論者，決定論者が，ハーシュマンにとっては，ときにG. ミュルダールであり，あるいはラテンアメリカの構造主義者であり，従属学派，K. マルクス，正統派経済学者であることを付記しておこう。

　たとえば，低開発をめぐるミュルダールの累積的・循環的因果関連分析は，周知のとおり，波及効果（spread effect）・逆流効果（backwash effect）という概念を駆使し，市場的要因にとどまらないさまざまな制度的要因が関与しつつ途上地域の低開発状態が累積していく状況に注目したものである[Myrdal 1957]。もともとは自己均衡モデルや保守的なレッセ・フェール理論を批判するために行なわれた分析であり，ミュルダールはそうした分析をもとに，ますます拡大していく国際的不平等に対する政治的対応を求めた。しかし彼の分析は，逆方向の因果関連もあるし，累積的傾向が逆転する可能性があるにもかかわらず，一方向への累積過程を強調する凝り固まった思考方法に堕してしまい，結局のところ，社会の変動局面への目を失い，間接的に現状の維持・容認に加担していると批判されるのである[Hirschman 1971:

8）ポシビリズムとトクヴィルの「政治」論との親和性については，第8章および終章を参照せよ。

9）それぞれについて詳しくは，第6章，第8章を参照のこと。

33-34]。もちろん，ポシビリストたるハーシュマンは，決定論的論理構成を批判しつつも，これら宿命論者，決定論者の議論のなかからさまざまなアイディア，論点を救いだそうとしているのではあるが[10]。

なんども留保しているように，「可能性」といえども何でもできるわけではない。可能性の所在を認知するにも知的枠組みが必要であるし，可能性の領域を広げるのも容易な作業ではない。しかしながら，法則的理解がはびこるなか，思わざる発見を重視し，「いまよりも少しだけ，『生あるものに対する畏敬の念』をもち，未来を拘束から解き放ち，意図せざるものを許容し，なおかつ，現実離れした希望的観測とは距離をおくこと」[Hirschman 1971: 354]。これがハーシュマンにとって，キルケゴールにまで遡ることができる，「変化を誘発する知性」に必須の要件なのである。

さてここで，「意図せざる結果」をどうみるか。これもポシビリズムにとって重要な論点であることは，ここまでの議論のなかでも示唆されていたことだが，次項では，これについてあらためて検討を加えておこう。

(2) 「意図せざる結果」へのスタンス

人間行動の「意図せざる結果」（unintended consequences）への着目は，G. ヴィーコや B. マンデヴィル，スコットランド学派以来，社会科学の歴史に連綿と脈打つ流れである。だが，この「意図せざる結果」という着想は，現代のイデオロギー状況において，それこそ，その主唱者たちにとって意図せ

---

10) たとえばマルクスに関していうなら，生産諸力と生産関係の矛盾を歴史の動因とするような大歴史理論としての唯物史観を拒否しつつも，マルクス的な考え方は，経済的要因と政治的要因の相互作用に注目したものと読み直されたうえ，より小規模な変化の局面の分析に適用されるなら，非常に意義深いというのがハーシュマンの見解である。彼はこれを「ミクロ・マルクシズム」と呼んだが，詳しくは，Hirschman [1971: 16-22; 1981: 88-91] 参照。もっともメルドレージは，マルクスの分析にみられる決定論的手法を重くみれば，ハーシュマン的ミクロ・マルクシズムは，マルクス主義そのものとは異なると主張している [Meldolesi 1995: 85-86]。

マルクス主義に関するハーシュマンの思想遍歴については，自身が『境界線を越えて』[Hirschman 1998] において語っている。ギムナジウム時代からマルクス，レーニン，エンゲルス，カウツキーらの著作に触れ，社会民主党の青年運動にも関与していたものの，ロシアから逃れてきたメンシェヴィキの人々との交流，スペイン内戦従軍時の経験，凝り固まった世界観を有益な実践の妨げと認識する義兄コロルニとの反ファシズム活動などを経て，マルクス主義との距離も広がっていったという。

ざる使われ方をし，意図せざる結果を招いている。状況改善に向けた人間の主体的活動を否定する，反動的イデオロギーとして機能しているのである。

まずは，F. ハイエクの著名な論文「真の個人主義と偽の個人主義」に注目してみよう。彼は，政治学，経済学の歴史のなかで，「人間の諸事象にみられる大部分の秩序を諸個人の行為の予期せざる結果として説明する」流れを賞賛するとともに，「非個人的で作者不明の社会的諸過程に対して，おのずから慎ましい態度を誘う自覚」の重要性を説く［ハイエク 1986: 9］。

誤った合理主義的個人主義者たちは，J. ロック，マンデヴィル，D. ヒューム，A. スミス，A. トクヴィルの主張を理解することなく，すべてのものに意識的な個人理性の産物を見たがり，伝統と慣習に自発的に順応することを嫌がり，そして，意識的に設計されないもの，すべての個人にとって合理的だと示されえないものは何であれ，承認することを拒む。ハイエクは，「スミスの主たる関心が，人間がもっともよいときに時折成しとげるかもしれないことにあるよりも，むしろ，人間がもっともわるいときに害悪をなす機会をできるだけ少なくすることにあった」と指摘し［ハイエク 1986: 31-33］，理性を振りかざす現代的知性の不遜を批判する。そして，誰かが意図してつくりあげたものではない「自然発生的な社会的産物に対して信を置く」のである［同上 : 9-11］。

自由主義にもとづき強制や隷従からの解放を企図するハイエクは，共産主義，さらにはケインズ主義をも批判の対象としてきた。彼の議論には，いまだに傾聴すべき点が多いとはいえ，人間の歴史は「意図せざる結果」に支配されているとし，意図的な社会改良・改革の可能性をすべからく否定するところまで，ハイエクの議論を飛躍させる者がいるとすれば，反動の誹りを免れないだろう。「意図せざる結果」論のこうした反動化について，ハーシュマンは興味深い議論を展開している。

ハーシュマンによれば，歴史上，反動派はいろいろなレトリックを用いて，社会の改良を意図する人々の言説・行動を批判してきたが，それはおおよそ3つのパターンに分類できる［Hirschman 1991］。

第一に，反動派は，社会をよりよい方向に導こうとする変革がかえって事態を悪化させるものになる，つまり，十分に意図された人間の行動が，その意図に反し好ましくない破壊的な結果を社会にもたらすと主張する。ハーシュマンはこれを「逆転（perversity）テーゼ」と名づけた。第二は，「無益

(futility）テーゼ」である。これは，どんな方向への変化であれ，表面的かつ外面的であり，社会の深層構造は不変のままであり，どんな改革を試みようと無駄であるという考え方でもって社会変革・改良の動きを批判するものである。第三に，目指される改革のコストはあまりにも高くつき，過去の貴重な成果を危機に陥れるものであるとして社会の変革に反対するレトリックで，これは「危険性（jeopardy）テーゼ」と名づけられた。

「意図せざる結果」論との絡みでハーシュマンがとくに注目しているのが，第一の逆転テーゼである。フランス革命や普通選挙制度，救貧法や福祉国家の政策全般にいたるまで，反動派は，逆転テーゼでもって，変化を導こうとする改良派を批判しつづけてきた。ハーシュマンは，経済学の本質に絡めつつ，つぎのように述べている。

> 逆転テーゼの教説は，経済学においては，他の社会科学や政治諸科学よりももっと緊密に学問の核心的な部分に結びついている。それは，経済学には自己統御的市場という観念が存在するからである。この観念が支配的であればあるほど，価格や賃金のような市場の結果を変更しようとする公共政策は，すべからく自動的に，恵み豊かな均衡化過程に対する害の多い介入になる。収入と富の再分配にある程度好意的な経済学者ですら，その種の非常に明瞭な「ポピュリスト」的措置を有害と見る嫌いがある［Hirschman 1991: 27, 訳 31］。

まさに新自由主義経済学に典型的な思考方法を，変化を妨げる逆転テーゼの一亜種として批判しているのである。こうした逆転テーゼ的なレトリックに対しては，A. センも疑問を投げかけている。人間行動が意図せざる結果を生みだすとか計画どおりに物事が進まないなど，あたりまえのことであり，意図せざる結果に注目することが，変化を意図する合理的行動の可能性を否定することになってはならない。しっかりした動機に導かれた改革の成功例はいくらでもある。変化に向けた合理的試みも失敗や的外れから自由ではないにせよ，間違ったところから教訓を得て，つぎの機会に生かせばよいことであって，社会思想史上の「意図せざる結果」とは，それによって，大胆にも社会改良に向けた一切の合理的行動を否定してしまえるほど重大な発見ではない。これがセンの基本的立場である［Sen 1999: 254-257, 訳 291-295］。

センはつづけていう。因果関係を合理的に分析することによって，意図されないかもしれないがさまざまな「制度の配置」(institutional arrangements) から生じうる結果を予想することは可能であるし，また予期すべきである。そして，そうした制度の配置が正しいものであるかどうか，意図せざる結果の可能性を認識することによって，よりよく評価できるだろう。合理的な因果関連分析によって悪い結果が予期されるなら，そうした制度的配置は改良を加えられなければならない。社会思想の歴史に脈打つ「意図せざる結果」に着目する考え方とは，「意図されないが予測可能な帰結を予期することの必要性を訴えているものである」と解されないことには，社会改良を否定したり，政策担当者の責任回避を擁護したりするだけのものに成り下がってしまう［Sen 1999: 257-261, 訳 295-299］。失敗があるとすれば，それは因果関係が追跡できないことによるのではなく，合理的分析の視野を狭めてしまうことによる［*ibid*.: 279, 訳 320］。

　ここで，センが議論する具体例をひとつだけあげておこう。センによれば，中国で導入された「ひとりっ子政策」も上述したような観点から分析・評価されるべきものである。立案者の意図としては，ひとりっ子政策とは単に出生率の低下を図り，人口増大を抑制することを目的としていたにすぎない。だが現実には乳児死亡率，とくに女児の死亡率に影響を与えた。中国の各家庭が男の子を欲しがる根強い風習を考慮すれば，女児の乳児死亡率の増大，胎児の男女別にもとづく妊娠中絶を「意図していなかった」としても，ひとりっ子政策がこうした事態を招くことは「予測可能だった」はずである［Sen 1999: 258-259, 訳 296-297］。

　反動的レトリックへのこうしたセンの批判的見解は，思想史における「意図せざる結果」論の意義を，セン以上に，より積極的に評価しようとするハーシュマンとも響きあうものがある[11]。

　ハーシュマンによれば，「意図せざる結果を探求し体系的に記述することは，社会科学の《存在理由》とまでは言わないまでも，その主要な課題となってきた」［Hirschman 1991: 36, 訳 41］。しかしながら，意図せざる結果は，「あまり幸福な概念史を持ってはいない」。意図せざる結果には，望ましくないものもあれば，望ましいものもある。にもかかわらず，望ましい結果は，意図されないものであったとしても，望ましいがゆえにそもそも緊急に取り組む懸案として議題にのぼることはなく，意図せざる結果といえば，望まし

くないものが課題となることが多かったからである。そして，反動的思想家の手にかかると，社会変革を企図する人間の行動は，意図に反して望ましくない結果をもたらすとして，ことごとく退けられるまでになる [*ibid.*: 38-39, 訳44-45]。

　もともと意図せざる結果という考え方は，社会の見方に「不確実性」と「未決定性」を取り込むということに主眼があったはずである。ところが，「逆転効果」を吹聴する者どもは，逆効果は意図せざる結果の特殊ケースであるにもかかわらず，それのみをことさらに強調する。不確実性，未決定性という新たな「自由」に目を向けることなく，逆効果しかもたらさないと主張することによって，彼らは世界を予見可能なものとする見方に逆戻りしてしまっている [Hirschman 1991: 36-37, 訳41-42]。意図せざる結果というのは多くの人に誤用されているのであり，ハイエクでさえ，ひとつの「世界観」（Weltanschauung）に変えてしまった感は否めない [Hirschman 1998: 95][12]。

　上述のとおり，合理的経済人の行動から演繹的に構築された経済学の世界

---

11) 上述のとおり，「意図せざる結果」論の反動的利用に対し，センはあくまでも合理性・合理的分析に信頼を寄せつづけることによって，それを反駁しようとする。センがハーシュマン記念論文集に寄せた論稿のなかでも，合理性擁護の姿勢が明示されていた。センは利他的な行動をも合理性概念を押し広げることによって経済学の世界に包含しようとしたのである [Sen 1986]。これに対しハーシュマンは，合理性を拡張し一種のトートロジーに陥るよりは，哲学，心理学，社会学の注目してきた非合理性をも包含する方向に向かうほうが，たとえそれがモデル化に馴染まなくとも，社会科学，とくに経済学の世界を豊かにしうるものと考えている [Hirschman 1986: 35-55, 142-160]。合理性の拡張と非合理性の包含。峯陽一はこの違いに着目し，「人間行動の合理性に対する構え方が違う以上，センとハーシュマンの認識が響きあうことはあっても，完全に一致することはあるまい」と結論づけた [峯 1999: 203]。

　たしかにそのとおりなのだろうが，抽象的方法論から少しばかり離れ，より実践的な提言・戦略のレヴェルで両者を比較すると，両者の見解は互いに矛盾をきたすほどかけ離れたものではないということも確認されるだろう。情報ベースを拡大し合理的な因果関連分析を駆使して，意図せざる結果のもたらす可能性を予期せよというセンと，「実現されなかった意図」をその時代状況を含め認識することの重要性を指摘し，あるいは，副次効果をも射程に入れた開発プロジェクトの策定を提唱するハーシュマンとの間に，架橋不能なほどの懸隔は見いだせない。開発プロジェクト論に関しては，本書第6章を参照せよ。またセンについては，絵所ほか [2004] 所収の各論文が有益である。

12) ハーシュマンにとって，この「世界観」という言葉がある種の否定的響きをもつことについては，終章を参照せよ。

は，理論の本質的性格からして不確実性・未決定性と親和せず，市場の動きを攪乱する人間の主体的活動に批判的となる。一方，ポシビリズムは，「意図せざる結果」論本来の姿に立ち戻ろうとする。不確実性を，そして未決定性を受け入れる。むろん，この方法論の根底には，「完璧に将来を予見することができないがゆえに，認識・判断を誤る人間」，「予想と現実のギャップに戸惑い，失望しつつも，実践を通じて学びうる人間」という人間観が据えられている。ハーシュマンにとって失望とは，将来を第三者によって確定されていない自由な世界に生き，夢見る権利があるということの証ともいえるものであり，除去することはできないし，また除去されるべきものでもない[13]。

　「意図せざる結果」論を意図的に誤用する逆転テーゼでは，主体的活動は積極的に否定されるが，ポシビリズムではむしろ逆であって，不確実性のなかに創造性の芽，主体的活動の可能性が見いだされる。困難な状況というものは当然ありうるし，学者がいうようなディレンマや悪循環も存在するかもしれない。しかし，いわゆる「理論」というものが，絶対的障害，頭でこしらえたディレンマ，一方向の因果関連を強調しすぎれば，結局，「現在」も「未来」も必然性の檻に投げ入れることになる。そこから出てくるのはウルトラ現実主義か，（ちょうどその裏返しであるが）前提としての政治的大変革なしにはどんな可能性も実現しえないという立場である。ユートピアとリアリティ，自由意志と決定論との平衡を模索しようとすれば，どちらの立場にも与しえないのは当然である。

　以下の諸章で具体的に検討していくように，不確実性の支配するなかで，不確実であるけれども（あるいは不確実であるがゆえにこそ）享受しうる利益の所在を示すこと，いまだ現実化していないという意味では空想であり錯覚であるけれども，主体的行動しだいでやがては現実としうるものを提示す

---

13) ハーシュマンの想定する人間は，へまでぎこちなく，合理的経済人よりもはるかに洗練度が低いが，さまざまな選好基準の間を動き，さまざまな幸福状態について考えることができる。本当の意味で失望しない合理的人間は，「欲望」に関する公準があらかじめインプットされ，それが半永久的・安定的につづくようなロボット的・非現実的存在とされる［Hirschman 1982: 134, 訳159］。経済理論の想定する人間像として，センが「単一の万能の選好順序の後光を背負った合理的な愚か者」と規定したことはいまや有名であるが［Sen 1982: 99, 訳146］，ハーシュマンの議論もこれに通ずるものがある。

ることが,ポシビリズムから導かれる具体的戦略である。

 ただし,ここで注意すべきは,法則性に対する固有性を,そして意図せざる結果を重視する考え方から当然導きだされることだが,ハーシュマンは,社会変革というものが,つねに目的意識的な人々によって,それ一点に向けてなされるものであるとも,なされるべきであるとも考えていないということである。変化のエージェントを探究するという社会科学者の関心は否定されるべくもないが,現状を覆し必要な変化を引き起こす主体として,必ずしも単一の(あるいは主要な)階級,同質的な集団を想定する必要はない。社会の変化とは,世界をこう変えようとある一群の人々が思い,その目的・期待を実現すべく彼らが「先導」し,その期待がストレートに実現した結果,生ずるのではなく,利害を異にするさまざまな集団の絡み合いのなかで,ときにそれぞれの主体の予想,思惑を越えたところで進行していくと考えられているのである(だからといって,ハーシュマンがその「期待」に意味がないといっているわけではない。このことは後述する)。ここでハーシュマンが念頭においているのは,マルクス主義の前衛思想だけではなく,意識的であると無意識的であるとを問わず,さまざまな論者の議論に垣間見えるエリート主義,あるいは主知主義的・合目的性格である[Hirschman 1971: 22]。

 ハーシュマンは同じ文脈において,確固たる目的を有する集団によって意図的に導かれる変化よりも,「意図せざる変化」のほうが革新的なことが往々にしてあるものだと指摘する。意識的な変革の担い手の想像力は,彼らの直接的な経験,歴史的先行者によって制約されるのに対し,意図せざる変化は,見きわめにくく,変化に反対する勢力によっても抗しがたいことがあるからである。しかし,だからといって,意図せざる変化に過剰な期待を寄せているわけではなく,そもそも,現実の世界で複雑な絡み合いをみせる両者を区別しすぎると変化を認識しえないとハーシュマンはいう。意図せざる変化は,それまで隠されていた変化の可能性の姿を積極的な変革主体が察知できるような条件を創りだす,つまり意図的変革の準備作業を担うことがしばしば起こりうるからである[Hirschman 1971: 37][14]。ここにトクヴィル的な視角を見いだすことも可能だろう[15]。

---

14) ハーシュマンは,こうも述べている。「端的に言って歴史とは,人間一般,ことに支配者層が既存の秩序を維持・再生産しようと奮闘するなかで,自分で自分の首を絞めつづけてきた過程として理解できるかもしれない」[Hirschman 1971: 36]。

以上，「意図せざる結果」に関わるハーシュマンの議論を検討してきたが，そこからも示唆されるように，「意図せざる結果」に着目することで，社会科学に開放的思考を復権させようというこの試みは，社会を開放的にしておくこと，すなわち，より自由で多様な社会を維持することを目指す試みでもある。次節では，この点について検討しよう。それにひきつづき，歴史への視点について論じていこう。

3　ポシビリズムと多様な社会

(1)　不確実性の確実化——権威主義の誘惑

　上述の議論から明らかであるが，ハーシュマンにとって不確実性は，消去しうるものではなく，また消去してはならないものである。不確実性・未決定性のなかに可能性を見いだし，不確実な世界における人間の主体的活動の方途を模索しようとするポシビリズムとはまた，対立する多様な価値観を内包しつつも，ひとつの社会が社会として成り立ちうること，成り立たせねばならないことを愚直に主張しつづける，彼の規範的スタンスなのである。

　現状が困難に満ちていればいるほど，ポシビリズムなどは虚しく響くかもしれない。先行きが不透明であればあるほど，政治経済のプロセスを一挙に見通しのきくものにしたいという誘惑にかられるかもしれない。だがここでは，つぎのようなハーシュマンの言葉を重く受けとめておきたい。

> 　経済政策の空しさが，突如として暴力行為によって，また，人間の苦しみ，努力して得た権利，法的手続き，伝統的諸価値，要するに「薄くて壊れやすい文明の外皮」を完全に無視することによって，とって代わられるのである。……つかまえどころのない目的を，一回の発作的投資努

15）トクヴィルは，すべての歴史的事件を宿命的な鎖でもって「偉大な第一原因」に結びつけて説明することを拒否する。絶対的諸体系というものを退け「偶然性」に注目すべきであるとするのだが，彼によれば，「偶然は，事物が前もってそれを受け入れるように成熟していない限り，どのような作用を及ぼすこともなく終わるもの」であり，歴史的大事件とは，「偶発事によって豊かになった一般的原因から生み出され」るものである［トクヴィル 1988: 108-109］。

力によって，一度の大規模な強制収用によって，あるいはまた一「短」期間の独裁統治によって，実現しなければならないと決意されるであろう［Hirschman 1958: 210, 訳370］。

　ハーシュマンが注意を喚起したように，困難な現実，政策の不毛性は，一時にすべてを変えねば何も変わらないという雰囲気を醸成しがちである。対立する利害の調整や合意を内実とする「政治」を「上からの司令」に置き換えたいという権威主義体制待望論は，多元的体制が貧弱なパフォーマンスしか示しえないとき，とくに強まる［Hirschman 1986: 32］。第1章において日本式開発主義を批判的に検討するなかで指摘したように，基本的目標に関し一致団結することが必要であり，対立，意見の不一致そのものが「悪」であるかのような論調がまかりとおるようになる。かくして「民主主義の持続可能性」は，イデオロギー的にも著しく低下する。
　現在の開発や市場移行をめぐる論争で重要となるのもこの点である。国際機関の正統的処方箋を貫く新自由主義の考え方においても，それに批判的なものにおいても，権威主義的手法の擁護という点に関しては，両者それほどの違いはない。新自由主義的政策では，既得権益者に対応の時間を与えないためにも，ビッグ・バン的改革が求められ，政策は大統領令を多用し，突如上から行なわれる傾向にある［Przeworski 1995: 80］。新自由主義に対して開発主義的立場から行なわれる批判も，長期的経済目標の設定・政策の実行を政府・官僚に委ね，国民を意志決定過程から排除する権威主義開発体制の「有効性」と「必要性」を説くことに終始しがちである。いずれにせよ，首尾一貫した正しく合理的な政策を即時実行することが重要とされ，政策策定・実行の過程が，民主主義的に不透明になること，あるいは不確実になることを忌避していることにかわりはない。
　第1章でも議論したとおり，開発や市場移行をめぐる論争に端的に見いだせるこうした姿勢は，これまで述べてきたようなハーシュマン的執着をいともたやすく迂回している。困難な現実を前に「根本的解決策」が求められがちなとき，不確実性を一挙に確実なものにしようとすると，いかに政治・経済・社会に多大な歪み，コストをもたらすかというのが，ハーシュマンの重要なメッセージなのである[16]。「不確実性の確実化」を狙いすぎる理論は，すべてを「必然の世界」に変えてしまう。ハーシュマンにとって，新自由主

義的理論が権威主義体制擁護論と結びつくのは，偶然ではなく理論的必然である。

> 予測可能性を高らかに謳う理念，あるいは，個々の経済的利益を追いかけることにのみ忙しい私的世界に没入した市民が，そうすることによって間接的に（けっして直接的に，ではなく）公益に奉仕するという牧歌的思想，このようなことが現実となるのはまったく悪夢のような政治的状況においてのみであるということを強く主張したい。より開かれた政治環境ならば，必然的に社会はもっと見通しにくいものであるし，予測のつきにくいものだからである［Hirschman 1986: 53］。

複雑な事態の予見可能性を求めすぎることが権威主義の温床であり，不確実性を受容していくことが多様な社会に必須の属性であるという認識から，利害対立を前提し，多様性の持続に向け，全体主義的な，あるいは権威主義的な手法に代わりうる政策・戦略を提示すること。ポシビリズムの政治的インプリケーションとは，まさに，ポスト冷戦の世界的課題に対応するものである。これこそ，ハーシュマン再評価の動きが世界的規模で生じている所以であろう。

(2) ポシビリズムの歴史認識

不確実性・未決定性をどこまで許容できるかが，多元的社会の存立基盤である。しかし，確実性を求めすぎる社会科学は，この不確実性・未決定性との親和を積極的に否定するか，きわめて限定的にしか認知しない。ポシビリズムの名のもとにハーシュマンが追い求めたのは，社会を理想的平和と紛争状態との間で，とにもかくにも存続させながら，変化への道を模索することである。こうしたポシビリズムにとって最終的な拠り所は，かつて M. マク

16）たとえば，ハーシュマンによる均整成長論批判もこうした認識にもとづいている。「ある特定の不確実性を完全に排除してしまうことは，無益であるばかりでなく，生産性を損なうこと」になるが［Hirschman 1967: 84, 訳 127］，均整成長論ではまさに，「正確な予定表，構成諸要素間の事前調整，目的と手段との全面的整合性（それは研究・開発戦略にとってはまさに鬼門《anathema》である）がきっかり要求されている」［*ibid*.: 78, 訳 118］。詳しくは，第 6 章参照。

ファーソンが指摘したとおり，具体的な歴史的事象であろう［McPherson 1986: 309］。具体的な歴史をポシビリズムはどう認識しようとするのだろうか。

個々具体的な歴史的事件に目をやれば，それらの生成は，大々的な歴史理論，革命理論の示すほど必然的なものではない。ましてや，経済理論が予測しつくせるものではない。ここまでの議論からも予想されるように，ハーシュマンは，歴史的事件を「確実性のもとでとらえようとする伝統的手法」("traditional probabilistic approach")，何らかの「構造」が歴史的事件を必然化するという考え方に批判的である。彼は，「歴史上の起こりえていたかもしれない数多くのことがら」("many might-have-beens of history")，「機会はあったにもかかわらず，すんでのところで不運にも実現しなかったことがら」("narrowly and disastrously missed opportunities") に注目するのである。こうしたスタンスが，たとえばフランスのアナール派への評価にも投影されており，ハーシュマンは，いわゆる「長期持続」(longue durée) よりも「事件史」(l'histoire événementielle) に関心を寄せる。この意味で，E. ルロワ・ラデュリ的な「事件史」の復活を歓迎しているのである［Hirschman 1986: 171］。

ただし，ここで注意しておきたいのは，L. メルドレージによるハーシュマンとアナール派の重鎮 F. ブローデルの対比である。歴史的事件の固有性を重視し，たとえ大規模な歴史的変革でも短期的視点からとらえようとする傾向の強いハーシュマンは，「長期持続」という歴史認識には批判的であり，この点でブローデルと対立するというのが，おそらくは一般的な見方であろう。だが，「長期持続」に関心を寄せるブローデルとポシビリズムというスタンスから「事件史」を重視するハーシュマンとは，その分析・叙述方法において実は通底しているのではないかというのが，メルドレージの見解である。ハーシュマンは長期に関心を示さず，事件史にのみ関心を抱いているわけではない。たとえば，思想史を描くハーシュマンは，ある時代，ある概念に関する詳細な分析と長期の歴史に関する叙述とを交互に織り交ぜている［Meldolesi 1995: 264］。このように，詳細な事件史に関心をもつハーシュマンは，また長期に根ざした歴史的命題に「論理的な第二の自我」("logical alter ego") を見いだすことが往々にしてある，とメルドレージは主張している［*ibid.*: 126-127］。社会変動の分析のなかで法則性，固有性の両方に市民権を与えよとしたハーシュマンは，その歴史認識においては長期持続と事件

史の双方に関心を寄せるはずだということなのだろう[17]）。

　ここで，メルドレージが指摘した思想史研究に関して一例をあげておこう。それは上述の「意図せざる結果」の議論にも関連するからである。

　ハーシュマンは思想史上における市場経済擁護論の系譜をたどり，そうした擁護論が，宗教や理性で人間の情念をコントロールするのではなく，戦争や血なまぐさい革命といった，より破壊的な情念に，「金儲け」，「利益追求」という，より穏和な情念を対抗させ，それによって破壊的情念を抑制しようとする意図のなかから生まれてきたと結論づけた。資本主義が，一方で効率的資源配分を果たしうるシステムとして礼賛され，他方で少なからぬ人々によってその反社会性・反道徳性が攻撃されていた時代に，あえてこうした系譜をたどることの意味をハーシュマンはつぎのように述べた。

> 奇妙なことに，意図されずにしかし実際に実現しているような影響と比較して，意図されてはいたが実現されなかったような社会的決断の影響の方が研究を必要としている。というのは，前者は少なくともそこにあるのに対して，意図されたが実現しなかった結果はしばしば過ぎ去るある時点において社会の行為者たちが表明した期待の中だけに見出されるからである。その上，一旦期待されていた効果が実現し損ねこの世に姿を現さないことになると，当初そうした効果を当てにしていたという事実が忘れ去られるだけでなく積極的に抑圧されてしまう［Hirschman 1977: 131, 訳 132］（強調原著者）。

「意図せざる結果」，すなわち意図されていなかったにもかかわらず実現した事柄よりも，むしろ，真剣に期待され意図されていたにもかかわらず実現しなかったこと，すなわち「実現しなかった意図」のなかにあらためて検証すべきものがある。資本主義勃興期の市場経済擁護論も，時代の政治的・経済的・社会的文脈に関連づけてその実相を再認識すべき「実現しなかった意

17）原田太津男は，「長期的にみると，われわれはみな死んでしまう」という有名なケインズの一言に端的に表される「長期と短期」の問題，本山美彦が苦闘した，世界経済論の「原理」的把握にとっての「異質性」の扱いの問題［本山 1976］に触れ，メルドレージのいう長期持続と事件史の統一的把握に関する興味深い論点を提供している［原田 1996: 25］。

図」なのだというのが，ハーシュマンの主張である[18]。社会に意味ある変化を導こうとするハーシュマンは，「意図せざる結果」を重視するだけではなく，こうした形で「実現しなかった意図」にも光をあてようとする。意図されてはいたが実現しなかった期待の有する意味，そしてそれを探求することの意義をハーシュマンはつぎのように述べている。

> まず一方では，人間の行動や社会的決定が当初全く意図されなかったような結果をもたらしがちであることは疑いない。しかし他方，こうした行動や決定がなされるのは，全く実現しない結果に終わるようなある種の効果が熱心に本気で期待されていたからである。構造的には前者の裏返しでもある後者の現象は，同時に前者の原因でもあるように見える。つまりある社会的な決定が下される時点においてその決定と結びついている架空の期待は，真の将来の結果から目をそむけさせるのに寄与している。……たとえ非現実的であっても大きな利益が期待できれば，ある種の社会的決断も下しやすくなるのは明らかである。したがってそのような期待を探り発見することによって社会変革はもっとわかりやすくなる［Hirschman 1977: 130-131, 訳 131］（強調原著者）。

ハーシュマンの思想史研究に序文を寄せたセンも，この点を重視し，スミス，メンガー，ハイエクらによる「意図せざる結果」論の亜流ではなく，独自の分析対象となるものと評価した［Sen 1997］。

以上述べてきた若干の事例からも察せられるとおり，歴史認識としてのポシビリズムとは，確実性のもとで歴史をとらえようとするだけでは排除されるかもしれないような結果にいたる道を，たとえどれほど狭くとも見つけだそうとする姿勢である［Hirschman 1986: 170-171］。歴史的事件を法則的に理

---

18) 思想史における「歴史方法論的」(historiographic) 研究を唱えた D. ウィンチは，思想史家の課題を「著者の意図を著者の本文とその当時の知的，社会的文脈とを関連づけて確証することであって，著者を様々な利用可能な現代的概念に押し込むこと」ではないと述べたことがある［ウィンチ 1989: iv］。ハーシュマンは『情念の政治経済学』の謝辞に，このウィンチの名をあげているが，「実現しなかった意図」を掘り起こし，正当な評価を与えようとしたこの業績も，ウィンチのいう歴史方法論的手法の実践例なのかもしれない［Hirschman 1977］。

解したり，一方通行の因果関連で説明したりするのではなく，「場合によっては別の可能性もありえたのに，なぜそうなったのか」という問題設定をすること，つまりは，「過去」のできごとさえ必然の世界に据えないことによって，人間の主体的活動の可能的領域を拡大しようというのである。これは，合目的的歴史観と距離をおくものであり，多元的社会の持続可能性を模索する姿勢と一体となっている。

　計画化されつくさない，必然化されない未来の獲得は，どの国民，どのような個人にも認められるべきものである。上述した歴史認識にも見いだせるように，「計画化されない未来に対する権利を，真に譲渡不可能な権利のひとつとして，すべての個人，国民に対し認め，擁護していくこと，そして，『歴史の創造性』と『可能なるものへの情念』とが力溢れる主体として認められるような変化の諸概念を設定すること」が，おそらくはハーシュマンの理論的営みであり，概念化の作業のめざすところなのである［Hirschman 1971: 37］。

小　括

　上で述べたように，将来を完全には予測できず，事態の展開を事前には確定しえないという不確実な状態こそ人間社会の常であり，この状態を忌まわしき宿命としてではなく，可能性の領域を拡大できる僥倖であるととらえるのがポシビリズムであった。ハーシュマンが指摘するとおり，こうした不確実性・未決定性は「自由」の源であり，社会認識に開放的思考を取り入れることを目指して，人間行動の「意図せざる結果」を探索し体系的に記述しようとする姿勢は，社会科学の歴史に連綿とつづく流れであった。にもかかわらず，「経済学帝国主義」という状況を反映してか，社会科学においては，必然性のもとでの事態の把握，法則的理解，普遍的原則の適用が主流を占める。ハーシュマンは，主体的活動の豊かな創造性と可能性を信じ，また多様性の認められる社会の維持・発展にこだわるがゆえにこそ，不確実な事態を確実化せしめるイデオロギーにポシビリズムというスタンスでもって対峙してきたのである。

　たしかに，ハーシュマンの議論は，現実の政治経済のプロセスとはいまだに若干の距離があることは否定しえない。現実世界においては，人間社会一

般が不確実性一般に向きあっているわけではなく，不確実性の帰結，可能性の争奪をめぐる不平等が絶えず生じている。現実の政治経済プロセスは，理想的な対立状況からお互いが譲歩し，共通の利益を見いだすにいたるというようなものとは異なることも多いはずである[19]。

しかし本章でも述べたように，絶対的とされる障害，前提条件が声高に叫ばれ，社会の変化のイメージがあまりに硬直的になり，人間の主体的働きかけが理論上，圧殺されているような状況下では，キルケゴールにならい「緊張をゆるめやわらげる可能性」，「必然性を調節する可能性」，「緩和作用としての可能性」を未決の状況のなかに見いだしていこうというハーシュマンのような姿勢は，多様性，複雑性，分権化を重視していかねばならないこれからの社会科学に非常に意義深い示唆を与えるものと思われる。

ところで，本章をしめくくるにあたり，ハーシュマンがこのポシビリズムというスタンスを自らの概念，著作に対しても貫いていることに触れておこう。自身がパイオニア的に定着させてきた概念，原理が，背景をなすさまざまな条件を越えてひとり歩きをはじめたとき，彼は，それらの限界を述べたり，留保したり，続きのストーリーがありうることを主張するのである。

1995年に出版された論文集の題名にも，こうしたハーシュマンの姿勢をうかがわせる言葉が用いられている。「自己破壊」とか「自己解体」とか訳せるような"self-subversion"という語がそれである。過去の自分を否定するかのような議論は，あえて行なわないのが普通であるが，かつては具体的な現実を認識するのに有効と思われた概念が，現実の認識をかえって妨げかねない状況になった場合には，自ら批判の俎上に乗せることをハーシュマンは躊躇しない。それどころか，本章でも取り上げた反動派のレトリックを批判する著作では，1冊の本のなかですら，それをやってしまったのかもしれないとハーシュマンはいう。反動派のレトリックを辛辣に批判しただけではなく，返す刀で，自分も肩入れしたいはずの進歩派とされる人々が陥りがちなレトリックをも戒めたからである［Hirschman 1991］。

進歩派が陥りがちな第一のレトリックは，「このままでは早晩絶望的な事

---

19) これは，J. シーハンの指摘する非常に重要な論点である。彼は，ハーシュマンの念頭にある望ましいグループ対立と，経済政策によって不幸にも起こりうる社会的紛争とをより明確に区分すべきであると主張している［Sheahan 1986: 183］。この点に関しては，第7章でふたたび触れることになる。

態になるので，改革を行なわねばならない」というもので，これは「逆転テーゼ」にもとづく反動派からの批判を回避ないし中和化しようとするものである。第二のレトリックは，「歴史法則，歴史的潮流にもとづき改革を行なわねばならない」というもので，これは反動派の「無益テーゼ」を裏返したものにすぎない。そして第三のレトリックは，「過去の偉業を確かなものにするため，改革を行なわなくてはならない」というもので，これは「危険性テーゼ」に対する進歩派からの反撃であるが，「危険性テーゼ」と思考様式は類似している。

いずれも反動派のレトリック同様，根拠のないものが多く，真の改革を進めようとするなら，こうしたレトリックは避けたほうがよい。改革を進めるのに，狼少年のように想像上の危機を駆り立てる必要はないし，そうすべきでもない。また，もはや信用の失墜した歴史法則をわざわざもちだすまでもなく，共産主義体制が崩壊したいま，純粋に倫理的根拠でもって改革を進めることは以前よりも容易になったはずである。そして，改革は過去の成果を強化するだとか，改革の諸策に矛盾はないなどというのは，非常に危険な思想でもある。そうした考え方は，「改革には障害物はない」という考えにつながりやすく，さらには，「改革に障害物はあってはならない」という考え方，あるいは「目的が手段を正当化する」というお馴染みの言い回しにつながりかねないからである［Hirschman 1995a: 64-68, 訳 76-82］。もちろんハーシュマンは，歴史上，改革派を掲げて登場した勢力が独裁化していった幾多の事例を念頭において，こう述べているのである。

民主主義を根底で突き崩しかねない「非妥協的レトリック」の応酬を回避するためにも，1冊の本のなかで"self-subversion"的叙述を残さねばならなかったわけだが，自分の著作・概念をめぐって，しばしば自ら行なうこうした行動を，ハーシュマンはカミュの評論「シジフォスの神話」を引きつつ説明している。

コリント王シジフォスは生前の邪悪な行動によって，死後，地獄に落とされ，巨大な石を山に押し上げる罪を負わされた。シジフォスが山頂近くまで運び上げるたびに，石はまた元の場所に転がり落ちた。そしてシジフォスは，繰り返し石を山に押し上げることになる。終点がなく，いつまでも心安まることがない，こうした状況は，通常，悲惨なものとされるが，カミュは，「われわれは，シジフォスを幸せだと思わねばならない」と述べたという。

ところがハーシュマンは，さらに強烈に，「われわれは，石を転がり落としていたのはシジフォス本人だと思わねばならない」と述べている［Hirschman 1995a: 92, 訳109］。シジフォスは嬉々としてそれに取り組んでいたのだ，と。

つまり，ハーシュマン自身は，"self-subversion" をけっして否定的な意味合いでは用いていない。ハーシュマンによれば，これはニーチェの用いた "Selbstüberwindung"（「自己超克」）を意識した言葉であって［Hirschman 1995a: 58, 訳68］，普遍的な原理に安住せず，探求すべき新たな関係性，複雑さを目のあたりにすることで，より生き生きとするための行動，すなわち「自己刷新につながる自己破壊」とみなしているのである［ibid.: 92, 訳109］。"self-subversion" というと否定的印象が強いが，実は社会科学に必要なプロセスであって，原理，概念が祭壇に祭り上げられ，その有効性，妥当性が問い直されないような状況こそが危険なのだ，というのが，ハーシュマン流のポシビリズムである。"bias"，"trespassing"，"self-subversion"，いずれもハーシュマンの論文集の題名の一部であるが，こうしてみると，そこに込められた意図は共通しているといえる。

ハーシュマンのこうした姿勢を見せつけられ，いまは亡き E. サイードのつぎのような叙述を想起するのは，おそらく筆者だけではあるまい。

> わたしがいいたいのは，知識人が，現実の亡命者と同じように，あくまでも周辺的存在でありつづけ飼い馴らされないでいるということは，とりもなおさず知識人が君主よりも旅人の声に鋭敏に耳を傾けるようになること，慣習的なものより一時的であやういものに鋭敏に反応するようになること，上から権威づけられてあたえられた現状よりも，革新と実験のほうに心をひらくようになることなのだ。漂泊の知識人が反応するのは，因習的なロジックではなくて，果敢に試みること，変化を代表すること，動き続けること，けっして立ち止まらないことなのである［サイード 1994: 103］（強調原著者）。

亡命知識人ハーシュマンは，「亡命状態」を保ち，いまも「漂泊」しているのである。やや急ぎ足になるかもしれないが，以下の諸章で，彼の「漂泊」の旅程をたどっていこう。われわれの磁石が指し示す「変化を誘発する知性の組織化」という方向を，見失わないようにしながら。

第3章　大戦間期世界経済の構造分析
政治化された貿易

はじめに

　前章では，序章で簡単に触れたポシビリズムについての検討を行なった。これから「可能性の政治経済学」をより詳細に論じていくが，まずは，A. O. ハーシュマンがはじめて世に問うた著作に触れておかねばならないだろう [Hirschman 1945, 1980][1]。

　ハーシュマンはその長きにわたる学究生活のなかで，議論の重点を微妙にシフトさせてきた。この点は，彼の議論に触れた多くの人々が感ずることであろう。だが，ハーシュマンにおいては，「社会の壊れやすさ」を認識しながら，変化を導く知性の組織化，個々人のレヴェルを越えた希望の組織化を図ることが目指されていたのではないか。繰り返すように，少なくともハーシュマンの著作からそうした方法を掘り起こしていくことが，本書のねらいであり，基本的スタンスである。したがって，その処女作にもポシビリズムの萌芽を見いだしていきたいと思う。

　あらためていうまでもなく，ハーシュマンは開発経済学のパイオニアのひとりに数えられる [Meier et al. 1984]。ハーシュマンを含め，パイオニアたちの提起した概念，戦略などは，いまや古典的な扱いを受けている。「連関

---

[1] ハーシュマンは，義兄エウジェニオ・コロルニとのイタリアにおける反ファシズム活動，マルセイユでのヴェリアン・フライとの知識人救援活動を経て，自らも1941年にアメリカに渡った [Fry 1945, 1993; Hirschman 1995, 1998; 矢野 1999a]。そしてハーシュマンは，フェローシップを獲得し亡命を支援してくれたJ. コンドリフのいるカリフォルニア・バークレー校で『国力と貿易構造』[Hirschman 1945] を書き上げた。1980年，関係論文をあわせて収録したその増補版が発刊された。本編での議論に変更はないが，そこにはハーシュマンが自らの議論を批判的に振り返っている論文も収められている。本章では，この内容についても触れる。

効果」にせよ,「偽装失業」にせよ,教科書などではオリジナルへの注記すらない場合もある。しかしながら,それらの概念を,彼らがときに身をもって感じとった具体的歴史状況から切り離してはならない。パイオニアたちの開発論の背後には,途上国開発を制約する国際経済構造への冷静かつ鋭敏な分析がある[2]。ハーシュマンも例外ではない。

たしかに,R. ヌルクセらが国際経済の構造分析を自らの開発論の展開に明確に結びつけていたのと比較すれば,「政治化された貿易」の分析とハーシュマンのその後の議論との結びつきは,必ずしも直接的なものではない。また,のちにみるように,困難な状況下,彼が行なった大戦間期世界経済の構造分析そのものにさまざまな限界があることも否定できないかもしれない。だがやはり,ハーシュマンの開発論には,そしてさらに,開発論の枠組みを越えたその後の議論にも,自らの強烈な体験を背景とした大戦間期世界経済の構造分析が大きな影響を与えていると思われる。

国家権力はさまざまな契機でいつでも行使されうる。政治的権力行使の芽は,国家間の,一見純粋に経済的な関係にも潜んでいる。たとえば,貿易は政治化されうるし,現実に政治化された。これを克服する術はないか。

これから検討するハーシュマンによる「貿易の政治化」分析は,資本主義の発展段階と関連づける帝国主義論とはスタンスを異にする。またそれを従属論的に継承する論者も多いのだが [Caporaso 1978a, b],ハーシュマン自身の眼目は,それとも異なる。彼にとって議論の重点は,第二次世界大戦以前の世界経済に垣間見られた兆候を見失うことなく,戦後世界経済に開花させるべきこと,すなわち,「伝統的農工間貿易」のみならず,育まれつつあった「製造業部門内貿易」に注目する必要性を説くことにあった。後発国による工業化は世界経済の拡大に寄与しうるものであり,先進国は自国の構造調整を進めるとともに後発国工業化を支援すべきである。製造業の部門内貿易の動向を把握することなく,誤った観念により権力政策を行使し,後発国の工業化を阻止せんとする行為こそが悲劇を呼ぶ。これが大戦間期の世界経済を分析したハーシュマンのメッセージである。そして,その後,自らさらなる実体験を重ねながら,ハーシュマンの議論の中心は後発国の経済発展過程

---

2) 国際経済構造に関するパイオニアたちの認識については,たとえば,R. ヌルクセに関しては高 [1993, 1995],W. A. ルイスについては本山 [1982],小野塚 [1988],H. シンガー,R. プレビッシュについては羽鳥 [1981] に簡潔にまとめられている。

にシフトしていくのである。

やや長くなるが，本章では，古典的評価を受けながらいまだ邦訳されていない著作の内容紹介も兼ね，ハーシュマンの第一作の意味を検討していくこととする[3]。

1 貿易の政治化

(1) 政治化される貿易への視点

ハーシュマンによれば，外国貿易は「国力」(national power) 追求・増強の道具となりうるし，過去，意識的かつ効果的にそのような道具として利用されてきた。その原因と経緯について体系的に解き明かすことが，『国力と貿易構造』の目的である。ここで「国力」とは，ある国が軍事的方法であれ，平和的方法であれ，他国に関係する際，行使しうる「強制力」を意味する[Hirschman 1945: 12-13][4]。国際的な経済関係をこうした意味での国力増強政策の道具として広範に利用することは，「神経戦」(war of nerves) とともに，第二次世界大戦勃発に先立つ時期の，大きな特徴のひとつであった[Hirschman 1980: xv]。

ところが，一般の経済学，貿易理論はこうした事態への視点に乏しい。アングロ・サクソン的思潮においては，「福祉の経済学」(economics of welfare) と「力の経済学」(economics of power)，つまり，国富を求める経済学と国力を求める経済学は区別され，「理想的な」経済システムからは権力関係を

---

3) 日本でも『国力と貿易構造』[Hirschman 1945] に言及し，検討を加えた論者がいる [麻田 1951；藤井 1977；加藤 1993；川田 1952；北川 1953；毛利 1978；本山 1982]。本章も彼らの議論に依拠するところが多いが，とくに，北川一雄の包括的分析は示唆に富む。

4) P. バランは社会主義諸国間の経済援助・協力関係の可能性を指摘する際，帝国主義諸国と低開発諸国との構造的関係を実証的に分析したものとして『国力と貿易構造』[Hirschman 1945] を引用しているが [バラン 1960: 390-391]，ハーシュマンはこうした国力増強政策を，資本主義の内的矛盾が必然的に市場と原料供給地をめぐる闘争に至らしめるといった認識でもってとらえようとはしない。いわゆる帝国主義論とは異なり，権力行使の通時性・普遍性を問題とし，その克服の途を模索しているのである [Hirschman 1980: xv]。

第3章 大戦間期世界経済の構造分析 81

取り除くことができるという考え方が根強かった［Hirschman 1945: 75-76］。「交換自体が他の要因から独立に行われ、なおかつ相互にベター・オフして安定するとみなす枠組み」を設定し、国際分業パターン決定の論理を経験の足かせから解き放って公理とするのが正統的な貿易理論なのである［櫻井 1987: 136］。これに対して E. H. カーは、「力と福祉、銃とバター」の区別は国際問題への対処においては無意味であると批判したが［カー 1996: 221-222］、ハーシュマンもおそらく同じ認識であろうことは議論の随所に垣間見える。二度の悲惨な世界大戦を引き起こし、社会を混乱に陥れた原因のひとつは、始祖の問題意識を忘れ、経済関係のなかに権力的要素を認めようとしない、貿易理論の思考方法にも見いだせるとしているのである。

　国力増強が経済政策の主要目標であるという考え方は、現代人にとっては驚きでも、学説史的には長い伝統をもっている。重商主義をはじめ、初期の経済思想など、その目的に奉仕するために存在していたとさえいえる[5]。ハーシュマンによれば、政策目標としての「福祉」と「国力」の間の関係をめぐる議論は、経済思想史上も錯綜しているが、この点に関する重商主義のスタンスは明瞭であり、三段論法の形をとっていた。すなわち、一国における富の増加（減少）が国力を増加（減少）させるという「大前提」、一国の富の増加が外国貿易によるものとすれば、それは必然的に他国の富の損失であるという「小前提」、以上から、貿易による国富増大は他国と関係するための国力増大にいたるという「結論」が導かれる。一般に重商主義者においては、福祉と国力の間に矛盾・相克はなく、貿易を含め、あらゆる経済的機

5）大戦間期、外交の舞台でも活躍した J. M. ケインズも重商主義への共感を否定しなかった。貴重なケインズ研究をまとめた岩本武和によれば、「自由放任の終焉→国家的自給の思想→重商主義への共感」という論理展開と、それに付随する「自由な国際資本移動」の規制、重商主義の弊である近隣窮乏化政策回避のための「国際的ケインズ主義の採用」という論理が、ケインズの錯綜しがちな議論のなかでつながっていると指摘している［岩本 1999: 330］。

　なお田淵太一は、誤解されがちなケインズの「能率賃金」論を再評価し、「自由貿易の利益をすべての国が享受するためには国際的な能率賃金の均等が必要条件であるとの認識を踏まえ、『最善の策』としては、世界貿易に対して縮小圧力のかわりに拡大圧力を加えつつ、この条件を創出するために国際通貨体制改革を提唱し、この条件が欠如している国際環境のもとでは『次善の策』として保護貿易を唱えた」というケインズの理路を正当に跡づけている［田淵 2002: 62］。

会を利用し国富を増大させることが，権力バランスにおいて一国の相対的地位を高めると考えられた［Hirschman 1945: 3-5］。

アダム・スミスはこの重商主義に対する批判者として位置づけられてきた[6]。スミスには国防は国富に優るとする議論があるが，概して福祉と国力との対立の蓋然性に関する認識は少なかったのではないかとハーシュマンは主張する。スミスは，重商主義の大前提を承認したが，貿易参加国の相互利益を主張する点でその小前提を否定した。したがって，貿易による富の増大後，国家間の相対的権力バランスがどうなるか，スミスの議論からは判然としない［Hirschman 1945: 5-6］。自由貿易論者スミスは，植民地貿易を突出させることがイギリス国民経済に与える危険性を指摘するなど，現代の自由貿易論以上に貿易の政治的含意，貿易関係により国家の陥る政治的従属性を認識していたのはたしかだが［*ibid*.: 73-74］，福祉と権力の対立について理論的決着をつけていたわけではない。国富と国力に関わる対立的視点は，その後の保護貿易主義と自由貿易主義の論争でなんども現れることになる[7]。

保護主義者は，自由貿易のもたらす過度の特化のもとでは，一国の経済，軍事力に貢献するはずの国内諸資源を開発することは不可能であり，緊急時に必要物資が途絶する危険性もあると主張してきた。それぞれの国は，貿易と距離をおいたほうが対外的紛争には巻き込まれないし，孤立していたほうが国民性を発揮しやすくなり，結果的に国際平和にも資する。アメリカの孤立主義の例を引き，また I. H. フィヒテを引用しながら，ハーシュマンは保護貿易主義の議論をこのようにまとめる。

6）ただし，重商主義を単なる貿易差額主義ととらえるのは誤りであろう。重商主義とは，単に商業を重視するというよりも，国民的産業の販路を対外的・対内的に確保するという側面を強く有するものであり，その貨幣理解を含め，正当に評価されるべきものである［本山 1986a: 136-144］。

7）そもそもスミス自体に見過ごしえない二面性があるとする論者もいる。「余剰はけ口説」にみられるように，スミスの認識においては，一国の産業のうちどれが輸出財産業となるかを決めるのは比較優位や生産性格差ではなく，市場を確保し生産を増大させることによって分業を拡大し，熟練や技能を向上させうるか否かが決め手である。スミスに生産費格差を決定因とする分業理論をみてリカード的自由貿易論への先導者としてのみ位置づけることは，貿易理論の課題を固定したうえで行なわれる「過去の再構成」にすぎない。櫻井公人によれば，スミスは単に重商主義論争の批判者としてではなく，総括者として位置づけられるべきであり，そのかぎりにおいて，のちに繰り返し現れる議論の先行者とされるのである［櫻井 1987: 140-144］。

一方,自由貿易論には,「独立」とは「全世界への依存」にほぼ等しいとする考えが脈打ち,貿易のもたらす相互依存に平和構築の力を認めようとしてきた。これは C. L. モンテスキューや J. S. ミルといった思想家たち,あるいは R. コブデンら,穀物法反対論者の議論にもみられる。イギリスにおける初期自由貿易論者は,スミスも含め国際経済関係の権力的側面を見落とさなかったのである。彼らは,平和を求める人間の心性のようなものを前提したうえ議論を進めたのではなく,世界的な自由貿易システムというものが各国の貿易を拡大していき,外国貿易の政治的側面を効果的に「中立化」するものと考えていた。ハーシュマンはこの点の重要性を確認する [Hirschman 1945: 74-75][8]。

　ただし,現実が自由貿易論のように推移するのなら,ハーシュマン的な問題設定そのものが喪失する。J. S. ミルは,自由貿易のもたらす相互依存性のもつ政治的含意に注目すると同時に,早くから,相互依存の度合いが貿易参加国で異なること,つまり,貿易利益の非対称性を主張した論者でもあった。交易条件によっては貿易参加国間の権力バランスに変化が生じること,すなわち,貿易が駆け引きの材料として利用される「可能性」を指摘したのである [Hirschman 1945: 11]。

　「ほぼ同じ力の国が多数存在する」,「貿易量もほぼ同じ」,「ほとんどすべての国と交易可能である」,「どの国も独占的地位にはない」といったように,自由貿易論には国内の競争市場の仮定がそのままもちこまれるが,これは非現実的であるだけではなく奇異ですらある。現実の世界経済では国家間のさまざまな格差・相違が存在し,意識的政策によらずとも一方の他方に対する依存が累積的に高まり,保護主義者の懸念が実現してしまうこともある [Hirschman 1945: 75]。本来,自由貿易論とは,貿易の途絶が国家の死活問題になる状況を回避することによって,貿易の政治的側面を中立化しようとするものであったのに,現代の自由貿易論者は非現実的な想定から,貿易が国力増強政策の道具となる可能性を看過してしまっている [*ibid*.: 45]。

　ここで取り上げた以上に多くの論者,文献に言及しているとはいえ,貿易理論をめぐるこうした総括は,学説史研究の蓄積豊富な現代日本の学界の水準からすると,いまとなってはあまりに簡潔すぎるものであろう。しかしこ

---

8) このあたりの認識が,のちのハーシュマンの研究につながっていくことはいうまでもない [Hirschman 1977]。

こでは，経済学から権力的要素を除外するのが一般的であるとき，そして第二次世界大戦という厳しい状況下，貿易の政治化という事態を認識するとともに，その克服を目指す研究の手がかりとして行なわれた作業を積極的に評価しておきたい。ハーシュマンはこうした準備作業の後，自らの概念を提示しつつ，貿易の政治化の実態に迫ろうとしたのである。

(2) 「供給効果」と「影響効果」

もともと存在する国力の不均衡，従属的関係によって，貿易が支配の道具とされつづけることは，植民地貿易の例をみればわかるとおり，歴史的には非常に重要な事態である。だが，ここでのハーシュマンの議論の眼目は，「支配から貿易へ」ではなく，なぜ，そしていかにして貿易という経済的関係から依存・従属・支配といった関係が生まれるのかを明らかにすること，つまり「貿易から支配へ」の理解にある[9]。こうした問題意識のもと，何らかの強制力をもって他国に関係するための政策手段として外国貿易を考えた場合，ハーシュマンによれば，その効果は大きく2つに分けられる。すなわち，「供給効果」(supply effect) と「影響効果」(influence effect) の2つである [Hirschman 1945: 13-14]。

貿易の有する「供給効果」とは，戦争の可能性がある状況下，国力増強政策的観点からみて自国に稀少な物資をより豊富な物資と交換するなどして，一国の潜在的軍事力を高めるような財を供給する効果である。この観点からすると，自由貿易論者は自由貿易による供給効果増大を説き，保護貿易論者は供給途絶の危険性を指摘したことになる。実際に権力政策を行使しようとする国は，武器に必要な物資の集中的輸入，海上輸送ルートの確保，平時における戦略物資の大量蓄積，供給途絶の危険の少ない国への貿易変更といった策を講じて，供給効果を維持・拡大しようとする。

---

[9] ハーシュマンの問題意識に火を点けたのは，もちろんナチスによる広域経済圏の形成である。ファシズムに人生を翻弄されてきたハーシュマンは，大戦間期に行なった研究はすべて，何らかの意味でファシズム，ナチズムとの闘争を意識せざるをえなかったと述べたが，国力増強に向けて利用されうる外国貿易の特徴をあくまでも「理論的レヴェル」で研究しようとしたからこそ，書名が *The Structure of Foreign Trade and National Power* ではなく，*National Power and the Structure of Foreign Trade* になっているのだとメルドレージは指摘している [Meldolesi 1995: 12]。

これに対して「影響効果」とは，差し迫った戦争の可能性がなくても，貿易相手国が自国との貿易関係なしにはすまされないような状況をつくり，貿易を国家間の「依存」ないし「影響」の関係にいたらしめる効果である。供給効果に関しては，ある意味で自明であるし，「貿易から支配へ」という問題意識からすれば，影響効果について分析をより深める必要があるという認識から，ハーシュマンにおいては後者の分析に重点がおかれる。相手国が自国との貿易に大きく依存すれば，軍事力を含めた積極的働きかけなしに，貿易停止の可能性だけで影響力を行使し小国の政策形成を左右することができる。つまり，影響効果とは，貿易に関する「拒否権」に着目するものである［Hirschman 1945: 17］。主権国家の属性からすれば，貿易を通じた影響力の行使とは，特殊な事態ではなく，通時的・普遍的に起こりうることと判断されるのである。

　以下，しばらく影響効果に関するハーシュマンの分析をフォローしておこう［Hirschman 1945: 17-35］。

　ある国が貿易を通じた影響効果を行使するために考慮しなければならない条件は，大きく2つある。まず第一に，貿易相手国が自国との貿易なしにすませることが非常に困難な状況をつくりだすということであり，第二に，貿易相手国が取引相手を簡単に変更できないような状況をつくりだすことである。ハーシュマンは，当該国がこの条件を満たすため採用しうる政策を順に考察する。

　かりにA国がB国に対し影響効果を高めようとする場合，まず第一の条件についてだが，これに影響する要因は，1）A国との貿易からB国の獲得する純利益合計，2）A国が貿易を中断することによってB国のこうむる調整過程の難度，3）貿易を通じてA国がB国経済内部に創出する既得権益の大きさ，である。

　まず1）に関して，ハーシュマンは，「一国が貿易から得る利益合計とはまさに，貿易が停止した場合に，その国がこうむる窮乏合計の別表現にほかならない」という，影響効果の本質的論点を提示する［Hirschman 1945: 18］。影響効果を高めるには，当該貿易に対する自国の依存をそのままにしながら，いかにして相手国の貿易利益を高めるかが問題となる。単に相手国との貿易量を拡大するだけでは，A国の貿易依存度も高まる。かといって，交易条件が相手に有利に，自国に不利になるような政策をとれば，国民所得を増大す

る政策，あるいは供給効果を高める政策と矛盾してしまう。政策目標としての「国富と国力の相克」が生じてしまうのである。

　国富と国力の背馳の可能性に注目した論者は少なくない。だがこうした矛盾は，A. マーシャルが注目したように，客観的貿易利益と主観的貿易利益を区別すれば克服できるという。客観的貿易利益の有無にかかわらず，あるいはそれとは独立に，相手国に主観的貿易利益を生みだすことは可能である。したがって，影響力を行使しようとする国は，主観的貿易利益を高めることで，自国の交易条件を不利化することなく，相手国の貿易利益合計，つまりは貿易依存を高めることができる。ここで具体的な政策として採用されるのは，相手国において独占的地位を占める商品の輸出を促進し，こうした国々に貿易を転換すること，あるいは，所得の限界効用が高く，したがって貿易利益の主観的評価が高いはずの貧困国に貿易を仕向けることなどである［Hirschman 1945: 24］。

　ハーシュマンは，ここでマーシャルを引用し，自らの議論を端的に代弁させている。

　　富裕国は，貧困国に対して，後者の労働の効率を二倍にすることができるが，自国では造ることができない，農業や狩猟の道具を，わずかな努力で供給することができる。他方で富裕国は，貧困国から購入する財の大部分を大きな労苦なしに自分で造ることができるか，あるいは少なくともそれらに対するかなり良好な代替物を造ることができる。それゆえに貿易の中断は，一般に富裕な国民よりも貧困な国民にはるかに大きな，実質的な損失をもたらすであろう［マーシャル 1988: 230］。

　国力増強という意図をもつ国家による小国貿易への転換の合理性は，まずはこうした点から確認される。

　つぎに，2）の「調整」についてだが，抽象的な理論次元とは異なり，現実には既存の生産・雇用パターンは容易には変更できない。したがって貿易途絶にともなう損失を考察する場合には時間的要素が非常に重要となり，生産諸資源の再配置，調整が終了したあとの「究極的損失」のみならず，「いま目の前にある損失」が影響効果には大きく作用する。貿易途絶にともなう相手国内の調整は，資源の可動性が小さければ小さいほど，また，輸出向け

の経済活動がある特定の製品，ある特定の地域に集中していればいるほど，困難となる。それゆえ，影響効果を高めるためには，資源の可動性が小さい国，輸出向けの生産パターンと国内向けの生産パターンとが乖離している国を選べばよいことになる。こうした理由から，貿易相手を農業国に転換するとともにその国の工業化阻止が図られるのである。

そして3）については，自国との貿易に既得権益をもつ階層を相手国内に創出し，相手国有力層の利害を貿易に結びつけることで，自国の影響効果を支える現地勢力を獲得できるとしている。いかなる国の社会にも，「その支持を取りつければ外国の権力政策遂行に好都合となるような，ある有力グループが存在する。したがって，その外国は，こうしたグループの発言が自国の利益にかなうものであるように，とくに彼らと通商関係を結ぼうとするのである」［Hirschman 1945: 29］（強調原著者）。

貿易相手国経済の極度の特化を狙い，輸出地域・輸出産品とも多様化を阻止しようとする政策が，2）および3）のような状況をつくりだす［Hirschman 1945: 28-29］。

つぎに，影響効果を高める第二の条件，相手国による貿易ルート変更を封じる手段についてみていこう。

まず第一に全般的議論としては，「ひとつの支配的な市場に取り込まれる輸出入のパーセンテージが大きくなればなるほど，代わりの市場や供給源を見つけるのは困難となる」こと，国力増強を図る国家は貿易相手国として小国を選好すること，そして，小国の側は依存を減ずるべく多くの国に貿易を分散しようとすることが確認される。

第二に，貿易相手国による輸出ルート変更の可能性についてだが，相手国経済を高度に，そして人工的に改編し，自国経済との「排他的補完性」をつくりあげることがルート変更を困難にする。具体的には，自国以外では需要のないものの生産に向けて相手国経済を改編すること，二国間では比較優位を有するが世界市場では優位性のない商品の生産を特恵的措置により奨励したり，金融操作を駆使するなどして，貿易相手国の輸出品価格を国際価格以上に保持すること，そして，リベート供与，長期契約による販路の不確実性軽減など，生産者側に製品価格以外のメリットを生みだすことなどが考えられる。

第三に，輸入ルート変更については，まずは，輸入品（影響力行使を狙う

国からの輸出品）を高度に差別化することにより，相手国に固定的な消費習慣・生産体系を創出することがあげられる。差別化の程度は工業製品のほうが高いので，この観点からする輸入ルートの変更は，食料・原材料を輸出し工業製品を輸入する国のほうが困難となる。さらに，相手国輸出品の大部分を受け入れているような状況下での「双務協定」も，輸入ルート変更阻止の手段となりうる。双務協定によれば，輸出に見合う輸入を義務づけられるからである。

そして第四に，中継貿易も影響効果を高めることがある。地理的条件，技術的理由，契約上の問題などから中継貿易が容易には直接貿易に転換できないような場合，中継貿易は，原産国，最終目的国の双方に影響力を行使することが可能となる。

以上が，貿易の政治化に関するハーシュマンの概念枠組みである。どのような財を，どれくらい，どのような国と取引するのか。つまり貿易品の「使用価値」的側面にも目を向ける，この素朴な問いかけが，まずは貿易関係に潜む「非対称性」に気づく第一歩である。ハーシュマンにとって貿易の政治化とは，帝国主義段階において必然的に生起する特長的な事態ではなく，国際経済関係の伝統的枠組みのなかに可能性として本質的に備わっているものであり，いつでも顕在化しうるものである。ナチスはこの可能性を十二分に活用したにすぎない［Hirschman 1945: 53］[10]。

ハーシュマンは自らの概念枠組みを提示した後，ドイツの対外経済政策がいかにこの枠組みに合致したものであったのかを簡単に述べているが［Hirschman 1945: 35-40］，1930年代の世界経済，国際情勢について古典的研究を著したカーやH. W. アーントも，ドイツの対外経済政策に関するハーシュマン的な認識を共有しているように思われる［アーント 1978: 245-247; カー 1996: 236］。

次節では，こうした議論を受け，ハーシュマンによる大戦間期世界貿易の実証分析を取り上げる。

---

10) ナチスが東欧・南東欧諸国を実際どの程度「搾取」できていたのかについては，後述する。

2　大戦間期の世界貿易──ハーシュマンの視点と分析

　ハーシュマンは前節でみてきたような概念枠組みをベースに，3つの視角から大戦間期世界貿易の特徴について実証的な分析を試みている。3つの視角とはすなわち，貿易相手国の分布に注目する「国際貿易における大国の小国選好度」，「小国の貿易相手の集中度」，および，何を取引するのかに注目する「世界貿易の商品構造」である。以下，これらについて順にみていこう。

(1)　国際貿易における大国の小国選好度
①小国選好度指数について

　「貿易の政治化」とは，どの程度現実的な事態なのか。まず，ハーシュマンは，世界の大国が貿易相手国としてどの程度，小国を選好してきたかを統計的に確認することで，この問いに答えようとする。小国選好度を示す指数を作成するため，まずは以下のように定める。

$E_X = e_1 + e_2 + \cdots\cdots + e_n$　　　　X国の貿易相手国：$1, 2, \cdots\cdots, n$

$I_X = i_1 + i_2 + \cdots\cdots + i_n$　　　　　X国の総輸出：E_X

$E_W = E_1 + E_2 + \cdots\cdots + E_n + E_X$　　X国のn国への輸出：e_n

$I_W = I_1 + I_2 + \cdots\cdots + I_n + I_X$　　　X国の総輸入：I_X

$E_W = I_W$　　　　　　　　　　　　　　X国のn国からの輸入：i_n

　　　　　　　　　　　　　　　　　　　世界全体の総輸出：E_W

　　　　　　　　　　　　　　　　　　　世界全体の総輸入：I_W

　ハーシュマンが大国の小国選好度をどのように測ろうとしているか，X国の輸入を例に説明しておこう。この場合，以下で示される単純平均（U.A.: unweighted average of the shares）は，「各国の総輸出に占めるX国の輸入シェアの平均」である。平均化する際には，X国が大国（たとえばイギリス）から輸入する場合も，小国（たとえばブルガリア）から輸入する場合も同じ扱いがなされている。一方，加重平均（W.A.: weighted average of the shares）は，「X国を除く世界の総輸出に占めるX国の輸入シェア」である。国の相対的大きさを考慮すべく，平均化する際，世界の総輸出に占める各国の輸出シェアでウェイトがかけられている。したがって，U.A., W.A. は以下のように

なる。

$$\text{U.A.} = \frac{1}{n} \cdot \left(\frac{i_1}{E_1} + \frac{i_2}{E_2} + \cdots\cdots + \frac{i_n}{E_n} \right) \cdot 100$$

$$\text{W.A.} = \frac{\frac{i_1}{E_1} \cdot E_1 + \frac{i_2}{E_2} \cdot E_2 + \cdots\cdots + \frac{i_n}{E_n} \cdot E_n}{E_1 + E_2 + \cdots\cdots + E_n} \cdot 100 = \frac{i_1 + i_2 + \cdots\cdots + i_n}{E_1 + E_2 + \cdots\cdots + E_n} \cdot 100$$

$$= \frac{I_x}{E_w - E_x} \cdot 100 = \frac{I_x}{I_w - E_x} \cdot 100$$

そしてハーシュマンは、小国選好を示す指数として、以下の「R」を採用する。

$$R = \frac{\text{U.A.}}{\text{W.A.}} \cdot 100$$

理由はこうである。ここでもX国の大国イギリス、小国ブルガリア、それぞれからの輸入を例に考えてみよう。

U.A. は、i_i / E_i に依存するが、この比率の単純平均においては、イギリス、ブルガリアそれぞれの指数は、国の大きさが勘案されていない。したがって、U.A. は、

ⅰ）X国の輸入のイギリス、ブルガリア間の配分を所与とすれば、イギリス、ブルガリア両国の輸出合計とX国の両国からの輸入合計に依存する。

ⅱ）イギリス、ブルガリアの輸出合計とX国の両国からの輸入合計を所与とすれば、X国の輸入のイギリス、ブルガリア間の配分に依存する。つまり、X国が輸入をイギリスからブルガリアに転換した場合、X国は、イギリス（大国）の全輸出に占める自国輸入の比率を減少させる以上に、ブルガリア（小国）の全輸出に占める自国輸入の比率を増大させることになる。

一方、W.A. は加重平均だから、上記ⅰ）の条件に依存するのみである。したがって、U.A. を W.A. で割ることによって、ここでの問題意識、すなわち、X国の輸入が小国に偏向する動きを独立に把握する指数を得ることになる［Hirschman 1945: 85-91］。定義上、「R＞100」は「X国の輸入がより小さな国に偏向している」ことを意味し、「R＝100」は「X国の輸入が国の大小にかかわらず同一の比重で配分されている」こと、「R＜100」は「X国の輸入がより大きな国に偏向している」ことを意味することになる。X国の輸出についても同様の考え方ができる。

表3-1 小国選好指数(輸入)

		1913	1925	1926	1927	1928	1929	1930
ドイツ	U.A.	12.70	10.64	9.81	12.37	12.82	11.95	11.20
	W.A.	16.12	8.46	7.55	10.22	9.78	9.28	8.39
	I.	**78.8**	**125.8**	**129.9**	**121.0**	**131.1**	**128.8**	**133.5**
イギリス	U.A.	24.34	23.92	23.80	23.29	22.10	22.09	23.44
	W.A.	22.27	21.61	20.80	20.04	18.93	18.63	20.15
	I.	**109.3**	**110.7**	**114.4**	**116.2**	**116.7**	**118.4**	**116.3**
アメリカ	U.A.	13.65	17.09	17.65	16.54	16.03	16.69	15.32
	W.A.	9.22	15.52	15.99	14.70	13.85	14.31	12.03
	I.	**148.1**	**110.1**	**110.4**	**112.5**	**115.7**	**116.6**	**127.3**
フランス	U.A.	6.70	4.73	4.77	4.39	4.73	4.97	5.31
	W.A.	6.68	5.09	5.16	4.73	5.07	5.43	6.19
	I.	**100.3**	**92.9**	**92.4**	**92.8**	**93.3**	**91.5**	**85.8**
イタリア	U.A.	2.21	3.89	3.78	3.54	3.66	3.79	3.94
	W.A.	3.05	3.40	3.02	2.81	3.21	3.15	3.09
	I.	**72.5**	**114.4**	**125.2**	**126.0**	**114.0**	**120.3**	**127.5**
日本	U.A.	1.33	1.85	1.98	1.79	1.78	1.84	1.70
	W.A.	1.83	3.31	3.43	3.05	3.11	2.82	2.49
	I.	**72.7**	**55.9**	**57.7**	**58.7**	**57.2**	**65.2**	**68.3**

注:U.A. は単純平均
　　W.A. は加重平均
　　I. は輸入の小国選好指数
出所:Hirschman[1945:92-93]より転載。

②統計資料の検証

以上のような前提で，国際連盟(League of Nations)による統計資料 *Review of World Trade* および *International Trade Statistics* を用いつつ，ハーシュマンが六大国(ドイツ，イギリス，アメリカ，フランス，イタリア，日本)の輸出入における小国偏向度を検証したのが，表3-1と表3-2である。カヴァーしている時期は，1925年から38年まで(比較のために第一次世界大戦前の1913年の数値もあげられている)であり，調査対象となった国は全部で51カ国・地域である。これで世界貿易の90～95％を占めるが，植民地・半植民地に関しては，ここでの問題意識から，インド，南西太平洋地域以外は除かれている。オーストリアの1938年の数値に関しては，合邦化ゆえドイツに加算されている[Hirschman 1945: 91]。

ハーシュマンがまず第一に確認していることは，大国による小国選好指数の規則的安定性である。とくに，1925年から38年は激しい経済変動があっ

	1931	1932	1933	1934	1935	1936	1937	1938
	9.83	9.95	10.07	11.47	11.48	11.89	11.92	14.94
	7.81	7.96	8.00	8.65	8.31	7.43	7.53	9.87
	125.9	**125.0**	**133.8**	**134.7**	**138.2**	**160.0**	**158.3**	**151.4**
	25.48	25.41	26.23	25.57	24.87	25.25	23.92	24.67
	22.18	21.41	21.99	21.87	22.07	22.65	20.06	21.13
	114.9	**118.7**	**119.3**	**116.9**	**112.7**	**111.5**	**119.2**	**116.8**
	14.73	13.74	13.70	13.63	14.84	15.56	15.61	13.79
	11.47	11.22	10.89	10.40	14.68	14.41	13.70	11.02
	128.4	**122.5**	**125.8**	**131.1**	**101.1**	**108.0**	**113.9**	**125.1**
	5.69	5.62	5.63	4.67	4.31	4.62	4.20	3.79
	6.51	6.63	6.69	5.53	4.86	4.89	4.65	4.12
	87.4	**84.8**	**84.1**	**84.4**	**88.7**	**94.5**	**90.3**	**92.0**
	3.72	3.93	3.81	3.70	3.54	2.09	2.96	2.55
	2.89	3.07	3.19	3.27	3.14	1.89	2.63	2.35
	128.7	**128.0**	**119.4**	**113.2**	**112.7**	**110.6**	**112.5**	**108.5**
	2.15	2.01	1.89	2.10	2.13	2.56	2.30	1.88
	2.80	2.94	2.93	3.32	3.22	3.48	3.28	2.73
	78.8	**68.4**	**64.5**	**63.3**	**66.1**	**73.6**	**70.1**	**68.4**

たにもかかわらず，その指数は安定的である．フランスと輸入に関する日本を除けば，大国はすべて小国選好度が高い．1925年から38年という特定の時期についてではあるが，大国が小国を貿易相手として選好するという性向が，まずは確認できるのである．

　第二に，1913年から25年にかけて，輸出入ともドイツの指数が急上昇していることである．これは，従来からドイツの貿易相手であった東欧，南東欧地域が，第一次世界大戦後，独立し小国に分裂したことによる．意識的政策によって東欧，南東欧への影響力を増強するよりもずっと前から，ドイツの貿易は構造的に，大国よりも小国に向けられていた．1934年から36年にかけて，ドイツの指数は輸出入とも急上昇をみせる．むろん，これには1933年のナチスによる政権奪取後の政策が色濃く投影されているのだが，指数はその後，安定化している．これはドイツが南米，アメリカとの貿易を拡大したことによる．いずれにせよ，ハーシュマンは，こうしたドイツの指

表 3-2 小国選好指数（輸出）

		1913	1925	1926	1927	1928	1929	1930
ドイツ	U.A.	17.02	12.83	13.63	13.58	14.54	14.98	15.34
	W.A.	16.89	8.14	9.40	9.35	10.48	10.71	12.14
	I.	**100.8**	**157.6**	**145.0**	**145.2**	**138.7**	**139.9**	**126.4**
イギリス	U.A.	21.08	18.61	16.45	16.75	16.15	15.79	15.78
	W.A.	17.28	16.29	14.41	14.35	13.82	13.40	13.26
	I.	**122.0**	**114.2**	**114.2**	**116.7**	**116.9**	**117.8**	**119.0**
アメリカ	U.A.	13.64	19.28	19.31	19.00	19.19	19.55	18.20
	W.A.	13.40	19.23	19.33	18.40	18.12	18.43	16.88
	I.	**101.8**	**100.3**	**100.0**	**103.3**	**105.9**	**106.1**	**107.8**
フランス	U.A.	5.14	4.51	5.02	5.05	4.92	4.60	4.60
	W.A.	5.72	4.89	4.82	5.31	5.25	4.94	4.91
	I.	**89.9**	**92.2**	**104.2**	**95.1**	**93.7**	**93.1**	**93.7**
イタリア	U.A.	2.22	3.70	3.48	3.21	3.02	2.96	3.14
	W.A.	2.17	2.75	2.55	2.50	2.38	2.38	2.41
	I.	**102.3**	**134.5**	**136.5**	**128.4**	**126.9**	**124.4**	**130.3**
日本	U.A.	1.27	1.98	1.97	2.02	1.86	2.02	2.16
	W.A.	1.56	2.99	3.14	2.92	2.85	2.87	2.75
	I.	**81.4**	**66.2**	**62.7**	**69.2**	**65.3**	**70.4**	**78.5**

注：U.A. は単純平均
　　W.A. は加重平均
　　I. は輸入の小国選好指数
出所：Hirschman [1945: 92-93] より転載。

数の動きにこそ，貿易を国力増強政策の道具として利用する典型的事例を見いだしているのである[11]。

　第三に，指数がもっとも安定しているのはイギリスとフランスである。フランスの指数が低いのは，統計において植民地が除外されているからである。植民地との貿易を除いた場合，フランスは大国との貿易を選好しているとい

---

[11] すでに述べたように，ハーシュマンはこうした事実を確認するとともに，大国による国力増強政策を克服する方途を模索すべく，この研究をはじめたのであるが，表3-1，表3-2から素直に読みとれるのは，イギリス，アメリカといった大国の指数が高位安定化していることである。ハーシュマンの研究を綿密に検証した北川一雄もこの点に着目し，指数の「変化」とは別に指数自体，すなわち貿易の小国選好度自体に目を向ければ，イギリス，アメリカのそれが長期的安定的に高いことが確認できると述べている。そして，ドイツなど後進追跡工業化国の急進性も，イギリス，アメリカにおいて貿易集中度そのものが高いという事実と関連づけられないことには，その本質的意味は説き明かしえないとしている[北川 1953: 339-340, 363-364]。この点については後でも触れる。

1931	1932	1933	1934	1935	1936	1937	1938
16.00	15.05	14.18	13.03	14.25	16.56	15.80	17.70
13.60	12.04	11.46	10.09	9.82	10.04	9.66	10.88
117.6	**125.0**	**123.7**	**129.1**	**145.1**	**164.9**	**163.6**	**162.7**
15.13	16.47	17.85	17.80	17.69	16.31	15.45	15.41
12.25	13.04	13.88	14.21	14.52	14.19	13.10	13.29
123.5	**126.3**	**128.6**	**125.3**	**121.8**	**114.9**	**117.9**	**116.0**
16.82	15.85	14.92	15.88	16.00	16.27	17.04	18.35
14.48	14.13	13.01	13.34	13.37	13.91	14.66	15.73
116.2	**112.2**	**114.7**	**119.0**	**119.7**	**117.0**	**116.2**	**116.7**
4.47	4.20	4.27	4.12	3.52	2.88	2.68	2.97
4.90	4.23	4.49	5.05	3.80	3.18	2.98	3.12
91.2	**99.3**	**95.1**	**81.6**	**92.6**	**90.6**	**89.9**	**95.2**
3.34	3.46	3.34	3.00	2.40	1.29	2.05	2.29
2.71	2.66	2.61	2.39	2.07	1.32	1.68	1.97
123.6	**130.1**	**128.0**	**125.5**	**115.9**	**97.7**	**122.0**	**112.1**
2.41	2.75	3.31	3.91	4.15	3.79	3.30	3.00
2.78	2.83	2.97	3.00	3.31	3.10	2.85	2.41
86.7	**97.2**	**111.5**	**130.3**	**125.4**	**122.3**	**115.8**	**124.4**

うことがわかる。

　第四に，イタリアの指数が高いことは，ドイツ同様，南東欧諸国との貿易の比率が高いことによるが，表にも示されているように，世界貿易に占めるイタリアの地位はドイツほどには大きくない。

　第五に，日本についてだが，1929年までは指数が低く，主たる貿易が大国アメリカおよび中国，インド，オーストラリアといった比較的大きな国とのものであった事実を反映している。輸入に関しては1929年以後もこの傾向がつづくが，輸出は不況期に極東，ラテンアメリカ，ヨーロッパの小国に振り向けられたため，指数が上昇している。日本の貿易は巨額の対米入超を世界各地域の小国への出超でまかなうという三角構造となっていた。世界貿易に占める日本の輸出はそれほど大きく拡大してはいないが，輸出を小国に振り向けることで，影響力拡大に成功したというのがハーシュマンの見方である。

そして最後にハーシュマンが確認していることは，アメリカ，イギリス，ドイツの三大国の指数と世界貿易に占める地位（W.A.）を比べてみると，逆の動きをしているのが目立つということである。1925年から38年にかけて三大国の指数と輸出入に関するW.A.の動きに注目すると，全部で78の変化（三大国の輸出入それぞれ13年分の変化）のなかで57（全体の約73％）が逆の動きを示している。つまり，世界貿易における大国のシェア増大は，大国の市場がより弾力的であることから，主に大国同士の貿易増大を通じて達成されるということが統計的に十分裏づけられたことになる [Hirschman 1945: 94-97]。

(2) 小国の貿易相手の集中度
①輸出入の集中度指数について

さて，つぎにハーシュマンが検証しようとするのは，貿易を通じた大国による国力増強政策の標的とされる小国側の行動である。ハーシュマンは，一国の輸出入に占める他国の比率を測定することで小国の貿易集中度を測り，小国による貿易ルート変更の可能性について検証しようとしている。集中していればいるほどルート変更は難しいという考え方である。彼はこのとき，一国の貿易が他のある一国に完全に独占されている場合に「100」，数多くの国とわずかずつ貿易を行なっている場合にはより「0」に近くなるような指数を考案する。ハーシュマンの定義に従い，たとえば「X」をX国の総輸入，「Xi」をX国のi国からの輸入として「輸入集中度指数」を導きだすと，以下のようになる。

$$\sqrt{\sum_1^n \left(\frac{X_i}{X} \cdot 100\right)^2} = \frac{100}{X}\sqrt{\sum_1^n X_i^2}$$

輸出に関しても同様の指数を導きだせる [Hirschman 1945: 98-99, 159][12]。

こうして，比較的弱小な44カ国・地域に関し，1913年，1925年，1929年，1932年，1937年，1938年について，輸出入の集中度指数をまとめたの

---

12) これに類似する貿易集中度指数は，その後，B. F. マッセル，C. P. キンドルバーガー，M. マイケリー，J. ティンバーゲン，O. C. ハーフィンダールらによって用いられたが，ハーシュマンは，元祖を自負している [Hirschman 1980: xviii-xx]。彼がこの指数を思いついたのは，1941年，リスボンからニューヨークに向かう船のなかだったという [Swedberg 1990: 156]。

表3-3 小国の貿易集中指数

		1913	1925	1929	1932	1937	1938
ヨーロッパ第1グループ							
ブルガリア	輸入	41.7	32.3	31.7	32.1	56.4	54.0
	輸出	31.9	31.8	37.3	35.5	46.7	60.3
ハンガリー	輸入		38.9	35.2	34.0	35.8	44.5
	輸出		43.9	38.4	37.4	33.9	48.2
ルーマニア	輸入	48.6	33.5	34.1	35.1	37.3	42.1
	輸出	36.7	28.4	34.8	29.1	27.6	33.2
ユーゴスラヴィア[a]	輸入	54.6	35.4	33.3	32.5	38.4	43.6
	輸出	50.0	37.7	35.6	37.4	32.0	45.5
ギリシャ	輸入	36.9	29.8	27.4	28.3	34.1	36.5
	輸出	34.3	39.5	37.1	36.2	38.1	45.3
トルコ	輸入		31.2	29.1	33.2	46.3	50.6
	輸出		37.3	33.5	29.6	41.3	47.6
ヨーロッパ第2グループ							
オランダ	輸入	37.8	34.9	36.6	36.2	29.8	30.3
	輸出	54.1	39.5	34.9	34.6	31.7	32.2
ベルギー	輸入	31.1	32.2	31.8	31.3	25.6	27.1
	輸出	37.3	31.8	30.0	31.2	28.8	28.8
オーストリア	輸入		31.7	32.7	31.1	26.7	
	輸出		27.9	27.8	27.9	27.2	
チェコスロヴァキア	輸入		35.8	32.2	31.6	23.4	26.0
	輸出		32.5	29.2	26.3	23.7	26.6
スイス	輸入	40.8	32.1	34.7	35.2	30.3	32.8
	輸出	33.4	31.6	27.9	26.5	26.6	26.9
ポーランド	輸入		37.4	34.2	28.7	25.5	30.3
	輸出		44.9	37.2	29.1	28.7	33.2
ヨーロッパ第3グループ							
ノルウェー	輸入	43.8	35.8	36.6	34.3	34.6	34.5
	輸出	33.8	35.1	33.6	32.7	35.6	35.9
スウェーデン	輸入	44.2	38.2	39.7	37.2	32.3	35.7
	輸出	39.6	35.1	33.5	32.3	33.2	33.9
デンマーク	輸入	44.1	36.8	39.9	36.8	46.2	44.1
	輸出	62.4	59.9	60.4	65.9	56.7	59.4
エストニア	輸入		40.8	36.7	38.0	34.3	38.5
	輸出		43.2	47.7	46.4	46.7	47.4
ラトヴィア	輸入		45.6	44.7	40.9	36.8	44.8
	輸出		45.3	42.4	44.1	53.2	55.0

表3-3 小国の貿易集中指数（つづき）

		1913	1925	1929	1932	1937	1938
ヨーロッパ第3グループ（つづき）							
リトアニア	輸入		57.0	62.8	57.3	50.5	48.9
	輸出		58.4	51.2	44.0	38.3	41.5
フィンランド	輸入	51.9	40.8	43.9	37.6	34.6	34.9
	輸出	42.9	42.7	43.4	49.6	48.9	48.9
その他ヨーロッパ諸国							
ポルトガル	輸入	36.3	37.2	37.2	33.7	30.9	30.6
	輸出	36.9	35.9	33.4	33.4	31.7	31.3
スペイン	輸入	31.1	30.0	28.4	25.7		
	輸出	34.8	32.7	34.1	35.2		
アルバニア	輸入		78.0	49.7	43.6	32.6	41.2
	輸出		65.1	65.6	67.8	79.6	70.2
連合王国	輸入	27.7	25.4	23.6	21.5	21.0	21.8
	輸出	22.0	20.5	20.2	19.1	19.5	19.6
英帝国							
エール	輸入		81.3	78.7	77.0	51.5	52.5
	輸出		97.2	92.2	96.3	90.9	92.7
カナダ	輸入	67.6	68.3	70.5	62.0	63.5	65.3
	輸出	62.7	53.2	51.1	51.4	56.1	53.5
セイロン	輸入	52.2	42.0	36.6	36.7	36.6	35.5
	輸出	50.0	50.1	45.7	51.9	49.4	55.4
インド	輸入	65.2	54.2	45.5	41.6	38.6	38.5
	輸出	31.4	32.0	30.4	32.9	37.9	37.8
英領マラヤ	輸入	33.8	45.0	38.4	42.0	40.2	38.3
	輸出	38.3	53.2	46.5	33.5	47.5	37.0
オーストラリア	輸入	54.7	51.1	47.7	44.9	46.6	46.2
	輸出	48.2	46.9	41.4	55.3	51.7	56.3
ニュージーランド	輸入	62.1	56.3	53.7	54.8	54.0	52.8
	輸出	79.7	80.4	74.5	88.0	76.6	84.0
エジプト	輸入	36.1	31.5	28.8	30.1	29.1	29.9
	輸出	47.2	48.5	40.4	42.2	36.3	38.1
ナイジェリア	輸入	70.2	74.8	71.2	74.8	65.3	67.1
	輸出	66.0	60.6	51.9	46.1	50.5	68.3
南ア連邦	輸入	58.6	52.9	47.8	49.2	47.9	47.8
	輸出	88.8	58.7	66.7	82.5	79.4	75.9

表3-3 小国の貿易集中指数（つづき）

		1913	1925	1929	1932	1937	1938
南 米 b							
アルゼンチン c	輸入	40.7	36.8	36.2	31.5	31.3	30.6
	輸出			40.2	42.5	36.6	37.6
ボリビア	輸入	45.1	38.9	42.3	37.5	38.3	37.3
	輸出	81.5	81.2	78.6	83.0	64.9	66.5
ブラジル	輸入	37.1	38.9	40.3	38.7	38.7	39.0
	輸出	40.9	49.0	46.2	49.0	42.6	41.8
チリ d	輸入	43.4	38.7	41.3	34.2	41.8	40.6
	輸出	49.5	53.2	32.0	44.2		
コロンビア	輸入	42.1	55.3	51.0	49.4	53.9	55.8
	輸出	59.0	82.9	75.8	76.4	59.9	61.5
エクアドル	輸入	47.6	51.6	47.8	60.4	48.0	44.3
	輸出	46.6	45.9	49.0	48.5	42.9	44.0
ペルー	輸入	43.9	45.4	50.6	37.1	43.1	42.2
	輸出	52.4	50.9	41.6	43.1	37.3	37.7
ウルグアイ	輸入	36.9	37.7	38.7	32.6	31.6	29.1
	輸出	35.8	37.0	36.1	38.6	35.1	38.3
その他の諸国							
キューバ	輸入	56.2	63.8	60.0	56.0	69.1	71.3
	輸出	80.8	77.7	76.3	73.1	81.5	77.3
メキシコ	輸入	55.0	71.3	70.1	65.6	64.6	61.1
	輸出	78.2	76.4	62.7	66.5	58.4	68.7
蘭領東インド	輸入	42.1	32.8	32.8	34.2	36.4	34.1
	輸出	38.1	37.2	33.3	32.7	35.7	32.4
フィリピン	輸入	52.5	59.7	64.6	66.0	60.6	69.4
	輸出	43.0	73.9	76.3	87.1	82.2	78.0

注：a) 1913年の欄に記された指数は1912年のものである。
　　b) パラグアイ，ベネズエラは除く。両国の重要な中継貿易はそれぞれアルゼンチン，アルーバが掌握しており，貿易の最終的な仕向地・起点がはっきりしないからである。
　　c) 指数の計算に耐えうるほどの詳細なデータが不足しているため，1913年および1925年の指数は除かれる。
　　d) 重要輸出品目である「グアノ」（guano）に関して，詳しい各国別データがないため，1937年および1938年の輸出指数は除かれる。
出所：Hirschman［1945: 102-105］より転載。

が，表3-3である（弱小国との比較のためにイギリスの指数もあげてある）。

表3-3からは，指数がいずれの国についても安定的もしくは一定の傾向を有すること，つまり突然の変動がなく，景気循環との間に明確な関係のないことがわかるが，一般的な特徴として指摘されねばならないのは，「一国の他国に対する輸出の集中は，輸入の集中よりも強くなる傾向，しかもはるかに強くなる傾向がよくある」ということである。

輸出よりも輸入の集中を示す，つまり逆の傾向を示すのは，44カ国中5カ国のみである[13]。貿易集中度が比較的低い国々の場合は，輸出入の集中指数のレヴェルがほぼ等しい。輸出入とも集中度が高く，両集中指数のレヴェルがほぼ等しいという国もある。結果，44カ国中23の国について，輸出の集中が輸入の集中をかなり上回るということがわかる。ここであらためて，全44カ国のうち貿易集中度の比較的高い20カ国（輸出あるいは輸入の指数が40を越えることが多い国）についてみると，15カ国について，輸出集中指数が輸入集中指数を上回る傾向が確認できる[14]。

一国の輸出が輸入以上に特定国に集中する傾向のあることを確認したハーシュマンは，さらに，一国の輸出が特定国に集中するということと特定産品に集中するということとは密接に関連していると主張する。ここで取り上げられた15の小国については，輸入が最終製品から原材料，食料にいたるさまざまな産品である一方，輸出が少数の特定産品に集中しているということが確認できるからである［Hirschman 1945: 101-106］。

通常，一国の輸出が少数の産品に特化しているのなら，その国はこれらの産品を世界中に輸出できるはず，つまり輸出が特定国に集中することなど起こらないはずである。また貿易が特定国に集中しているのなら，数多くの産品が比較優位にあるはずだから，より多くの産品を輸出できる，つまり特定産品に輸出が集中することなどないはずである。だが，伝統的な貿易理論から導かれるはずの「通念」は，上述のような事実によって覆される。現実の世界では，工業化の程度の違い，国の大きさの違い，それらが結果するところの弾力性の違いによって，一国の輸出が特定商品に集中すればするほど特

[13) リトアニア，スイス，ルーマニア，カナダ，ナイジェリアの5カ国である。
[14) アルバニア，フィンランド，エストニア，ラトヴィア，デンマーク，アイルランド，ボリビア，ブラジル，コロンビア，キューバ，メキシコ，セイロン，ニュージーランド，南アフリカ，フィリピンの15カ国である。

定国に集中するという事態が生じうる。ニュージーランドのバターがイギリス向けに，フィリピンの砂糖がアメリカ向けに，ブルガリアのタバコがドイツ向けにほぼ特化している例に見いだせるように，ある一国の輸出品が別の一国の経済状態，嗜好に依拠している場合が多く，世界貿易のかなりの部分を占めること，つまり「排他的な補完性」が形成されていることが認識されねばならない。ここに双務協定が加われば，とくに輸出国にとっては輸出先の変更は困難になるのである [Hirschman 1945: 106-109]。ハーシュマンの議論にとって，こうしたことの確認は非常に重要である。

以上のようなことを確認した後，ハーシュマンは，小国群を「ヨーロッパ」，「英帝国」，「南米」の3つに分け，より詳細に分析した。

②統計資料の検証——ヨーロッパ諸国

まずヨーロッパに関して，ハーシュマンは，さらに3つに分け，状況を検討している。

「第1グループ」は，ドイツのプレゼンスが強大な国々で，ブルガリア，ハンガリー，ルーマニア，ユーゴスラヴィア，ギリシャ，トルコといった東南欧諸国がこれに入る。「第2グループ」は，より多くの国々と貿易を行なうヨーロッパの工業小国で，オランダ，ベルギー，オーストリア，チェコスロヴァキア，スイス，ポーランドがこれにあたる。「第3グループ」は，英独二大勢力が競合し，両国で貿易総額が50％を越えているノルウェー，スウェーデン，デンマーク，エストニア，ラトヴィア，リトアニア，フィンランドといったバルト海，スカンディナヴィアの諸国である。

1925年から38年までの貿易集中度をみると，第1グループはかなり上昇し，第2グループは減少，第3グループに関しては一定の傾向を見いだせない。ここで注目すべきは第1グループと第2グループの際立った差異であるが，ハーシュマンによれば，こうした違いはドイツに貿易が集中したかどうかによる。そして，ドイツへの貿易集中に関し，第1グループと第2グループとの差異を生みだした要因が3つ指摘されている。

第一の要因は，ドイツと国境を接しているかどうかで，脅威の認識に差が生まれたことである。第1グループは，1938年までドイツと国境を接していなかったが，第2グループはドイツと国境を接し，その脅威をより身近に感じていたため，海外との貿易を積極的に推進し，たとえばアメリカとの相互貿易協定プログラムに調印していた。それに対し，第1グループの多角化

の試みは，英仏の非協力的対応もあり，おおむね失敗に帰した。第二の要因は，第2グループが工業化を進め，輸出品目を多様化していたため，交易範囲を西ヨーロッパや海外にまで拡大できていたことである。そして第三の要因としてあげられるのは，工業製品を輸出する第2グループは，ナチスが目指そうとした「健全な貿易関係」構築の相手にそぐわないとドイツ側で判断されたことである［Hirschman 1945: 109-112］。

第3グループの集中度指数について確認しておくべき動きは，ラトヴィアの輸出指数，デンマークの輸入指数の上昇であるが，これはイギリスのシェア増大によるものである。リトアニアの指数低下は，ドイツのシェアが減少する一方，イギリスのシェアがそれほど伸びなかったことによる。いずれにせよ，農業，原材料生産が盛んだった第3グループは，ドイツによる国力増強政策の恰好の餌食となる要素をもっていたが，イギリスという大きな代替市場がこれに歯止めをかけた。

イギリスの側では，第3グループ諸国が自国との貿易を進めるのは，ポンドがライヒスマルク以上の交換可能性をもつから，すなわち，単なる通貨上の利便性によるものと考えていた節があるが，ハーシュマンによれば，それは小国側の必死の防衛策であった。バルカン諸国をはじめ，ドイツの経済侵略の的となりそうな国に対し，イギリス，さらにはフランスが危機的状況を認識し，貿易の多角化支援など，もっと積極的な働きかけをしていたら事態は違った展開をみせていたはず，というのがハーシュマンの認識である［Hirschman 1945: 113-114］。

③統計資料の検証——英帝国と南米各国

英帝国，南米に関するハーシュマンのコメントも簡単に振り返っておこう。

1929年から38年までの間，英帝国諸国の輸入集中度指数はおおむね安定的だが，輸出集中度指数はマラヤ，エジプトを除き，かなり上昇している。注目すべきは，この輸出指数の上昇がオタワ協定が実効力を発揮する以前，すなわち1929年から32年の間に生じていることである。帝国諸国の輸出がイギリスに集中するようになったのは，ナイジェリアの場合を除いて，オタワ協定によるのではなく，むしろ，世界恐慌によって不況が深刻化し，世界各地で新たなる貿易障壁ができあがってしまったことによるとみられる［Hirschman 1945: 114-115］。

南米各国の指数をみると，アメリカの支配的地位を反映し，1913年から

25年まではおおむね上昇している。1925年から29年については，南米各国による輸出市場拡大を反映し，輸出指数が低下しているが，世界恐慌を経た29年から32年にかけて，南米各国の輸出は伝統的市場に回帰して指数がふたたび上昇している。不況下の同時期，輸入指数が低下しているのは，所得弾力性の高い製品を中心にアメリカからの輸入が減少したことによる。貿易に関し南米各国は伝統的に米英の支配下にあったが，1932年以後は，ここにドイツや日本が入り込み，これら諸国の指数は輸出を中心に低下している。

　以上，ハーシュマンは貿易集中度指数を考案したうえ，当該期間における小国の貿易について検証してきた。1930年代を特徴づけると考えられてきた「通商帝国」の形成，すなわち貿易を通じた大国による小国支配の一般的傾向を導きだそうとしたわけだが，1925年から29年にかけて多くの国で集中度指数が低下しているということ以外には，全般的な結論を導きだせなかった。しかし，唯一の例外はバルカン諸国であり，輸出入の貿易集中度指数を上昇させた。ハーシュマンの分析から明らかになったのは，ここでも，対外経済関係に潜む構造的性格を十二分に活用したナチス・ドイツによる通商帝国の形成であった［Hirschman 1945: 115-116］。

(3) 世界貿易の商品構造
①商品構造のとらえ方

　大戦間期の世界貿易を分析したハーシュマンが明らかにしようとした3つめのテーマが，「世界貿易の商品構造」つまり，各国間で何が取引されていたのかということである。商品構造に関する，それまでの伝統的観念とは，世界貿易は工業国・農業国間で工業製品と農産物が交換されるものが大部分であるというものであった。ハーシュマンによれば，大国の対外政策においても，工業国と農業国の国際分業こそが「正常な」貿易であるといったような観念が支配していた感は否めない。だがこうした観念こそが，小国，植民地の工業化を阻止するような国力増強政策遂行の原因をなし，悲惨な戦争を導きだしたのではないのか。しかしながら，工業製品と農産物の交換という伝統的パターンはどれほど現実的なのだろうか。伝統的観念が，どの程度の現実的根拠をもつものなのかを明らかにする必要があるのではないか。そして，伝統的交換パターンが実はそれほどのものではないと統計的に裏づけられれば，後発国工業化への先進国側の懸念は薄まり，過てる政策遂行を阻止

することもできるのではないか。世界貿易の商品構造を明らかにしようとしたハーシュマンの真意は，こうした点にある。

　このような問題意識のもと，ハーシュマンは，国際連盟経済情報局の手法を援用し，世界貿易の「商品構造」に迫ろうとした。これは，F. ヒルガートらが世界貿易における二国間取引，すなわち双務主義の実相を明らかにすべく採択した手法である[15]。

　ヒルガートらは，それぞれの国の貿易を3つのカテゴリーに区分した。第一が，一国の輸出入の差額であり，この部分は二国間でも三国間でもバランスせず，「見えざる項目」（invisible items）でバランスされるものである。第二が，二国間の貿易で互いに輸出と輸入が相殺される部分である。そして第三が，各国との取引におけるバランスだが第一のカテゴリーには反映されない部分，すなわち正負の逆符号をもっていて三国間でバランスされる部分である。ヒルガートは，各国の貿易について，輸出入全体の差額，二国間でバランスされる部分，三国間でバランスされる部分を明らかにし，これをすべての国について計算することによって世界貿易の構造を把握しようとしたのである。

　ハーシュマンは，双務主義の考え方を2つの商品グループ，つまり「工業製品」と「食料・原材料」という「二商品グループ内部での相殺的交換」という考え方に応用し，世界貿易の商品構造を明らかにしようとした。商品分類については，1913年のブリュッセル国際分類基準を用い，世界の商品貿易を「食料・原材料」（foodstuffs and raw materials）と「工業製品」（manufactured products）に区分した[16]。ハーシュマンによれば，ヒルガートの方法を応用すると，一国の貿易はつぎの3つのカテゴリーに分けることができる。

　ⅰ）黒字にせよ赤字にせよ，全体的な貿易収支として現れる部分。すなわち，以下のⅱ），ⅲ）とは異なる，商品と「見えざる項目」との間でバ

---

[15] ここでハーシュマンが参照した資料は以下のようなものである［Hirschman 1945: 118］。国際連盟経済情報局の *Review of World Trade, 1932-1936* (annual volumes)，および，Folke Hilgerdt, "The Approach to Bilateralism: A Change in the Structure of World Trade", *Index*, Vol. X, 1935, pp. 175-188.

[16] 「食料・原材料」としては，ブリュッセル国際分類基準の五大項目のうち，「生物」，「食料」，「原材料（一部加工品を含む）」の3つを一括したものが，「工業製品」としては，「製造業品」（manufactured articles）がそのまま用いられた。商品貿易に注目するため，五大項目のうちの「貴金属」は除かれた。

ランスされる部分である。

ⅱ）2つの商品グループ内部で行なわれる双務的・相殺的交換，すなわち，食料・原材料と食料・原材料との交換，工業製品と工業製品との交換と考えられる部分である。

ⅲ）2つの商品グループ内部で双務的・相殺的にバランスされず，商品グループ間の交換と考えられる部分，すなわち工業製品と食料・原材料の交換と考えられる部分である。これがいわゆる国際貿易の「伝統的タイプ」である。

こうしてハーシュマンは，商品（C）と「見えざる項目」（I）との間でバランスされるもの，つまり貿易全体の収支として現れるもの以外に，「F‐F」，「M‐M」，「F‐M」という商品交換タイプを析出し，世界貿易の商品構造を明らかにしようとした（ここでFは食料・原材料，Mは工業製品を示す）〔Hirschman 1945: 117-119〕。ハーシュマンのあげた数値例のいくつかをみて，ここでの「考え方」の具体的意味を確認しておこう。

【例1】は，一国の貿易の輸出入が均衡している状況を示す。食料・原材料（F），工業製品（M）の輸出入は下記のとおりである。このとき，この国の貿易全体の状況は矢印のようになる。つまり，F30の輸出はF30の輸入で相殺される（食料・原材料部門内貿易が60）。M20の輸入はM20の輸出で相殺される（工業製品部門内貿易が40）。残ったF50の輸入とM50の輸出で相殺がなされ（部門間貿易が100），総貿易額が200となると考える。

【例2】は，一国が輸入超過の状況（Fが入超，Mが出超）にあることを示す。貿易赤字が20であり，その他【例1】と同じように考えると，F30の輸出はF30の輸入で相殺される。M45の輸入はM45の輸出で相殺される。

		輸入	輸出		貿易全体の状況	
【例1】						
	（F）	80	30		F‐F	60
	（M）	20	70	→	M‐M	40
		100	100		F‐M	100
					総貿易額	200
【例2】		輸入	輸出		貿易全体の状況	
	（F）	75	30		C‐I	20
	（M）	45	70	→	F‐F	60
		120	100		M‐M	90
					F‐M	50
					総貿易額	220

残った F25 の輸入と M25 の輸出が相殺され，総貿易額は 220 である［Hirschman 1945: 120-121］。

　以上は，一国の貿易を商品交換のいくつかのカテゴリーに細分する方法であるが，各国の貿易統計から得られる結果を特定の国際通貨で換算し，商品交換の各カテゴリーについて合計すれば，世界貿易の商品交換構造が明らかとなる。こうした方法は，各国を工業国と農業国に区分することで世界貿易の商品構造を明らかにしようとするよりも現実的である。現実には，工業国と工業国との貿易が工業製品だけ，工業国と農業国の貿易が前者による工業製品輸出，後者による農産物輸出のみということなどありえないし，農業国が工業化を進めていった場合，農業国，工業国のどちらに分類すればよいのかという問題からも解放されるからである。

　ハーシュマンがこだわった伝統的交換パターン（F－M 型）の扱いに関しては，もう少し注記が必要だろう。伝統的観念を越えるべく，まずは上述のように，工業国，農業国という分類によって世界貿易の商品構造に迫るという手法を放棄する。そして，当然のことではあるが，伝統的交換パターンには二通りあることを確認する。つまり，ある国について「F 輸入－M 輸出」の場合と「F 輸出－M 輸入」の場合とがある。

　たとえば，ハーシュマンがあげている日本の例で考えよう。当時の日本は，蘭領東インドについては F 輸入－M 輸出，アメリカについては F 輸出－M 輸入という貿易構造であった。この場合，伝統的交換パターンをどうみればよいか。ハーシュマンがいうのは，日本と蘭領東インド，日本とアメリカという二国間関係のみに注目していては，伝統的交換パターンの実相は明らかにならないのではないか，それが実情以上に誇張されるのではないか，ということである。つまり，商品グループ別にみれば，日本は，M について対米輸入・対蘭領東インド輸出，F について対米輸出・対蘭領東インド輸入という関係にあり，三国間でみると，M，F とも輸出入で相殺しあっている部分がある。これは他の国に関しても妥当することであろう。

　上のような事実を重視すると，本当の意味で伝統的交換パターンと算定すべき部分は，通常考えられているよりも少なく，F－F 型交換（食料・原材料部門内貿易），M－M 型交換（工業製品部門内貿易）を差し引いた後の「残余部分」のみと考えられるのではないか。これまでは，伝統型が大きく現れてしまうような方法がとられていたのではないか。【例 1】，【例 2】のよ

うに，ハーシュマンが伝統型貿易をある種の「残余」として取り扱う考え方の根拠は以上のようなものである［Hirschman 1945: 122-124］。

ここで北川一雄は，こうした計算方法では，こんどは伝統型貿易が著しく小さく扱われるのではないか，つまり方法に若干の恣意性があるのではないかという疑問を呈している［北川 1953: 366-367］。だが，それぞれの方法の「恣意性」に関しては程度問題といえなくもない。各国を工業国と農業国に分け，世界貿易の商品構造に迫るという手法は，より実相に迫りえるといえるだろうか。ハーシュマンが「農業国対工業国という異質性をのみ追求することの愚を戒めている論旨そのもの」は，北川も認めている。むしろ問題になってくるのは，北川も指摘した事実，すなわち1930年代について確認できるM－M型の低下，伝統型（F－M型）の復調という事態をどのようにみるかということであろう。この点は後述する。

②統計資料の検証——全般的特徴

統計資料の検証を口にするのは容易だが，一貫した同質的データを揃えるのは並大抵の苦労ではない。ハーシュマンは，ドイツ帝国統計局の『統計年鑑』や『世界経済統計ハンドブック』，国際連盟の『国際貿易統計』を駆使して，1925年から37年まで47カ国の時系列データを収集した。若干の加工を施してできあがったのが，表3－4ならびに表3－5である[17]。

すぐさま判然とするのは，伝統的交換パターン（F－M型，タイプⅣ）は，世界貿易全体の3分の1以下ということである。これは，もちろん無視できる大きさではないが，貿易の大宗を占めるというような規模ではない。一方，工業製品部門内貿易（M－M型，タイプⅢ）の比率はより小さく，6分の1から5分の1を占めるにすぎない。また，世界貿易の構造をめぐる議論ではそれまであまり言及されてこなかった食料・原材料部門内貿易（F－F型，

---

[17] 第一次世界大戦前の状況と比較するために「1913年」の統計を得ようとしたが，集められたのは22カ国のみ（それでも世界貿易の約73％をカヴァー）であった。表3－5は，その22カ国について1913年，1925年，1929年の数値をあげたものである。ちなみに，ここでの22カ国とは，ドイツ，ベルギー，ブルガリア，デンマーク，フランス，イタリア，ポルトガル，ルーマニア，スウェーデン，スペイン，イギリス（およびアイルランド），ロシア，チュニジア，エジプト，オーストラリア，インド，中国，イラン，日本，アメリカ，カナダ，ペルーである。

なお，表3－4，表3－5に関する統計の出所や取り扱いについて，より詳しくはHirschman［1945: 124-125］を参照のこと。

表3-4　交換タイプ別でみた世界貿易の商品構造(1)

(単位：%)

年	タイプI	タイプII	タイプIII	タイプIV	合計
1925	13.9	39.6	17.2	29.3	100.0
1926	10.7	39.1	18.1	32.9	100.0
1927	11.7	38.7	18.9	30.7	100.0
1928	11.3	38.9	19.2	30.6	100.0
1929	9.3	38.3	19.4	33.0	100.0
1930	12.4	38.2	20.6	28.8	100.0
1931	16.5	37.1	21.5	24.9	100.0
1932	16.7	37.1	19.0	27.2	100.0
1933	15.6	36.5	18.7	29.2	100.0
1934	15.1	35.6	18.6	30.7	100.0
1935	13.7	36.0	18.1	32.2	100.0
1936	14.3	34.4	17.0	34.3	100.0
1937	14.7	34.8	17.2	33.3	100.0

注：タイプI：「商品 - 見えざる項目（invisible items）」貿易
　　タイプII：食料・原料部門内貿易
　　タイプIII：工業製品部門内貿易
　　タイプIV：「工業製品 - 食料・原材料」貿易
出所：Hirschman［1945: 126］より転載。

表3-5　主要22カ国の商品交換タイプ

(単位：%)

年	タイプI	タイプII	タイプIII	タイプIV	合計
1913	10.8	40.0	19.4	29.8	100.0
1925	12.5	39.2	19.7	28.6	100.0
1929	9.4	38.0	21.8	30.8	100.0

注：タイプI～IVの内容は表3-4に同じ。
出所：Hirschman［1945: 126］より転載。

表3-6　工業国・農業国で分類した場合の世界貿易の構造

(単位：%)

年	農業国間の貿易	工業国間の貿易	農業国 - 工業国貿易
1913	10.7	29.2	58.8
1925	11.5	25.0	62.2
1929	12.0	23.9	62.6

資料：Institut für Weltwirtschaft und Seeverkehr, "Die Aussenhandelsentwicklung und das Problem der deutschen Ausfuhrpolitik," *Weltwirtschaftliches Archiv*, Vol. 36 (July 1932), p. 34.
出所：Hirschman［1945: 127］より転載。

タイプⅡ）が比較的高く，全体の3分の1から5分の2を占めている。

　ハーシュマンは比較検討のため，表3-6にキール世界経済・海運研究所がまとめた統計をあげている。キール研究所は工業国，農業国に分け世界貿易の構造分析を試みているが，ハーシュマンはここでも，工業国間の貿易と工業製品部門内貿易の意味は異なるし，食料・原材料に関しても同様だと釘を刺している。たとえば1929年について，表3-6中の農業国間の貿易比率12.0％と表3-4中のF-F型貿易の比率38.3％を比べると，かなりの開きがあるが，これは，工業国間，あるいは工業国と農業国との貿易でもかなりの部分が食料・原材料同士の交換であることを示している。伝統的貿易観念は，食料・原材料の部門内貿易という点からも大いに疑問とされているのである。

　また，表3-6は，1913年から29年にかけて工業国間の貿易が低下したことを示しているが，ハーシュマンのデータでは，同時期，工業製品の部門内貿易は拡大している。一見矛盾しているようだが，両統計を比較すれば，この時期の先進国間貿易の低下は食料・原材料貿易の低下によるものであり，また，農業国が工業化を進め，農業国同士，また工業国に対しても工業製品輸出を増大させたという推察が成り立つ。いずれにせよ，1913年から29年の間，工業国同士の貿易は低下したが，工業製品部門内貿易は拡大したという事実は，将来の工業部門における国際分業を展望するうえで非常に意義深いとハーシュマンは指摘している。

　さらに，表3-7，表3-8は，表3-4の数値を組み直して，1925年から37年までの世界貿易全体に占める食料・原材料貿易，工業製品貿易をさらにわかりやすく表示したものである[18]。それらによれば，工業製品貿易は世界貿易全体のまさに40％程度を占めていることがわかる。さらに，工業製品同士の部門内貿易は，世界貿易全体に占める比率については17～19％程度にとどまるものの，工業製品貿易に占める比率はほぼ50％で推移しているということがわかる。これは，食料・原材料貿易に占める部門内貿易を若

---

18) 表3-4の第1欄の数値，すなわち商品と「見えざる項目」とでバランスされる比率を表3-7の食料・原材料貿易，工業製品貿易の間でどう分けるか（たとえば，1929年の数値9.3％がなぜそれぞれ5.8％，3.5％となるのか）については，世界貿易全体で食料・原材料貿易，工業製品貿易が占める比率をドイツの『統計年鑑』を用いて算定した結果としている。なお，1926年から28年については，データが得られなかったため，表3-7，表3-8にはその年の数値は掲げられていない［Hirschman 1945: 129］。

表3-7 交換タイプ別でみた世界貿易の商品構造(2)

(単位:%)

	1925	1929	1931	1932	1933	1934	1935	1936	1937
食料・原材料貿易									
食料・原材料部門内貿易[a]	39.6	38.3	37.1	37.1	36.5	35.6	36.0	34.4	34.8
「食料・原材料-工業製品」貿易[b]	14.7	16.5	12.5	13.6	14.6	15.4	16.1	17.2	16.7
「食料・原材料-見えざる項目」貿易[c]	9.9	5.8	10.1	11.5	11.3	10.7	10.0	11.0	11.0
世界貿易に占める食料・原材料貿易	64.1	60.6	56.6	62.2	62.4	61.6	62.1	62.5	62.4
工業製品貿易									
工業製品部門内貿易[d]	17.2	19.4	21.5	19.0	18.7	18.6	18.1	17.0	17.2
「工業製品-食料・原材料」貿易[b]	14.7	16.5	12.5	13.6	14.6	15.4	16.1	17.2	16.7
「工業製品-見えざる項目」貿易[c]	4.1	3.5	6.5	5.2	4.3	4.5	3.7	3.4	3.8
世界貿易に占める工業製品貿易	35.9	39.4	40.4	37.8	37.6	38.4	37.9	37.5	37.6
世界貿易合計	100.0	100.0	100.0	100.0	100.0	100.0	100.0	100.0	100.0

注:aの付された行は,表3-4のタイプIIの数字に一致する。
　bの付された2つの行は,表3-4のタイプIVの数字を2つに割ったもの。
　cの付された2つの行の数字を足すと,表3-4のタイプIの数字に一致する。
　dの行の付された行は,表3-4のタイプIIIの数字に一致する。
出所:Hirschman[1945: 130]より転載。

表3-8 交換タイプ別でみた世界貿易の商品構造(3)

(単位:%)

	1925	1929	1931	1932	1933	1934	1935	1936	1937
食料・原材料貿易全体に占める比率									
食料・原材料部門内貿易	61.8	63.2	62.2	59.6	58.5	57.8	58.0	55.0	55.8
「食料・原材料-工業製品」貿易	22.8	27.2	20.9	21.9	23.4	24.9	25.9	27.4	26.7
「食料・原材料-見えざる項目」貿易	15.4	9.6	16.9	18.5	18.1	17.3	16.1	17.6	17.5
	100.0	100.0	100.0	100.0	100.0	100.0	100.0	100.0	100.0
工業製品貿易全体に占める比率									
工業製品部門内貿易	47.9	49.2	53.2	50.3	49.7	48.4	47.8	45.3	45.7
「工業製品-食料・原材料」貿易	40.8	41.9	39.8	36.0	38.8	40.0	42.5	45.7	44.3
「工業製品-見えざる項目」貿易	11.3	8.9	16.0	13.7	11.5	11.6	9.7	9.0	10.0
	100.0	100.0	100.0	100.0	100.0	100.0	100.0	100.0	100.0

出所:Hirschman[1945: 131]より転載。

干下回るのみであり,伝統的貿易観,従来の計測手法では明らかにはならなかった工業製品部門内貿易の重要性,さらには将来の可能性を物語っているとハーシュマンは主張している[Hirschman 1945: 124-129]。

　③統計資料の検証——グループ別の分析

　世界各国を分類しグループ別の分析に入る前に,表3-4の各欄の動きをみて,当該期間の貿易構造を簡単に確認しておこう。

第1欄，すなわち商品貿易の赤字・黒字として現れる部分は，経済変動に左右され，急変する場合がある。第2欄，食料・原材料の部門内貿易の数値は下降傾向にある。第3欄，工業製品の部門内貿易の数値は，1925年から31年までは上昇傾向にあり，その後は低下，37年には25年水準にまで落ち込んでいる。大戦間期の世界経済に工業製品部門内貿易発展の萌芽を見いだそうとするハーシュマンにとっては無視できない傾向だが，それでも表3-5の22カ国に関する1913年の数値よりも1937年の数値のほうが高いという事実に注目すべきであるというのが，彼の主張である。そして，第4欄，伝統的交換パターンだが，第1欄と相反する動きを示している。1931年に最小となって以後，他のカテゴリーは下落する一方，伝統型は上昇傾向に転じ，1929年並みの比率を占めるまでになっている［Hirschman 1945: 129-132］。これはハーシュマン的な分析においては，非常に重要な事実，好ましからざる傾向を確認したことになるはずであるが，この点に関しては後述する。

　さて，ここでハーシュマンは，表3-4におけるデータの動きを詳しく検討するため，各国を4つのグループに分け，貿易パターンを分析した。その結果が表3-9である。第1群は，工業製品（M）に関しては収支黒字，食料・原材料（F）に関しては収支赤字となっている国であり，こうした国々は，その貿易構造にF輸入，M輸出という伝統型を有している。第2群は，工業製品は赤字，食料・原材料は黒字という国で，F輸出，M輸入という伝統型を有している。第3群は，工業製品，食料・原材料とも黒字の国，第4群は，工業製品，食料・原材料とも赤字の国であり，両者とも伝統的交換パターンが存在しないと考えられるグループである。

　大部分の国は，第1群もしくは第2群に分類され，伝統型貿易構造がないと判断される国は，第4群に分類されるオランダ，スウェーデン，ギリシャ，ポルトガル4カ国のみである。残り43カ国（1929年，37年については53カ国）のうち，10カ国が第1群の国であり，通常「工業国」と分類される。それら10カ国とは，アメリカ，イギリス，ドイツ，フランス，イタリア，ベルギー，オーストリア，チェコスロヴァキア，スイス，日本であり，世界貿易の55％を占める。残りの国々は第2群となり，これらの国々で世界貿易の35％を占める。表3-9は，第1群，第2群の商品貿易構造の変化を示したものである。

　ここであらためてハーシュマンが確認しているのは，第2群の国々にとっ

表3-9 主要貿易国のグループ別貿易構造

(単位:%)

	1925	1929	1931	1937
タイプⅠ(「商品-見えざる項目」貿易)				
第1群(主要工業国10カ国)	11.9	10.0	17.2	13.9
第2群(主要農業国33カ国)	13.3	8.6	12.9	15.0
第2群(主要農業国43カ国)	…	8.9	…	15.5
合計(10カ国+33カ国)	12.4	9.5	15.7	14.3
合計(10カ国+43カ国)	…	9.6	…	14.5
タイプⅡ(食料・原材料部門内貿易)				
第1群(主要工業国10カ国)	37.7	35.4	33.2	31.0
第2群(主要農業国33カ国)	40.1	40.7	41.4	37.4
第2群(主要農業国43カ国)	…	40.5	…	36.3
合計(10カ国+33カ国)	38.6	37.3	36.0	33.3
合計(10カ国+43カ国)	…	37.3	…	33.1
タイプⅢ(工業製品部門内貿易)				
第1群(主要工業国10カ国)	21.1	24.3	27.3	20.2
第2群(主要農業国33カ国)	12.2	12.3	12.7	13.3
第2群(主要農業国43カ国)	…	11.7	…	12.3
合計(10カ国+33カ国)	17.8	20.0	22.3	17.7
合計(10カ国+43カ国)	…	19.5	…	17.1
タイプⅣ(「工業製品-食料・原材料」貿易)				
第1群(主要工業国10カ国)	29.3	30.3	22.3	34.9
第2群(主要農業国33カ国)	34.4	38.4	33.0	34.3
第2群(主要農業国43カ国)	…	38.9	…	35.9
合計(10カ国+33カ国)	31.2	33.2	26.0	34.7
合計(10カ国+43カ国)	…	33.6	…	35.3

出所:Hirschman[1945: 134]より転載。

て工業製品の部門内貿易(工業製品と工業製品の相殺貿易)は単に工業製品輸出の2倍を表す数字でしかないのに対して,第1群の国々にとって工業製品の相殺貿易は,工業製品輸入の相対的重要性を示しているということである。つまり,工業製品収支黒字の国々にとっての工業製品輸入は,赤字の国々にとっての工業製品輸出以上の意味をもち,相殺貿易は工業製品収支黒字の国にとって輸入の重要性を計るものとなっている。このことは,表3-9でも確認できる。そしてまた,通常は「農業国」として分類される第2群の国々にとって,工業製品の相殺貿易が12%程度を占めているという事実が注目されるべきである[19]。遅々としてはいるが着実にその比率を高めていることは,第2群の国々が工業化を進め,工業製品輸出を拡大しているという

ことを反映している。

　世界貿易に占める工業製品部門内貿易の比率は，主要10カ国（第1群）の動きに左右されるが，表3-9によれば，第1群の比率は，1925年から31年までは上昇するが，以後低下し，37年には25年の水準をも下回っている。第1群のほとんどの国が全体と同じ傾向をもつが，ドイツと日本が例外的な動きを示し，両国は，1927年から28年にかけて最大となっている。第1群の工業製品部門内貿易の比率が1931年にピークに達しているのは，伝統的に工業製品を他の先進国に輸出してきたドイツの大きな輸出にもとづく。オタワ協定を控えた1931年，工業製品を前倒しで購入したイギリスの動きがこれを助長した[20]。

　工業製品部門内貿易の減少は食料・原材料部門内貿易の減少と歩調を合わせ，工業製品対食料・原材料という伝統的交換パターンが重要性を増してくる。1925年から29年までの世界貿易拡大の時期，工業製品の部門内貿易の比率が高まっており，工業製品貿易が世界の貿易を牽引したといえるのに，世界恐慌以後は，経済ナショナリズムが強まり，工業の部門内貿易は相対的地位を低下させたのである。第1群の国々は食料・原材料部門内貿易の比率も低下させているが，これはそれら各国による食料・原材料「輸出」の相対的重要性が低下したこと，すなわち，第1群の国々がさらなる工業化を進めたこと，ドイツ，イタリア，日本といった国々が自らの領域内の資源を最大限に利用しようとしたことを意味している［Hirschman 1945: 132-135］。

　④統計資料の分析——各国別の検討

　つぎに，表3-10を参照しつつ，主要各国の動きを概観しておこう。

　まずはドイツである。工業製品の部門内貿易は，アメリカ，イギリス，フランス，日本，イタリアではおおむね20〜25％で推移しているが，ドイツはその比率が小さく，1920年代の「合理化」の時期を除き，第1群の国々のなかで最低である。貿易赤字は全般的に小さく，伝統的交換パターンの比率が高い。1933年以後は，ナチス政府による工業製品輸入制限，食料・原

---

19) ハーシュマンは本文で「29％」と記しているが，これは誤りであろう［Hirschman 1945: 135］。表3-9における第2群の43カ国についてみるかぎり，「12％程度」というのが妥当な数字と思われる。

20) 後掲表3-10にみられるように，イギリスの工業製品部門内貿易の比率はオタワ協定前年にあたる1931年，33％のピークに達し，以後急落していく。

表3-10 交換タイプ別でみた

年	タイプI	タイプII	タイプIII	タイプIV	合計	年	タイプI	タイプII	タイプIII	タイプIV	合計
			ドイツ						イタリア		
1913	3.2	32.2	13.3	51.3	100.0	1913	18.4	55.7	25.9	…	100.0
1925	14.2	23.4	18.5	43.9	100.0	1925	17.8	42.5	26.3	13.4	100.0
1926	1.1	28.5	13.8	56.6	100.0	1926	13.2	34.8	25.0	27.0	100.0
1927	16.4	21.9	20.8	40.9	100.0	1927	16.2	32.2	26.1	25.5	100.0
1928	9.3	22.9	19.9	48.7	100.0	1928	20.1	37.3	29.3	13.3	100.0
1929	0.1	27.1	16.9	55.9	100.0	1929	17.7	37.8	31.6	12.9	100.0
1930	7.4	26.7	16.0	49.9	100.0	1930	17.7	39.8	33.2	9.3	100.0
1931	17.6	27.2	15.0	40.2	100.0	1931	6.4	44.0	29.0	20.6	100.0
1932	10.3	24.0	14.0	51.7	100.0	1932	9.5	45.3	29.3	15.9	100.0
1933	7.3	23.9	14.8	54.0	100.0	1933	10.6	46.3	30.7	12.4	100.0
1934	3.3	21.2	17.4	58.1	100.0	1934	18.8	42.3	31.1	7.8	100.0
1935	1.3	20.2	13.4	65.1	100.0	1935	19.5	38.3	29.2	13.0	100.0
1936	6.1	18.3	11.7	63.9	100.0	1936	4.2	47.7	28.2	19.9	100.0
1937	3.9	18.6	10.2	67.3	100.0	1937	14.0	37.3	22.8	25.9	100.0
			日 本						フランス		
1913	7.3	65.3	18.4	9.0	100.0	1913	10.1	35.2	21.7	33.0	100.0
1925	5.7	49.0	22.5	22.8	100.0	1925	2.3	30.6	12.5	54.6	100.0
1926	9.2	45.6	24.0	21.2	100.0	1926	0.3	31.8	13.2	54.7	100.0
1927	6.5	48.3	24.2	21.0	100.0	1927	2.0	35.4	13.7	48.9	100.0
1928	5.6	49.4	26.0	19.0	100.0	1928	1.5	31.1	19.1	48.3	100.0
1929	3.0	46.1	21.7	29.2	100.0	1929	7.5	31.1	18.9	42.5	100.0
1930	3.5	41.3	20.7	34.5	100.0	1930	10.2	30.0	26.4	33.4	100.0
1931	6.6	40.4	20.3	32.7	100.0	1931	16.2	26.6	26.5	30.7	100.0
1932	3.7	37.8	17.6	40.9	100.0	1932	20.4	26.1	23.5	30.0	100.0
1933	2.4	33.0	16.3	48.3	100.0	1933	21.2	26.4	22.4	30.0	100.0
1934	3.2	26.9	15.8	54.1	100.0	1934	12.8	31.1	21.6	34.5	100.0
1935	0.1	30.9	13.9	55.1	100.0	1935	15.0	33.9	19.5	31.6	100.0
1936	0.8	30.5	12.4	56.3	100.0	1936	24.3	31.8	18.8	25.1	100.0
1937	6.5	26.7	21.0	45.8	100.0	1937	27.7	32.2	19.8	20.3	100.0

材料輸出制限という意図的政策によって，伝統型がドイツ貿易全体の半分から3分の2を占めるまでになった。ドイツの貿易構造はナチスによる政権奪取後，激変するが，これはそれ以前にできあがっていた，貿易の小国への転換という傾向を増幅したものである。

日本もドイツと同じ傾向をもち，工業製品，食料・原材料とも部門内貿易を低下させるとともに，伝統型を増大させている。その比率は，1920年代は5分の1ほどだったが，1930年代は2分の1を占めるまでになっている。

主要国の貿易構造（1913-1937年）

(単位：%)

年	タイプI	タイプII	タイプIII	タイプIV	合計	年	タイプI	タイプII	タイプIII	タイプIV	合計
		アメリカ						連合王国			
1913	15.9	64.7	19.4	…	100.0	1913	12.2	17.1	29.3	41.4	100.0
1925	7.6	69.7	20.3	2.4	100.0	1925	20.3	17.8	22.1	39.8	100.0
1926	3.1	64.4	22.3	10.2	100.0	1926	26.2	14.0	23.4	36.4	100.0
1927	6.4	64.4	23.4	5.8	100.0	1927	21.4	17.8	24.2	36.6	100.0
1928	11.5	64.7	22.9	0.9	100.0	1928	19.6	17.0	25.0	38.4	100.0
1929	8.9	59.2	23.8	8.1	100.0	1929	20.7	18.1	25.5	35.7	100.0
1930	11.5	61.8	22.5	4.2	100.0	1930	25.3	17.5	27.8	29.4	100.0
1931	7.6	60.6	24.8	7.0	100.0	1931	34.2	16.3	33.0	16.5	100.0
1932	10.1	65.6	24.3	…	100.0	1932	28.1	17.9	20.2	13.8	100.0
1933	7.3	69.1	23.6	…	100.0	1933	26.0	19.0	19.6	35.4	100.0
1934	12.5	66.0	20.9	0.6	100.0	1934	26.4	18.3	20.4	34.9	100.0
1935	4.8	59.1	20.7	15.4	100.0	1935	24.4	19.3	20.6	35.7	100.0
1936	0.1	52.1	21.4	26.4	100.0	1936	28.2	17.9	21.8	32.1	100.0
1937	4.5	52.3	19.4	23.8	100.0	1937	29.3	17.8	21.3	31.6	100.0
		ソ連									
1913	5.0	63.8	5.9	25.3	100.0						
1925	13.8	72.9	4.4	8.9	100.0						
1926	5.5	66.9	4.2	23.4	100.0						
1927	6.1	64.8	5.1	24.0	100.0						
1928	9.1	72.3	9.8	8.8	100.0						
1929	2.4	52.5	16.1	29.0	100.0						
1930	1.1	36.7	15.0	47.2	100.0						
1931	15.3	29.7	14.5	40.5	100.0						
1932	10.8	29.3	21.4	38.5	100.0						
1933	13.0	29.5	28.4	28.5	100.0						
1934	28.6	37.8	30.7	2.9	100.0						
1935	20.7	44.8	23.0	11.5	100.0						
1936	0.3	45.4	19.9	34.4	100.0						
1937	12.6	52.2	20.8	14.4	100.0						

注：タイプI〜IVの内容は表3-4に同じ。
出所：Hirschman［1945: 140-143］より転載。

　イタリアにこうした傾向はみられない。フランスは，伝統型の比率を下げている。これは工業製品部門内貿易の増加にもよるが，主に貿易赤字の上昇がその要因である。
　アメリカは，食料・原材料部門内貿易を低下させ，ドイツ，日本と同様，伝統型を上昇させている。これは輸入の構造を変えることなく，食料・原材料輸出を犠牲に工業製品輸出を推し進めたことによる。そして，興味深いことに，当該期間中，ソヴィエト連邦が工業製品部門内貿易の比率を高め

（1925年の4.4%→1930年代20～30%），工業製品輸出国としての重要性を増している。

イギリスは，1925年から31年まで工業製品部門内貿易を着実に増大させている。1931年の比率急上昇は，上述のとおり，オタワ協定を見越した駆け込み的な取引額増大を反映している。工業製品対食料・原材料という伝統型の比率は低下していたが，1931年以後，復活し，その一方で工業製品部門内貿易の比率は低下する。ここでハーシュマンが指摘しておきたい事実は，工業製品部門内貿易が低下したといえども，その水準は1925年レヴェルを若干下回る程度で安定しており，伝統型が復活したといっても，以前のようなレヴェルにまでは達していないということである。1930年代を通じ，貿易赤字はかなりの規模を維持していたが，食料・原材料部門内貿易にはさほど大きな変化はみられない。

ここまでの分析から明らかなのは，「すべての国の貿易構造を描写できる単一のパターンなど存在しない」ということであり，工業製品と食料・原材料の交換が貿易を支えているなどという伝統的観念は，現実にはごくわずかな国にあてはまるにすぎないということである。貿易の商品構造が経済発展の過程でどのように変化していくかについて，明確な法則を析出するのは非常に困難であるとハーシュマンは結論づけている［Hirschman 1945: 136-143］。

ハーシュマンは各国分析の最後に，W. シュローテの研究に依拠しながら，19世紀半ば（1854年）以後のイギリス貿易の商品構造を検討し，成熟工業国の貿易構造が新興国の工業化からどのような影響を受けるのかについて分析している。

イギリスの貿易は，1854年以来，工業製品に関しては出超，食料・原材料は入超，貿易収支全体は赤字の傾向を示している。表3-11の第1欄は，「見えざる項目」の黒字のおかげで可能となる輸入額の大きさが重要であることを示している。第2欄，食料・原材料部門内貿易の比率は，この品目全体が入超であることから，食料・原材料「輸出」の2倍が担う重要性を示し，第3欄，工業製品部門内貿易の比率は，工業製品「輸入」の2倍が担う重要性を示している。第4欄は，工業製品輸出と食料・原材料輸入の比率を表している。

表3-11から明らかなように，1854年から1929年まで伝統型貿易は，1904年から13年までの期間を除いて低下傾向にあった。アメリカ，ドイツ

表3-11　交換タイプ別でみたイギリスの貿易構造および貿易額（1854-1929年）

年	タイプI	タイプII	タイプIII	タイプIV	合計	
					%	ポンド（£）
1854-1863	14.2	11.1	8.8	65.9	100.0	2,820,000,000
1864-1873	12.1	10.9	13.2	63.8	100.0	4,553,000,000
1874-1883	20.3	12.1	17.2	50.4	100.0	5,486,000,000
1884-1893	18.2	14.3	20.1	47.4	100.0	5,675,000,000
1894-1903	23.9	16.3	25.3	34.5	100.0	6,723,000,000
1904-1913	15.1	20.0	22.7	42.2	100.0	9,620,000,000
1925-1929	23.1	15.8	25.7	35.4	100.0	8,880,000,000

注：タイプI～IVの内容は表3-4に同じ。
出所：Hirschman［1945: 145］より転載。

といった後発国のキャッチアップを受けるなかでも工業製品の部門内貿易は増大し，食料・原材料部門内貿易も，工業製品ほどではないにせよ，石炭輸出，缶詰，飲み物といった加工食品の取引額増大を反映し，増加傾向にあったといってよい。1894～1903年から1904～13年の間で伝統型が増大したのは，第一次世界大戦前のイギリスの輸出堅調傾向を反映し，貿易赤字が絶対的にも相対的にも大幅に縮小したことによる[21]。

　ハーシュマンがイギリスのケーススタディから導きだすのは，以下のような結論である。イギリスの貿易構造で伝統型と認定できるのは，せいぜい1854年から63年までであり，それ以後，後発工業国のキャッチアップを受ける過程での貿易構造は複雑である。上述のように，工業製品部門内貿易は堅調だし，成熟工業国でも食料・原材料部門で国際分業を深める余地のあることを，イギリスの例は端的に示している［Hirschman 1945: 143-146］。

　⑤世界貿易における商品構造分析の結論——伝統的観念の歴史的重要性
　ハーシュマンが「世界貿易における商品構造分析」を行なおうとした目的は，国際分業を，国に関しても，取引される財に関しても，もっぱら農工間分業とみるような伝統的観念の現実的妥当性を問うことであった。分析結果から明らかなように，伝統的な国際分業観がとらえうる現実はごくわずかな

---

[21] イギリスの「自由貿易帝国主義」を綿密に検証した毛利健三もハーシュマンを引用し，このことを確認している。第1欄に現れる貿易収支赤字は，1870年代以降大きくなり，イギリスで国際収支論争を引き起こす要因のひとつとなったが，毛利によれば，第1欄は海運業収益や海外投資収益など「見えざる輸出」の貢献度を示すものであり，イギリス自由貿易体制の安泰を告知する指標でもありえた［毛利1978: 316-319］。

第3章　大戦間期世界経済の構造分析

ものであった。

　しかしながら，こうした伝統的観念は戦間期になお蔓延していた。農業国工業化にともない輸出貿易の重要性が逓減していくとした「ゾンバルト法則」はその典型であるが，これは，工業化を進める世紀末ドイツの不安を表すものであった。イギリスやフランスはドイツによる工業製品輸出の伸長を警戒し，ドイツは，そのイギリスが自由貿易政策を放棄することを懸念するとともに，アメリカ，ロシア，イタリアといった新興工業国の発展，さらには農業国の工業化を不安視していた。根底にあるのは，後発国の工業化が先発国の輸出の可能性を脅かすという，伝統的な国際分業観から導かれる不安である。

　ドイツでは，こうした不安が一般国民，有力な経済学者をも支配し，貿易途絶に備えた農業保護政策，略奪的ダンピングや不公正な関税政策を駆使したり，独占企業体を設立することによる他国の工業化阻止ないし工業化プロセスの支配，領土の拡張，軍備増強といった政策がとられるようになった。ナチス政府はドイツ帝国のこうした政策をさらに発展させていったが，重商主義的観念の残滓は，大戦間期の対外経済政策に滞留していた。ドイツの政策は極端な例だが，成熟工業国に共通してみられる特徴をもっていたのである。

　商品構造を分析したハーシュマンが強調してやまないのは，成熟工業国は，後発諸国の工業化が進む過程においても工業製品の部門内貿易を進められただけではなく，食料・原材料においてさえ部門内貿易を拡大させることができたという事実である。工業国と農業国の貿易を正常な国際分業とみるような観念によっては明らかとならなかった事実を，ハーシュマンは自らの方法で統計的に跡づけ，そうした観念によっては積極的に封殺されるような国際分業の「可能性」を探ろうとしたのである。

　新たな国際分業の萌芽はあったものの，誤った観念に導かれた大戦間期は，結局，悲惨な結末を迎えた。だが，歴史的現実を真摯に眺めれば，実りある国際分業を構築することは不可能ではない。新たなる国際分業のもとで先発工業諸国は，後発国の工業化を恐れるべきではなく，工業化プロセスの創始者であり教育者の役割を担うべきである。ある特定の国際分業パターンが永続することなどありえない。国際分業パターンが移行すれば，当然，商品構造は変化する。こうした移行には数多くの調整上の困難が生じるが，これら

は効率的な国際管理機関を設立し，それを拡大することによって解決されるだろう［Hirschman 1945: 146-151］。

ハーシュマンは，「われわれがもし，アウタルキーか『経済的侵略』かという不毛な二者択一から抜け出し，国際的な経済協力の達成へと向かいたいのなら，貿易を組織し，規制し，それに介入する排他的権力を個別国家の手から剝奪すべきである」と述べ，国際貿易を管理する国際機関の設立を提唱した。通商政策に関する国家主権を制限するとともに，貿易の制度的枠組みをつくることが求められている。二度の世界大戦を経た人類にとって，平和の構築は最重要の目標であり，対外経済関係に関わる「権力を国際化すること」(internationalization of the power)がそうした目標に向かう第一歩をなすであろう［Hirschman 1945: 79-81］。

以上が，『国力と貿易構造』［Hirschman 1945］の結論である。おそらく，この時点でのハーシュマンは，国際貿易機関（ITO）的な組織を念頭においており，ブレトン・ウッズに結実するような戦後体制の理念を積極的に評価していたはずである。

3　「貿易の政治化」分析への評価

(1) 従属理論との関係

『国力と貿易構造』［Hirschman 1945］の草稿のほとんどは，J. コンドリフに招かれた際，カリフォルニア州バークレーで1941年から42年にかけて書かれたものである。ハーシュマンはその後，アメリカ陸軍に従軍し，北アフリカ戦線での任務に就いた[22]。20代後半に書かれた彼の第一作は，大戦間期国際貿易の実証研究として，また，大国による小国支配の政治経済学的研究として，高く評価されてきた。本節では，そうした評価に目を向けるとともに，批判的見解にも触れていくが，まずはハーシュマンの自己評価をみておこう。

この著作は1980年，S. クラスナーを編者とする「国際経済の政治学シ

---

[22] ハーシュマンはバークレーで6歳年下のサラー（Sarah）と知り合い，結婚。そして従軍中にアメリカの市民権を獲得し，「Albert Hirschman」となった（元の綴りはHirschmann）［Hirschman 1998: 76］。

リーズ」の第1巻として再刊されたが、その際、上述のとおり、自らの議論を批判的に振り返る論文も収録された。「非対称性を越えて——若き日の自分ならびに旧友への批判的註解」と題されたこの論文は、もともと、1978年、J. カポラソ編集の *International Organization* 誌「従属理論特集号」に掲載されたものである。ハーシュマンはそこで、ときに従属理論の開祖的位置づけがなされる自著、さらには従属理論そのものにも若干の批判的見解を述べている［Hirschman 1980: v-xii］。

一言でいえば、ハーシュマンの自己批判とは、「変化」のプロセスへの展望に欠けていたという点にある。戦間期の国際貿易を題材に、権力の追求を容易ならしめるような国際経済関係の構造的性格をあぶりだそうという研究の結論において、国家権力の生みだす従属的関係を乗り越えるための手段としていきなり「権力の国際化」に訴えてしまった。これは、まさに「デウス・エクス・マキーナ」（deus ex machina）をもちこむことにほかならないというのである[23]。

大国・小国間における貿易利益の非対称性は、たしかに従属的関係を育む温床である。だがハーシュマンによれば、この関係は必ずしも固定的・安定的なものではない。関係を崩壊させる要因、あるいは、崩壊とはいかないまでも変化させる要因が存在するはずである。数量化できる要素に着目し従属の事実を指摘するだけではなく、経済的・物理的制裁を覚悟したうえで支配からの自由を目指す従属側の意志のように、数量化できない要因にも着目すべきである。むろん、従属国の「意志」のようなものに頼りすぎることもまた、急場においてデウス・エクス・マキーナの登場を待つことになりかねないが、初期の非対称性を変化させる要因を関係そのものに内在する傾向のなかに見いだそうとするスタンスが重要であるという。

ハーシュマンは、アメリカ合衆国とラテンアメリカの従属的関係の歴史に変化の実例を見いだそうとしている。両者の関係はあらためて指摘するまでもなく、対称的とはいえないし、第二次世界大戦後においてもたびたび直接

---

[23] ハーシュマンは、自由主義的貿易政策の擁護者によって、否定されないまでも無視されがちな現実に取り組んだが、貿易関係に潜む危険性の普遍的性格をあまりにも過大評価し、自らが提案するものよりも現実的な解決策を拒絶することになってはいないか。L. スタインバウアーは、書評において、このように述べたことがある［Stinebower 1946: 420］。

的介入が行なわれてきた。これを無視することはできないが、だからといって、この関係が何の変化もなく推移してきたわけではない。ここでハーシュマンが注目するのは、経済的利益の非対称性はしばしば「関心の非対称性」(disparity of attention)を生みだすということ、すなわち、経済的権益全体からすると、比重の低いラテンアメリカの一小国の日常的な動向などアメリカ側では見落とされがちということである。帝国権力側の「賢明かつ健全なる無視」という事態、従属国側の支配関係打破の努力がうまく結びつく可能性は、こうした非対称的な貿易関係のなかにすでに刻まれている。ハーシュマンは大国の直接的介入といった事態を無視しているわけではないし、あらゆる従属的関係がこのように変化していくと述べているわけではない。ここでの議論はあくまでも貿易や投資の非対称的関係が変化していくプロセスではあるが、「関心の非対称性」が従属国側の政策展開の余地を拡大する可能性を指摘したのである［Hirschman 1980］。

　先のカポラソは、このように構造的関係と具体的交渉力との間で分析レヴェルをシフトさせることを可能にしたものとして、すなわち、構造的関係がいかに非対称的なものであっても、意識的努力によってバーゲニング・ポジションを好転させうる可能性を指摘したものとして、ハーシュマン論文に一定の評価を加えている。だが、従属理論から距離をおこうとするハーシュマンとは異なり、カポラソ自身は「依存」(dependence)と「従属」(dependency)を区分し、「従属」分析の意義にこだわりをみせている。

　カポラソによれば、「依存」とは、単に外部勢力に依拠することを指す概念である。依存は、国内統合が進んでいる先進国間にも生じる関係である。唯一の分析単位は国民国家であり、国家間の関係の対称・非対称が問題となる。こうした依存理論から出てくるのは、国家間の相対的交渉力への関心である。構造的関係とは異なり、バーゲニング・ポジションは、当事者がどれだけのコスト、エネルギーを投入しうるか、あるいは交渉能力がどれほどであるかで変化しやすいものである。交易条件という観点から国際的不平等に迫る理論もこの流れにあるが、こうした理論においては、需給の変化・代替品の利用可能性や貿易相手の変化にもとづいて相対的地位が変化すること、交渉力が変化することを想定しており、「従属」を打破するということが比較的簡単なものととらえられがちである［Caporaso 1978a: 1-2; 1980: 627］。

　これに対して「従属」とは、途上国が資本主義世界システムに編入される

プロセスおよび、その結果生ずる構造的歪みに注目するための概念である。「従属」とは、何かひとつの尺度で測りうるものではなく、「歴史的・政治的・社会学的思考が一体となった枠組み」でのみ理解されうるものである。そこでは、国内の社会的階級と国際資本との同盟関係など、国家のみならず、周辺地域の階級構造が問題となる。依存理論で注目されるバーゲニング・ポジションは条件しだいで変化しうるが、非対称的な構造的関係そのものは変化しない［Caporaso 1978a: 1; 1978b: 19］。

　要するに、カポラソは、「依存」のみならず、それだけでは明らかにできない状況・プロセスに迫る概念として、主にラテンアメリカの学界で育まれてきた「従属」に独自の意義を認めようとする。交渉・条件しだいで変化しうる「依存」よりも、構造的関係に根ざすがゆえになかなか変化させえない「従属」に目を向けようとする。そして彼は、dependence と dependency の概念が未分化で、両者をめぐる現在の論争を予期させるような萌芽的研究として、ハーシュマンの業績を評価しているのである［Caporaso 1978a: 6］。

　これに対して D. ボールドウィンは、カポラソの概念区分に一定の理解を示しつつも、その有効性に疑問を投げかけ、ハーシュマンの分析をより直接的に評価している。カポラソの区分はラテンアメリカの従属理論の流れを理解するうえでは重要かもしれないが、長年培われてきた専門的・日常的語法からは乖離し、かえって混乱を招いている。「歴史的・政治的・社会学的思考が一体となった枠組み」にもとづき「従属」を再定義することは、「歴史的・政治的・社会学的思考のさまざまな枠組み」にもとづき「従属」概念を濫造することにつながりかねない。ボールドウィンによれば、概念上のギャップはそれほど大きいものではなく、曖昧さを取り除いていけば、従属概念とは「関係断絶の機会費用の格差」というところに落ち着く。それ以上に複雑化させると、分析概念としての有効性はかえって低下するだろう。そして、早くからこの「関係断絶の機会費用」に着目し、国際経済の非対称的関係、その関係から生みだされうる支配従属関係を明らかにしたものとして、ボールドウィンは本章で取り上げたハーシュマンの研究を評価している。また、ハーシュマンが自省を交えつつも、自らの議論とラテンアメリカ従属論との間に一線を引こうとする作業に理解を示しているのである［Baldwin 1980: 492-495］。

　変化の認識という点では、若き日の自分同様、従属論者の議論にも同様の

瑕疵が見いだされるとハーシュマンはいう。支配関係が変化していくメカニズムを見いだせないとすれば，その原因は，非弁証法的・反ポシビリズム的な思考そのものにある。ラテンアメリカの従属理論もこうした陥穽に嵌り込んではいないか[24]。これが，F. H. カルドーゾをはじめ，個人的にもつきあいのある人々へのメッセージなのである［Hirschman 1980: xi-xii][25]。

従属論的評価をめぐる議論は，この程度にとどめておこう。

(2) ナチス・ドイツによる経済帝国主義の実相

上述のとおり，ハーシュマンは，ナチスの広域経済圏形成に触発され，「貿易の政治化」を分析した。ハーシュマンが正直に告白しているところによれば，彼が大戦間期に行なった研究はすべて，何らかの意味でファシズム，ナチズムとの闘争を意識せざるをえないものであった［Meldolesi 1995: 16］。ハーシュマンの分析は，明らかにドイツを念頭においたものであったが，ドイツは本当に「経済的」関係を通じて東欧，南東欧を「搾取」できていたのか。そしてナチスのアウタルキー政策は，ドイツの域外貿易からの全面的撤退を意味していたのか。とくに前者のような問いかけは，ハーシュマンの分析を評価するうえではきわめて重要なものである。

清算協定を利用したドイツの「搾取」については，たとえばW. A. ルイスも疑問視していたが［Lewis 1949: 93-94, 訳 121-122］，新たなデータを用い，これらの問題に切り込み，興味深い論文を著したのが，A. O. リッチルである［Ritschl 2001］。ナチス政府は，国際収支に関する重要データを隠蔽していたため，1930年代末については外国貿易統計が利用できるのみであった。ところが，貿易統計以外の国際収支項目に関する豊富なデータが西ドイツの国立公文書館に残っていた。リッチルは，わずかしか公刊されていない，これらドイツ連邦公文書を利用して「搾取命題」を再検討したのである[26]。ここでリッチルの研究成果を簡単に紹介し，ハーシュマンもその一翼を担うとされる搾取命題の限界を確認しておこう。

---

24) ハーシュマンと必ずしも同じ視角からではないが，本多健吉は，変化しがたい長期的構造を分析する従属理論を一方で評価しつつも，低開発地域における「連続性のなかの変化」に眼を向ける必要性を説いた［本多 1986: 151-153］。

25) のちにブラジル大統領となるF. E. カルドーゾとハーシュマンの親交については，Cardoso［2001］を参照のこと。

表3-12 ドイツの国際収支（1938-1941年）

	1938年			1939年		
	貸方	借方	差引	貸方	借方	差引
貿易	5,198	4,543	+655	5,134	3,647	+1,487
サーヴィス	967	1,952	-985	693	1,688	-995
利子	30	255	-225	20	217	-197
資本	1,085	261	+824	456	608	-152
うち「その他」	1,000	82	+918	351	393	-42
総計	7,280	7,011	+269	6,303	6,160	+143
うちCash			+371			+165
うちClearing			-102			-22

資料：German Federal Archives, R7/3068.
出所：Ritschl［2001: 328］, Table 1 より抜粋・作成。

　リッチルによれば，ナチスの経済帝国主義に関する通説は以下の3つの論点から構成される。すなわち，第一に，ドイツの貿易政策における双務主義は弱小な貿易相手国を搾取するための手段として「実際に機能した」ということ，第二に，ドイツは経済的侵略政策を遂行するなかで，貿易を計画的に東中欧，東南欧に仕向けたということ，第三に，アウタルキー政策の名のもとに，燃料，ゴム，繊維部門でドイツが行なった輸入代替政策は，ドイツが貿易全体から手を引こうとしていた証拠であるということ，以上である。ハーシュマンによる「貿易の政治化」分析も，こうした通説の形成に大いに貢献しているとされる［Ritschl 2001: 326］。

　リッチルは，当該期間の交換可能通貨（ハードカレンシー）の取引，清算勘定に関する新たな統計データから，搾取命題を再検討している。ここでリッチルが注目するのは，ドイツのハードカレンシーでの取引における収支バランスと清算勘定における収支バランスである。前者が黒字であるということは交換可能外貨の純流入を示し，後者が赤字であるということは，ドイツが実質的な対価なしに諸資源を輸入する能力を示す。つまりリッチルは，

---

26) ここでリッチルが依拠したドイツ連邦公文書は，R7/3068, R7/3629, R7/3636, R7/3921などであり，それらには，1936年から41年にかけての国際収支，1938年から40年までの35カ国におよぶ二国間の外国為替勘定のデータなどが含まれている。ちなみに，リッチルが「搾取命題」に連なる議論としてあげているのが，ハーシュマンやF. チャイルドであり，P. アインチッヒやH. エリスらの研究もナチスの経済帝国主義の通説形成に寄与したと指摘している［Ritschl 2001: 324-326］。

(単位：100万ライヒスマルク)

	1940年			1941年	
貸方	借方	差引	貸方	借方	差引
4,558	4,435	+123	5,866	6,128	-262
297	1,513	-1,216	405	3,901	-3,496
10	135	-125	10	93	-83
1,583	972	+611	2,210	688	+1,522
1,505	646	+859	2,138	347	+1,791
6,448	7,055	-607	8,491	10,810	-2,319
		+11			-22
		-618			-2,297

　交換可能通貨の純流入が金融上の，清算勘定収支赤字が実物上のドイツの「強さ」，「搾取」の程度を表す指標とし，搾取命題の妥当性を検証しようとしたのである。

　紙幅の都合もあり，ここでリッチルが提示したすべての表は掲げられないが，そのいくつかを参照しながら議論に耳を傾けよう。

　1938年から41年にかけての国際収支全体の状況は，表3-12により把握できる。この表からハードカレンシーでの取引における収支（以下「キャッシュバランス」）の黒字傾向，清算勘定における収支（以下「クリアリングバランス」）の赤字傾向，すなわち，ドイツの「強さ」が明らかなように思われるのだが，これには注意が必要である。

　まず表3-12中のキャッシュバランスには，1938年から40年にかけてのオーストリア，チェコスロヴァキア，フランスの合邦・占領にともなって接収した金や外貨などの売却が含まれている。表中でそれらは「その他資本」項目に計上されているが，そうした軍事的・政治的要因などを除去した実質的なキャッシュバランスは表3-13のようになり，こうした面でのドイツの「強さ」は覆される。

　またリッチルは，別の表を掲げ，クリアリングバランス赤字の見方にも注意が必要としている。たしかに，第二次世界大戦開戦前の清算勘定における赤字の多くは1934年に発生している。1939年のドイツのクリアリングバランスにおける累積赤字額は3億3500万ライヒスマルクであったが，リッチルのあげた統計によれば，1934年の一年だけで3億2200万ライヒスマルク

第3章　大戦間期世界経済の構造分析　125

表3-13 交換可能通貨取引収支の実態（1938-1941年）

(単位：100万ライヒスマルク)

		1938年	1939年	1940年	1941年
I	統計上の数値	371	165	11	−22
II	ライヒスマルクによる受取額	309	182		−24
III	交換可能通貨の純流入	+62	−17		+2
IV	占領国資産からの利益等	1,000	321	1,505	1,127
V	交換可能通貨取引収支の実態	−938	338		−1,125

注： I) 表3-12中の「Cash」の項目。外貨のみならずライヒスマルクでの支払い含む。
　　II) ライヒスマルク支払い分。
　　III) ライヒスマルク支払い分を差し引いた交換可能通貨の純流入。
　　IV) 主に1938年はオーストリア，1939年はチェコ，1940年はフランスの準備資産からのもの。
　　V) IIIからIVを差し引いた純流入。
資料：German Federal Archives, R7/3068.
出所：Ritschl［2001: 329］より転載。

の赤字が発生している［Ritschl 2001: 330］。搾取命題では，これは弱小国を相手に清算勘定取引を押しつけたことによるものと解釈され，経済的手段による搾取の証拠とされる。しかしながら，1930年代前半のヨーロッパが深刻な不況に陥っており，ドイツへの追加的輸出の機会費用が低かったであろうことを考慮すれば，搾取命題は成り立たないのではないかとリッチルはいう。実際，1936年以降，新たな貸付が滞ると，ドイツは外貨危機に見舞われるようになり，そうした事情が戦争準備の計画策定のきっかけをつくった。ドイツの外貨危機は，オーストリア合邦化による外貨・資産獲得によってようやく一息つくことになった。

つまり，以上のように国際収支表の中身を見直せば，1930年代のドイツは，経済的手段によって搾取できていたというよりは，国際収支の脆弱な構造を引きずりつづけ，軍事的・政治的手段を待ってはじめて，その脆弱性が緩和されたということがわかる，とリッチルは述べている［Ritschl 2001: 326-330］。

つぎに，こうした事情をさらに具体的に確認すべく，各国別データを掲げ，対ドイツの交換可能通貨，清算勘定の収支をあげている。40カ国以上のデータがあげられているが，煩雑になるので，表3-14には，ハーシュマンが表3-3において貿易集中度の高い「ヨーロッパ第1グループ」としてあげた6カ国のデータを抜粋し，まとめてある。ハーシュマンは，集中度の高さをドイツとの貿易によるものとし，搾取命題に連なる考え方を示唆したわ

表3-14 交換可能通貨（Cash）および清算（Clearing）勘定のヨーロッパ各国別収支
(単位：100万ライヒスマルク)

	1938年		1939年		1940年		1941年	1944年
	Cash	Clearing	Cash	Clearing	Cash	Clearing	Clearing	Clearing
ユーゴスラヴィア	-13.2	-12.6	-8.0	+5.5	-24.0	+40.5	+10.2	-10.5
ハンガリー	+1.6	-19.1	-5.5	-20.4	-24.3	+50.4	-192.9	-803.7
ルーマニア	-2.1	+12.1	-8.7	-42.3	-32.7	+9.4	-304.4	-1,126.4
ブルガリア					-10.7	+14.9	-171.2	-758.2
ギリシャ					-1.1	-4.9	-53.2	+261.9
トルコ	-2.1	+26.0	-0.9	+27.5	-4.5	-20.0		

注：1944年の数値は累積額。
資料：German Federal Archives, R7/3068.
出所：Ritschl [2001: 332-333], Table 5 より抜粋・作成。

けだが，1938年以後のデータを掲げた表3-14をみるかぎり，「キャッシュバランス黒字・クリアリングバランス赤字」という，リッチル的な意味でドイツの強さを示す一般的傾向，すなわち「搾取」の傾向を全体として確認するのは困難である。

リッチルは，論文中でさまざまなデータを示しつつ，5つの結論を引き出しているが，まずはこの40カ国以上の各国別データの分析から，第一の結論を導いている[27]。すなわち，清算協定という経済的手段だけでは貿易相手である小国を搾取するには不十分であり，ドイツがクリアリングバランスの赤字を増大させるという意味での搾取を行なえた国でも，それは軍事的占領があってはじめて可能となったということである。

ナチスの経済帝国主義に関する通説に従えば，1940年は，短命に終わるとはいえ，大陸ヨーロッパでのドイツのヘゲモニーが確立し，中立国や南東欧諸国にも支配が及ぶとともに，貿易にも大きな構造的変化が起こるはずである。しかしながら，リッチルの評価基準によれば，ハーシュマンのいう「ヨーロッパ第1グループ」諸国に対するクリアリングバランスの変化は，ドイツの立場の強化というよりは，ギリシャを除き，むしろ相手国のバーゲニング・ポジションの強化，ドイツの弱体化を表しており，通説を覆す兆候を示しているのである [Ritschl 2001: 330-336]。

リッチルはこのほかにもいくつかのデータを提示し分析を進めているが，

---

[27] 以下の議論の根拠となる詳細なデータについては，Ritschl [2001: 332-333]，Table 5 を参照せよ。

以下では残り4点の結論のみ，確認しておこう。

第二の結論とは，ナチス・ドイツが南東欧諸国との貿易を拡大したことは，ほとんどの場合，第一次世界大戦前，オーストリア＝ハンガリー帝国とドイツ帝国が歩調を合わせてバルカン諸国に対して行使した，支配的地位への回帰にほかならないということである。考察すべき要因がつけ加わったとすれば，それは，革命後，ロシア勢力が東欧市場から手を引いた間隙をドイツがついたということである。ルーマニアなどは，ソ連の急速な軍事化を恐れ，自らドイツに接近した。第一次世界大戦前と状況がまったく同じであると結論づけるのはたしかに問題だが，ドイツによる当該地域への侵略は，ナチスに特徴的な政策というよりも，ロシアとの貿易崩壊にともなう，より複雑な状況としてとらえられねばならない［Ritschl 2001: 337-338］[28]。

第三の結論は，ナチス「新秩序」のもと，ドイツの経済的権益が東方に向けられたというのは単なる幻想（chimera）であり，イデオロギーはどうあれ，またナチスが東方に戦争をしかけたのは事実であるとしても，戦時ドイツの経済は，実際には西ヨーロッパと深く結びついていたという点である。第四の結論は，西ヨーロッパ内部の工業部門内貿易にドイツが向かいはじめた起源は第二次世界大戦期にあると判断されるということである。戦時中のドイツ貿易の地域別・商品別構造をみると，1960年代の欧州共同体（EC）内部で広がる貿易パターンを先取りしたものとなっている［Ritschl 2001: 340-341］。

第三，第四の結論は重要なので，数字を確認しておこう。1944年12月31日時点での清算勘定におけるドイツのポジションをみると，リッチルのいう欧州経済共同体（EEC）グループ（フランス，オランダ，ベルギー＝ルクセンブルク，デンマーク，ノルウェー，イタリア）に対しては210億4500万ライヒスマルクの赤字，「東方」グループ（ユーゴスラヴィア，セルビア，ハンガリー，ルーマニア，クロアチア，アルバニア，スロヴァキア，ブルガリア，ギリシャ）に対しては88億9740万ライヒスマルクの赤字となっている。清算勘定ポジションに占領経費を加えた数字（1944年3月31日時点）は，それぞれ638億2000万ライヒスマルク，129億5500万ライヒスマルクの赤字となっている。つまり，リッチルによれば，どちらの数字を比較しても，東方よりむしろ西方との関係の深さが際立っているということになる

28）もちろん，ハーシュマンにこの認識がなかったわけではない［Hirschman 1945: 94］。

[Ritschl 2001: 333]。古典的な貿易構造から工業部門内貿易パターンへのシフトは，イデオロギー的には反対のことが主張されていたにせよ，現実にはナチス・ドイツにおいても生じていたということをリッチルは確認している。ハーシュマンの議論にとっても，この点は重要である。

　そして，第三，第四の結論とも関連するが，第五は，1930年代におけるドイツのアウタルキー政策は，貿易関係全般の途絶ではなく，その大部分がアメリカ，イギリス，フランスとの貿易関係を選択的に遮断する試みであったということである。アウタルキー政策は，戦争準備のためにドイツが貿易全般から手を引こうとしたものではなく，累積する貿易赤字，債務不履行への報復措置を恐れ，外貨を節約する必要に迫られたことから，貿易をアングロ・サクソン世界から東方にシフトさせようとしたものであるというのがリッチルの結論である。だが，その東方シフトが実態としてはきわめて不安定なものであったというのは，上述のとおりである。総じてナチスのアウタルキー政策とは，依存の度合いが高い分野において輸入代替産業を打ち立てようとするものであったが，国際収支の点からいえば失敗に終わった。力まかせの輸入代替政策が機能不全にいたる例は，その後の世界でも見られるが，ドイツのアウタルキー政策は，その先駆けとなる典型的失敗事例であったとリッチルは結論づけている［Ritschl 2001: 338-344］。

　ハーシュマンは，国際経済に根ざす構造的非対称性が関係断絶の機会費用に格差を生み，当事国間に支配・従属の関係を生みだす可能性を指摘した。そして構造的非対称性を十二分に活用した典型的事例をナチス・ドイツに見いだし，1925年から38年にかけての国際貿易を，大国の小国選好度，小国の貿易相手の集中度，商品構造から検証したわけである。これに対し，新たなデータにもとづくリッチルの分析は，ハーシュマンの指数には現れないような状況を明らかにし，38年までのハーシュマンの実証研究の延長線上に浮かび上がってくる「搾取命題」の反証となっている。ハーシュマンの研究が，データ的制約のなかで行なわれた貴重なものであることに変わりはないが，戦間期，とくに1938年以後のナチス対外政策をみるかぎり，国際的状況は，「経済的」手段だけで「搾取」が可能になるようなものではなかった。ドイツは，スローガンほどには東方での権益拡大に成功しなかったのである。

　だがリッチルの研究が明らかにしたのは，搾取命題の限界ばかりではない。ハーシュマンも着目した工業製品部門内貿易が，ドイツと西ヨーロッパ諸国

の間でも生じつつあったことも浮き彫りにしている。現実の経済的基盤は，東方ではなく西方にあったにもかかわらず，ナチス・ドイツは軍事的侵略をともなった輸入代替政策という冒険に走り，破滅的結末を迎えることになってしまった。

　ここであらためて重要となってくるのが，工業製品部門内貿易のような新たな動きを失速させた要因は何なのかということである。ハーシュマン的な分析によれば，それは，大国による国力増強政策，その具体策としての「貿易の政治化」ということになるし，とくにドイツはそのグロテスクな事例である。農工間分業こそ正常な国際貿易という誤った観念がドイツをはじめ大国の政策を支配したこと，これこそが育まれつつあった工業製品部門内貿易の芽を摘んでしまったということになるのである。だが，果たしてそれだけが原因であろうか。大戦間期の世界貿易を揺さぶり，悲惨な結末をもたらした原因とは，主権国家の「本性」にのみ帰せられるべきものなのか。

　1925年から38年という限られた期間における世界貿易の動向を見きわめるためにも，当該期間の状況をより広いタイムスパンのもとでとらえ直す必要がある。そして，この作業を行なっていたのが，ハーシュマンもその研究に依拠した，F. ヒルガートら国際連盟のグループであった。次項では，本章の議論のまとめとして，彼らが注目した「多角的貿易網」の形成と崩壊に触れておくことにする。

(3)　多角的貿易網崩壊の意味

　ヒルガートを中心とする国際連盟の研究グループは，世界経済の動態を数量的に把握すべく，戦間期の困難な時期に，膨大な諸データを収集・整理・加工するとともに，時系列的結合，欠落部分の推定という地味で骨の折れる作業をつづけた。戦争と恐慌に疲弊する世界を目の前にして，なぜ世界体制が崩壊したのか，再建の展望はあるのかという切実な問題意識のもと行なわれた彼らの貴重な研究によって明らかにされたのは，19世紀後半から1930年代末にいたる多角的貿易網の展開と崩壊のプロセスであった［本山 1982: 266］[29]。ヒルガート・グループは，第一次世界大戦前と1920年代の「相対的安定期」に存在した多角的な世界貿易・決済網が果たしていた機能を明確にするとともに，30年代に入り，それが崩壊したことを統計的に跡づけたのである。ハーシュマンが貿易の政治化という事態を析出しようとした

1925年から38年というのは，まさにこの多角的貿易網が崩壊していく時期である。したがって，この時期の世界貿易を分析しようとすれば，多角的貿易網崩壊と関連づけないわけにはいかない。ヒルガートらがその存在を確認した世界貿易の多角的決済の型は非常に包括的なものであり，各国間の双務貿易といえども単一の多角的決済体系のなかに位置づけられていたからである［同上：272-273］。

本山美彦も確認しているように，多角的貿易の世界的ネットワークはイギリス資本による投資収益回収経路の積極的開拓によって生みだされた。イギリスの豊富な個人資金は，イギリス国内企業のほとんどが自己金融であったために，海外に向かった。1914年時点において，イギリス海外投資の5分の4は農業国に向かい，投資収益の大半は本国の入超分をファイナンスするために用いられたとされるが，イギリスは，膨大な海外投資収益を回収するためにも，一次産品生産国への投資果実たる原料（本国で吸収できる以上のもの）をアメリカのような第三国に輸出し，その地から工業製品を輸入する，という迂回路に頼らざるをえなかった。投資収益を当該投資地域から直接回収するのではなく，こうして資本収益回収の迂回路を整備しようとする努力により，多角的貿易網ができあがったのである。これは，結果的にできあがったというよりも，世界市場の各地点に貿易の環節を設定すべく生産を組織するといった具合に，イギリスの積極的な働きかけがあってこそ生まれたネットワークであった［本山1980:154-155;1982:268-270］。貿易のネットワークにとって資本輸出が不可欠だったという認識は非常に重要である[30]。

イギリスをはじめ，ヨーロッパの主要資本輸出国と資本貸借面で債権・債務関係になく，自らの貿易の経路を債務国から債権国への元利支払いへの経

---

29) ヒルガートらの研究成果は，いずれも国際連盟から発刊された以下の三部作である。すなわち，*Europe's Trade*（1941），*Network of World Trade*（1942），*Industrialization and Foreign Trade*（1945）であり，日本の学界でこれらの研究の意義を認め，正当に評価するとともに分析を深めた数少ない研究者のひとりが本山美彦である。*Industrialization and Foreign Trade* に関しては，本山らによる邦訳がある［ヒルガート1979］。

30) 毛利健三は，こうした「資本輸出ぬきには存立しえないイギリス自由貿易体制の構造」を指摘し，「開放型の自由貿易帝国主義」と名づけた［毛利1978:378-380］。なお，外国貿易が資本輸出ぬきには語りえないものであることを大戦間期，説得的に主張した先駆的論者がJ. H. ウィリアムズである［Williams 1929］。

路として提供できるような第三国があってはじめて，この多角的貿易・決済網は現実のものとなる。こうした第三国とは，自己の広大な輸出市場をもちながら，その輸出先からは購入するものがなく，またそこから膨大に輸入しなければならない地域に対しては，ほとんど自国産品の顧客を見いだせないという「大きな両腕」を持つ国，すなわちアメリカであった。こうして，熱帯地域に対して膨大な入超，その他地域に対してそれを上回る出超を計上していたアメリカからの資本輸出によって，多角的ネットワークの安定性が確保された［本山 1982: 275-276］。多角的貿易・決済網にとって，イギリスとアメリカの資本輸出は決定的に重要だったのである［ドラモンド 1989: 64, 98; トリフィン 1968: 42］

　だが，世界恐慌とともにイギリス，アメリカからの資本輸出が途絶すると，多角的貿易網を支えた投資収益の回収経路は，どんどん短縮化された。「恐慌は各国資本をしていっせいに海外投下資本の引き上げを強制し，外貨不足に陥った各国は，輸入制限＝貿易の縮小と双務主義へ転換せざるを得ず，こうして過去数十年にわたる世界経済の繁栄を支えて機能してきた多角的貿易網は崩壊してしまった」［吾郷 1980: 47］。「債権国側の資本収益回収の努力は，輸出を減少させることによって輸入差額を維持しようとするし，債務国側は双務貿易の拡がりとともに迂回的経路を失い，債権国へと直接輸出を行おうとする。貿易は絶対的縮小を余儀なくされたのである」［本山 1982: 283-284］。

　ヒルガートらの研究から明らかになったのは，このようなプロセスである。三部作の最後を飾る『工業化の世界史』で 1870 年代以降の世界経済の動態を明らかにした彼らは，「貿易」というルートだけで世界の生産能力の不均衡を平準化するには不十分であったという事実とともに，そこで「工業化」の果たす役割を確認した。そして，新興諸国の工業化・国内工業の発展は，市場の拡大を促す傾向にあり，したがって，それまでの輸入品を代替するよりも，むしろ補完する。つまり，多角的貿易体制と国際貸付制度が正常に機能しているときには，新興国の工業化は旧工業国の利益を損ねるどころか増大すらさせるということが，ヒルガートらによって数量的に裏づけられたのである。しかし，1930 年代，いったん正常な状態が攪乱されると，「工業諸国は一次産品輸入の支払いを行うにあたって，それを供給してくれる地域に対して自己の輸出を伸ばして支払いを相殺するよう商業政策・貨幣政策」を

展開するようになった。新興工業国と旧工業国の間で本来調整可能なはずの軋轢が大きくなるのは，まさにこのときなのである［ヒルガート 1979: 20, 134-136］。

　ハーシュマンの研究を促したドイツの動向について，ヒルガートらは，自国の貿易相手としては小さな役割しか果たさなかった諸国とバーター方式で取引をするようになり，それまで果たしていた購買市場としての役割を低下させてしまったと述べている［ヒルガート 1979: 123-124］。だが，ドイツをこうした方向に走らせたのは，単に「誤った貿易観」によるのではなく，イギリス，アメリカからの資本輸出が停滞し，多角的貿易網が崩壊してしまったことが大きく影響している。1930年代になると，ハーシュマンも確認したように，工業製品の部門内貿易は漸減し，逆に工業製品と食料・原材料との交換という伝統型が復活するが，これはまさに投資収益の回収経路が短縮化したことの結果である。

　本章で取り扱ったようなハーシュマンの研究を，日本で比較的早い時期に分析した北川一雄が，ハーシュマンの議論を評価しながら，「貿易の政治化」の真因をとらえきれていないと批判するのも，この点に関わっているように思われる。

　ハーシュマンの議論において「貿易の政治化」の原因は，大戦間期の貿易の実態を見ることなく伝統的貿易観にとらわれたまま，各国がとった誤った政策に帰せられることになり，ドイツがその典型とされる。しかしながら，ハーシュマンも確認した工業製品部門内貿易が，本当に工業製品の部門内分業のスムーズな展開（北川がいうところの「高度異質化の順特化」）を意味しているのかどうか。むしろ，進展しつつあるようにみえた工業製品部門内貿易は長期停滞段階における各国の自己再調整，「高度異質化」の困難から衰退すべくして衰退したのではないか。だからこそ，1930年代に入り工業製品部門内貿易の停滞・伝統型分業の復調にみられるような「貿易の政治化」が進んだのではないか。そして，先進主導国（イギリスやアメリカ）のわずかな権力化が後進追跡国（たとえばドイツ）の早熟性・急進性と結びつく権力主義を誘発し，大戦間期において権力化・政治化を累積せしめたのではないか。これが北川の問題意識のなかにある［北川 1953: 367, 376-378］。

　ドイツは債権国に輸出するより，自国が容易に原料を獲得できると期待される国に輸出するように貿易を転換していったが，こうした対外政策も，世

界経済のネットワークが崩れつつあることへの対応であり，軍事的占領をともなうナチスの冒険的アウタルキー政策は，このネットワーク崩壊を決定的なものにしてしまった。

新興国の工業化は，先進工業国の外国貿易にどのような影響を与えるのか。現在にまで連なるこの大きな問題に対して，重商主義的議論，農工間分業を正常とみなす伝統的貿易観なら，新興国の工業化阻止を合理化するような結論が導きだされるだろう。ハーシュマンが格闘したのも，こうした凝り固まった国際分業観であった。1870年代以降の世界経済を綿密に検証したヒルガートらは，「旧工業諸国が直面しなければならない真の危険性は，工業の世界大的な拡大ではなく，多角的貿易の回復に失敗すること，あるいは一度回復したそれを再度崩壊させてしまうことである」と述べ，「健全な国際貿易関係に対立せず，他国の経済発展を促進させるという共通の関心を，すべての国がもたねばならない」と結論づけた。供給能力における世界的不均衡の平準化という課題にとって，「貿易」そのものよりも「工業化」の果たす役割を確認する一方，国際経済の機能が麻痺しているときの各国の工業化が過剰な生産能力を生み，それが経済的攪乱，各国間の衝突を招きがちであることをも統計的に跡づけた。さらに彼らは，協調的国際行動によって，そうした攪乱の発生を阻止すべきこと，攪乱を阻止しえなかった場合にも，多角的貿易の機能を回復させるべきことを説いたのである［ヒルガート 1979: 93-94, 141］。

ヒルガートらの結論そのものは，『国力と貿易構造』［Hirschman 1945］の結論に「理念」としては近い。ハーシュマンは，上述のように，バーゲニング・ポジションが変更可能であることを述べ，自ら提示した解決法をのちに自己批判した形だが，通商政策に関する国家主権を制限するとともに，貿易の制度的枠組みをつくるという提言は，時代背景と眼前の課題を考慮した場合，ごく自然に出てくる結論だったであろう。バーゲニング・ポジションをもちだし二国間の支配・従属関係の変化を問題とすることは，ボールドウィンが指摘したように，それはそれで興味深いテーマだが，分析に秘められた可能性，自らの問題設定を矮小化することにもなりかねない。以下でこの点をまとめて本章をしめくくろう。

小　括

　「ポシビリズム」には，「楽観論」という批判がいつもつきまとう。だがハーシュマンに関していえば，放っておけば事態が望ましい方向に進むと考える，という意味での楽観論ではけっしてない。望ましい変化を引き起こすための主体的・政治的対応を導くべく，「見えていない」「見られていない」現実に光をあてるための概念枠組みを提示することがポシビリズムの真骨頂である。大戦間期世界経済の実証分析についても，これは確認できる。
　ポシビリズムにおいては，まずは，「凝り固まった認識」（たとえば，世界貿易の大半は「工業製品対食料・原材料」という伝統的交換パターンに従っているという認識，新興国工業化は先発工業国の利益を損ねるという認識）およびその認識を形づくる方法論・イデオロギーを批判する。と同時に，「生起しつつある現実」（たとえば，大戦間期の世界貿易においては食料・原材料部門内貿易とともに工業製品部門内貿易も進展していたという事実）に目を向けさせ，生じつつある現実が大きく開花するような対応を講ずること（たとえば，主権国家による恣意的な貿易操作を制限するため，貿易を管理する手段・権限を国際的な機関に委ねること）が目指されるのである。
　後発国工業化は先進国に構造調整を迫るものだが，世界の貿易システムのなかで調整・受容可能なものであり，その素地は大戦間期においてすでにできつつあった。貿易について主権国家の恣意的権力行使を制限できれば，支配・従属の関係を再生産することなく，各国の工業化・世界貿易の拡大から，後発国も先進国もともに恩恵を受けることができるはずだ。これが，戦乱と恐慌，ファシズムに個人的にも翻弄されたハーシュマンのもともとのメッセージなのである。ナイーヴさは否めないにせよ，私たちはここに，二度の大戦と大恐慌にさいなまれた世界を再建すべく国家という枠組みを相対視するという方向性を読みとるべきなのであり，二国間におけるバーゲニング・ポジションの変化の可能性を確認することなど，問題意識としては一歩後退しているといわざるをえない[31]。
　以上，本章では，いまだ邦訳されていない『国力と貿易構造』［Hirschman 1945］の内容を概観するとともに，分析の意義を確認してきた。ナチス・ド

イツの経済帝国主義の実証研究としては，リッチルのような批判的視角もありえるし，世界貿易の商品構造分析としては，ヒルガート的な分析でさらに補われる必要があるかもしれないが，ハーシュマンの第一作は，権力の暴発を抑制・回避するための制度的枠組みを模索するという点でも，その後の研究を方向づけるものであった。上述のように，ハーシュマンは，バークレーでこの草稿を書き上げてから第二次世界大戦に従軍し，終戦とともにアメリカに帰国した。そして，戦後ヨーロッパ経済の分析，マーシャル・プラン策定に携わった後，途上国開発の実務・理論研究に関わるようになった。後発工業国脅威論を退けた彼は，後発国の開発プロセスそのものを研究対象とするようになっていくのである。

　開発を論ずるに際し，ハーシュマンは，国家の全面的な調整能力・総合計画に疑問を呈しつつも，国家を含めた非市場的要因にも開発プロセスの駆動力を見いだしている。開発研究において彼のポシビリズムは，変化を指向するどのような知的枠組みとなりえているのか。以下の諸章で，ハーシュマンの開発論を具体的に検討していこう。

---

31) メルドレージも，ハーシュマンの「自己批判」にとらわれすぎてはいけないと釘を刺している。ハーシュマンの見方は，長期にわたった悲惨な戦争の後，ひしひしと感じられたはずの変革の必要性を反映するものであり，彼のその後の活動につながるものであった。マーシャル・プランへの参加，長きにわたる開発経済学研究，各国・各大陸への調査・研究旅行などはすべて，彼の知的遍歴を本質的に超国家的なものとするのに貢献した，とメルドレージは述べている［Meldolesi 1995: 15］。

　なお，この後もハーシュマンは，後発国工業化が先進工業国の利益を損なわないどころか，より拡大させるものであることを論じ，後発工業国脅威論を退けている［Hirschman 1952］。

第4章　情念制御の開発思想

はじめに

　ここまでの議論を踏まえ，以下の各章では A. O. ハーシュマンの開発論を中心に検討していくが，まず本章においては，多岐にわたる彼の戦略・提言を「情念制御の開発思想」という括りで整理しておきたい。ハーシュマンは開発経済学のパイオニアのひとりとして，何をどのように考えてきたのか。市場経済認識にも触れつつ，「情念の制御」という視点から彼の議論を振り返っていくこととする。

　1970年代後半以降，開発経済学の有効性，経済学の一分野としての独自性をめぐって，開発経済学のパイオニアたちも巻き込みながら，さまざまな議論が戦わされた。その有効性，独自性を否定するもの，肯定するもの，それぞれの立場から活発に議論されたが，世界のイデオロギー状況，理論経済学における新古典派の復活，累積債務問題にともなう構造調整などを背景として，おおむね開発経済学の新古典派への統合，いわゆる「開発経済学における反革命」[Toye 1993] が時代の趨勢であったと総括してよいだろう。

　たしかに，一方で，P. クルーグマンの「開発論における反・反革命に向けて」と題される論文に代表されるように，初期開発経済学の諸論点を経済学的に再検討する動きが活発となっている [Krugman 1992, 1994]。こうした「反・反革命」の動きのなかでは，衰退の叫ばれる初期開発経済学の積極的論点として，規模の経済，収穫逓増，戦略的補完性などを救いだし，初期開発経済学者がなしとげられなかったそれらの「定式化」を現代経済学の水準でもって行なうことに主眼がある。それが理論経済学の重要なテーマであることは否定すべくもない。しかし，一連の流れは，初期開発経済学の「再生」というよりは，歴史や社会・政治・制度面への深く，また豊穣な洞察が

濾過されてしまい，正統的経済学への「統合の完成」という意味合いのほうが強いのではないか，という印象を受ける。現代世界における開発・市場移行に関わる課題を「規模の経済のモデル化」に集約してよいか，開発の諸課題をアカデミズムの技術的水準に合わせる形で狭くしてよいのかというのは，第2章でみたようにさまざまな論者が問いかけている［Bruton 1985; Peatti 1994; Rothchild 1994］[1])。

　自他ともに認めるパイオニアでありながら，ハーシュマンも議論の火付け役であり，開発経済学の衰退を結論づけたひとりであるが，その際，狭義の理論的整合性という観点は，少なくとも彼の議論の中心をなすものではなかった。以下でみるように，現代における新自由主義や日本式開発主義の間で繰り広げられる論争でも，いまだに看過されがちな「経済政策の政治的文脈ないし政治的含意」への視点こそが，彼による開発経済学の評価軸となっている。途上地域の複雑な諸問題を前にしたとき，理想的な市場もしくは理想的な国家がそれぞれ理想的に機能する状況を天秤にかけ，その有効性を比較するだけでは，有効な変化を実際に誘発するには無益である。

　幅広い目配りでもって開発論の展開を跡づけ，その将来を展望する優れた業績はすでにあるので，開発経済学史上に登場した理論家たちの個々の概念・政策・戦略などの詳細な比較・検討はそちらに委ねたい[2)]。ここでは，「変化を誘発する知性の組織化」を目指したハーシュマンの営為を跡づけ評価する作業の一環として，「情念制御の開発思想」をまとめておくこととする。

---

1 ）ちなみに，1980年代に開発経済学の状況について語ったW. A. ルイスは，80年代と50年代の開発経済学者の大きな差異に触れ，それは歴史認識の有無であるとした。1950年代の学者は，発展プロセスについての洞察を歴史に求めたものだが，経済学部のカリキュラムから経済史がなくなるにつれ，歴史について素養のない経済学者が生みだされていると嘆いたのである［Lewis 1984: 7］。
2 ）開発経済学をできあがった体系としてではなく，「問題の発見史」として歴史的・類型的に描き出すことを試み，それにみごと成功しているのが，絵所［1997］である。数多くの論者の議論が手際よく整理されるとともに適切な位置づけが行なわれており，開発経済学史を鳥瞰し，開発論の今後を展望するうえで必読の書といえるだろう。議論の都合上，本書で端折らざるをえない開発論の個々の論点については，このほか絵所［1991, 1994］などで補っていただきたい。

1 開発経済学の盛衰

(1) 開発経済学の隆盛

　第二次世界大戦後,開発経済学は経済学における独自の分野としての地歩を固めたが,開発経済学勃興・隆盛の要因については,さまざまな論者がいくつかの点を指摘している［チャクラヴァルティー 1987; DeGregori 1989: 143-145; Hirschman 1981, 1986; Meier 1989: 82-87; Meier et al. 1984: 3-22; Seers 1979: 707-708; Sen 1983］。最大公約数的な見解をまとめ,以下のように述べても大きな誤りではないだろう。

　まずは,帝国主義諸国による植民地経営の歴史,その植民地の政治的独立,大恐慌の経験に起因する工業化政策,さらには戦時経済の果たした役割などがあげられるだろう。またケインズ経済学の登場およびその発展は,普遍的に適用可能な古典派経済学という前提を覆したし,ソヴィエトの5カ年計画,マーシャル・プラン,大国インドの工業化など,計画経済の成功例と非同盟諸国の実験のもつ意味も大きかった。さらに,東西援助合戦が繰り広げられた時期は,「第三世界」が「第三世界」としていられた時代であり,援助を正当化するとともに効率化するための理論武装が求められた。開発経済学の隆盛は,こうした歴史的背景抜きには考えられない。

　ここで,開発経済学の「本質」はどのようなものと認識されていたか。各論者で微妙に意見は分かれたが,ハーシュマンはW. A. ルイス記念論文集に寄せた著名な論文において発展理論の見取り図,「分類表」を提示した。これは開発経済学の盛衰をめぐるその後の議論でもしばしば言及されることとなったが,彼は,2つの特性軸,すなわち「先進国・途上国の別なく普遍的に適用可能な単一の経済学（mono-economics）を認めるか否か」,「先進国と

図　発展理論のタイプ

		モノ・エコノミクスの主張	
		認	否
相互利益の主張	認	正統的経済学	開発経済学
	否	マルクス？	新マルクス主義

出所：Hirschman [1981: 3].

途上国との経済関係における相互利益を認めるか否か」という基準でもって，発展に関わる経済学を分類してみせたのである。

　正統的経済学はもちろんモノ・エコノミクスも相互利益も肯定するし，ここでいわれる新マルクス主義，すなわち従属理論はともに否定するであろう。オリジナルのマルクスはどう評価すべきか難しい面もあり，ハーシュマン自身，疑問符を付しているが，この分類表でいくと，開発経済学は「モノ・エコノミクスを否定し，相互利益を肯定する」ものとして独自の分野を確立したということになる。構造的特性が異なる以上，モノ・エコノミクスの考え方は否定するが，先進国と途上国の経済関係は相互に利益のあるものとなしえると考えたのが伝統的な開発経済学である，というのがハーシュマンの見解である。

　もちろん，こうした分類で衆目が一致しているわけではない。ハーシュマン的な総括に対して，「相互利益を否定し，モノ・エコノミクスを肯定する開発経済学も存在する」と批判するA. K. ダットのような見解もあれば[Dutt et al. 1992: 3-6]，開発経済学に対するケインズ主義の重要性を主張する論者からは，ハーシュマンの特性軸を積極的に評価する声も上がった。たとえばH. シンガーによれば，「モノ・エコノミクスの否定」とは，市場に委ねていては動員できない潜在的資源に刺激を与えるための介入政策を合理的なものとして開発経済学が受け入れたことを指す。さらに，「相互利益の肯定」とは，J. M. ケインズが国際商品価格安定化政策を戦後の国際経済体制に不可欠の要件と考えていたことにあい通ずるというのである[Singer 1985: 140-141]。

　開発経済学にケインズ主義の影響をみるこのような議論に対して，ダットやG. M. マイヤーは，開発経済学の論点には古典派経済学から継承したものも多く，「新分野」であるとの主張には一定の留保が必要であるとした[Dutt et al. 1992: 3-4; Meier 1994b: 242-243][3]。だが，ハーシュマンによれば，開発経済学がケインズ主義を受け継ぎ，「開発」という事業の「操作可能性」，

3）初期の開発経済学は「構造主義」と命名され特徴づけられるが，学説史的には，イギリス古典派経済学の経済発展論およびケインズ経済学という2つのルーツを有する。構造主義は，前者からは発展の原動力としての資本蓄積，分業・市場の発展というアイディアを受け継ぎ，後者からは市場の失敗というアイディアが継承されたというのが，絵所の見解である[絵所 1997: 12-13]。

南北双方にとっての「相互利益性」を確信させた意義は特筆すべきものである。さもなければ、開発が世界の政策決定者の主要テーマになることなどなかっただろうし、若き知性を国際経済関係の改革に向けて動員するという点において、開発経済学の果たしたリクルート効果も非常に大きかった。ハーシュマンは、その衰退を認めつつも、開発経済学の歴史的意義をこのように評価したのである［Hirschman 1981: 12-14; 1995a: 152-153, 訳 185-187］。

　ともあれ、こうして隆盛を誇った開発経済学であるが、想定されたような成果が上がらず「開発の失敗」が目立つようになると、1970 年代から 80 年代にかけて以降、開発経済学の危機、衰退という評価が目立つようになった。初期開発経済学は、開発の失敗を導いたと批判され、新古典派によっては国家介入が、従属学派によっては中心への統合を説くそのブルジョア性が糾弾された。こうしたイデオロギー状況を、ハーシュマンは左右両派による奇妙な「反開発経済学同盟」と指摘した［Hirschman 1981: 14-19］。

　このような展開には、石油輸出国機構（OPEC）、新興工業（経済）地域（NIES）の出現など、「南」一般、「第三世界」一般では扱えない問題が浮上したこと、東西援助合戦が一応の終結をみて、各国の財政事情も絡んで援助が削減されるようになったこと、さらには、先進国における新保守主義の台頭、理論面における反ケインズ主義のうねりなどが大きく影響している。国際機関の開発思想にもそれは反映されるようになる。サンジャヤ・ラルが嘆いたように、1980 年代以後勢力を増していく「新古典派的な開発経済学者こそは、途上国において市場が現実に効率的に機能しており、市場の不完全性など、実際上あるいは政策上ほとんど考慮するに値しないと、みな暗黙のうちに考える傾向にあったのである」［Lall 1994: 647］。

　新古典派による開発経済学の統合という事態は、債務危機が勃発した 1980 年代以降、抗しえないほどの潮流となったが、ディーパック・ラルによる『「開発経済学」の貧困』は、批判のレトリックの激烈さも手伝い、開発論における新古典派復活の象徴となった。彼は、構造主義的開発経済学の体系を「ディリジスト・ドグマ」（dirigiste dogma）すなわち「国家介入主義」として徹底的に批判し、開発経済学の死滅は経済学の健全さにも途上国経済の健全さにも資すると喝破したのである［Lal 1983: 109］[4)]。

　新古典派経済学において「開発」とは、別のきわどい大仕掛けをわざわざ必要とするものではなく、もはやミクロ経済学の応用テーマのひとつにすぎ

ないのである[5]。

(2) ハーシュマンの危機感

ハーシュマンは上記の著名な論文において，最終的には開発経済学の衰退を結論づけた。こうした結論を導くにいたった彼の主張はすぐあとで確認するが，まずはそれに対する A. センの反論をみておこう。ハーシュマン論文を開発経済学の「死亡記事」とみなしたセンは，これまた著名な論文によって，開発経済学の有効性，およびそのありうべき改革の方向性を主張し，反論を展開したのである [Sen 1983]。センによれば，開発経済学は低開発，経済的後進性の問題の所在を明示し，克服の方途を提示するという点で大きな誤りを犯してきたわけではなく，少なくとも「死亡宣告」は時期尚早である。

センは，伝統的開発経済学においてとくに批判を受けやすい4つの主張，すなわち，「工業化」，「急速な資本蓄積」，「(農村)失業者の動員」，「国家による経済活動への介入および計画化」を途上地域の歴史的経験に照らし合わ

---

4) だが絵所は，ディーパック・ラルをもって開発論における新古典派復権の象徴とみなすことは，必ずしも一般均衡の世界にとどまることなく開発・発展の問題に迫ろうとした論者，すなわち，人的資本に注目したT. シュルツ，貿易の動態的利益を重視したJ. バグワッティ，B. バラッサらの貢献を過小評価することになると釘を刺している。詳しくは，絵所［1997: 52-77］参照。

5) 伝統的開発経済学の本質を注視したうえ新古典派復活の流れを批判的に跡づけ，開発経済学のあり方について，新古典派とは別様の可能性・展望を見いだそうとする研究もある。小野塚［1989］はその方向を目指そうとした貴重な例であるし，また，峯陽一は，困難な課題を抱える現代アフリカこそ経済学，とくに開発経済学の存在意義が問われる場であると認識し，新古典派とは別の角度から，ルイス，ハーシュマン，センの議論を再評価しようとした。「経済政策が機能する政治的文脈に周到に注意を払いつつ，しかも視線を常に〈中心〉から〈周辺〉へと差し向けていく構え」をとる3人の議論は，それぞれ，アフリカが突きつけてくる問題を前に消え去るどころか，いまだ有効な視点を有する。「3人の議論がある種の輝きを放っているとすれば，それは開発経済学の成熟期の輝きというよりも，発生期の輝きだといえる」と結論づける峯は，開発経済学の「衰退」，「死亡宣告」どころか，まさに力強い「再生」を示唆するのだが［峯 1999: 262-263］，いうまでもなく，彼の念頭にあるのは狭義の開発「経済学」ではない。峯の姿勢は，たとえば，通常は「無制限労働供給下の経済発展」を論じノーベル経済学賞を受賞した「ブルジョア経済学者」としての側面のみ強調されがちなルイスの「政治論」，あるいは「社会主義者」の顔を持つルイスに光をあてようとすることにも現れている。

せて検証し，伝統的開発経済学の有効性をあらためて確認した。『世界開発報告1982』には，1960年から80年にかけての低所得国14カ国，中所得国18カ国の比較可能な統計があるが，これをみるかぎり，上記4つの主張を覆すようなデータはない [Sen 1983: 748-753]。こうしたことを確認したあと，センは，伝統的開発経済学の本当の限界とは，経済成長という目的のための手段を誤ったことにあるのではなく，経済成長が目的ではなく手段であることを十分認識できなかったことにあると指摘し，いまや江湖に流布した感のある「エンタイトルメント」(entitlements)と「ケイパビリティ」(capabilities)の議論を展開した。

マクロ的経済成長という集計概念および国家間における集計値の比較にとらわれ，人々が現実に何ができ，何ができないのかという状況を明示的に分析対象としなかったことは伝統的開発経済学の問題だが，後進性克服のために経済成長そのものは必要であり，経済成長に向け提示された戦略はなお有効である。パイオニアのひとりとして，こうした意味で開発経済学の擁護に躊躇する必要はないのではないか。これが，センによるハーシュマンへのメッセージである。

ハーシュマン論文に関しては，先の「分類表」が取り上げられ，評価軸やその総括をめぐって議論されることが多い。しかし，ここで，開発経済学に「衰退」との診断を下したハーシュマンなりの理由に目を向けることが，センの反論との関係でもより重要であるように思われる。ハーシュマンはなぜ，開発経済学の衰退を結論づけたのか。彼の指摘する根拠は，「変化を誘発する知性の組織化」という本書のテーマからしても耳を傾けるに値するものである。

他の論者はともかく，ハーシュマンが開発経済学の衰退というとき，単に経済理論としての弱体化を意味するのではない。それは強権主義の横行，人権抑圧，内戦の勃発など，第三世界における政治の破滅という現実を真剣に受けとめた形で開発論を展開できていないという状況を指す [Hirschman 1981: 19-24]。リベラル派としての開発経済学者はあまりに素朴で，経済発展論の政治的インプリケーションへの注意に欠けていた [Hirschman 1986: 30]。人々の暮らし向きを改善する国民所得の向上を目指すにあたり，良いことだけがなされるなら，政治，社会，文化面でも良いことはパラレルに進行していくという考えに暗黙のうちにとらわれ，経済学が政治に翻弄される

第4章　情念制御の開発思想　143

怖さの認識が薄弱であった［Hirschman 1981: 20-21］[6]。これには彼の自戒の念も含まれているが，変化を誘発する知性としてはいまだ未熟であったという認識がここにはある。

　ハーシュマンがルイス記念論文集に論文を寄稿した当時，すなわち，1970年代末における開発経済学の状況は，こうした政治的議論に注目するどころか，それを回避する方向にあった。嫌悪すべき体制の経済パフォーマンス（ことに分配面，ベーシック・ニーズ面）の貧困を糾弾する方法にせよ，効率向上をごく狭い範囲にかぎり，小規模の技術的問題のみを扱う方法にせよ，ともに個別的・具体的視点を有しているとはいえ，政治的側面の議論にまともに取り組んでいるとは言い難かった。開発体制の政治的破滅を目の前にして，こうした開発論では不十分であり，政治的文脈への視点を欠いた開発経済学の衰退傾向は覆らないというのが，ハーシュマンの主張だったのである［Hirschman 1981: 21-23, 99］。

　ハーシュマンは，自らの議論への反省も交えつつ開発経済学の衰退を確認したわけだが，当初から狭義の経済学の範疇を越え，より広い文脈で開発，社会変動をとらえたうえ，政策遂行の圧力形成と制約要因を問題としてきた彼の議論には，いまだに傾聴すべき点が多い。多岐にわたるハーシュマンの議論は，「社会の変動にともなう対立，不満，その暴力的爆発の可能性を抱えながらの社会の持続」という視点で貫かれている。クルーグマン的な意味で初期開発経済学への注目は復活しているものの，開発経済学の議論一般を見渡せば，政治，権力への無頓着さの傾向が払拭されていないなか，ハーシュマンの開発論をその背後にある市場経済認識にまで遡って再検討する意味は大きい。以下では，「変化を誘発する知性の組織化」という本書での視点に沿う形で，ハーシュマンの議論に脈打つ「情念制御の開発思想」を跡づけてみよう。

---

[6] ここで，第2章末で言及した「進歩派のレトリック」を想起願いたい。

2 経済余剰と外部経済への視座

(1) 低開発と経済余剰

そもそもハーシュマンにとって、開発の前提となる「低開発」とはどのようなものと認識されていたのか。彼にとっては、「制限された欲望」すなわち私的利潤動機の欠如、あるいは資本の不足は低開発の原因とはみなされていない。低開発地域においても私的利潤動機は十分すぎるほど存在しているし、資本や企業者能力も不足しているわけではない[7]。

低開発の中心的特徴のひとつとして、R. ヌルクセ的な偽装失業論においては「資本の不足」があげられる。ハーシュマンは、低開発国においても一般に、動員可能な総貯蓄が総投資能力を超過するととらえ、つぎのように述べた。「その超過部分の存在は、金とか外国為替の保蔵のような純粋な形で事実上表現されるであろう。さらに富者の奢侈的消費、貧者の間ですらときおりなされる大規模な消費や贈与、相当量の時間の浪費、それに、低開発国のいたるところで見られる類似の現象は、おそらく潜在貯蓄が現実の貯蓄以上に存在していることを示すものであろう」[Hirschman 1958: 37, 訳65-66]。ここにもすでに、のちに「スラック経済」と名づけられ概念化されるような考え方が現れている。

低開発国における資本蓄積の源泉として、潜在的経済余剰の諸形態・水準を偽装失業者の消費部分よりも幅広い範囲でとらえようするこうした発想に、P. バランのようなマルクス主義的理論［バラン 1960］との類似点を見いだしたのが本多健吉である［本多 1970: 226-233］。資本蓄積に向けて低開発国が直面する障害を、当時主流の開発論のように、単に資本の不足とみるのではなく、異なった側面からとらえることの重要性に着目したのであるが、本多が指摘するとおり、潜在的余剰の現実化の方法については、両者はまったく異なった結論に達した。

バランは、潜在的経済余剰の存在を非合理的な資本主義体制に不可避とみた。つまり、合理的な計画経済のもとでは存在しないものととらえ、I. ザッ

---

7)「企業者能力」に関しては、シュンペーターの議論と比較しつつ、次章で詳しく取り上げる。

クス，M. ドッブらとともに，余剰の現実化に向けた大幅な国家介入を主張したのである。ハーシュマンは，スラックの存在をより普遍的・超歴史的なものとみなし，体制の問題に還元しなかった。後述のように，中央集権的国家による計画化によっても問題は解決されないとみなした。資本主義的投資行動をより信頼し，低開発均衡の状態にある経済に連鎖反応を引き起こすようなショックを与える不均整成長論を説いたのである。バランとハーシュマンとでは，「現実化の方法」のみならず，潜在的経済余剰の「見方」も異なるのである。

　資本を含め，発展の「前提条件」が欠如しているわけではない。問題は，将来に対する見通しへの不安，経験不足などから，長期的・固定的な投資を強いられる工業よりも身軽な商業や不動産業に偏ってしまっていることにある。ハーシュマンは，資本の不足とは経済発展の過程において，相互利益の可能性と将来への見通しが確立しえないほどに「純粋な」私的利潤追求が蔓延していることの「反映」と認識しているのである[8]。そしてこのように「隠された，散在している，もしくは利用の拙劣な資源や能力を，発展目的に即応して喚起し協力させること」が開発の課題とされている［Hirschman 1958: 5, 訳 9］。開発を推進するには，単に資本を外から導入するのではなく成長見通しを確立することによって内発的圧力を形成し，すでにある資本・資源を動員することが必要である，とハーシュマンは主張した。この点は，あとの章でも検討するように，非常に重要な点である。ハーシュマンは，低開発の原因を発展にとって不可欠な要素の欠如ととらえ，欠如しているものを技術にせよ，資本にせよ，外部から注入すればよいという考えにはいたらなかったのである。

　ここで，未利用の潜在的資源・余剰の動員が可能であるということが主張されるものの，事態が楽観視されているわけではない。潜在的余剰の動員に

---

8) 日本のアジア研究・開発研究の大家である板垣与一は，低開発地域における，輸入された植民地資本主義の問題点を端的に次のように述べている。「それが植民地資本主義なるがゆえに，『共通の社会意志』（a social will）の拘束力を離れた経済諸力の異常に自由な活動が支配的現象としてあらわれる。そこでは母国社会ではみられない完全かつ絶対的な物質主義，自由主義，経済合理主義が，最も無慈悲な形で自己を貫徹する」［板垣 1962: 201］。板垣の古典的名著は，出版後40年以上を経てなお，摂取し継承すべき論点の宝庫である。

は既存の利害関係・制度に関する何らかの変革をともなうがゆえに，生じうる対立，およびその対立克服の方途を射程においた議論が必要になろう。可能性を現実化させるには，真の制約要因を認識しておく必要がある。国内の分業関係が未熟で相互依存の欠如している低開発地域において現実的な変化の道を模索したハーシュマンが，ヌルクセのような潜在的資源の動員方法，外部経済認識，その創出方法は非現実的であると指摘するとともに，市場経済の特質を前提とした代替的戦略を模索した理由はここにある。以下でこの点に触れておこう。

(2) 資本主義市場経済における「内部化の欠如」

初期開発経済学は途上国開発過程を規定する国内外のさまざまな構造的制約要因を射程に入れ，静態的比較優位よりも長期にわたり創出されるはずの「外部経済」を重視していた。ハーシュマンの開発論もこの大きな流れのなかにあるが，「外部経済の内部化」という点に関して彼は非常に冷めた認識をしていた。投資の補完性，外部経済の利用は開発戦略の根拠になりうるとはいえ，外部経済の完全なる利用，内部化など不可能であるという見方である。繰り返しになるが，ハーシュマンの問題意識は，収穫逓増モデルの構築ということにではなく，市場経済下における外部経済の完全なる内部化の不可能性，非現実性の指摘にある。

ハーシュマンと対比して論じられることの多いヌルクセは，資本の私的限界生産力と社会的限界生産力との乖離を述べ，私的投資誘因を高める必要性を論じていた。そして相互に市場を提供しあうように多数の産業にバランスのとれた投資をする必要性，いわゆる均整成長論の有効性を説いた［ヌルクセ 1960］。ヌルクセはこれを「信仰のまなこ」の必要性と述べたが，マイヤーによれば，一般的に初期開発経済学は「不完全競争，市場の失敗にまつわるその他の状況そして収穫逓増の諸要素に注目したため，資源配分を中央で調整することを支持した」ということになる［Meier 1994a: 181］。

しかしハーシュマンによれば，ローゼンシュタイン＝ロダンのビッグ・プッシュ論，ヌルクセの均整成長論などに含意される国家の調整という方法によっては目的を達成すること，すなわち外部経済の内部化を図り投資誘因を高めることは不可能である。

原理的に資本主義市場経済というのは，無政府的生産ゆえ外部経済を享受

するのが困難である。ハーシュマンによれば，均整成長論に暗黙のうちに含意される計画化とは，国家活動により各種事業計画を結合的に実施し，各事業計画が需要面で互いに支持し合い外部経済を内部化しようとするものである。生産の無政府性ゆえ資本主義市場経済において私企業の利潤計算は，生じうるはずの外部経済を過小評価する傾向を宿命的にもつ。したがって投資決意を集権化し外部経済を内部化する範囲を拡大していけば，それだけ投資誘因も強くなろう。これが，均整成長論などから導かれる計画に合理性を与える根拠である。

しかし，計画により外部経済だけを内部化することは不可能であって，定義上，経済変動局面において生起する外部経済・不経済すべてが内部化される。そうなれば，投資誘因を高めるかどうかは定かではなくなる。新生産方法，新製品の導入でそれまでの技術，商品が陳腐化し，その社会的費用まで私的主体が賄わねばならないとしたら，投資決意を躊躇しよう。計画化にはこのような可能性が内包されている。こうして既存企業の利害関係，未償却価値への考慮が働けば，結果的に創造的破壊，新たなリスクの引き受け手の創出を阻んでしまうことになる。

資本主義においては，たしかに生産の無政府性ゆえ外部経済を完全には内部化しえない。しかしハーシュマンによれば，資本主義の生産体制としてのダイナミズムは，根本的には私企業制度に内在する「内部化の欠如」による。すなわち資本主義においては，外部経済を完全に包摂できなかったが，外部不経済の内部化も免れた。外部経済を完全に内部化できないことは資本主義の欠陥ではない。投資決意がバラバラであることによって手に入れ損じた外部経済よりも，内部化せずにすんだ外部不経済のほうが大きかった。均整成長論から導かれる結論とは逆に，こうした内部化の欠如こそ，資本主義のダイナミズムを生みだし技術革新を進め，新生産方法，新製品をつぎつぎに導入させることとなった［Hirschman 1958: 57-61, 訳 101-107］。

外部経済だけが内部化されるとともに，新事業によって引き起こされる一切の外部不経済，社会的費用が中央当局の負担にならないというのは，戦災地域の復興，未開地域の開発など，きわめて特殊な状況にかぎられる。ハーシュマンにとって「発展」とは，「新規の創造」というよりはむしろ「転換」であり，「伝統的な生活様式，生産方法，その他の慣行を崩壊させ，通常その過程で多くの損害を引き起こす」ものである［Hirschman 1958: 56, 訳

98-100]。ここでハーシュマンは，発展に向け伝統的生活様式その他を破壊せよと提唱しているのではない。そうではなくて，資本主義的企業の行動様式を前提としながら，こうした損害・費用が存在しないかのような開発計画を非現実的であると批判するとともに，後述のように，それでも転換の過程がよりスムーズになるような開発戦略を模索しているのである。

いずれにせよハーシュマンは，上述したような意味で，均整成長論に内包される中央集権的計画化には反対の論陣を張った。低開発国における中央集権的計画化を，真の変化を導く知性としては認知しなかったのである。ただし，いうまでもなく，彼の展開した議論は単純な市場メカニズム擁護論ではない[9]。

3　ハーシュマンの開発論の底流

(1) 誘発機構の模索

原理的に資本主義においては，生じうるはずの外部経済を一時にすべて享受することは不可能である。市場の失敗はある。だが，市場の失敗は「政府介入による成功」を保証しない。ハーシュマンの指摘によれば，「われわれは，だれがそれを担当するかということとは無関係に，社会の能力を完全に超えた仕事があるものだ，という事実をみとめなければならない。同時的多角的発展という意味の均整成長もその一つである」[Hirschman 1958: 54, 訳 95]。そもそも未熟な分業関係，相互依存の欠如に端を発する問題を，上からの計画によって一挙に分業関係を深化させることで解決しようとするのは困難である，というのがハーシュマンの主張なのである。

しかし，これは政府の介入を否定することにはつながらない。ハーシュマンは当初から，発展における政府の役割についてのP. バウアーやB. ヤーメイのような見解にも反対である [Hirschman 1958: 65, 訳 114]。利害対立が必然的な発展過程において，企業家の投資行動の組織化，成長見通しの確立の

---

[9] ハーシュマンとヌルクセの議論の対比については，わが国においてもすでに多くの論者が行なっているが，とくに麻田 [1961]，本多 [1970]，板垣 [1962]，村上 [1959] などは，現在読み返しても非常に含蓄に富む文献である。本章の議論とあわせて参照願いたい。

問題が規制緩和，経済自由化で解決すると考えるなら，「低開発」国における開発の問題そのものを否定したことになるであろう。また権力による命令，均整成長論に含意される集権的計画で可能となると考えるのなら，経済の動態過程，とくに外部不経済の内部化と投資決意の関連を把握できていないことになろう。それぞれ，先にハーシュマンが指摘したとおりである。

ハーシュマンは，投資が補完性と外部経済を通じ他の投資を誘発するという事態を「意識的に」利用することを主張し，「連鎖的継起」の創出過程への介入に開発政策の余地を見いだしていた。投資は単に新たな所得を生みだし，供給能力を付加するだけではない。ある投資は所得の流れとしてではなく，直接的に他の投資に対する圧力，誘因を生みだす。彼が主張するのは，狭く「規模の経済」に限定されない投資の補完的関係であり，派生需要の概念に触れつつ彼が注目したのは，誘発され引きずられた投資，したがってより「着手しやすい投資」である［Hirschman 1958: 67-68, 訳 118-119］。

発展経験が不足し，企業者能力が偏在している低開発国においてはどのような投資がより着手しやすいのか，どのような投資だと次期の投資をより生みだしやすいのか。これがハーシュマンの問題意識であり，低開発国においては，市場経済を通じた潜在的資源の動員，外部経済の享受は補完的投資を引きだすという形がもっとも有効であるとしたのである。低開発地域において希少資源である投資決意を誘発するためには，不均衡であることは除去すべきものではなく，むしろ投資機会のシグナルとして積極的に利用すべきものであるというのが不均整成長論の含意であった。

ハーシュマンは，「不均整成長論」をはじめ，「連関効果」，「輸入代替工業化」，「社会的間接資本不足型発展」，「新生産物創出的工業化」，「機械ペースの作業」といった具体的戦略・概念を提起した。そこに込められた意図とは，利害対立の必然的な資本主義市場経済を前提とした場合，投資の集権化よりも，確実な内発的圧力としての国内需要を不均整な形で，時間をかけて誘発していくことに，相互依存を深化させ外部経済を享受する方法としての優位性を認めるということであった。そして，開発の過程自体に価格のみならず，それ以上に強力で確実な圧力，情報伝達力を与えること，すなわち「意志決定者自身が否応なく従わざるを得ない諸性向・諸圧力」［Hirschman 1967: 87, 訳 131］を生みだすことによって，徐々にではあるが，低開発地域の経済主体にとっても投資しやすい機会を拡大すること，そして学習効果を高めるこ

とが目指されたのである。

これら重要な諸概念についてはすでに多くのことが語られてきたが，ここで簡単に整理しておきたい。辞書的な説明は他に委ねるとして，ここでは「変化を誘発する知性の組織化」という本書のテーマに沿う覚書としておこう。

①不均整成長論

単なる資源配分よりも，潜在力を国家介入により刺激するという点における開発経済学とケインズ経済学の基本的思考方法の関連を指摘しているのが，H. シンガーである［Singer 1987: 72-74］。彼の整理に従えば，不均整成長論とは，同時多発的な方法ではなく，正しいインセンティヴを与え，経済の基軸部門において潜在的な企業者能力を動員するというミクロ的な手法によって，潜在的に相補的な諸資源を動員し経済全体を拡張することを企図する戦略ということになる［Singer 1985: 138］。

不均整成長論は均整成長論へのアンチ・テーゼとして打ちだされたものだが，ハーシュマンとヌルクセをあまりに対立的に描きすぎると，議論をいささか戯画化することになりかねない。ハーシュマンは均整成長論の着想そのものを否定しているわけではない。ハーシュマンはつぎのように述べている。

> ある事業の*周囲*が成長するということが，その事業の健全さと成長に好ましい条件を作りだすことについては，ほとんど疑問はない［Hirschman 1958: 135, 訳 231］（強調原著者）。

> 多角発展に反対するわれわれの主要論拠が，多角発展の望ましさということよりもその実現可能性に関わるものでないならば，われわれは多角発展をすぐれた着想として大いに称賛したいのである［*ibid.*: 104, 訳 179］。

低開発地域で必要とされる判断とは，投資 A か投資 B か（代替選択）ではない。それは，投資 A と投資 B のうち，どちらを先に着手すればつぎの投資を誘発しやすいのか（延期選択）というものである［Hirschman 1958: 77, 訳 134］。つまり投資 A も投資 B も必要という認識は，均整成長論と共有しているわけである。均整成長論と対比した場合，浮かび上がってくる不

均整成長論の特徴とは，企業家の行動様式を問題としたうえ，均整成長論が無時間的・平面的にとらえた各投資間の補完的関係を，時間の相のもとで投資の有効継起を模索し，動態的・垂直的にとらえようとした点にこそある［板垣 1962: 195-198］[10]。

②連関効果

ハーシュマンは投資間の補完的関係を重視したわけだが，「前方連関」以上に「後方連関」の圧力がより強いことに注目した。

「前方連関は決して純粋な形では発生しない。それは常に後方連関に付随するものであり，また，後方連関は『需要圧力』によってひき起こされるものである。換言すれば，需要の存在もしくはその期待が，前方連関の発生する前提条件なのである」［Hirschman 1958: 116-117, 訳 202］。ハーシュマンは，需要圧力形成要因としての後方連関効果を「主」，後方連関効果の補強要因としての前方連関効果を「従」というとらえ方をし，両効果による「挟み撃ち」に発展過程推進の原動力を見いだした。そして，自己の生産物を最終需要に直接供給するばかりでなく，他の多くの産業部門へも投入物として供給する中間産業もしくは基礎産業こそ，こうした「フィードバック付きの挟撃効果」が高いと見込まれていた。

③輸入代替工業化

上述した理由から，低開発国においては輸入原料に「最後の仕上げ」を付加する発展過程が着手しやすく，徐々に輸入代替工業化を進めていくことが提唱された。ハーシュマンは F. リスト的な見解を継承し，輸入は一国の需要状態を偵察する機能をもち，輸入代替工業化とは確実な需要に向けてのものであること，つまり輸入の増大は国内生産を誘発し，工業化への触媒作用をもつことを指摘した。そして，単に現在の国内需要を満たすのみならず，途上地域の未利用資源，企業者能力を誘発し，経済を深化・拡大して国内市場を広げていくという意味での輸入代替工業化を実現するためにも，輸出促進は不可欠であり，両者の間に二者択一の関係はないとされたのである

---

10) ハーシュマンは，自らの不均整成長論が「一度に行なえることはひとつだけ」ととらえられがちであることに触れ，必ずしもそのようなことはなく，一度にいくつも「多角的に」行なってよいことがあることを確認している。ただしその場合も，相互に関連があるから総合的・多角的に着手するのではなく，それぞれに関連がないからこそ，一度にやるべきことがあるという言い方をするのだが［Hirschman 1995a: 69-76, 訳 83-91］。

[Hirschman 1958: 119-125, 訳 205-216]。輸入代替工業化提唱の真意，輸出促進との両立性を述べた点は重要である。

④社会的間接資本不足型発展

発展のための前提条件として電力，道路等のインフラストラクチャー，すなわち社会的間接資本（Social Overhead Capital）の利用可能性の増大を説く議論が多い。これに対して，ハーシュマンは，インフラに必要な投資量を事前に，客観的に評価するのは不可能であること，誤った投資でも制裁が弱いことなどをあげ，社会的間接資本の能力が直接的生産活動の能力を超過することによって多くの無駄が生みだされる可能性を指摘した。

スラック経済という概念にも表されているとおり，資源それ自体の不足ではなく，資源を使いこなす能力が不足していることを問題とするハーシュマンは，低開発地域においては，「社会的間接資本不足型発展」のほうが，本当に必要な社会的間接資本の内容・投資量を知らしめるという意味でより有効であるとしたのである［Hirschman 1958: 83-97, 訳 144-169］。経験や能力が不足する意志決定者に対し，どんな状況が生みだされれば，つぎに進むべき方向がより明確に指し示されるのかというのが，誘発機構を考える際の眼目となっているのである。

⑤新生産物創出的工業化

「すでに実施されている生産活動を重複化するためにその稀少資源を投下することは，たとえその既存生産活動が能率の低いものであるにせよ，おそらく不経済なことである。資本をより有効に使うためには，いままでつくられていなかった新しい生産物をつくる産業を設立する方がはるかに望ましい」。ハーシュマンはこのように述べ，低開発地域の発展初期段階において，「前近代部門」が残存していくことの可能性とその合理性を説くとともに，新しい生産物を導入するための工業化であるならば，理論的には否定的にとらえられることが多かった資本集約的技術選択もきわめて理に適ったものであるとしている［Hirschman 1958: 125-132, 訳 217-228］。

近代化によって進行している「置き換え」（displacement）こそが開発を緊張に満ちた対立の過程にしているとする H. ブルートンは，すでに述べたように，それぞれの社会に固有の合理性に着目し，そうしたものに内発的圧力を加えていくことが開発の課題であると指摘した。その際，彼はハーシュマンの「内発的圧力」をめぐる議論，発展過程において前近代部門が生き残る

可能性と合理性の点から,「生産物取り替え的革新」よりも「新生産物創出的革新」を説いていることに同調している [Bruton 1985]。

⑥機械ペースの作業

低開発地域において,近代工業化にとって有用とされる価値観や態度が欠如していたとしても,それを理由に工業化を諦める必要はなく,それらのものは発展過程を通じて生みだせばよい。こうした目的のためには,うまくやってもまずくやっても大差なしという作業より,失敗の許容度が小さい作業に取り組むほうが作業員の学習効果は高まる。労働集約的な産業のもと,いい加減さの許容度が広い「作業員ペースの作業」より「機械ペースの作業」のほうが労働過程に規律とリズムを生みだすだろう。そして,近代技術のもつ能率増進的性格・整合促進的性格は,作業継起を組織化することが必要となる「生産工程中心産業」のほうが強まるが,そうした産業はしばしば資本集約的である。こうした意味からすれば,新生産物創出的工業化と同様に,資本不足の低開発国による資本集約的技術選択が合理的な場合がある [Hirschman 1958: 141-149, 訳 244-260]。

こうした視点は,のちに「ハーシュマン命題」として議論されることとなった [Hirschman 1986: 18]。

ハーシュマンが展開した概念はもっと多いが,上に整理したようなものだけでも,彼がどういう問題意識から誘発機構を考えようとしたかをうかがい知ることができるだろう。「許容性」(latitude) と「拘束性」(discipline) の問題として一般化されるテーマについては第6章で論じるとして,ここではもうしばらくハーシュマンの不均整成長論の含意に注目していこう。

(2) 不均整成長過程における政府の役割

政府による各投資の完全なる調整への批判として提示された,不均整成長の議論において再度確認されるべきは,政府の役割がけっして軽視されていないという点である。ハーシュマンの議論において,不均整は創出されるべきであるとともに何らかの形で是正されねばならないが,不均整の創出,是正いずれにおいても,私的経済主体のみならず政府の役割が重視されている。あくまでも開発過程の主体は私的なものとされているが,彼は,市場要因に任せつづけていては不均整が是正されず摩擦が増大する可能性にも注意を

払っている。その典型的な事例が、不均整成長過程における「地域間対立」と「農業部門の不利性」である。こうした不均整を是正する圧力は、需要と供給を反映する価格メカニズムから発生するとはかぎらず、政府の役割が重要になるとしていたのである。

　不均整成長の過程は、国内のある地域を成長させる一方、他の地域をどんどん不利な状況におとしめる可能性をもつ。一方で「成長拠点」に注目したものの、産業部門間の不均衡以上に地域間の不均衡には調整圧力が働きにくいという認識のもと、ハーシュマンは、不均整な開発過程のもたらす地域間格差の是正、「分裂効果」（polarization effect）の緩和における政府の役割を重視している。ある経済主体、地域の成長は他の主体、地域につねに好影響、すなわち「浸透効果」（trickling-down effect）を与えるとはかぎらず不利な影響も与えるが、潜在的な相互依存性があるかぎり浸透効果の可能性は大きく、浸透効果が現れるまで公共投資などの政策によって地域間対立を緩和することが必要であるとされている［Hirschman 1958: 187-190, 訳 328-333］。G. ミュルダールが展開した類似の議論が意識されているが［Myrdal 1957］、いわゆる市場メカニズムのみで浸透効果を増進し分裂効果を緩和することは困難であるという認識が、ここにはある。ミュルダールは「悪循環」の累積に目を向けたが、同じく累積的因果関連に注目しつつも、ハーシュマンは一方向への累積的傾向を逆転しうる可能性を指摘していたのである。

　また、これまで明示的に取り上げられることは少なかったが、ハーシュマンは農業部門、ことに「食糧生産部門」への国家介入を主張している。この点は注目しておいたほうがよいだろう。発展過程における前方連関・後方連関を重視するハーシュマンは、農業の連関効果の小ささを指摘して工業優先の論陣を張り、農業を軽視しているとされるのが一般的評価であった［Nafziger 1990: 89; Pomfret 1992: 39］。ハーシュマン自身にそうした評価を導くような叙述も見受けられるが、しかし彼は、誘発機構を価格変動にのみ求めることが不可能な産業部門の典型として農業をあげ、農業の研究・教育活動支援、輸送経路の改善、農地改革、灌漑設備の建設、さらに輸出部門における輸出促進活動などの政策を提唱している。低開発地域の農業部門では、土地保有制度を含めた制度的硬直性があるため供給弾力性が低くなり価格の高騰を招きやすく、ひいては低所得経済における賃金高騰、インフレの大きな圧力になるという認識からである［Hirschman 1958: 162-163, 訳 282-283］[11]。

これらの議論からもわかるように，ハーシュマンの不均整成長論においては，不均衡の是正は価格メカニズムを通じてのみ行なわれるのではない。先にも確認したように，市場の失敗は政府による介入の成功を保証しないが，「非市場要因が必ずしも市場要因よりも非『自動的』ではない」のであり [Hirschman 1958: 63, 訳112]，不均衡の是正は必要とあらば政治的圧力を通じてももたらされる。政治が万能なのではなく，政治的圧力そのものが一期の投資をシグナルとして生ずるといったような補完的性質をもつものと認識されている。政治的発言にも改善圧力を見いだすこの姿勢は，もちろん，その後，『離脱・発言・忠誠』[Hirschman 1970] での議論に昇華されていく。こうした点については第8章で検討する。

　P. ストリーテンのコメントに典型的だが，ハーシュマンの開発戦略に関しては，資源制約を無視した青天井の議論であり，問題解決の道はつねに運よく見つかるとはかぎらないという批判がなされることがある [Streeten 1984: 115-118]。しかし，ポシビリズムを身上とするハーシュマンにおいても，制約なしの連関過程が前提とされているわけではない。投資の誘発過程，連関の過程における困難，制約は単に市場の大きさに集約されるものではない。「貿易の政治化」の検証のなかでなされた分析 [Hirschman 1945: 29]，一次産品輸出業者と産業資本家との利害対立，後方連関投資への政治的反発 [Hirschman 1971: 85-123] など，ハーシュマンは連関を単純に産業連関としてではなく政治的連関としてとらえ，その過程に影響を及ぼす内外の圧力を考察していたのである [矢野 1989]。

　ハーシュマンの開発論の根底に流れる認識において重要なのは，相互依存性が欠如し相互利益の観念が熟していない状況（これがまさに「低開発」の現象形態である）で，投資決意を一挙に集権化するのではなく，徐々に誘発していくことによって，対立が不可避の過程を「より無理のない発展段階」に分けようとしたことである。不均整成長論の評価においては，潜在的資源を動員し外部経済を享受しやすくするという目的の背後にある，こうした政

---

11) ケインズ経済学の開発経済学への影響に注目するシンガーではあるが，こうした食糧供給の弾力性を制約する構造的要因の分析はケインズ主義的政策の枠外にあることを確認している。そして，開発政策へのケインズ主義の適用可能性を議論する場合には，ケインズ体系においては前提されていることの現実における困難に目を向ける必要性を述べたのである [Singer 1987: 80-81]。

治的含意にも注目するべきなのである[12]。

(3) 迂回的問題解決策としての不均整成長論の政治的含意

不均整成長論の概要は上述したとおりであるが，ハーシュマンがこうした理論を展開した背景にはいうまでもなく，低開発国の政治状況への現実的視点がある。

多くの人間が政策決定過程から排除され，政策決定者と国民との疎通が欠如し，重要な問題が無視されがちである。問題の「理解」よりも「動機」が先行しがちであり，これとあいまって経済政策が大きく振れ，政策間の非連続という事態が起こる。過去の政策への冷静な評価に欠け，政策過程における学習効果が期待しにくい。これがハーシュマンの目からみた低開発国に特徴的な経済政策決定過程である [Hirschman 1963: 230-246; 1981: 142-154]。

いやしくも発展理論を展開するものは，無視されがちな問題に光をあてるとともに発展の経路をより具体化し，過去の政策からの学習効果を最大限高める必要がある [Hirschman 1981: 150-157]。低開発国の政治状況を考慮した場合，ハーシュマンにとってもっとも忌避されるべきは，外国の経済顧問団が外からもちこんだ原理をふりかざして「隠された合理性」をみようともせず，矛盾だらけの現実を一挙に変革しなければ何も変わらないと結論づける「お雇い経済学者症候群」(the visiting-economist syndrome) である [Hirschman 1986: 11-12]。さらには，ひとつの問題を理解し解決するよりも前に，つぎつぎと問題を提起し問題解決にともなう学習効果を遮断する，知識人が陥りがちな「イデオロギー上のエスカレート」である [Hirschman 1981: 122]。

ひとつの問題への取り組みが別の問題の解決の必要を察知させ，2つの異なった問題にありうべき因果関係をつくりあげる。これによって「迂回的問題解決」に道を開け，政策決定における「妥協と同盟」の理論的基礎を提供して改革の過程を進めようとするのがハーシュマンの開発論であった。開発政策における現実的選択肢は，中央集権的な計画経済か，まったくのレッ

---

[12] 本章での議論を前提とすれば，ハーシュマンの議論を狭く産業連関分析ととらえ，「先進工業国における分析を，なんらの反省もなく，先進国とは根本的に相違する発展途上国に適用しようとするもの」とする池本清の批判はあたらないと思われる [池本 1982: 180-183]。

セ・フェールかという両極端にあるわけではなく,両極端の間に横たわるさまざまな選択肢の可能性を浮かび上がらせるためにこそ開発論がある。まさに,変化を誘発するために試みられた知性の組織化の具体的実践といえるものだが,こうしたスタンスは,ケインズ主義の普及過程を顧みる論文で彼自身が指摘している点からも読みとれるだろう。ハーシュマンの理解では,「新たなる経済理論とは,対立しそれまでまったく中間というものがなかった立場に新たな共通の土俵を提供できるもの」なのである［Hirschman 1995a: 150, 訳 183］。

たしかに,全面的解決策,革命は対立渦巻く変化の過程を視覚化する必要がないからこそ,ときに爆発的に進展することがある［Hirschman 1981: 254-255］。だが,一時の社会的熱病と発展とは異なる。そうした一時の熱情が社会的・政治的コストを最小化しうるかどうかも定かではない。ハーシュマンは,対立の芽を強権的抑圧,暴力革命,内戦という直接的権力行使へといたらしめることなく,開発にともなう対立を迂回的な方法で,過程のなかに,時間的経過のなかに解消するため,穏和な改革過程のシナリオをより具体的にすることを目指してきた。こうした視点を欠く経済政策こそが,発展過程とそれに付随する諸困難を一挙に飛び越えようとする発作的な投資努力,大規模な強制収用,独裁統治などを導いてきたと考えるからである［Hirschman 1958: 210, 訳 370］。

開発経済学の盛衰をめぐるハーシュマンの評価の奥底に,こうした認識があるのはたしかであるが,本節の最後にハーシュマンのインフレーション観も一瞥しておきたい。「ワシントン・コンセンサス」と異なり,ハーシュマンにとって,インフレーションとは必ずしも忌むべき対象ではなく,低開発地域の発展過程で不可避的に生じうるもの,したがって発展過程においてうまくつき合っていかなければならないものであり,さらには,対立を解消するための社会的発明とさえいえるものである。「情念制御の開発思想」という観点から,ハーシュマンのインフレ論に触れておこう。

(4) 社会的安全弁としてのインフレーション

マクロ経済の安定化が至上命題とされるような考え方において,一般的にインフレーションとは抑制されるべきものである。だが,未利用の潜在的資源を活性化させることに関心を寄せる初期開発経済学は,元来インフレに対

し寛容な側面があった［Sheahan 1986: 171-175］。ハーシュマンも『経済発展の戦略』の段階から，低開発国における供給ボトルネックによる価格騰貴は抑制されるよりも，むしろ利潤機会のシグナルとして利用されるべきであると考えていた。インフレにおける問題とは，ある部門の価格騰貴にもかかわらず，その部門の産出増大が生じないこと，とくに，その部門での低い供給弾力性にもかかわらず他の部門に対する強い価格引き上げ圧力をもつことである。上述したように，このような部門の典型と考えられているのが低開発国における「農業部門」であり，国家はこのような部門の生産拡張を促すべく選択的信用政策を施すなど，開発過程に介入すべきである。ハーシュマンは，発展過程にある社会でインフレは不可避的ともいえるものであり，インフレ圧力は無理矢理抑制すべきではなく，国家介入のシグナル，変化への道しるべとして利用すべきことを主張していたのである［Hirschman 1958: 156-167, 訳 270-288］。

　だがハーシュマンのインフレ論は，これにとどまらない。彼はさらに，ラテンアメリカを事例に取り上げ，途上地域においてインフレーションの蔓延する政治的・社会的環境を綿密に検証するとともに，インフレが社会的・政治的発展に与える影響について分析し，「社会的安全弁としてのインフレーション」とでも名づけられるような考え方を展開している。

　実際に V. I. レーニンがいったかどうか，その信憑性は疑わしいにもかかわらず［Fetter 1977: 77-80］，ケインズがレーニンに言及しつつ残した言葉，すなわち「資本主義において革命の条件を醸成するには貨幣を堕落させればよい」というフレーズは非常に有名である。だがハーシュマンによれば，これがあまりにも強烈であったことから，一般的に，インフレが政治的危機をもたらすという考え方は注目されすぎている。インフレが権威主義的・抑圧的体制をもたらすというのはあまりに一面的とらえ方であり，歴史を紐解き各地の事例を検証すれば，その因果関連は決定的なものではない。インフレは体制が崩壊する主要因であるというよりは，体制崩壊の数ある兆候のひとつと考えるほうが真実に近い。ハーシュマンには，インフレとは，社会的・政治的現象の「原因」であるとともに「結果」でもあるという認識がある［Hirschman 1981: 203-204］。

　ラテンアメリカのように，価格や賃金に影響を与えうる有力な部門，階級，グループが並立しているようなところでは，政府への働きかけ，分配上の駆

け引きがインフレを生み，また結果的に，インフレのプロセスを通じてこそ，それぞれのグループの満足が満たされるということが往々にしてある。そして，インフレが進行しているときの所得分配が，価格の安定しているときの所得分配にかなり近似したものになるということが起こりうる。まさにインフレーションには，「対立を内包する社会が調和と内戦という両極端の中間的状況で存在できるような見事な発明」とでもいえるような特質が見いだせる［Hirschman 1981: 201］。こうした特質をみようとせず，ただやみくもに財政赤字の削減を提唱するのみでは，社会にくすぶる対立を顕在化させ激化させかねない。この点については，第1章でも言及した。

　ハーシュマンにとってインフレは，社会的対立を克服するための学校，「社会的シャドーボクシング」の場とでもいうべきものである。もちろん，シャドーボクシングが本物の果たし合いに転ずる可能性はなくはない。しかしハーシュマンは，フランコ政権後のスペインにおけるインフレが脆弱な民主主義を機能させるための時間的余裕を与えたという経験を引き合いに出しつつ，インフレという捌け口がなければ，より大きな爆発にいたりかねない対立がインフレの過程に解消され，緊張を緩和させるための時間を稼ぎだす可能性に目を向けるべきことを主張する［Hirschman 1981: 199-201］。

　インフレが権威主義的・抑圧的な体制にいたる道を用意するという考え方は根強い。ハーシュマン的なインフレ観に対し理解を示しながら J. シーハンが疑問を呈するのも，どのあたりまでのインフレなら，あるいは，どの程度までの対立なら社会は維持可能なのか，ハーシュマンの議論からは必ずしも明らかにならない点である[13]。それでも，インフレ抑圧で正当化されがちな軍事政権，権威主義体制があとを絶たなかったことを考慮すれば，ハーシュマンの議論にはなお傾聴すべき点がある。インフレ抑止で正当化されがちな強権体制でも，実業界，軍部の支持をとりつけない以上成立しえず，ラテンアメリカの事例では，公的資金の配分が民政下の政府以上にコントロールできないという場合が多い。したがって，権威主義体制下，インフレ圧力

---

13) シーハンは，インフレについても，また発展過程における不均整についても，それがどの程度までなら前進へのエネルギーや道しるべ，対立緩和の要因になりうるのか明らかにすべきであり，ハーシュマンの念頭にあるのは一定の時間的猶予のなかで対立克服の術を見いだせるような理想的対立状況なのではないか，と疑問を呈しているのである［Sheahan 1986: 174-183］。

が収まることは保証のかぎりではない。結果として，インフレ抑制という所期の目的を果たせぬまま，権威主義的体制のみ居残るということになりかねないのである［Hirschman 1981: 201-203］。

　ハーシュマンは，インフレを非合理的政策が反映された単なる貨幣的現象ととらえようとしたのではない。「社会的安全弁としてのインフレーション」という考えを展開した彼の真意は，インフレの社会的・政治的背景，その意味を探るとともに，特定の社会的・政治的文脈から遊離したような技術的金融政策などないということを明らかにすることにあった。マネタリスト的な反インフレ政策が，社会の持続を揺るがしかねない危険性をもつ場合があることを示唆したのである。

　こうした考え方は，とくに奇異なものではない。たとえば，『インフレーションの政治経済学』をまとめた F. ハーシュや C. クラウチらの議論にあい通ずるものがある。彼らによれば，現在の支配的な思考においてインフレは敵対視されるが，この根源には，「合理性に対する浸蝕としての政治」という先験的な観念がある。そして，インフレを生みだした各集団の国家への過度の寄りかかりを排除し，経済政策を政治活動の手の届かぬところに置こうと試みられる［クラウチ 1982: 297］。マネタリズムはインフレ対策に手詰まりの政府に受け入れられたし，現在の国際機関による政策にも色濃く影響している。

　しかしこの方策は，勢力均衡していた諸利害の関係を変更させ，国家活動を単純化させ，経済上の争点をその経済内部だけで処理できる事態に戻そうとするので，現実には社会における国家の強圧を少なからず増大させることになる。歴史上，単純な解決法が政治的に中立であったためしは少なく，それが政治的抑圧をともなうとき，インフレ抑制策が社会的・政治的対立を先鋭化させる危険が生じる［クラウチ 1982: 297-298］。単なる金融引き締めや経済合理性の追求ではインフレは抑制できず，抑圧的体制が残るだけというハーシュマンの視点が共有されているのである。

　ハイパーインフレーションが社会にもたらす混乱は，あらためていうまでもない。そして，インフレが安全弁としての役割をどの程度まで果たせるのかという問題は，なお残るであろう。しかし，国際機関による構造調整政策においてインフレ抑圧があまりに機械的に語られているとき，インフレが単に貨幣数量の次元の問題ではなく，より深い政治的・社会的根源を有すると

確認することの意味は大きい．少なくとも，インフレーションの社会的・政治的帰結が決まりきったものではないこと，つまり，所得分配を後退させるような権威主義的・抑圧的体制を導くこともあれば，税制改革その他の手段によって，より平等で参加を促すような民主主義に向かう場合もあるということは理解する必要がある，というのがハーシュマンのメッセージなのである [Hirschman 1981: 207]．

　以上ここまで，いくつかのトピックをあげてハーシュマンの開発論の底流にある考え方を確認してきた．彼の不均整成長論は，発展過程において生じるであろうさまざまな対立は，計画化や権力の集中によっても解消しない，あるいは，対立の一掃を旗印とする，より直接的な権力行使をどんどんつづけざるをえなくなると認識したうえ，より分権的・多元的社会を存続させたまま困難ながらも開発を進めることを狙いとするものであった．開発独裁において，対立，不満は抑圧の対象にしかならない．対立，不満を認めたうえで，あるいはより積極的にその圧力を利用しながら開発過程を進めること，これこそハーシュマンが，「変化」を誘発すべく「戦略」を練り上げるうえで一貫して目指していたことだったのである．

　したがって，たとえば不均整成長論を単に経済合理性の視点からのみ検討するのは不当であり，連関効果に着目する不均整成長論を産業連関分析に閉じこめるのでは，その重要な政治的前提を汲んでいないことになる．あるエピソードを紹介しよう．

　ハーシュマンは1968年ごろ，軍政移行間もないアルゼンチンを訪れた．そのとき軍事政権の中枢にある人物が，「私たちはあなたの不均整成長論をお手本にしています」と語ったという．彼はハーシュマンにいった．アルゼンチンでは，すべての政治的・社会的・経済的目標を同時に達成することはできない．まずは経済問題を解決するため，経済成長を第一に考える．経済成長を果たしてのち，社会的公正を拡大していく．そうなったとき初めて，市民的自由を含め，国民の政治的権利を回復させることができる．日本式開発主義にも内包される考え方だが，もちろんハーシュマンはこれに反対の立場をとる．彼は「ある方向への成長にともなう不均整が生じた場合でも，それらを相殺する力を稼働すべき差し迫った理由が何ら生じないような状況で，不均整成長論の考え方を主張するのは不当である」と述べ，不均整成長とい

う考え方が，独裁政権下のまったく恣意的な発展の結果生ずる不均衡を弁明するためだけに使われることを批判している［Hirschman 1986: 26-27］。多くの国民の声が圧殺されているなかで，一方向への累積的不均衡がどうやって是正されるというのか。彼にとって不均整成長論とは，多元的価値が保障されているかぎりにおいて擁護されるものであり，既述のとおり，そこには調整圧力として狭義の経済的要因のみならず，政治的発言の重要性が含意されているのである。

「発言」（voice）の重要性に関しては，あとの章でより一般的な形で論じていくこととするが，次節ではひとまず，これまで検討してきたようなハーシュマンの議論を支える市場経済観をまとめておこう。前章までの議論にも，市場原理主義とは異なるハーシュマンの市場経済観は見え隠れしてきたが，開発経済学の現状を鑑み，その展望を論ずる場合，彼の市場経済認識をあらためて確認しておく必要がある。

4　開発論を支える市場経済観

(1)　市場経済へのスタンス

本章でも論じてきたとおり，ハーシュマンは，資本主義市場経済のダイナミズムの本質的性格とその所在を指摘するとともに，不確実性を前提としたうえで，外部性に着目した開発戦略を模索してきた。外部性の存在がすなわち国家の全面的介入を正当化するものではないが，外部経済の創出あるいは不均衡調整の主体として国家が介入する余地を否定しなかった。彼が批判の対象にしたのは，政策的介入をするにしても市場経済の本質を見きわめないまま，外部性を事前に計量したうえですべての外部経済を享受するように，かつすべての外部不経済を補償しながら開発を進めるという，およそ不可能な開発計画であった。

また，市場経済にもとづく開発戦略を模索するうえでハーシュマンが重視したのは，次章でより詳しく検討するが，資本主義市場経済に特徴的な「企業家的機能」（entrepreneurial function）のダイナミズムのみではなく，市場のもたらす不均衡を調整する「改革機能」（reform function）であった［Hirschman 1981: 124］。市場経済の機能が制度的に補完されていれば，それがもたらし

うる相互依存の可能性は広がり，発展エネルギーとして解放された不均整成長のプロセスがその不均整の調整メカニズムをも強化できるはずであるし，またそうでなくてはならない。したがってハーシュマンの開発論においては，単に私的利潤追求活動を保証することよりも，長期的発展の可能性を企業家，労働者などに確信させるに足る不断の投資機会の創出が目指され，より幅広い制度的文脈が重視された。リスクをいつでも引き受ける用意のあるエネルギッシュな企業家が遍在し，いつでもどこでも市場メカニズムが有効に機能するというような前提からは出てこないような議論を展開し，開発過程への政府介入の余地，「戦略」を模索できたのである。

　こうした戦略には，市場の深化・拡大はそれだけでは調和，相互依存をもたらさなかったというハーシュマンの歴史認識もが投影されている。上述したように「低開発」とはまさに，当該社会において私的利潤追求のみが開花し相互利益の可能性を醸成しえない事態を指すが，これには，市場の拡大にともない低開発地域が植民地として資本主義市場経済に組み込まれたことが大いに影響している。歴史的に市場の拡大，深化が与える影響は中心と周辺では異なるのであり，市場経済に傾斜した開発論を展開するハーシュマンは，このことを無視して資本主義市場経済を万能視することを慎重に回避している。周辺ほど私的利益追求の波をもろに受け，それらを組織化できていない。第8章でも議論するが，周辺では，改革を試みようにもいつも困難に直面し，資本主義擁護のイデオロギーが育ちにくかった。「おそらくこうした点にこそ，なぜ反資本主義革命が，つねに資本主義システムの中心よりもむしろ周辺において勃発してきたのかという，古くからある問題を解く鍵がある」[Hirschman 1981: 258]。

　企業家的機能を重視し市場経済に傾斜した開発論を展開しながらも，新古典派的経済学に与しえないハーシュマンの議論の背景には，いま述べた事態への視角に乏しい新古典派の没思想的・没歴史的市場観，それにもとづく開発論への批判がある。市場経済とは，これまでいかなる意味で擁護されてきたのか。その擁護論の積極性はどこにあり，また批判されるべき点はどういうところなのか。社会科学において，人間の動機，さらには人間観がどのように単純化されてきたのか。こうした問いかけを内包する彼の市場経済観は，そのまま現在の開発経済学への評価，自らの開発論の展開にもつながっている。

(2) 市場経済擁護論の隠された系譜

「人間の情念が，邪悪たれと人間の考えを突き動かしているにもかかわらず，邪悪たらざる方が人間の利益にかなっているという状況は，人間にとって幸福なことである」。モンテスキュー『法の精神』のこの一節を冒頭に冠するハーシュマンの著作は，数多くの人に読まれ，1997 年には，A. センの序文を付し再版がなされた [Hirschman 1977, 1997]。このなかでハーシュマンは，市場経済擁護論を長期的視点で振り返り，非常に興味深い議論を展開している。1970 年代の後半，あえてこの著作をしたためたハーシュマンの意図はいかなるものであったのだろうか。

市場経済は少なからぬ人々によって擁護され現在にいたっているが，後述するように，資本主義勃興期における市場経済擁護論者の意図・期待に反し，現実の社会では，戦争，内乱，経済的不平等など悲惨な状況が生みだされつづけてきた。したがって，資本主義市場経済の反道徳性・反社会性への批判は，擁護論とともに根強い。世界の周辺で反資本主義的雰囲気が醸成されがちなこともこれに関連しよう。こうした状況下，資本主義勃興期にその擁護論が市場経済のどのような機能をもって擁護の対象としたのか省みられることなく，市場経済が批判の的になることも多かった。また逆に，完全競争モデルの構築に忙しい経済学者は，歴史的視点も乏しく，資本主義の長期安定を盲信し市場システムに経済的正統性を与えることに腐心して，市場が社会統合に与える効果には目を向けない傾向にある [Hirschman 1986: 122-123]。ハーシュマンが市場経済擁護論をたどる必要性を主張する背景はこれである。

「資本主義的精神の勃興」そのものは，多くの論者によって研究されてきたテーマである。だがハーシュマンによれば，往々にしてその描き方は，「若い挑戦者が年老いたチャンピオンに打ち勝つといった芝居」のようなもの，すなわち，勃興するブルジョアジーが没落する貴族階級を乗り越えていくというような語り口調であった [Hirschman 1977: 4, 訳2]。

資本主義はそもそも，誰によって，どのような形で受け入れられていったのか。M. ヴェーバーによれば，神から与えられた天職としての世俗的職業に日々精出すことによって宗教的救いを確証しようとするプロテスタンティズムの倫理，つまりは，あくまでも個人の魂の救済を求めての行為が結果として資本主義の受容につながった [ヴェーバー 1988]。しかしハーシュマンによれば，ある一群の人々が「社会の破滅回避」，「社会の持続」の道を必死

に模索し，意図してつくりあげようとしたシステムこそが資本主義市場経済だった。しかもその一群の人々とは，新しく勃興しつつある階層というより，旧体制の支配層に近いところにいる人々であったとハーシュマンはいう。

> 17, 8世紀において商工業の拡張を歓迎し促してきたのは，ある周辺的な社会集団でもなければ反主流のイデオロギーでもなかった。擁護論は実に当時の「権力構造」と「エスタブリッシュメント」の真只中から，君主および特に助言者，その他の名士たちが取り組んだ問題のなかから出てきた意見の潮流であった。中世以来，特に17, 8世紀に多発した戦争と内戦の結果，宗教規範にかわる行動の基準が求められており，支配する側される側双方に必要な規律と抑制を課す新しい行動や仕組みのルールが求められていた［Hirschman 1977: 129, 訳 129］。

初期の政治経済学の重要なテーマとは，人間のもつ「情念」（passions）の爆発である戦争，大量殺戮，破壊活動などをどのように抑制するのかということにあった。情念の爆発があいつぐなか，宗教心や理性に訴えて情念を抑制するという考え方が後退する一方，人間の邪悪な情念でもって情念に対抗させ，情念を抑制するという思潮が生まれはじめた。そして，人間の情念のうち何が調教師役をつとめ，何が調教を必要とする野蛮な情念であるのかが考察されるようになり，市場経済の発達の歴史を背景に「利益」（interests）の追求，金儲けという，より穏和な情念がより危険で破壊的な情念（支配階級のものであれ被支配階級のものであれ）を抑制するものとして期待されるようになった。市場経済擁護論のなかでハーシュマンが光をあてようとしたのは，このような系譜である。

(3) 「穏和な情念」がもたらす社会秩序——実現しなかった意図

ハーシュマンがここで注意を喚起しているのは，「利益（諸利益）= interest (interests)」の意味の変遷である。利益とは元来多義的用語であり，思想史上，単に個人の物質的幸福だけを指す言葉ではなかった。それは，人間の願望全体を意味しており，そこには願望追求に関しての熟考，打算の要素が含まれていた。利益概念は，思慮深さとともに打算的合理性を人間の行動に与えることを目的として，とくに国家統治，政治算術の分野で検討されてきた

のだが，合理的計算という側面が経済活動の本質と特別の親近性をもつため，経済活動がその概念の内容を独占するようになっていった。経済成長とともに富が増大していくと，利益概念はより狭まり，ますます経済的・物質的利益と同義となっていったという流れを，ハーシュマンは多くの論者に言及しつつ明らかにしてみせる。

　人間の行動同様，思想も往々にして予期せざる結果をもたらすという端的な事例は，こうした市場経済擁護論の展開にも見いだされる。すなわち，邪悪な情念同士を対抗させるという思潮と，それとは別に展開してきた多義的な「利益」の教説とが，論者の意図を離れ結びつき，貪欲，金儲けが，その他の粗っぽい情念を調教する特権的情念の地位に格上げされた。こうして，人間の動機づけの2つの伝統的カテゴリーである「情念」と「理性」に，新たなるカテゴリーが見つけられることになる。第3のカテゴリーとしての「利益」は，「理性によって高められ抑制された自己愛の情念，あるいは情念によって方向づけと力を与えられた理性」とみなされるようになったのである［Hirschman 1977: 26-40, 訳29-38］。

　そして，利益が人間行動の主たる動因たりえるという信念は，「理性の支配する国家」などという要求度の高い実現不可能なものではなく，「ありのままの人間」を前提としながら，とうとう実現可能な国家統治術，社会秩序の現実的基盤を見いだしたという知的興奮をかきたてたのだとハーシュマンはいう。金銭欲，利益の追求はあい変わらずどこか蔑まれるべき行為とみなされていたとはいえ，それは，行為主体以外の周りのものにも理解可能で見通しやすく，利益の追求そのもの，ためこむことが自己目的化し限界のないものである。「利益」に備わる，この「可測性」と「恒常性」こそが人間行動を理解可能なものとし，実現可能な社会秩序の基盤を提供すると考えられた。さらにはそれが，すべての当事者が一貫してその利益を追求するなかから「相互の利益」が生じるという考え方，他人の気紛れな，計り知れない意志には服従しないという，恣意的権力行使からの自由という思想にも反映されたのである［Hirschman 1977: 40-56, 訳38-56］。ハーシュマンの言葉を確認しておこう。

　　各々の経済的利益に基づく個々人の可測的行動はその副産物として不安定なバランスではなく，相互依存関係の強い網の目を生みだした。この

ようにして国内交易の拡大は社会のまとまりを強め対外貿易は戦争防止に役立つと目されたのであった［Hirschman 1977: 51-52, 訳 51］（強調原著者）。

情念に惑わされ盲目になっている人間によく見られる行動様式とは全く対照的に，自分の利益を追求する人間は着実で誠実，一貫した行動をとると見なされていた［*ibid.*: 54, 訳 53］。

　情念同士を対抗させるという考え方から「三権分立」を導きだすとともに，新たなる為替制度，金融制度に権力行使の防波堤を見いだしたモンテスキュー，複雑な近代経済システムを慎重な取り扱いの求められる時計になぞらえ，専制政治への歯止めと認識したジェイムズ・スチュアート，商工業の発展が生みだす判断力をもった商業人たちがその集団行動によって権力濫用に対抗するとし，ハーシュマンによってはモンテスキュー＝スチュアート説を完成させたとされるジョン・ミラー。彼らに代表されるように，資本主義擁護論は，商業の拡大がより穏和な政治体制をもたらすこと，経済の拡張にともないより複雑化する経済システムの要求する「微調整」が気紛れな権力の濫用を抑制することを期待していた［Hirschman 1977: 69-93, 訳 67-93］。
　経済の拡張がもたらす政治的帰結に関する，こうしたモンテスキュー＝スチュアート説は，ハーシュマンによれば，スミス的見解の隆盛とともに忘れ去られていく。彼はその理由をいくつかあげている。
　第一に，アダム・スミスは，有害な政策が経済発展そのものによって改善されるという希望にさしたる共鳴を示さなかったことである。というよりもむしろ，人々の「向上心」によって，政治体制が良くならずとも経済成長は可能である，また，経済発展があったにしても政治がよくなるわけではないと，スミスは考えていた。経済発展は，政治の愚かさにもかかわらず，それが一定限度内であるならば，向上心のおかげで政治から独立して達成可能であるというのが，彼の見解であった。
　第二に，商工業の隆盛に対するスミスの姿勢は両義的であったことがあげられる。彼は，商工業の隆盛による「誠実さや几帳面さ」の発展を建設的とみなす一方，その興隆は勇敢な精神を挫き，軟弱と腐敗をもたらすとする古典的な「共和主義的見解」も持ち合わせていた。勇敢な精神のもたらす弊害

のほうを問題とし，「穏和な商業」の政治的帰結を称賛したモンテスキュー的見解には同調しなかったのである。

そして第三に，スミスにおいては，経済的利益への衝動は自律的なものではなく，尊敬を得たいという欲望にとっての単なる手段となり，野心や権力欲は経済的状況の改善によって満たされるとされたことである。またスミスは，彼以前の論者とは違って，君主よりも平均的な人間の行動に関心を寄せるとともに，一般人の関心は，せいぜい生計と物質的生活の向上にすぎず，情念など持ち合わせていないか，あったにせよ利益追求により満たされてしまうものと考えていた。こうして，情念は利益と同義となり，情念同士あるいは利益を情念に対抗させるというモンテスキュー，スチュアートのヴィジョンが終わりを告げた。

社会構成員が各々の自己利益を追求できるとき一般的福祉ももっともよく増進されるというスミス的命題はみごとなパラダイムとなり，その結果，社会思想がそれまで自由に扱ってきた研究領域を大幅に狭め，学問的専門化と分化をもたらした。モンテスキュー＝スチュアート的な夢は，スミス的見解の隆盛の陰に隠れるとともに，革命，戦争というその後の具体的史実によって裏切られ，忘れ去られていったというのが，ハーシュマンの見方なのである［Hirschman 1977: 100-113, 訳 100-114］。

革命や戦乱，市場経済の不均等な波及にみられるとおり，たしかに期待していたようには歴史は進展せず，資本主義勃興期のイデオロギーをそのまま繰り返すだけでは現在の問題を見えにくくする[14]。またハーシュマンが A.

---

[14]「粗っぽい情念」を調教する「おとなしい情念」が探求されるなか,「商業」(commerce) に，柔らかさ，洗練された上品さ，そして，暴力の反対を意味する"doux"という語が冠され,「穏和な商業」(doux commerce) テーゼとでもいうべき考え方が提唱されるようになった。奴隷貿易の絶頂期にあたるような時期にこうした言葉がしつこく頻繁に使われていたことは，現代的感覚からすれば理解しがたいだろう，とハーシュマンは述べている。しかし，彼も確認しているとおり，「穏和な商業」という言葉・概念の広がりは，のちにマルクスが，ヨーロッパ商業史の暴力的エピソードを盛り込みながら「本源的蓄積過程」を描くにあたり，皮肉っぽく引用していることにも現れている［マルクス 1969: 399］。

もっとも『資本論』の各種邦訳は，意外なことに，こうした"doux commerce"のニュアンスをあまりうまく伝えていない。語義にいちばん近いのが向坂逸郎の「おだやかな商売」という訳だが，その他は「うまい商売」，つまり「ぼろもうけ」という意味合いで訳されており，思想史上の背景に目が向けられていないという印象を受ける。

トクヴィルらを引きながら述べたように,「微調整を必要とする経済」こそ権力濫用を抑止するという考え方は,無軌道な君主の権力を抑止するという期待をよそに,「人々の不謹慎な行動を抑圧し,政治参加を制限し,つまるところ『精密な時計』の正常な動きを脅かすと経済学の王が解釈することすべてを撲滅すること」も正しくなってしまう。さらには,大多数の人が私益の追求に走り公的なことに無関心になっている社会は,権力を求めるものにとっては自由に野望を追求できる社会であり,暴政に道をあけやすい[Hirschman 1977: 124-125, 訳 124-125]。

　ハーシュマンはこれらの批判の正当性を認める。そのうえでなお,本節で展開してきたような資本主義市場経済擁護論を再検討する必要があるのではないかと主張する。擁護論においては「意図されずに実際には実現してしまったこと」（戦争,内乱,不平等など）の影響に比較し,「本気で意図されてはいたが実現しなかったような社会的決断」（利益による権力行使の抑制,微調整が必要とされる経済システムのもつ権力抑制効果への期待）の影響のほうが研究を必要としている。なぜなら,期待されていた効果が実現し損ねこの世に姿を現さないことになると,そうした効果が意図されていたという事実が忘れ去られるだけでなく,意図されたことが積極的に抑圧されてしまいかねないからである［Hirschman 1977: 131, 訳 132］。

　以上がハーシュマンの跡づけた市場経済擁護論の系譜の大要である。現代では資本主義の成功はあたりまえのようにとらえられ,利潤追求活動には,効率的資源配分を担うという,明るく肯定的な役割が与えられている。しかしながら,利益は崇高なものとして賞賛され,「社会の科学」の中心テーマとなったわけではない。ありのままの人間に備わる強欲は,あまりにもわかりやすく呆れるほど永続的であるがゆえに,勝手にこしらえた神や理性よりも,社会の秩序を保ち維持していくうえで,よほど信頼に値する。人間の「業(ごう)」というべき情念を取り除くことはできない。取り除けないものなら,せめてそれを馴化しえないか。利益は,こうした視点から「業」の最上位にランクされた金銭欲と結びつけられるとともに,社会科学の中心概念の地位に収まった。ハーシュマンは,正しい理性で社会を統治するのではなく,より穏和な情念を有害な情念に対抗させることで,結果的に社会を安定させるということが,革命と戦乱が渦巻くなかで真剣に模索されてきたことの重要性にあらためて目を見開かせようとしたのである[15]。

第2章でも述べたように，ハーシュマンは人間の営みにおいて，「意図せざる結果」同様，本気で意図されながら実現しなかったことのもつ意味を，意図されたときの状況，文脈に照らし合わせたうえで評価しようとする。さもなければ，ある状況のなかで「変化」を導こうとする人間の営みなど，すべて空しいものとなってしまうだろう。思想史を振り返るなかにも，ポシビリズムが投影されているのである。

　長期的視点からハーシュマンの振り返った系譜において，市場は，まさに政治的意味から擁護されてきたのであって，狭く競争メカニズムのもたらす経済効率の向上ゆえではなかった。古典的な政治経済学の流れはこのような整理にはとどまらず，現在の正統派経済学に連なる別の系譜を描くことも可能かもしれない。だがしかし，ハーシュマンの描いたこうした系譜は，開発経済学に欠落しつつある「権力への無頓着さ」を露わにし，彼が開発経済学の現状を衰退と認定する理由をも明確にするだろう。

(4) 「全体主義」と「権威主義」の拒否

　けっして市場の予定調和性を前提としないハーシュマンが資本主義市場経済の擁護論を振り返るなかで指摘したのは，「業に苛まれる，ありのままの人間」観を出発点とする市場経済擁護論に込められた権力抑止，情念爆発回避の思想である。市場経済の発展は各経済主体に「離脱」(exit)の権利を行使させる可能性を高めるとともに，その可能性を背景に「発言」(voice)による異議申し立ての可能性をも拡大する[16]。現実の市場経済はけっして理想的な形で進展しなかったとはいえ，市場経済に内包されるこうした可能性に社会の持続を託してきた思想の根強さこそ，ハーシュマンの注目するところであった。彼が，一方で中央集権的計画経済を批判し市場経済に傾斜しつつもなお，新古典派的開発論の展開に躊躇したのは，社会の持続という点を踏

---

15) 興味深いことに，劇作家であり評論家でもある山崎正和も，作家丸谷才一との対談でハーシュマンのこうした議論に言及し，つぎのように述べたことがある。「インタレストという感情は，感情の内発性を持ちながら，それ自体の中に合理的な計算を含む，唯一の感情です。マキャベリたちは，それを奨励することで，君主の気まぐれを抑制しようとしたが，その遠い結果として資本主義が生まれた，というのです。現代は理想のない，物欲の時代だといわれますが，私はへんな理想よりは，このマキャベリが勧めた私利私欲のほうがずっといいなと思ったんです」[丸谷・山崎 1996: 132]。
16) これらに関し，詳しい議論は第8章で展開する。

まえての開発論，より一般的には社会変動への現実的視点が計画経済論にはもちろんのこと，新古典派経済学にも見いだしえなかったからである。

開発経済学「衰退」の診断に際し，ハーシュマンが述べたことをここでもうひとつだけ振り返っておこう。開発経済学の現状に対するハーシュマンの危機感を一言で集約すれば，「利益主導の見方への偏向」ということになるが，それは，開発経済学者がある意味で途上諸国を軽蔑していたということである。つまり，途上国も先進国同様，複雑多様であるにもかかわらず，開発経済学者は，途上国があたかも単純なゼンマイ仕掛けのおもちゃのように，ネジさえ巻いてやれば，「利益」によって「情念」が抑制され，あとは一心不乱にゴトゴトと発展への道を歩みはじめるかのごとき感覚をもちすぎていた。開発経済学者は，先進国における災禍多い歴史の逸脱，情念の爆発を目にしてきたにもかかわらず，後進地域の経済に対してあまりにも利益主導の見方をしてきたというのである［Hirschman 1981: 23-24］。

開発・市場移行の現実に照らし合わせても，たしかに，市場経済擁護論の系譜をたどることは重要である。しかしそれは，植民地的な支配を受け民族対立，地域対立の可能性がくすぶる低開発地域において，当時の市場経済擁護論をそのまま繰り返せば，すなわち「利益」追求が「情念」を抑止するという主張を繰り返せば，望ましい変化が誘発され，社会の持続が保障されると結論づけることではない。ましてや，人間行動に関する単純な前提をもとにモデルを組み立てることに収斂することではないだろう。

市場経済擁護論の系譜をたどることの重要性とは，情念爆発の回避という人間社会が長期間にわたり格闘してきた問題への真剣な対処，にもかかわらず，いまだに解決していないという現実をある種の重みをもって引き受けることであって，議論を単純化することではない。開発経済学についても同様である[17]。

開発論を考察するうえでハーシュマンが拒否しつづけるのは「全体主義」（totalitarianism）である。これは人々を集団的熱狂に導きそれを持続させようとするものであり［Hirschman 1984: 97］，人々の生活を「公的局面」に集

---

17) 一般的法則を主張しがちなマルクス経済学，人間行動の普遍的基準の主張に傾きがちな新古典派の両者に対し注意を促し，歴史的特殊性，文化，エコロジー，さらにはハーシュマンを引きつつ「情念」への注視を説いたのが，P. バルダーンである［Bardahn 1988: 68］。

中させようとする体制である。

　ハーシュマンは中央集権的計画経済を，生産体制としての停滞性，不確実な世界においてあまりにも事前に確定された計画遂行にまつわる費用などの面から批判した。しかし，彼にとってそれ以上に批判すべき点とは，原理的に中央集権的計画経済体制が有する全体主義との親和性ではなかったのだろうか。計画経済体制の擁護論者は，生産体制の効率性に対してはもとより，権力の行使ということに関して，思想史に登場する市場経済擁護論者以上に不用意だったのではないだろうか。たとえ非対称的なものであれ，市場経済によって生みだされる相互依存性，それがもたらす政治的妥協の可能性が情念を抑止するものと期待していた市場経済擁護論者ほどの意識も，そこにはみられなかったのではないか。ハーシュマンが市場経済を通じての開発を模索した原点は，こうしたところにあると思われる。

　ただし留意すべきは，ハーシュマンがもう一方で「権威主義」（authoritarianism）を批判しつづけている点である。

　ハーシュマンによれば，権威主義は市民を公的局面から排除し，人々の生活をひたすら私的局面に集中させようとするものである［Hirschman 1984: 97-98］。市場経済擁護論者の問題提起の重みを継承しようとしながら，ハーシュマンが新古典派的開発論に批判的であり，市場を重視しつつも代替的戦略を模索しつづけたのは，原理上の可能性として新古典派経済学が有する権威主義との親和性ゆえではなかったのだろうか。先に引用したように，「経済学の王」はまさに，「『精密な時計』の正常な動きを脅かす」と考えられる市民の政治的動きを抑圧することに躊躇しない傾向を強めているのではないか。こうした点から，一元的動機すなわち「利益」追求ということで人間行動を分析することの虚しさ，限界とともに，その危険性をも指摘するということが，ハーシュマンの著作の重要な柱となってきた。

　人々は，個々の経済的利益を追いかけることに専心し私的世界に埋没することによって，間接的に公益に奉仕することになるという牧歌的理論。一見，権力行使とは無縁なこうした理論が有する権力との親和性こそ，ハーシュマンの批判点なのである［Hirschman 1986: 53］。権威主義と宥和してしまうかもしれない，その可能性を想起すらせずモデル化に走る議論に彼が与しえないのは，市場経済に対する認識からすると当然であろう。本章でも確認してきたように，市場経済を重視するにしても，そのもとでの開発とは，このよ

うなモデル，理論体系から導かれるものではないというのが，ハーシュマンの開発論を貫く主張だったのである。

小　　括──「社会の持続」とポシビリズム

　本章での議論をもとに，ハーシュマンの広範な開発論を市場経済認識と絡めつつ，あえて中間的に総括しておくとすれば，少なくとも以下の諸点は確認されるべきである。
　第一に，開発過程の主体は私的なものであり利害対立の可能性はあるが，たとえそうであったにしても市場経済を通じて互いが互いを必要とする分業構造，相互依存関係が深化すれば，諸問題は価格メカニズムだけでなく政治的要因によっても解決されうるということ。第二に，こうした相互依存関係を上からの計画により一挙につくりあげるのは不可能であるが，投資の補完性を導きつつ徐々に形成することは可能であり，そこには政府介入の余地があること。第三に，市場の失敗を根拠に政府の計画をもって市場に代替させることの非現実性はもちろんのこと，市場経済そのものに社会的調和能力を見いだし，その動きを損ねるものの抑圧に躊躇しない理論的風潮の危険性が認識されるべきこと。第四に，市場経済は単に生産の効率化を図るシステムというよりは，上述した意味での相互依存関係を深化させる「可能性」をもつ体制として擁護されうるのであって，そうした関係を導きえない場合，なお市場的要因による低開発への対応を説くだけでは問題が深刻化するということ。そして最後に，市場経済が浸透効果，分裂効果のどちらをより強くもたらすかを決するのは世界経済の歴史における地位，および政策的対応であって，市場経済のもたらす分裂効果を緩和するためには国内政策のみならず国際的場面においても政治的対応が必要であるということ，以上である。とくに最後の点は，累積的因果関係にとらわれすぎているという批判をしながらも，ミュルダールに賛同しつつ引きだした結論である［Hirschman 1958: 187, 訳333］。
　輸出が至上目的とされがちな現在，ハーシュマンも含め初期開発経済学者の論点において重要なのは，外部経済や収穫逓増のみではない。それ以上に，彼らが分業構造，相互依存関係深化のもたらす政治経済的要因に注目したこ

とこそ重視されるべきである。飛び地的輸出，外向的生産が構造化することで本来存続しえない生産が存続し生産性向上の利益も享受しえず，国内の政治経済構造が成熟していかない状況こそ，国内市場向け工業化を主張した初期開発経済学の低開発観を形成する大きな要因であった[18]。

　「開発論における反・反革命」の主流を形成するクルーグマンは，初期開発経済学衰退の原因として定式化の失敗を指摘し，なかでも初期開発経済学において定式化・理論化を拒否する傾向の主犯格の地位をハーシュマンとミュルダールに与えている［Krugman 1992: 27-28］。もちろん，両者の貢献を彼なりに評価したうえでのことであるが，モデル化されない理論の無力さを説き，現代の経済学に要求される論理整合性に耐えうる厳密な議論を求めているのである。

　本章の冒頭でも述べたとおり，これはひとつの見解ではあろう。実際クルーグマンにかぎらず，定式化されないハーシュマンの議論の不備を批判する声は多い。しかしながら，とくに開発論のように政策的含意が非常に強い領域において，政治的・制度的文脈抜きに純粋理論のみを語ることには危険がともなうであろう。本章でも確認したように，ハーシュマンが開発経済学の衰退と指摘したのは，まさにこうした点である。社会の持続を意識し，経済学による豊饒な現実の単純な定式化を極力回避してきたハーシュマンは，自らの議論が正統派的枠組みと対立するものではないと断ることも多いが，彼の議論はことごとく経済学の単純な前提，そこから導かれる帰結を問題とし，それゆえにこそ異端者のレッテルを貼られてきたのである[19]。

　すでにみたように，ハーシュマンは，意図せざる結果に充ち溢れている具体的な歴史的事象を普遍的原理・法則に解消することには懐疑的である。そして，制約が多く困難に満ちた具体的諸事象のなかに現状を変革する可能性の芽を見いだしていくことがポシビリズムだとすれば，開発論を展開するに

---

18) この点が，その開発戦略にもっとも明確に現れているのがW. A. ルイスである。ルイス・モデル，とくにその「開放モデル」の含意とは，途上地域において，食料生産部門の生産性を向上させないまま，いくら輸出部門の生産性を向上させても，その利益は価格の低下として先進国の消費者が享受しうるのみであるということを，指し示したことにある。この点は，ルイス記念論文集に寄稿したハーシュマンも確認していることだが［Hirschman 1981: 15-16］，主流派経済学によっても従属学派によっても誤認されがちである。なお，日本の学界においてルイス・モデルの含意を正当に評価した数少ない業績としては，本山［1982: 131-151］，小野塚［1988］，峯［1999: 42-45］などがある。

も，狭義の経済学的定式化以上に，「社会の持続」の現実的圧力の所在を見きわめることのほうが重要だったのである。

　ある意味で開発経済学の舞台設定をしてきた冷戦構造が崩壊し，地域紛争，民族紛争の可能性の増すポスト冷戦において，開発論の課題は外部性，収穫逓増の問い直しにはとどまらないであろう。理論的彫琢が図られつつも，対立の一掃を目的とする権力行使を暗黙のうちに受容してしまう傾向は，第1章でも論じたように，新自由主義であれ，開発主義的議論であれ，払拭されていない。こうしたなか，市場経済擁護論に込められた人類史的課題の重みを継承しつつ，潜在的資源，外部経済の利用可能性のみならず相互依存の深化する市場経済のなかで対立克服の方向を模索したハーシュマンの議論は，開発論再考にも示唆を与えるものである。事が容易ではないのは開発の現実が示しているが，開発経済学衰退の具体的現象である政治的破綻の重みが省みられないままなら，「反・反革命」の意義は限定的にならざるをえないであろう。

　つづく第5章でも，企業家的機能と改革機能をめぐるハーシュマンの議論をシュンペーター的議論と関連づけながら，さらに検討していこう。

---

19) ハーシュマンの方法論を正統派経済学の形式主義，実証主義と比較して論じた C. K. ウィルバーらは，法則性，実証性，予測可能性などをめぐる両者の対立は，結局全体の文脈から各部分を切り離して論じることの是非，現実に関する真実は理論の論理整合性のなかにこそあるとすることの是非をめぐるものであるとした。全体論的（holistic）・システム論的かつ進化的なハーシュマンの方法（ウィルバーらは，正統的手法と対比させるために，あえてこうした特長づけを行なった）を正統派的方法論と違うという事実でもって否定することは，ことに開発の過程を分析しようという場合できないのであって，「もし現実の世界がその不完全性にもかかわらず実際どのように動いているのかに主な関心がある場合，ハーシュマン的なアプローチがより実り多いものとなろう」［Wilber et al. 1986: 337］（強調引用者）。

　また，ブルートンは，途上国の抱える問題は生産可能曲線の限界内部の問題であって，そこでは洗練された理論よりも卑俗な経験主義のほうが生産的になりうることを主張し，潜在的資源の動員という課題に対する正統派的アプローチの限界を指摘した［Bruton 1985: 1120］。

第5章　企業家的機能と改革機能
シュンペーターからハーシュマンへ

はじめに

　A. O. ハーシュマンは，均整成長論に対し不均整成長論を提唱した論者として知られているが，ここまでの議論からも明らかなように，その開発論を評価するにも単に個々の戦略に注目するだけでは不十分である。したがって前章では，ハーシュマンが「開発経済学の衰退」と認定する根拠を掘り下げる形で，不均整成長論の背景にある政治経済学的認識，市場経済観にも触れながら，彼の開発論を「情念制御の開発思想」という視点から整理し検討してきた。本章では，昨今の日本において，ヴェンチャービジネス論，キャッチアップ型工業化論などで注目されるとともに，その「経済社会学」が再評価されているJ. A. シュンペーターの「企業家論」と関連づけながら，ハーシュマンの議論の特長ならびに積極性を明らかにしたい。

　周知のとおり，シュンペーターは，不朽の名著『経済発展の理論』において資本主義的発展の動態過程を分析し，その際「企業家」に着目した。1912年に初版が出された，この『経済発展の理論』において，資本主義を資本主義たらしめる「新結合」の担い手として，「資本家」とは区別されるところの「企業家」の機能を鮮やかに描きだしたのである。現在，経済が爛熟した先進諸国では，途上地域のキャッチアップを受け，産業構造の高度化，新産業の創出が目指されている。それを担うのが企業家であり，長期にわたる景気低迷に喘ぐ日本でも，ヴェンチャー企業の創出が不況打開に向けて喫緊の課題とされている。先進国ばかりではない。アジアやラテンアメリカなどダイナミックに変化する発展途上地域でも，計画経済から市場経済への移行過程を歩む旧社会主義諸国でも，開発・市場移行の担い手たる企業家の成長が期待されている。シュンペーターの企業家論が注目される背景には，こうし

た事情がある。

現在の国際通貨基金（IMF）や世界銀行による開発協力・市場移行政策の主眼はマクロ経済の安定化にあるし，また，「ワシントン・コンセンサス」の内容をみるかぎり，発展や市場移行の担い手は経済自由化・規制緩和により自然発生すると想定されている。したがってシュンペーターなど見向きもされていない，といっても過言ではない。しかし，企業家論のみならず，経済発展を幅広い文脈でとらえようというシュンペーターの経済社会学は，多くの理論家・実務家にいまなお大きなインスピレーションを与えつづけている[1]。

本章では，まずシュンペーターの古典的企業家論を簡単に振り返ったあと，開発論におけるシュンペーターの位置づけ，評価について概観したうえで，「変化を誘発する知性の組織化」を図るハーシュマンに連なる論脈を見いだす。シュンペーターと比較検討することを通じ，変化の担い手，ならびに変化のプロセスが果たすべき「機能」について，さらに議論を深めていくこととしたい。

1　シュンペーターの「企業家」像

シュンペーターの企業家論は，『経済発展の理論』，『資本主義・社会主

---

1) シュンペーターを論じた研究書は数多い。伊東・根井 [1993], 根井 [2001] は，シュンペーターのプロフィール，学問的業績，およびその評価を，興味深いエピソードを交えながらコンパクトにまとめてある。塩野谷 [1995] は，シュンペーターの業績全体に光をあてるとともに，著者独自の再構成を行ない，「経済の社会的被拘束性と社会現象の統一性に目を向ける総合的思考」を抉り出している。また，清成忠男は「企業家論」に重点をおきながら，八木紀一郎は「経済社会学」の観点から，いまだ邦訳されていないシュンペーターの論文を集め，訳出した。収録された各論文の内容のみならず，編者の解説も充実し興味深いものとなっている [清成 1998; 八木 2001]。

また，異色のシュンペーター研究としては，北條 [1983, 1998] がある。北條勇作は，シュンペーターの「革新」の理論を A. レッシュの立地論と接合し，空間の動態理論を導きだそうというユニークな視角で研究をつづけてきた。ちなみに，ボン大学においてシュンペーターのもとで学んだ H. シンガーは，当時知的影響を受けた学生・講師グループのひとりとして，このレッシュの名前をあげている [Shaw 2001: 21]。

ハーシュマンに引き寄せがちな本章の議論は，以上のような先行研究で補っていただきたい。

義・民主主義』などで展開されたし，最近では企業家分析に的を絞った論文集も編集・邦訳されている［シュンペーター 1998］。まず本節では，これらに拠りながら，シュンペーターの「企業家」像を概観しておきたい。

(1) 「資本家」，「発明家」と区別されるべき「企業家」──「新結合」の担い手

「静態的な封建経済，静態的な社会主義はありえても，静態的な資本主義は形容矛盾である」という有名な言葉に表されているように，シュンペーターは資本主義の本質をその動態的変化に見いだした［伊東・根井 1993: 33; 塩野谷 1995: 227］。しかも経済体系内部から生じる変化，また非連続的な変化こそ，経済発展の要因であるとし，こうした経済発展の担い手として「体系内部に据えられた存在」が「企業家」である。

大著『シュンペーター的思考』をまとめあげた塩野谷祐一は，企業家（者）をシュンペーターの理論体系のなかでつぎのように位置づけている。

> 企業者は経済領域に属するという意味で内生的要因といってよいけれども，それ以上に経済の領域において遡ることのできない究極的な要因であるという意味では，外生的要因といわなければならない。企業者はいわば経済体系内部における外生的要因である［塩野谷 1995: 205］。

こうした指摘からわかるとおり，経済発展理論体系のなかに据えられた企業者という範疇は，シュンペーターにとって「内部からの経済発展」を明らかにするために究極的に到達した概念であり，それゆえ，経済発展理論をより広範な「経済社会学」にリンクさせる結節点の役割を担っているというのが，塩野谷の理解である。

シュンペーターの議論において，体系内の非連続的な変化は，企業家による「新結合」，すなわち「国内生産力の従来とは違う活用方法」，「既存の生産要素を単に増やすだけでなく，これらを異なる方法で絶え間なく活用すること」から生みだされる［シュンペーター 1998: 31］。シュンペーターは，方程式体系で示される機械的な因果関係や狭義の生産要素の組み替えではなく，資本主義を資本主義たらしめる「新結合」による「発展」，すなわち，「現存する可能性を組み替える」ということに関心をもっていたのである［伊東・根井 1993: 90; 塩野谷 1995: 205］。

ここでシュンペーターが新結合の具体例としてあげているのが，以下の5つである［シュムペーター 1977a: 182-183］。
1）　新しい財貨，すなわち消費者の間でまだ知られていない財貨，あるいは新しい品質の財貨の生産。
2）　新しい生産方法，すなわち当該産業部門において実際上未知な生産方法の導入。これはけっして科学的に新しい発見にもとづく必要はなく，また商品の商業的取扱いに関する新しい方法も含んでいる。
3）　新しい販路の開拓，すなわち当該国の当該産業部門が従来参加していなかった市場の開拓。ただしこの市場が既存のものであるかどうかは問わない。
4）　原料あるいは半製品の新しい供給源の獲得。この場合においても，この供給源が既存のものであるか――単に見逃されていたのか，その獲得が不可能とみなされていたのかを問わず――あるいは初めてつくり出されねばならないかは問わない。
5）　新しい組織の実現，すなわち独占的地位（たとえばトラスト化による）の形成あるいは独占の打破。

　シュンペーターは新結合をこのようなものととらえたが，ありうべき誤解に備え，彼は企業家の機能について補足・解説している。
　まず，さまざまな個所でたびたび指摘されている重要な点は，企業家は「資本家」とは区別されるという点である。企業家はあくまでも新結合の担い手であり，「資本所有は企業家の役割の獲得・維持を実際上確かに容易にはするが，しかしその必須条件ではない」。資本主義が発展し企業金融の方法が変化していくにつれ，企業家と資本家の区別はますます重要となってきたが，たとえばK. マルクスの体系には資本家と区別されるべき企業家は登場せず，したがって，「資本主義的経済プロセスに特有の理論的対置であり現実的対立である最も重要な組み合わせの一つ，すなわち企業家対資本家という対置ないし対立」という視点は出てこない［シュンペーター 1998: 61, 64, 116-117］。シュンペーターは現代企業におけるコーポレート・ガヴァナンスの問題も指摘していたのである。
　もっとも，こうしたコーポレート・ガヴァナンスへの視点の欠如は，なにも19世紀のマルクスにかぎられたことではない。たとえば，J. スティグリッツが指摘しているように，1990年代以降，ロシア，東欧など旧社会主

義諸国の市場移行を理論的に支えてきた「ワシントン・コンセンサス」にも，コーポレート・ガヴァナンスへの現実的視点は欠如しており，その枠組みはA. A. バーリ＝G. C. ミーンズ以前の世界にとどまっているようにしか思われない。スティグリッツは，それが民営化の手法とスピードを誤らせ，市場移行を混乱させる大きな要因になっているとし，シュンペーターを含む経済学の多様な遺産に目を向けないアングロ・アメリカの正統的経済学を厳しく批判している［Stiglitz 1999: 4-12］。

　シュンペーターの議論においてさらに特徴的な点をあげれば，あくまでもリスク・テイカーは資本家であるとしている点である。彼は，「資本の提供が企業家の主要なまたは特徴的な機能でないとすれば，リスクを負うこともまた，企業家の主要かつ特徴的な機能とするべきではない。明らかに，リスクを負うのも資本家なら，事業の失敗によって自己資金を失うのも資本家」であるとしている［シュンペーター 1998: 117］。

　また，これに関連して，シュンペーターは，経常的取引に対して経常的に融資を行なうというよりは，新結合に信用を供与する銀行の役割の重要性にも言及し，銀行家についてつぎのように述べている。

> 彼は新結合を遂行しようとするものと生産手段の所有者との間に立っている。社会的経済関係が強権的命令によって導かれていない場合にのみいえることであるが，彼は本質的に発展の一つの現象である。彼は新結合の遂行を可能にし，いわば国民経済の名において新結合を遂行する全権能を与えるのである。彼は交換経済の監督者である［シュムペーター 1977a: 198］。

　新結合が国内生産力の従来とは異なる活用方法の実現だとすれば，それは生産手段ストックの転用，すなわち旧結合からの生産手段の奪取という側面を有する。これをファイナンスするのが銀行の重要な役割である［シュンペーター 1998: 31-34］。

　なお企業家は，資本家と区別されるとともに，また発明家とも区別される。企業家を定義づける特徴とは，「単に新しいことをする，あるいは既にやられていることを新しい方法でする（イノベーション）ということだけである。……企業家の行うことは必ずしも科学的に新奇なものである必要はない」と

シュンペーターはいう［シュンペーター 2001: 338-339］（強調原著者）。新しいアイディアを提供する発明家と，新しいアイディアを具現化する企業家とは，同一である場合ももちろんあるが，その本質的機能は異なる。企業家と資本家の機能を区分するのと同様である。

(2) 「企業家利益」と企業家の「機能」

経済発展は，人口や資本の単純な増加では起こりえないし，それらに注目しているだけでは発展の動向は明らかにはならない。経済学者が注目するような生産要素が整えられてなお発展のプロセスが進まないというのは，けっして例外的なことではない。また，経済発展の問題は自然的・社会的条件，政治的方策が示されれば解決されたも同じであり，その他のものはあとから自動的についてくると考えるのも浅薄である［シュンペーター 1998: 87, 128, 133］。こうした視点はハーシュマンにも通ずるが[2]，シュンペーター的理解においては，経済発展とはまさに生産諸要素の新結合であり，経済学者の注目するような生産要素がそこにあったとしても，新結合なしに経済発展はありえない。その担い手が企業家である。そして企業家活動には，資本家とも発明家とも異なる，その独自の機能ゆえ，企業家利益が生ずる。

企業家の成功は社会的原因の関数であって，経済発展は彼らがいてもいなくても達成できたもの，企業家がやっているのはせいぜい発展の果実を掠めとること，といった類の議論は，シュンペーターの同時代，左派から保守派まで幅広くみられた見解だが，彼にとってはとうてい受け入れがたいものであった。経済プロセスを現在かき乱すすべての要素，すなわち，つねに変化する状況への対応（創造的反応）という任務は事業体の中心に立つ人物の仕事であり，誰にでもできることではない。ルーティンワークには時代の平均的な知性と意志で十分対応できるが，周囲の社会的抵抗も予想される新結合を果たすには，少数の個人しかもたないような資質が要求される。企業家とは，どのような時代でも，どのような組織形態でも必要とされるリーダーシッ

2）ハーシュマンは，投資の国民所得に対する比率が上昇している背後には，発展過程の諸特徴に決定的な変化が発生しているのであって，比率の上昇はせいぜい「外的兆候」であるとし，W. W. ロストウ的な議論を批判している［Hirschman 1958: 45-46; 訳81］。統計上確認できる経済量のみで発展過程をみることの限界，原因と結果を取り違える可能性を指摘しているわけであるが，詳しくは後述する。

プの特殊ケースであるというのが，シュンペーターの理解である［シュンペーター 1998: 25-34, 57-60, 118］。

　ここで若干の説明を加えれば，シュンペーターは，経済もしくは経済のある部門が伝統的理論が叙述しているような方法で所与の変化にそれ自身を適応させるとき，それを「適応的反応」と呼び，経済もしくは産業，もしくは産業内のいくつかの企業が，何らか他のことを行なうとき，とくにそれが既存の慣行的業務の範囲を越えているときには「創造的反応」と呼んでいる。これは過去の延長線上で，つまり既存の事実によって予測しえないものであり，創造的反応は，もしそれが起こらなかったとき出現したであろうような状況とは断絶した状況をつくりだす。歴史が進展していくうえで本質的要素である創造的反応がこうしたものである以上，それは「決定論的信条」を越えたところで生起する［シュンペーター 2001: 336-337］[3]。

　シュンペーターの理解によれば，リーダーシップを発揮し新しいことを断行するということが企業家機能の本質であり，企業家の利益はこの新結合の成功によって生じる。競争経済下において，この企業家利益は再投資されることが一般的で，生産機構のいっそうの改善に役立てられる。したがって，企業家利益は国民経済的な観点からも意義を有するものであり，課税によりこれを吸い上げれば国民経済的な発展の動力が弱められることになる［シュンペーター 1998: 73-74］。シュンペーターは，発展（＝新結合）なくして企業家利益はなく，企業家利益なくして発展なし，と考えていた。シュンペーターはいわゆる「動態利潤説」に立っていたのである[4]。

　シュンペーターの遺した企業家論には，上述した以外にも，なおいくつかの重要なポイントがある。

　「企業家」といった場合，具体的実在としての個人・法人を想起するのは必ずしも的外れではないが，シュンペーターが，むしろ経済発展理論体系の

---

[3]　私たちはここに，第2章で論じたような，「法則性と固有性」に関するハーシュマンの議論にあい通ずるものを見いだすことができるだろう。適応的反応は法則的に理解できても，創造的反応の個別性・固有性・新奇性を一般的な法則・原則に解消することはできない。

[4]　シュムペーター［1977b: 52-54］参照。「大きな余剰利益は新しい産業や新しい方法を採り入れた産業に生まれるのが通例で，とくにその分野に一番乗りした企業によって実現されるもの」［シュンペーター 1998: 121］だが，企業家利益は，こうしたものであるがゆえに，賃金のような持続的所得範疇ではない。

なかで果たされる，企業家という「機能」に着目している点には，あらためて注意すべきであろう。彼は，企業家という機能を歴史を越えた普遍的なものとみなしており，必ずしも特定の個人によって体現される必要のないものとし，つぎのように述べている。

> われわれは，企業者が特殊な社会現象として存在するような特定の歴史的時代における企業者のみを問題とするのではなく，この概念と名称をその機能に結びつけ，またどのような形態の社会においてであろうと，事実上この機能を果たしているあらゆる個人にこれを結びつけるのである。したがって，彼らが社会主義共同体の機関であろうと，封建賦役農場の領主であろうと，原始的種族の首長であろうとかまわないのである［シュムペーター 1977a: 199-200］。

そして，企業家は社会のいたるところから現れるとしているが［シュンペーター 1998: 140］，この点は，のちに本章で展開するような議論にとっても重要な論点である。

さらにシュンペーターは，時を経るに従い「企業家の機能」は低下していくものとみなし，資本主義は衰退していくとしている。上述のとおり，企業家機能の本質は，どんな決定論的信条をも越えた「創造的反応」にある。ところが，社会が経済プロセスにおける新しいものに慣れ，経済の領域においても計算可能な領域が広がるにつれて，企業家の機能は容易になるとともに民主化される［シュンペーター 1998: 42, 89］。技術進歩は進歩そのものを予測できるものにし，社会も経済の変化に抵抗するというよりも，それを受け入れるようになっていく。合理化され専門化された事務所の仕事が個性を抹殺し，結果の計量可能性が「夢」を抹殺するようになれば，経済進歩は非人格化され自動化されるようになり，企業家の機能は無用になる，とシュンペーターは述べた［シュムペーター 1962a: 239-241］。こうした将来展望はさまざまな議論を呼び起こしたが，資本主義が成熟していくにつれ企業家の機能は低下し，さらには資本主義そのものも衰退していくというのがシュンペーターの認識であった。

以上が，「企業家」に関するシュンペーターの議論の概略である。私たちは，こうしたシュンペーターの企業家論を，とくに途上国開発ないし市場移

行という視角からはどのように評価すればよいだろうか。

2　開発論と「企業家機能」

(1)　キャッチアップ型工業化と「革新的結合」

　現在，シュンペーター的思考方法は，開発・市場移行を担う国際機関の教義とは相容れないものである。長くIMF・世銀の正統的教義となっているワシントン・コンセンサスに典型的なように，現代の開発論においては，経済の動態的プロセスよりも経済の安定化を重視する考え方が主流となっている。それによれば，マクロ経済を安定させ，各経済主体が私的利潤を追求する環境さえ整えれば市場メカニズムが働き，抑圧されてきたが本来その社会に備わっているはずのエネルギーが発散されて，発展・市場移行のプロセスが進んでいくということになる。

　したがって，現代の正統的開発論では，シュンペーターを正面切って論じるものは少ない。だが，果たして開発や市場移行の担い手として注目される企業家は自然発生するのか。あるいは何らかの制度的条件がいるのか。さらには，シュンペーターの想定する企業家機能がもっぱら開発・市場移行の過程をリードするのだろうか。

　以下ではこうした観点から議論を進めていくが，まずは，アジア経済研究の分野で「キャッチアップ型工業化」という視角からふたたびシュンペーターに光をあてた末廣昭の評価を紹介しておこう。彼は，シュンペーターの論文集『企業家とは何か』を「『キャッチアップ型工業化』やアジア諸国の工業化を企業レヴェルで理解するにあたって必読の文献である」と推奨し，「革新的結合」という概念でもって，シュンペーターの問題意識を引き継いだ［末廣 2000］。末廣は，当然のことながら，途上地域における国民経済規模の工業化・発展の可能性を否定しない。しかしながら，そのプロセスを，ワシントン・コンセンサスで想定されているような単純なものとはみなしていない。後発工業化は不可能ではないが，現代世界において国民経済レヴェルでの発展に遅れて着手し，発展をとげるには，さまざまな制度的条件が必要である。

　末廣によれば，あとから工業化を開始した国が「後発性の不利益」を克服

し，工業化に向けて「後発性の利益」を内部化するにあたっては，その国の国内条件や主体的能力の形成という問題，すなわち政府，企業，職場の3つのレヴェルにおける「工業化の社会的能力」が重要である。そしてとくに，企業，職場レヴェルの能力について，シュンペーターの「非連続的革新」から説き起こして工業化の社会的能力を論じ，上述した「評価」に行き着くことになる。しかし，シュンペーター的な革新だけでは，末廣が主たる研究対象としているタイをはじめ，アジアのキャッチアップ過程を説明できない。シュンペーター的な企業家のみが発展過程を先導するのだとすれば，それほどまでの「革新」，「新結合」を担える企業家を後発国の国民経済レヴェルで見いだしていくことは，現実には困難だからである。

このとき，末廣は米倉誠一郎の研究 [米倉 1986] を援用しつつ，シュンペーターのいう非連続的変化は革新の特殊ケースであることを指摘する。彼らによれば，「技術」と「市場」という2つの基本指標により分類すると，一般的にひとくくりにされてきた「革新」は4つのタイプに分けられる。すなわち，「構築的革新」（新技術と新市場の創出），「間隙的創造」（既存技術を利用しながらの新市場の創出），「通常的・積み重ね型革新」（既存の技術と既存の市場にもとづいた不断の改良），「革命的革新」（新技術と既存市場の組み合わせ）の4つであり，シュンペーターのいう革新とは，このなかの「構築的革新」にほかならないことが確認される [末廣 2000: 67-70]。

現実の途上国には，たしかにシュンペーター的企業家がそうは見あたらないのかもしれない。しかし，「構築的革新」，すなわち，新技術と新市場がともに創出されるような革新でなければ，キャッチアップ型工業化が不可能なのではない。途上国企業といえども，経営資源のひとつひとつをとれば競争力，優位性をもたないが，利用可能なものをうまく組み合わせ，独自の競争優位を生みだすこと，すなわち既存資源の「革新的結合」を果たすことは可能だろう。アジアの発展とは，企業が所与の環境に反応し，改良を積み重ねたり，すき間市場を狙うなど，できることに取り組んできた結果である [末廣 2000: 71-77]。なにもかもが遅れていて多国籍企業に牛耳られているかに見える後発国でも，企業家が能力を発揮できる余地は必ずあるはずだというのが，シュンペーター的発想を「革新的結合」として発展的に継承した末廣の主張である。

もちろん，ここではある一定の留保が必要であろう。「新結合」の5つの

特長としてあげられていることからもわかるとおり，シュンペーターの念頭にあったのが，新技術と新市場の創出という意味での「構築的革新」にかぎられるのかどうか判然としない面があるからである。シュンペーター自身は，企業家を定義づける特徴は，新しいことを行なったり，すでに行なわれてきたことを新たな方法で行なうということであり，しかも，新しいこととは，ベッセマー製鋼法や内燃機関など歴史的に重要なことである必要はなく，鹿足のソーセージであってもかまわないとしている。そして，「実業界のどんなめだたない場所においても企業家という現象を見て取ること」の重要性を指摘しているのである［シュンペーター 2001: 338］。シュンペーターの議論においては，構築的革新に大きな関心が寄せられていたとはいえ，革新の四分類が未分化のまま混在していたといえるのかもしれない。

ともあれ，末廣の評価にもみられるように，シュンペーターの企業家論は，現代開発論の分野に対しても，いまなお豊かな発想の宝庫なのである。

(2) 初期開発経済学と企業家の機能および企業者能力

ワシントン・コンセンサスにシュンペーター的企業家の居場所はないが，上述のとおり，最近では一部にシュンペーター再評価の動きがある。ところで，ハーシュマンをはじめ，初期開発経済学者はシュンペーターをどのように論じていたのだろうか。伝統的開発経済学者のうち，何人かはシュンペーターの「創造的破壊」，「新結合＝革新」に言及していた。とらえ方の細部は個々の論者で異なるとはいえ，初期開発経済学においては，シュンペーター的問題提起を，経済発展について議論するにあたっての正当な問題設定と受けとめていたのである。

本書でもたびたび言及している H. シンガーは，ボン大学でシュンペーターから個人的薫陶を受けた。シンガーにとってシュンペーターの『経済発展の理論』は，途上地域の発展にとって数多くの重要なテーマを含むものであった。シンガーは，とくにつぎの 2 点をシュンペーターから引き継いだという。まず第一に，技術とイノヴェーション，イノヴェーションへのアクセス，さらにはイノヴェーションを生産過程と結びつける能力・手段，これらが発展にとってきわめて重要であること。そして第二に，発展とは，慣れ親しんだ静態的循環を打ち破るものであり，それゆえ，既得権益に抵触し反発を引き起こしうるものであること，以上 2 点である［Shaw 2001: 3］。シン

ガーは，J. M. ケインズの理論的影響を受けつつも，シュンペーターからの遺産も積極的に引き継いでいるひとりである[5]。

シンガーと親交のあったR. ヌルクセもシュンペーターを論じたが，そのとらえ方はやや否定的である。彼は，企業家の重要性はもちろん認識しているものの，シュンペーターの経済発展の理論が基本的には西欧資本主義の発生と成長とに適用されるべきものであり，必ずしも同じ方法で他のタイプの社会に適用できるものではないと述べた［ヌルクセ 1960: 23］。シュンペーターは，アメリカにおいてこそ，社会各層が企業の機能に従って配置され，自らの企業家像が純粋に近い形で展開するものと考えていたようだが［シュンペーター 1998: 12］，ヌルクセによれば，アメリカ的状況を普遍的なものとみなすことはできない。一般に西欧の産業発展においては，企業家という人材の供給源は中産階級であったが，開発の初期段階において，多くの途上国では中産階級は事実上存在していない［ヌルクセ 1960: 25］[6]。これは，革新を四分類したうえキャッチアップ型工業化をとらえようとした末廣と共通の認識である。だが，ヌルクセはここからシュンペーター的企業家の普遍性を否定した。末廣は，上述のとおり，シュンペーター的革新の特殊性を指摘して，革新的結合にキャッチアップの可能性を見いだそうとした。

また，シュンペーターの想定する創造的な企業家は，企業家としてのスピリッツを含め必要なものをすでに持ち合わせているが，ヌルクセによれば，そうした企業家は現実の発展過程の最初から存在するわけではない。先進国と途上国の経済・社会構造の違いを前提に，ヌルクセは，いずれの企業も尻込みしがちな「産業発展の初期には，潜在的市場を見定めるのに信仰のまな

5）シンガーは，「シュンペーターを通じ，長期の経済学同様，技術の進歩やイノヴェーションの問題に長く関心を抱くこととなった」と述べている［Singer 1984: 277］。
6）ここで，企業家という人材の供給源は中産階級であり，中産階級が存在しなければ企業家が現れにくい，企業家とは中産階級出身なのだというのがヌルクセの主張だとすれば，たとえば，マイノリティの無視しえない企業者活動の歴史を跡づけた河明生の研究がそれへの反証のひとつとなろう［河 1997, 2001, 2003］。河は，被差別マイノリティであるがゆえ，不利な企業環境に置かれている彼らをして，あえて起業活動へと誘い，新規の事業を立ち上げようとする精神的特性を「起業者精神」と呼び，移民マイノリティが世代を経て社会的上昇を果たしていく過程を，在日韓人を事例に明らかにし（たとえば，「孫のための捨て石になる在日一世たち」），これを「世代別経済的上昇法則」と名づけた［河 2001: 114-126］。

こが必要である」として，各産業部門が需要を支え合えるように，政府が同時多発的均整成長論を展開すべきことを主張したのである［ヌルクセ 1960: 22］。

　一方，同時多発的均整成長などという困難な課題を達成することが可能なら，もはやその国は途上国ではないとし，ヌルクセ的な均整成長論の非現実性を批判したハーシュマンも，別の角度からシュンペーターに言及している。

　シュンペーターは企業家という機能の普遍性を指摘し，ヌルクセはそれに疑問を投げかけた。ハーシュマンが「封建賦役農場の領主」や「原始的種族の首長」にまでそうしたものを見いだそうとするかはともかく，現代の途上国における「企業者能力」(entrepreneurial ability) の存在は否定しない。本書でもすでに一部論じてきたように，ハーシュマンは，「機械を使う能力や，投資したり企業者として活躍したりする性向は，全世界に普遍的に存在しており，それら諸能力の発揮に適当な機会だけが必要なのだという認識」から，経済発展のための「戦略」を練り上げようとした［Hirschman 1958: 4, 訳 7］。ヌルクセは経済・社会構造の違い，中産階級の欠如を問題としたが，ハーシュマンによれば，途上国といえども企業者能力がつねに不足しているわけではない。将来に対する見通しの不完全性，知識や経験の不足のために，工業化の促進よりはいっそう手近な商業や不動産業に企業者能力が偏在してしまっているのであり，能力そのものが欠如しているわけではない。

　こうした事態をハーシュマンは，「人格化された流動性選好」(personalized liquidity preference) という興味深い言葉で表現している。つまり，企業者としての経験も少なく，将来の見通しがはっきりとしない途上地域では，企業者がその保有する貨幣とエネルギーを新事業に固定させるというのは，先進国以上に一大決心を要することであり，この重大な決意を下すまでは，保有する資金ばかりでなく自己自身をもできるだけ長く「流動的ないし準流動的」状態，「無拘束状態」に保っておこうとする傾向があるというのである［Hirschman 1958: 21, 訳 39］。

　シュンペーターは，新結合としての経済発展における企業者の役割の重要性を指摘した。ハーシュマンは，その重要性を認めたうえ，現状では潜在化しているか，偏在もしくは分散している企業者能力を発展目的に向けて喚起し，継続的に「誘発していくメカニズム」を見いだそうとした。こうした自らの試みに「経済発展の戦略」と名づけたのである。低開発国は経済進歩の

できあがった果実を知ってはいるが，それに到達するに必要な「道程」に関してはほとんど知らない。「戦略」は到達点だけではなく，むしろ発展の「プロセス」を明らかにするものでなければならない。そうでなければ，低開発国にとって，発展とは単なる画餅にすぎなくなってしまう。これがハーシュマンの基本的認識である［Hirschman 1958: 10, 訳18］。

　ハーシュマンにとっては，発展のバンドワゴンをまずは動かすこと，潜在的・偏在的・分散的企業者能力を動員するための意図的な戦略が重要となる。規制を緩和し「市場メカニズム」などと唱えたところで，バンドワゴンは簡単には動きださないからである。発展に関する，通説的な意味での前提条件を欠く途上地域が，行為，実践を通じて学習を重ねていくプロセス，すなわち「学習効果」，「社会的学習」に着目したのが，彼の開発論の大きな特徴のひとつであるといわれるが，これに関しては，第6章で「副次効果」を扱う際に，あるいは第7章において，詳しく論じることとしよう[7]。ここでは企業者能力の具体的内実の一例として，「投資実行力」（the ability to invest）に関するハーシュマンの見方を紹介しておきたい。後年にいたるまで注目される「学習効果」という考え方は，すでに『経済発展の戦略』の段階（1958年）で現れている。

　周知のように，ヌルクセは，低開発地域における貯蓄・投資の両面に「貧困の悪循環」を見いだし，偽装失業の動員と同時多発的均整成長による悪循環の打破を訴えた。ハーシュマンは，問題を単に貯蓄・投資の量的不足・悪循環ととらえるのではなく，貯蓄と投資を結びつける能力，発展決意をつくりあげてそれを実行に移す能力，すなわち投資実行力の欠如とみている。

　だが，この欠如は絶対的な障害とみなされるべきではない。投資実行力こそは，「実践によって獲得され増大されるものである」［Hirschman 1958: 36, 訳64］。物理的な障害・不足というよりは，投資決意の形成過程が不完全で，実践の機会が生じないことによって，低開発地域はいつまでも投資実行力が向上しない。こうした能力は，発展の初期においてはたしかに稀少ではある

7）ちなみに，この「社会的学習」は，末廣が工業化の「社会的能力」としたものの「形成過程」を示唆するものである。社会的能力の獲得にいたるには，どんなプロセスをたどることになるのか。前章でも述べたように，こうした能力を「上から」一気につくりあげることは不可能だという認識が，ハーシュマンにはある。ハーシュマンの開発論は「学習」をさまざまな場面で提示してみせる。

が，実は使えば使うほど，減少・摩耗するどころか，フィードバック効果によって増大させうる資源である［*ibid.*: 7, 訳12］。まずはバンドワゴンを動かし，潜在的・偏在的・分散的能力を喚起せよ。動かさないことには，学習の機会が断たれ投資実行力が向上しない。

投資実行力が向上しないだけではない。事前には判然としない当該社会の後進性の真の原因を明らかにするためにも，発展のプロセスが開始され持続されなければならない。ポシビリズムを背景に誘発メカニズム，学習の可能性を主張するハーシュマンの基本的認識がここにある。

「学習効果」という観点からは，つぎのハーシュマンの叙述はきわめて重要である。

> 出発をまちがえたり，多くの障害につぎつぎとぶつかったり，それを乗り越えたりしながら，発展を実現するには低開発社会の内部で多くの変革が必要であることに気づくのである。このような過程を経てはじめて，低開発国における制度的，性格的特質のうちで何が後進的であり，何が改革もしくは放棄されなければならぬかが決まるのであって，それが先験的に決まっているのではない［Hirschman 1958: 10, 訳18］。

ワシントン・コンセンサスにせよ，日本式開発主義にせよ，そこで想定されているのは，当該社会の真の問題を事前に熟知している全能の政策担当者である。彼らは問題に即応する解決策を手持ちのアタッシュケースから取りだせる。彼らは，学習，あるいは刻々と変化する状況への対応というハーシュマン的認識からは遠いところにいるのである。

本節では，開発論におけるシュンペーター的企業家の位置づけを概観してきた。次節では，よりハーシュマンに引き寄せた形で，企業者活動のもたらす変動局面の検討を進めていこう。

3 変動局面の主観的認識とコミュニケーション——「改革機能」への注目

(1) 経済変動の主観的認識とトンネル効果

前節でみたように，ハーシュマンは，シュンペーター的問題意識を受け継

ぎ企業者能力の普遍性を指摘して，発展の現実的可能性を論じた。静態的社会，あるいは通常「悪循環」に陥っていると認識されがちな社会において発展へのエネルギーを喚起し持続させる戦略を，ヌルクセとは違った現実的視点から模索したわけであるが，ハーシュマンによれば，「経済変動，進歩が当該社会においてどのように受けとめられているか，どのように認識されているか」ということが，動きはじめた発展プロセスを大きく左右する。すなわち，発展プロセスは，客観的経済条件のみならず，当該社会の主観的認識によっても影響される。利害対立があることを前提に，その対立を一掃するのではなく，それでも進歩への途を模索しようとすれば，当然ではあるが，他人の成功を当該社会の成員がどのように認識するかによって発展プロセスが左右されるという状況に，ハーシュマンは長く関心を寄せてきた。

　ハーシュマンはこうした局面を明らかにすべく，まず変動観念のプロトタイプを2つあげ，分析を試みている。すなわち「集団中心的変動観念」（the group-focused image of change）と「自己中心的変動観念」（the ego-focused image of change）である［Hirschman 1958: 11-16, 訳22-30］。

　「集団中心的変動観念」とは，経済的進歩を当該社会全体に対してイメージするもので，共産主義社会で典型的にみられるであろう観念である。経済変動は各個人に平等に影響を与えるはずであると認識される社会において，発展計画は，たとえばマラリア対策や種子改良のように，実際その影響が当該社会全体に行き渡るであろうと期待されるものについては成功する可能性が高い。しかし，必然的に投資の優先順位づけ，選別が内包される，大規模な近代化計画には多くの困難がつきまとう。集団中心的変動観念が支配的な多くの途上国では，優先順位づけが回避される傾向にあり，効果的な開発計画の立案・実施が困難なものとなりがちである。

　これに対し，「自己中心的変動観念」とは，経済変動が個人にとって可能なもの，もしくは魅力的なものととらえはするが，集団に対するその影響が理解されないような観念，資本主義社会に典型的にみられるであろう変動イメージである。集団中心的変動観念よりも自己中心的変動観念が支配する社会のほうが，進歩，発展にとって一見好都合だが，このイメージに含まれる競争的性格だけで経済発展がうまく進むわけではない。シュンペーター的な革新的企業者は強烈な個人主義者と想定されるかもしれないが，自己中心的変動観念の蔓延は，かえって敵対心をあおり進歩の妨げとなることがある。

次項で述べるように，ハーシュマンは，シュンペーター的企業家イメージのひとり歩きには釘を刺したが，ここで変動の主観的認識に関し，さらにもうひとつ，彼の提示した興味深い論点を紹介しておこう。

急速な経済成長が果たされている地域では，格差が拡大しても，不満が爆発するどころか，現在発展から取り残されている人々の間にも，やがて何らかの果実がもたらされるのではないかという期待を生み，不平等への耐忍度が高まる場合がある。トンネル内で長い渋滞に巻き込まれた人が，同方向に進む隣の車線の車が動きだすのを見て，自分の車線でも渋滞が緩和されはじめトンネルを抜け出られるのではないかと期待し，しばらくは渋滞にもじっと我慢するというのは日常的なことだろう。ハーシュマンは，こうした俗っぽい「たとえ話」をもちだし，発展過程の不均整・不平等に，経済成長が一時的にせよ時間的余裕を与える効果を「トンネル効果」と称した。成長経済においては，客観的な経済的不平等にもかかわらず，国民が将来への希望を抱くという雰囲気が醸成されがちである。皮肉なことに，こうしたことが当該社会の成員の間に単なる「水平化欲求」ではない向上意欲を引きだし，社会的厚生の面からも望ましい場合があるというのである［Hirschman 1981: 43］[8]。

トリックルダウン効果にも通ずるこうした考え方は，ある論者の言葉を借りれば，まさに「先の世代の保守派の思想」かもしれない［マイヤー 1982: 96］。パイを大きくする経済成長とは，一般大衆の政治的・経済的参加要求と，資本主義経済ないし混合経済体制の枠内では制約を受けざるをえない平等主義との狭間で，「円を四角にするたぐいの，不可能を可能にするような見せかけの手段を提供する」［ハーシュ 1982: 352］。社会正義に専心する知識人の眼には単なる欺瞞としか映らず，とうてい理解しがたいことだろうが［Hirschman 1981: 45］，停滞から脱し発展を目指そうという途上地域に生じうる現実への視点は失わないほうがよかろう。これがハーシュマンの主張である。

だがハーシュマンの主眼は，単にパイが大きくなることによって分け前が増えるということにあるのではない。むしろ彼が注目するのは，「急成長のもたらすコミュニケーション効果」である。つまり，急激な経済成長にとも

---

8) この「トンネル効果」については，吉岡［1999］において簡潔に整理・検討されている。

なって，旧態依然たる経済に変化の兆しが見えはじめ，国家，都市の物理的変貌ぶりが誰の目にも明らかとなるにつれて，さまざまな人々の間に改善への期待が説得力をもって伝わっていくという効果である。急激な経済成長は当該社会の不平等を拡大する可能性が高いが，そうしたこと以上に，経済成長のもたらす物理的変化，他人の成功が改善への期待を広める効果のほうが大きい場合があるとハーシュマンはいう［Hirschman 1981: 130］。

さらに，ポシビリストとしての彼の真骨頂は，コミュニケーション効果としてのトンネル効果を指摘したことだけではなく，むしろ，その制約要因にも目配りしたことにこそある。ハーシュマンは，単純な保守主義者とは異なり，トンネル効果が無条件に機能するとも，無制限に持続するとも考えていない。

ハーシュマンによれば，トンネル効果は，国民全体があたかも均質であるかのような印象を与える機能をもつもの，たとえば国民によって分かち合われる，戦争，独立，革命といった共通の歴史的経験によって助長されうる。発展阻害要因としてあげられることもある伝統的共同体社会も過度に分断化されているのでなければ，トンネル効果は機能しやすい［Hirschman 1981: 50-52, 129-130］。まさに主観的要因が作用するのである。しかし，だからこそ，人種，民族，宗教，諸地域，産業部門の間で，誰が見ても明らかなほどの不平等，分断化が生じている場合，他人の成功への感情移入，開発プロセスの社会的受容にいたらしめるのは困難となる[9]。そして外資が経済過程において支配的な社会でも，トンネル効果が働きにくくなりがちである。トンネル効果の可能性を指摘する一方で，ハーシュマンは，非常に分断化されている社会においては，経済成長を結果的にもたらすとしても，不均衡・不平等を必然的に生みだす資本主義的開発が適当でない場合があるとまで指摘し

---

9) かつて板垣与一は，J. S. ファーニヴァルらの見解を踏まえたうえ，「複合社会」においては「経済的進歩」と「社会的福祉」の間に根本的ギャップが発生しうることを指摘し，「人種の線に沿うて生活類型を異にし，『共通の社会意志』（common social will）の拘束力を離れた経済的利害の対立と，人種的宗教的反感によっていっそう強められた社会的緊張と分裂を，その本質的特徴とするような異質的な社会にあっては，発展が急速であればあるほど，進歩と福祉とのギャップはますますはげしく開いてゆく」と述べたことがある［板垣 1962: 157］。まさに卓見といえるが，ハーシュマン同様，板垣も途上地域における発展の可能性を否定しているわけではない。そうではなくて，ここで問題となっている状況への目配りのない発展理論では，社会的な混乱を巻き起こしかねないと注意を促しているのである。

たのである［Hirschman 1971: 14, 1981: 49-51］。

　以上のように，ハーシュマンは，多民族・多宗教で，外資が支配的であるような植民地的経済構造を独立後も引きずる新興国が国家の統一原理を求め，より計画的な開発政策に傾かざるをえない事情は十分把握していた。しかし，すでに述べたように，ハーシュマンは野心的な中央集権的開発の非現実性，非合理性，さらには潜在的な抑圧性のほうをより問題とした。中央政府の統合的計画により，外部経済を完全に内部化して投資誘因を高めることの非現実性についてハーシュマンが述べたことは，前章で検討したとおりである。ハーシュマンは，創造的破壊と計画経済，より一般的には社会主義経済体制との不整合を指摘したわけだが，彼はトンネル効果という点からも社会主義体制の不利性を指摘したことがある。

　他人の成功を偶然によって説明することを許容するような，意志決定が集権化されていないとみなされるところでは，それゆえにこそトンネル効果が機能しやすい。社会主義は，理念的には，分権的システムに存する過度の不平等ゆえ生まれたものである。だが，逆にこのことによって，社会主義体制では不平等への耐忍が弱まり，より分権的なシステムのもとでは許容されるかもしれない不平等が社会的に受け容れられなくなる場合があるというのである［Hirschman 1981: 54］。トンネル効果への制約要因を認識しながらも，ハーシュマンは，不平等に端を発する不満，対立を発展過程のなかに解消させていくという意味での合意形成力において，社会主義体制が直面するであろう困難を指摘していた。

　だが上述のように，社会的経済的変動局面への主観的認識を重視し，より現実的な開発路線を目指すハーシュマンが，血気さかんなシュンペーター的企業家機能の礼賛で終わらないのは当然である。経済成長のもたらすトンネル効果，コミュニケーション効果は万能でも永続的でもない。他人の成功への感情移入，わが身にも起こるはずの状況改善への期待は，一定期間，不平等への忍耐のみならず上昇志向も生みだすかもしれないが，いつでも嫉妬，怨恨，憎悪に転化しうる危ういものである。だからこそ，成長プロセスには不均衡，不均整を調整する機能が必要になるのである。

(2) **発展プロセスにおける協同的要素ならびに「改革機能」の重要性**
　従来一般に，企業家精神の「創造的」要素が強調されるあまり，一国の経

済発展のために等しく重要な「協同的」要素への視点が欠落していた。つまり，より具体的にいえば，すべての利害関係者（特定生産方法の発明者，共同経営者，資本家，部品・サーヴィスの供給者，卸売業者など）の間に協力関係をとりまとめる能力，関税，認可，為替管理規制などの問題について政府諸機関の協力をとりつける能力，有能なスタッフの忠誠心を喚起し労働者，一般大衆，他社経営陣と円満な関係を結んでいく能力といった「協同的要素」が忘れられがちであった［Hirschman 1958: 11-17, 訳 22-32］。

　創造的要素のみ人々の耳目を惹きがちだが，シュンペーターが注目したところのアメリカでは，この重要性が早くから認識され，企業社会においてさまざまな制度・慣習が整えられてきた。経営学の発展などもその一例であろう。ところが途上地域では，自己中心的変動観念が支配し，人々の間で緊張と敵意が蔓延した結果，創造的要素と同じく企業家の機能に本来備わるべき協同的要素が不足している。途上地域においては，経験によって，相互利益の可能性と全体的成長の可能性が人々の間で認められるようにならないかぎりは，協同的要素の欠如が長く経済発展の足枷となる，というのがハーシュマンの主張である［Hirschman 1958: 19, 訳 35］。相互利益と全体的成長を当該社会の成員に主観的に認識させること，すなわち，発展の経験を通じ「集団中心的にして自己中心的な変動イメージ」を当該社会に根づかせることが，開発戦略の大きな目標となったのである［Hirschman 1958: 23-24, 訳 43］。

　そしてのちにハーシュマンは，ラテンアメリカ諸国であいついだ権威主義体制出現の背景を論ずるなかで，上述の事柄に関連すると思われる論点を，よりマクロな視点から総括している。本節のまとめとしてこの点に触れておこう。

　ハーシュマンによれば，発展過程に備わるべき機能として「企業家的機能」（entrepreneurial function）と「改革機能」（reform function）の2つがある。企業家的機能とは，成長と資本蓄積を担う。その具体的な担い手は，国内民間資本，外資，さらには国家などである。改革機能とは，成長の生みだす不均整，不平等の是正という機能である。その担い手は，国家にかぎらず，成長過程で生じた不均整，不平等を正そうと決意する人々，集団であれば，労働組合であれ伝統的エリートであれ，すべて改革機能を担いうる。この企業家的機能と改革機能の2つがいかにうまく実現し調和させられるかが，成長過程の経済的・政治的帰結にとって決定的に重要である［Hirschman 1981:

124-125]10)。

　改革機能があまりにも早く機能しすぎると，企業家的機能が麻痺し，経済成長という「金の卵を生む鷲鳥」を殺すことになる。そうなるとやがて経済は停滞し不満が高まって，権威主義体制によって蓄積と成長の過程を推し進めようとする雰囲気が醸成される。逆に，成長過程に介入する改革機能があまりにも遅すぎると，長く抑えつけられていた改革への圧力は暴力的に爆発し，早く機能しすぎた場合と同様，権威主義体制が登場することになろう。
　だが，理想的な企業家的機能と改革機能が絶妙のタイミングで機能する国など，現実的にはありそうにはない。だとすれば，不均整，不平等を内包する資本主義的開発を進めていけば権威主義体制は必然的なのではないか。しかしハーシュマンによれば，そうではない。多元的政治体制の崩壊とは，企業家的機能の担い手と改革機能の担い手との間の敵対がどの程度であり，またどのようなものであるかに関係している。両機能の担い手がイデオロギー的にも人間関係としても完全に断絶し決定的な対立がもたらされ，そこに対話の余地もコミュニケーションのルートも感情の移入もありえないような状況が生じれば，多元的体制の持続可能性は著しく後退し，権威主義体制が現れることになる。つまり逆にいうと，ハーシュマンは，両機能の担い手のコミュニケーションが断絶することなく，何らかの形で維持することができれば，対立は必ずしも権威主義体制に帰結しないと考えているのである。
　ハーシュマンはここで，コロンビアやベネズエラの例をあげ，論拠の一端を提示している。たとえばコロンビアでは，エリート集団が改革機能を担うもの，企業家的機能を推し進めるものに分かれつつ，限定的ではあるが，多元的政治体制を長年維持してきた。たしかにコロンビアは，1940年代末から50年代にかけて暴力沙汰は絶えなかったし，1953年から57年には専制的政治をも経験した。しかし同国エリートたちが各々の機能を担うグループに分かれていたことで，両機能は最低限の働きをみせ，多元的体制はしぶと

---

10)「市場経済はそれ自らが調和と均衡をもたらすとみる正統派経済学とは逆の，ネオ・マルクス主義と共通した認識がありながら，その反面で，市場経済を不平等をもたらすゼロ－サム・ゲームとしてのみみようとするネオ・マルクス主義とは異なって，その『企業家(的)機能』に含まれる経済発展誘発機能の動態的側面が，理論構成の中に含まれている点」を指摘し，ハーシュマンの議論を評価したのが本多健吉である［本多2001: 187-188］（括弧は引用者による補足）。

く生き残った。両グループのコミュニケーションはしばしば停滞したが，けっして断絶することはなかった。これには人間関係も功を奏したし，使うレトリックやスローガンはどうであれ，改革派が体制を転覆させるような革命派ではなく，同胞の利害を念頭に行動しているということが明らかだったからである。

そしてハーシュマンは，「上からの」改革か，「下からの」改革かということ以上に，企業家的機能の担い手と改革機能の担い手との間の対立状況がどのようなものであるかのほうが，多元的政治体制のもとでの開発過程の行く末にとっては重要であるとしているのである［Hirschman 1981: 131-134］。

ハーシュマンは，権威主義体制の成立を分析するにも，なにか単一の究極的要因に還元するような見方を退けるとともに，企業家的機能，改革機能を支えるイデオロギー，両機能が出てくるタイミング，両機能の担い手の関係といったことが，経済発展と政治との相互作用を理解するうえで重要であるとの結論に達した。

こうしたことからも，ハーシュマンの開発論の特長が浮かび上がってくる。彼の開発論とは，両機能の担い手が決定的な対立に陥ることなくコミュニケーションを維持し，より生産的な政策を引きだすべく学習するための共通の土俵を提供しようとするものである。それぞれの原理を振りかざし，相手を全否定して即座にコミュニケーションを断絶するのではなく，対立はあるにせよ，発展という共通の目的に向けコミュニケーションを維持していくなかに，多元的政治体制を維持しつつ発展を進めていくための具体的方途を見いだそうとしたのである。この点は前章の議論でも確認できるだろうし，このあとの諸章で述べる内容にも関連する[11]。

以上，本節では，開発論におけるシュンペーター的企業家論の位置づけを確認した前節の議論を踏まえたうえで，本書全体のテーマに従い，シュンペーター的問題提起がハーシュマンによってどのように受容され展開されていったのかについて整理してきた。以下では本章のしめくくりとして，より幅広い視点から，シュンペーターとハーシュマンの議論の興味深い交錯につ

---

11) 不満を抱きコミュニケーションを断絶するのか。コミュニケーションを維持しつつ改善に向けた働きかけを行なうのか。このテーマは，本書第8章での「離脱」（exit），「発言」（voice），「忠誠」（loyalty）の議論につながるものである。

いてまとめておこう。

4　シュンペーターとハーシュマン——発展の内成因への視角

　シュンペーター，ハーシュマンともに「異端」と称され，いわゆる「学派」も形成していないが，多様な分野に影響を与え，経済学のみならず，というよりむしろ，経済学の分野以外から高い評価を受けている。両者の架橋を試みる議論はあまり多くはないが，P. ヴィナルチェクが1998年6月，ウィーンで行なわれた国際シュンペーター学会世界大会において興味深い議論を発表した。

　ハーシュマンは，いまだ明示的な形で自らの議論とシュンペーターの議論との親和性を述べていない。前節のような議論もハーシュマン自身は，シュンペーターのみを意識し，関連づけるべく展開したわけではない。だが，ヴィナルチェクによれば，それぞれが現代の民主的経済（modern democratic economies）の動きを理解するうえで重要な貢献をしているだけではなく，両者の考え方は互いに重なり合う部分も多いし，また相補的なものである。知的交雑は実り多いものになるとはかぎらず，必ずしも収斂しないこともあるが，ハーシュマンとシュンペーターに関しては指摘しておくべき「親和性」（Wahlverwandtschaft）がある，というのがヴィナルチェクの主張である

12）R. スウェッドベリは，シュンペーターの切り開こうとした「経済社会学」の現代的可能性の探求，より一般的には経済学と社会学の対話を通じた両者の境界の再検討を試みるべく，著名な経済学者，社会学者にインタヴューを行ない，それを一冊にまとめあげた。ハーシュマンもインタヴューを受けたひとりだが，「『経済学帝国主義』は正しいか」と尋ねられたとき，彼はこう答えた。「もっとはっきりといわせていただければ，私はそうしたアプローチに断固反対です」［Swedberg 1990: 159］。

　そして，シュンペーターは，経済的進歩の歴史に関する十分な知識に裏打ちされない理論枠組みなど，まったく理論がないこと以上によくないことだと結論づけたというが［Swedberg 1991: 230］，経済学的言説の複雑化を指向したシュンペーター，ハーシュマンの両者から導きだせる「経済学」観においては，少なくともつぎのようなスタンスは拒否されるとヴィナルチェクはいう。すなわち，第一に，政治学，社会学から経済学をまったく区分すること，第二に，経済学を政治学，社会学の下に完全に包摂してしまうこと，そして第三に，経済学でもって，政治学，社会学に完全にとって代えること，以上である。

[Wynarczyk 2000: 329-330]。ここで本章のまとめとして，ヴィナルチェクの議論を簡単に紹介しておきたい。

　両者を比較検討したヴィナルチェクの議論は，以下の4点に集約される。

　第一に，両者の学際的手法へのスタンスである。彼は，シュンペーター，ハーシュマンとも，学際的総合化につきまとう危険性を認識しつつも，狭義の学問的境界を越えた研究を残していることにまず注目している。両者ともいわゆる「経済学帝国主義」には反対で，経済現象をより広い社会的文脈のなかでとらえ，そのためにも経済学をより広い社会科学のなかに正当に位置づけるべきことを主張した［Wynarczyk 2000: 330-335][12]。

　第二に，両者とも経済学が一般に想定する合理的個人とは異なり，「制度的個人主義」(institutional individualism) とでもいうべき立場に立っていることである。個人の行動は完全に独立しているわけではないし，完全に決定づけられているわけでもない。個々人は真空のなかに存在しているわけではなく，所与の社会的コンテクストのなかに生きている。ルールや慣習を含む広い意味での「制度」は，目的を持った人間の行動を制約することもあれば後押しすることもある。両者とも変化を導く主体の行動を重視するが，シュンペーターの企業家もこうした文脈におかれるべきものである［Wynarczyk 2000: 335-336][13]。

　第三に，両者とも資本主義経済システムの発展過程における「内成因」を重視していることである。と同時に両者は，「ビルトインされた不活性」(built-in inertia)，つまりシステムには「変化」のエージェントがあまりに素早く反応しないようにする主体ないし条件がビルトインされており，これによって制度変化がより安定的なものになるという興味深い考え方を共有している。これは市場による素早い調整をよしとする考え方からはほど遠い。シュンペーターは，制度的な変化に反応しない，もしくは抵抗する勢力の存在が変化のスピードを安全の限界内にとどめる役割を果たすということを述べた［シュムペーター 1962b: 800］。ハーシュマンの場合，第8章で論じる

13）第2章でも言及したが，現代のアメリカの経済学者にとって，自らの方法を「制度主義」とされることは好ましいことではない。マルクスやケインズ，さらにはシュンペーターやハーシュマンの議論を含め，心理学の成果をも摂取し，新古典派に代わりうる「理論」を追い求めているホジソンは，制度主義に対する，こうした既成のイメージを払拭しようとしているのである［ホジソン 1997: 19-20］。

ように，「スラック経済観」など，『離脱・発言・忠誠』[Hirschman 1970] の枠組みそのものが，まさにこの「不活性」をテーマとしているといってよい。企業なり組織なりのパフォーマンスの衰退傾向に際し，消費者やメンバーが素早く「離脱」することが必ずしも改善圧力を生まず，本来回復可能だった企業や組織がそのまま没落にいたることがある。詳しくは後述するが，改善圧力を導くには，素早く反応するメンバーばかりではなく，「忠誠」によりつなぎとめられるもの，つまり不活発な主体も必要な場合があるというのがハーシュマンの主張である。

　両者とも内成因を論じたわけだが，彼らが注目したのは，変化を導く各エージェントの動きばかりではない。変化を不活性化するような主体，条件，すなわち「ビルトインされた不活性」に，それと同様の関心を払ったことが注目されるべきなのだとヴィナルチェクは指摘した [Wynarczyk 2000: 333-337]。こうした点について，先に引用したホジソンも，ダイナミズムと企業家精神が順調に育っていくには，その背景に，一見，変化や革新と矛盾するような安定性と日常性が必要であると述べている。革新活動と技術進歩にとっては，完全に定型化した，伝統的経済システムはもちろん鬼門だが，それらはまた，個々の企業の行動が不安定でまったく予想がつかない無政府状態においても生息しえないとホジソンはいう [ホジソン 1997; 282-283]。私たちはここで，ホジソンの指摘が，「自己中心的変動観念蔓延の問題点」，「協同的要素の重要性」，「人格化された流動性選好」などのハーシュマンの主張と通底していることに気づくであろう。

　ちなみに，ヴィナルチェクによれば，狭義の経済学を越えたところで，同じく資本主義経済の発展の内成因を理論づけようとしながら，両者が重視したものは異なる。シュンペーターは「生産のダイナミズム」，すなわち供給サイドに着目した。「変化」のエージェントはいうまでもなく「企業家」である。これに対して，ハーシュマンは「消費のダイナミズム」，すなわち需要サイドを重視した。「変化」のエージェントは，「消費者－市民」(consumers cum citizens) である [Wynarczyk 2000: 331-332]。シュンペーターにとって資本主義経済のダイナミズムを生みだすのはあくまでも企業家であるのに対して，ハーシュマンは，上述のようにその機能は認めつつも，「消費者－市民」の側の動きにも目配りしている。

　もちろん，ここでヴィナルチェクの議論には若干の注意が必要であろう。

彼は，あまりにも図式的に「シュンペーター＝供給サイド」，「ハーシュマン＝需要サイド」と分けてしまっているからである。彼が両者の議論には相補性があるというのは，こうした点なのだろうが，これまでの議論からも明らかなように，ハーシュマンにはまさに，企業家への視点も含め「供給サイド」の議論があるし，企業内における労働者，従業員の行動にも着目している。ヴィナルチェクの図式化はやや単純にすぎると思われる。

　こうした点に注意を払いながら，ヴィナルチェクの主張に戻ろう。彼によれば，変化のエージェントとして想定するものの違いが，両者の資本主義崩壊テーゼへのスタンスの違いとなって現れている。これがヴィナルチェクの指摘する第四の論点である。シュンペーターは資本主義の衰退と社会主義の必然を指摘したが，ハーシュマンはそうした見方とは距離をおく。

　ヴィナルチェクによれば，シュンペーターは，社会主義が直面する情報，知識，インセンティヴの問題を迂回し，社会主義に内在する需要サイドの脆弱性を過小評価してしまった。そして，いわば政治面でも供給サイドに立ったシュンペーターは，有権者のニーズや動機よりも，政治家や官僚の才能，技能のほうにはるかに大きな関心を寄せていた。一方，ハーシュマンは，伝統的社会主義が「消費者‐市民」の要求，「離脱‐発言」（exit-voice）という対をなす要素に対応できるとは考えなかった［Hirschman 1995a: 9-44, 訳 11-52］。そして，「消費者‐市民」による私的利益追求と公的活動従事の振幅のほうに関心を寄せ［Hirschman 1982］，すぐさま資本主義の衰退という結論を導きださなかった［Wynarczyk 2000: 337-339］。もっと需要サイドに注意を払っていたならば，シュンペーターは，より強力な資本主義が脆弱な社会主義以上に生き延びるという希望をもっていたかもしれない。いささか性急な感は否めないが，ヴィナルチェクはこう結論づけた[14]。

　自らの論文のタイトルにも現れているとおり，ヴィナルチェクは，いつの

---

14) 塩野谷によれば，現在の世界における社会主義の崩壊を根拠にシュンペーターの「予言」を誤りとする議論は，シュンペーターの方法論についての誤解から生じるものである。シュンペーターは，資本主義が発展し成熟するなかで，それ自身が変貌せざるをえないものを社会主義と呼んだのであり，資本主義に内在する諸傾向が作用し尽くすとき，社会主義実現のための条件が整うという議論を展開した。シュンペーターは，満期以前にある経済的未成熟国が開発志向型の社会主義を導入することは，経済的に失敗であり，政治的には弾圧しかもたらさないと主張しつづけてきた［塩野谷 1995: 294-296］。

日かハーシュマン自身が,より自覚的にシュンペーターとの知的邂逅,相近性を書くことを期待しつつ議論をまとめたという [Wynarczyk 2000: 330]。この章では,本書全体のテーマに沿った形で「企業家」をめぐる議論,そこから派生する議論をまとめてみた。シュンペーターからハーシュマンへの流れをより本格的に議論するには,さらなる検討が必要なのはいうまでもない。だが,本章で検討してきたことからも明らかなように,新結合を担う企業家の機能だけが一国の経済発展をリードしていくという素朴な教訓を引きださないほうがよかろう。「変化を誘発する知性の組織化」を目指す議論で,「企業家的機能」は十分にその内容が咀嚼されなければならないが,ハーシュマンが注目した「社会的・経済的変動に関する主観的認識」,「協同的要素」,「改革機能」なども同じく無視しえない重要なテーマなのである。

小　括──学習とコミュニケーションの理解に向けて

　ヴィナルチェクの主張をすべて受け入れるかどうかはともかく,シュンペーターとハーシュマンの接点は,たしかに非常に興味深い。塩野谷は,繰り返しのきかない,個性的な作品としてシュンペーターを敬して遠ざけるのではなく,「支配的な経済学の枠を超える包括的な社会現象の理解を試みた」シュンペーター的思考を,追体験ができ伝達可能なものとして定型化する必要があるとした [塩野谷 1995: iii]。このことは,過度の一般化は避けるべきだとはいえ,ハーシュマンに関してもあてはまることであろう。
　「市場原理主義」,「経済学帝国主義」という言葉で端的に表されているように,経済学はいま,本来育んできた多様性をますます失いつつある。『現代制度派経済学宣言』を著した G. M. ホジソンは,「形式的には『面白い』が政策に応用されると実際上は破滅的な考えの帰結として,経済学者ならざる百万人以上の人間を貧困と欠乏の淵に追いやる権利」は経済学者にはないと述べた [ホジソン 1997: x]。また,スウェッドベリのインタヴューに対し,著名な社会学者 J. S. コールマンは,「経済学はあまりにも重要であり,経済学者に任せっきりにするわけにはいかない」と答えた [Swedberg 1990: 57]。塩野谷がシュンペーターから抉りだそうとした「経済の社会的被拘束性と社会現象の統一性に目を向ける総合的思考」が,いままさに必要とされている

のであろう。おそらくはケインズの「わが孫たちの経済的可能性」になぞらえて，ハーシュマンが「わが孫たちの社会科学」と称したものもこれに近いのかもしれないが［Hirschman 1971: 306］，本書もこうした壮大かつ困難な目標へのささやかな試みのひとつである。

　つぎなる章では，「許容性」と「拘束性」の概念を駆使しながら，開発プロジェクトのたどる過程を論じたハーシュマンの議論を振り返り，「変化を誘発する知性」の内実についてさらに検討していくこととする。このあとの諸章では，これまでもさまざまな場面で言及してきた「学習とコミュニケーション」が主たるテーマとなっていく。対立を悪として権力が上から一掃するのではなく，対立を前提とし，できればそれを「求心化の契機」とするには，学習，コミュニケーションはきわめて重要なテーマとなる。

第6章　開発プロジェクト評価と発展プロセスへの視点

はじめに

　第4章，第5章では，A. O. ハーシュマンの開発論の含意について，従来議論されてきたよりも幅広い視点から論じてきたが，本章では，1967年に出版され大きな反響を呼んだ『開発計画の診断』[Hirschman 1967] の内容を，本書におけるこれまでの議論と関連づけながら検討していこう。ここには，学習や変化の過程について，これまで論じてきたことが，具体的なプロジェクトに言及しつつ，より一般的な形で展開されている。

　『開発計画の診断』（以下，本章文中では『診断』と略記）は，スペイン語，ポルトガル語，イタリア語，そして日本語に翻訳され，英語圏以外でも多くの読者を得た。原著は1968年，1970年と版が重ねられたが，初版以来30年近くを経た1995年，著者自身による新たな序文がつけ加えられ，リプリント版が出された [Hirschman 1995b]。『診断』は，世界銀行の融資を受けた電力，電気通信，灌漑，河川・渓谷開発，鉄道，道路，パルプ製造，牧畜など，種類も地域もさまざまな11のプロジェクト（中南米4，アジア3，南欧1，アフリカ3）を題材にして，それぞれの開発プロジェクトに固有の「構造的特性」とプロジェクトが実施される国・地域に固有の「構造的特性」との相互関係を明らかにしようとしたものである。

　『診断』のもとになった調査は1964年から65年にかけて行なわれたものであり，ケーススタディの材料としてはいささか古めかしいのかもしれない。だが，後述するように，そこで検討された内容，導きだされた結論は，40年近くの年月を経ても何ら色褪せていない。というよりは，現在のような時代状況を考慮した場合，ますますその重要性を高めているといってよい。

　途上地域の経済発展を展望するにあたり，前提条件として，要素賦存状況，

既存の価値観，制度，社会的・政治的構造などを重視する見方が一般的である。ハーシュマンは『診断』において，支配的見解ではどうにも見込みのない状況でも，適切なプロジェクトを遂行することによって変化を引き起こし，発展への道を切り開くのは可能であることを明らかにしようとした。発展の前提条件探しという，ある意味で不毛な作業を迂回するとともに，途上地域における開発プロジェクト評価において収益率以上に重要な側面に光をあてようとしたのである。

ハーシュマンはけっして事態を楽観しようとしたわけではない。また，すべての計画に妥当する一般命題などという，ありもしないものを導きだそうとしたわけでもない。支配的見解ではさして重視されないものの，それぞれのプロジェクト・技術には固有の特性がある。それが発展に向けての学習効果，態度の変化，制度変革を生みだすこともあれば，これまた固有の特性を有する社会の反発を引き起こし，発展どころか混乱を導く場合もある。プロジェクト遂行者はこうした構造的特性の相互作用がもたらす帰結にもっと留意すべきである，というのがハーシュマンの主張である。本書で繰り返し述べてきたように，ポシビリズムは，新たに生起しつつある「可能性」に光をあてると同時に，通常は見落とされがちな，しかしながら非常に現実的な「制約条件」をも露わにするのである。

のちにみるように，『診断』で展開された開発プロジェクトへの接近方法は，いかにもハーシュマンらしいものである。彼の方法は，執筆当時，シャドー・プライス，社会的費用・便益分析，割引利子率などの手法・概念を用いて，より科学的・合理的な融資基準を模索していたオーソドックスな世界銀行の手法，社会工学的スタンスとは，大いに趣を異にするものであった。『診断』の研究には世銀もさまざまな形で支援をしたが，出てきた結論は世銀の正統な基準を示したものとはいえず，スタッフを少なからず戸惑わせる内容であった。こうしたこともあってか，長らくハーシュマンの研究は敬して遠ざけられる形となった。

だが時代は変わった。次章でみるように，冷戦終結後，国際情勢が変化するなか，世銀は各方面からの批判にさらされ，「改革」（あるいは少なくとも「改革への前向きな姿勢」）が求められるようになった。世銀における開発プロジェクトへの評価基準も，狭義の経済分析を越え出て定性的要素が加味されつつあり，「制度づくり」への貢献が中心的なテーマとなってきている。

開発への視点が物的・経済的なものから拡大していくにつれて、手詰まりの世銀がハーシュマン的手法をあらためて見直すようになったのである。世銀が真に改革への道を歩みはじめ、その過程でハーシュマンの議論を正当に評価・摂取できているかについては疑問が残るが、ともあれ、初版出版後、約30年の年月を経て『診断』のリプリント版が出された背景にはこうした事情も絡んでいる [Picciotto 1994][1)]。

日本においても以前より、開発援助の現場に近いところからは狭義の経済学的プロジェクト評価への批判が出されていた。また、受入社会に与えるインパクト、開発の社会的側面にもっと注意しないと援助は当初の目的を果たしえないとして、近年では「プロジェクト・サイクル・マネジメント」の不備を問う声も出はじめ、「援助の社会的影響」が大きな研究テーマになってきた [佐藤 1994]。後述するが、援助大国日本においては、第1章で検討した日本式開発主義のような大がかりな議論とは別に、きわめて示唆に富む援助論も展開されてきたのである[2)]。

『診断』には、麻田四郎と所哲也による適切な訳者解説が付された、読みやすい日本語訳があったが、残念なことにいまは絶版状態にある。開発援助を取り巻く時代状況の変化、そこで展開された議論の重要性に鑑み、以下では『診断』の内容を紹介したうえ、その現代的意義をあらためて確認していきたい。『診断』の射程は、個別の開発プロジェクトに対する、より具体的・現実的な視角の設定にとどまらず、経済発展、社会変動に関わる学習、コミュニケーションの問題にまで及ぶ。したがって、「変化を誘発する知性の組織化」という点からも見落とせない論点が満ち溢れている。重要な概念、用語に着目しながら、まずは『診断』の内容を概観しておこう。

---

1) 世銀の援助理念・政策はさまざまな展開を経て、現在では、World Bank [1998] に結実しているといわれるが、その内容は必ずしも、以下で垣間見る『診断』の内容を反映するものではない、というのが筆者の印象である。世銀改革の動き、およびそのなかでのハーシュマン再評価をどのようにみるかについては、次章で検討していく。
2) とりわけ、長峯晴夫の議論は興味深い論点に満ち溢れている [長峯 1985; Nagamine 2000]。後述するように、長峯のこの労作は日本の開発研究において異彩を放っており、彼亡き後も読み継がれるべき貴重な業績である。

1　開発プロセスの起動とプロジェクトの特性

(1)　目隠しの手の原理

　ハーシュマンの造語癖は有名である。経済学をはじめとする社会科学のオーソライズされた概念，用語では，具体的・歴史的現実に必ずしも十分向き合えない。こうした場合，ハーシュマンは，狭義の経済学におけるテクニカル・ターム，首尾一貫性にこだわるよりは，人々の直感に働きかけるような新たなる概念を生みだし，それまでの知的枠組みによっては認識しづらかった現実に人々を向き合わせる舞台を設定しようとする。これがハーシュマンの魅力とも危うさとも評価されているのは，いまや周知のことであろう。『診断』第1章で展開される「目隠しの手の原理」（The Principle of Hiding Hand）も，通常の経済学ではみえない，しかし現実世界ではきわめて重要なメカニズムを正当に評価すべく，編みだされた用語である。

　個別のプロジェクトの履歴をたどると，いずれも当初予期しなかったような難しい事態に直面し，よろめき，つまずきながら何とかやりくりされてきたことが明らかになることが往々にしてある。でもなぜ人は，毎度こうした困難な事態に直面するにもかかわらず，あえて開発プロジェクトに着手してしまうのか。

　ハーシュマンはいう。計画の前途にそびえ立つ困難，障害のすべてをあらかじめ知っていたなら躊躇してしまい，誰もそのような計画には着手しないだろう。必要な計画を実行に移さねばならないとき，困難を事前に知ることは不幸なことだともいえる。最初から困難がわかっていたら，人は何事にも着手しない。起こりうる諸問題を過小評価するからこそ，人は未知のプロジェクトに図らずも挑戦してしまうのである，と。

　　われわれにはどうしても自分の創造力を過小評価する傾向がある。したがって，われわれが取り組まなければならない仕事の難しさについても，ほぼ同じ程度に過小評価することが望ましい。そのような仕事に手を出してしまうのは，そうした二つの過小評価が相殺されるからであり，もしそうでなかったならば，われわれはそのような仕事には手をつけない

であろう。この原理は非常に重要であり，名前をつける価値がある［Hirschman 1967: 13, 訳21］。

　こうしてハーシュマンは，まるで「神の手」がわれわれの目を覆い，行く手を遮っている障害をみえなくさせているからこそ，危険で困難なプロジェクトも実行に移されるのだと述べ，これを「目隠しの手の原理」と名づけたのである。むろんこれは，アダム・スミスの「見えざる手」からのアナロジーであろうが，明らかにしようとしている事態はまったく異なることに注意したい。
　ハーシュマンは，K. マルクスの著名な言葉を少しばかり言い換え，自らの眼目をつぎのように述べた。

　　人間は，自分が解決できると・考・え・る・問題だけを取り上げ，後になって，それが実際のところ予想以上に難しいことに気づくが，その時はもはやにっちもさっちもいかぬ状態に陥って，その夢想だにしなかった困難とどうしても戦わざるを得なくなり，挙げ句のはて，時には大成功さえも収めるのである［Hirschman 1967: 14, 訳23］（強調原著者）。

　ハーシュマンは人間の「創造力」の根源に，ある意味で「想像力」の不足をみているのである。本書第2章で論じたような「人間行動の意図せざる結果」を重視する彼の姿勢は，こうしたところにも見いだされる。
　ハーシュマンは，途上地域における開発プロジェクトを考察するにあたって，この「目隠しの手の原理」に着目することの重要性を指摘する。問題解決能力が弱く，革新がいまだ制度化されていない途上地域においては，プロジェクトにまつわる費用・困難は過大視される一方，プロジェクトの生みだす変化の中間的成果・部分的進歩はなかなか心象化できない。それゆえ，「目隠しの手」がとくに必要となる。
　「目隠しの手」は，とにかくプロセスを起動させ，気づいたときにはもはや全力をあげて問題解決に取り組まざるをえないような状況をつくりあげるメカニズムである。発展はたしかにリスク・テイカーを必要条件とするが，このメカニズムは，ある条件を必要とする事態が発生した・後・で，その必要条件なるものを実現させる。いわば危険負担を回避しようとする者に，結果的

に危険を負担させてしまう。そして危険を負担する経験を経た主体は，以後，それまでとは異なったスタンス，危険負担意欲でもって事にあたろうとするであろう［Hirschman 1967: 15-34 , 訳 24-53］。危険負担意欲，企業者精神など，通常，発展のための前提条件とされるものが発展の結果，あるいはその途中で生みだされるとする主張は，『経済発展の戦略』以来一貫して展開されているし［Hirschman 1958: 1-7, 訳 3-12］，『診断』でも繰り返される重要な論点である。

「目隠しの手の原理」は，また，「ユートピアの幻想」，「蜃気楼イメージ」などの言葉とともに語られ，それらが各プロジェクトの具体的足跡で補足されている。開発プロジェクト遂行のためには，人間の想像力の不足を補うメカニズム，また経験を通した学習の機会が必要だというのは，卑俗ではあるがたしかに魅力的な指摘である。

ハーシュマンが言及する具体的事例は多いが，ここで彼が『診断』第 1 章冒頭で取り上げたパキスタン・カルナフリのパルプ製紙工場の例のみ，簡単にみておこう。それはインドからの分離独立直後から操業された大規模工場であったが，苦難の歴史を経て数年後にようやく業績が向上・安定した。にもかかわらず，原料として使用していた竹が花をつけ枯死するという予期せぬ事態にみまわれ，原料資源を別に見いださねばならなくなった。パルプの輸入では費用がかさむことから，別の対応策が求められていたとき，国中から竹や他の樹木を伐採し集める組織がつくられただけではなく，成長の早い別の原材料を開発し，製紙原料としては頼りにならない竹資源からの転換が図られた。竹の開花・枯死という予期せぬ危機が，結果的に原料基盤の多様化という事態を生みだしたのである。

これを単なる僥倖とみる向きは多いだろう。しかしハーシュマンは，この種の出来事は本当にまったくの僥倖なのかを問いかけた。つまり，ある種の誤算から危機に陥ったとしても，別の誤算（あるいは予期しなかった新たな利用可能性）がうまく相殺的に働く，なにかシステマティックな関連があるのではないか，と［Hirschman 1967: 9-10, 訳 15-17］。これを「目隠しの手の原理」と称したのである。

とはいえ，『診断』の主たる内容がこれで終わりというのなら，ハーシュマンは，「尻込みしがちな者をその気にさせるメカニズム」の必要性を説くだけの，「まゆつばもの」の扱いを受けていたであろう。彼がわざわざ「目

隠しの手の原理」を提唱したのは，途上地域においては，結局ないものねだりに陥りがちな前提条件探しの不毛性，プロジェクトをとにかく起動させることの重要性に，まずは注意を向けさせようという意図からであった。着手されさえすれば，学習や経験の過程を通じ，発展の前提条件と称されるものが事後的に生みだされることもありうるからである。

　こうしたことからハーシュマンは，計画の「特性」により，「待ち受けている困難が過小評価されやすく，したがって着手されやすくなる計画」と，「困難が明白すぎて体系的に無視されやすい計画」とがあるということを明らかにしようとした。「目隠しの手の原理」に単なる冒険主義を読みとってしまっては，ポシビリズムを見誤ることになる。無謀な冒険主義と有望かつ正当なチャレンジとを分かつ境界は，どのあたりにあるのか。これを見きわめるには，「目隠しの手」によって隠されている諸困難，つまりは「不確実性」の具体的態様をある程度認識しておく必要がある。

(2) 不確実性

　開発プロジェクトが，その名のとおり「プロジェクト」である以上，何らかの「確実性」と「知識」を前提としている。しかし，可能なかぎりの知識を集約し，どれほど念入りにプロジェクトを用意しようとも，予想もしなかったような困難に直面するのが常である。また困難に出くわす傾向は，プロジェクトの特性によっても異なってくる。ハーシュマンは予想外の困難に直面する，この性向を「不確実性」と表現し，各プロジェクトのケーススタディから不確実性の具体的態様を分類してみせた。開発プロジェクトは「不確実性の不可避性」を認識しつつ策定されねばならないが，推移を完全に見通せないまでも，どのような事態が，どのように生じがちであるかについて知見を得ておけば，社会にとって危険きわまりない冒険主義は回避できる。

　ここでもういちど，「意図せざる結果」へのスタンスについて，ハーシュマンとセンを比較検討した第2章の議論を思い起こす必要がある。センは「意図されないが予測可能な帰結を予期することの必要性」を訴えたわけだが，人間行動の「意図せざる結果」をセン以上に重視するハーシュマンも，本章で確認するように，「不確実性がどのように不確実であるのか」，「どんな不確実性が想定されうるのか」を論じ，不確実性に対応する「戦略」の可能なることを主張した。ハーシュマンが「意図せざる結果」の反動的利用，

ならびに不可知論とは一線を画していることに、ここでも注目すべきなのである。

ハーシュマンの議論をみていこう。不確実性は、プロジェクトにおける供給面、需要面双方で発生する。以下、ハーシュマンが指摘した不確実性の具体的態様を概観しておく。

供給面の不確実性の第一にあげられているのは、「技術にまつわる不確実性」である。各国の天然資源、自然条件に密接に関わるプロジェクトは、この種の不確実性にみまわれやすい。パキスタンのカルナフリ製紙工場計画、ウルグアイの草地改良計画のように、当初予定していた国内産投入物が実は不適切であること、あるいは国内の自然条件についてより詳しい知識なしにはプロジェクトが進まないことが、あとになって判明するような場合などがこれにあたる［Hirschman 1967: 39-45, 訳 60-70］。

第二は、「管理（Administration）に関わる不確実性」である。プロジェクトの管理は、必ずしも当初予定していたように理想的な形で進むとはかぎらない。管理面での不確実性は、社会的・政治的要因と密接に関連しているが、たとえそうした要因が同一でも、プロジェクトの種類によって管理面での困難に直面する傾向が異なることに注意が向けられる。

たとえば、途上地域ではけっして珍しくない複合社会、多元的共同体社会では、開発プロジェクトのなかにグループ間の対立がもちこまれ、管理・運営に支障をきたす場合が往々にしてある。ハーシュマンがその典型的事例としてあげているのが、ナイジェリア鉄道公社である。ここでは、ナイジェリア南部のイボ族がトップマネジメントを牛耳ってしまい、部族間に不協和音が生じて鉄道事業の運営を困難なものとした。

しかし、複合社会などですべてのプロジェクトがこうした運命をたどるかといえば、そうではない。たとえば、ウガンダ電力局、エチオピアの電気通信事業は、部族間における共存・協力の必要性を教え込むトレーニングセンターの役割を果たした。ハーシュマンによれば、鉄道に比べ、電力・電気通信に要する人員は少なく、それだけ「派閥の形成」は困難になること、また事業の大部分が非常に複雑な機械の操作・維持であるだけに、従業員の間に同じ技術エリートに属しているという感情が生まれ、それが部族間の対立感情を和らげたのである［Hirschman 1967: 45-47, 訳 70-73］[3]。

このほかにもハーシュマンは、管理面の不確実性として、プロジェクトが

旧態依然たる官僚組織の既得権に抵触し，本来プロジェクトを支えるべき官僚組織によってプロジェクトが骨抜きにされる場合，プロジェクトが寄生勢力を生みだす場合をあげているが，これも不可避的な事態ではなく，プロジェクトの内容そのものが外部の干渉の程度，またそれへの抵抗力を左右するということが具体的事例をもとに語られている。彼は，インド・ダモダール渓谷開発公社の例に触れ，プロジェクトが技術的に複雑であること，また職員の能力と士気の低下がプロジェクトのパフォーマンス悪化に直結するような計画は外部からの干渉を防ぎやすいとした［Hirschman 1967: 52-56, 訳78-86］。

第三にあげられているのが，当初予定していたようには収入が伸びないといった「資金面での不確実性」である。資金面での困難は，予想されなかった技術的障害，グループ間の紛争による能率低下など，当該プロジェクトにおけるその他の面での困難を反映している場合も多いが，政策担当者の方針変更，移り気が主因となっていることもある。むろん，これも不可避的事態ではなく，エクアドルのグアイアス・ハイウェイ事業のように資金をイヤマークすることが対策のひとつになりうる。だが逆に，イヤマーク資金は寄生勢力のターゲットになりやすいという派生的弊害を生みだすということも考慮に入れておかねばならない［Hirschman 1967: 56-59, 訳86-90］。ある種の不確実性を除去しようとすると，別の不確実性を生みだすことがあるというのは，ハーシュマンが繰り返し述べてきたことである。

供給面のほか，需要面の不確実性としてハーシュマンがあげる第一は，「超過需要」である。彼の念頭にあるのは，価格上昇で調整されるような超過需要ではない。プロジェクトが当初意図していなかった人々にまで期待を抱かせてしまい，多くの満たされぬ需要がプロジェクトへの反発，社会的緊

3）ここでハーシュマンは適切にも J. S. ファーニヴァルの複合社会論，および西アフリカを事例にその複合社会論を西ヨーロッパの階級社会と比較した W. A. ルイスを引用し，植民地分析の鋭い洞察が開発経済学のパイオニアに継承されていることを示唆した［Hirschman 1967: 47, 訳85］。峯陽一は，「複合社会」の概念をファーニヴァルから借用し，西アフリカにおける連邦制・分権型統治モデルを模索しながら，従来その経済論の陰に隠れがちであったルイスの政治論を積極的に評価している。峯によれば，こうしたルイスの政治論は単に植民政策論の系譜に位置づけられるというよりも，植民地分析の合理的要素を新興独立諸国の若き指導者たちに伝授しようとしたものと解釈されるべきである［峯 1999: 40-42］。

張をもたらすような状況が想定されている。こうした指摘に典型的に見いだせるように、ハーシュマンは、プロジェクトの帰趨を左右する要因として、人々の嫉妬、官僚による威信の誇示、さらにはそうしたものを引き起こしやすいプロジェクトの特性などをも明示的に分析の対象とした。

　灌漑計画は超過需要の典型的事例であり、ハイウェイなどは超過した需要をかなり弾力的に処理できるプロジェクトである。プロジェクトの内容によってこの種の不確実性のもつ意味は多少は異なるし、また超過需要が引き起こす利害対立が円満に解決されれば、紛争を建設的に解決する実地教育の意味も出てくるであろう。しかし、計画策定者は、開発プロジェクトが深刻な紛争、社会的・政治的損害を引き起こす危険性に気づいていなければならない。ハーシュマンは、開発プロジェクトに日常的についてまわる超過需要という不確実性の危険性に注意を喚起した［Hirschman 1967: 59-65, 訳90-98］。前章での議論同様、ここでも変動局面の主観的認識が重視されているのである。

　第二は、「需要不足」である。計画完成以前に需要が確保されているうな場合、需要不足という不確実性は小さいが、それでも、一時的な超過供給能力が生じる可能性はある。そのことが設備拡張を遅らせ、必要な時期に供給能力を維持できなくなるという事態を招き、プロジェクトを管轄するものの権限を侵食するような外部からの「過剰反応」を引き起こすこともある。いまのところ需要は存在しないが、徐々にそれが現れるだろうということで正当化されがちな「需要に先駆けた建設」は、「継起的な問題解決」という観点から合理性が見いだされる場合はあるが、やはり需要不足の生じる可能性は払拭されない。上述したような供給面での不確実性がある以上、相互に補完しあう複合体的投資計画でさえ、需要不足という事態を完全に回避することは困難である［Hirschman 1967: 65-75, 訳99-114］。ハーシュマンが前方連関以上に後方連関を重視するのと同じ考え方が反映されている。

　従来あまり注目されてこなかったとはいえ、ハーシュマンは、開発プロジェクトに不可避的につきまとう不確実性を以上のように分析した。そして、均整成長論や総合的投資計画によってはそれらを克服できないどころか、かえって対応のより困難な不確実性が生みだされること、開発プロジェクトの策定には、いわゆる「研究・開発」（Research & Development）における基本的姿勢に有益な視点が見いだせることを確認した。

ハーシュマンによれば、需要面で相互に支えあう多数企業間の同時多発的投資を目指す均整成長論は、研究・開発戦略にとってはまさに鬼門ともいうべき条件、すなわち、正確な予定表、構成諸要素間の事前調整、目的と手段との全面的整合性を求めるものである。こうした需要面における不確実性の除去を目的とした政策は、供給面における不確実性によってもたらされる潜在的損失を増大させてしまう。不確実性は、大量の資本を固定してしまう同時多発的投資よりも、小規模投資を継起的に行なうほうが結果的に小さくなるだろう。ハーシュマンはこのように述べ、理屈のうえでは可能でも、現実には不確実性を増大させてしまう均整成長論の不経済性、危険性を指摘したのである [Hirschman 1967: 78-79, 訳 118-120]。

　研究・開発における意志決定は、「期待される生産物の動作特性を事前に厳格に規定しない」、「期待される生産物が複数の要素からなるシステムの場合でも、要素間の調整を事前に厳密に規定しない」、「複数の代替的アプローチがある場合、どれか一つを事前の費用・便益分析により選び出さない」といったことを基本的特長とするものであり、こうしたスタンスのほうがここで問題とされた「不確実性」にうまく向き合えるだろう。不確実性の存在を否定したり、不確実性を除去したりするのではなく、「目隠しの手」が覆い隠す不確実性の態様を知り、ときには学習効果をももたらす「不確実性の最適化」を図るのが開発プロジェクトの具体的中身となる、というのがハーシュマンの主張である [Hirschman 1967: 75-85, 訳 114-129][4]。

(3) 許容性と拘束性

　上述のように、計画策定者、プロジェクト担当者の意図と無関係に（あるいはそれに反して）生ずる外部状況を、プロジェクトの特性と関連づけて検証する作業は重要だが、プロジェクト担当者たちの自由裁量の範囲、行使が計画の帰趨、効力を規定するという側面もまた分析されねばならない。開発プロジェクトには、立案者・担当者の自由裁量の余地がかなり存在するよう

---

4) なおハーシュマンは、『開発計画の診断』[Hirschman 1967] に先立ち、C. リンドブロムとともに、経済発展、研究・開発、政策決定の間には、先行きの見通しが完全には立たない状況下、継起的な意志決定が求められるといった意味で非常に類似した側面のあるということを指摘した論文を書いている。これはのちに、彼の論文集に収められた [Hirschman 1971: 63-84]。

な特性をもつもの，あるいはそうした余地をほとんど残さないものがある。ハーシュマンは，前者をプロジェクトのもつ「許容性」(latitudes)，後者をその「拘束性」(disciplines) と名づけ，意志決定者自身が否応なく従わざるをえない諸性向・圧力の所在，その具体的内容といった視点から，各プロジェクトのたどるであろう道筋を明らかにしようとした。ハーシュマンは，当時の一般的な開発プロジェクト評価方法からみればかなり異質な，この許容性と拘束性という概念を駆使することで，「プロジェクトが実行されるか否か」，「プロジェクトが実施される速度」，「プロジェクトのなしとげる仕事の質」，「プロジェクト実施という決定の持続性・非可逆性」に影響する具体的諸要因に人々の注意を向けようとしたのである。

　ハーシュマンが取り上げた事例をいくつかみておこう。まずは，「空間的・場所的許容性（ないし拘束性）」である。一般に，河川へのダム建設，天然の入江への港湾建設といった自然条件に大きく左右されるプロジェクトに比べ，道路，学校，火力発電所などの建設は場所的拘束性は低いだろう。「場所非拘束的投資」は「場所拘束的投資」に比べ，実施場所に拘束がないという事実のために紛争，抗争の原因を生みやすく，それゆえ投資決定は遅れがちとなる。だが，そうであるがゆえに，さまざまな代替的投資に関する「理性的吟味」，「政治的妥協」の機会を提供するものでもある。こうした点からは，低開発諸国で推奨されるべき一面を有する。だが一方で，場所拘束的投資が無意味なわけではけっしてない。場所拘束的投資からは自国の天然資源，自然条件を十分に活用するための大規模投資の仕方を学べるだろう。そして，計画の分裂，政治的依怙贔屓，資金不足，技術の貧困といった危険性を内包する場所非拘束的投資を実行に導くには，当初，場所拘束的投資を装ったり，徐々に場所拘束的投資の性格を強めるなどすることが必要となる場合もある［Hirschman 1967: 87-95, 訳 132-143］。

　建設事業に典型的な「時間的拘束性」とは，どのようなものだろうか。自然のサイクルが工期の設定を厳格に拘束するような場合，たとえば，モンスーン期の増水に対応するようにダム建設を実現しなければならないような事例がこれにあたる。自然のもたらす時間的拘束性は，とにかくそのプロジェクトをやりとげねばならないような状況をつくるという意味で「訓練機関」の役割を果たす。自然条件以外にも，契約の履行，政治権力による期限設定なども時間的拘束性をもつこともあるが，その拘束力はえてして自然の

拘束力よりは弱く,スピードアップにともなう質の低下も生じやすい。このように,時間的拘束性を高めることによって望ましい状況をつくりだすことには限界があることもたしかである［Hirschman 1967: 95-102, 訳 143-155］。

そしてここでハーシュマンは,「質を量によって代替することの許容性」に言及することで,とにかく拘束性さえ高めればプロジェクトのパフォーマンスを維持し,社会にとって望ましい状況を創出しうるという単純な議論に釘を刺している。第4章において紹介したように,ハーシュマンが『経済発展の戦略』［Hirschman 1958］において「作業員ペースの作業」よりも「機械ペースの作業」を,「生産物中心産業」よりも「生産工程中心産業」のほうを推奨したのも,それぞれ前者のほうが許容性が低く,また拘束性が強いため,作業効率や仕事の質が向上するという理由からであった。だが,ここからただちに,許容性が低ければ低いほど,拘束性が強ければ強いほどよいという結論を導いてはならない,というのがここでのハーシュマンの主張なのである。

途上地域においては,プロジェクトの生みだす生産物・サーヴィスの質の低下が量の増大によって償われるかぎり,その質の低下を可能としてしまう許容性をア・プリオリに悪いものと決めつけることはできない。「質を量で代替すること」には何らかの代償がともなうのはたしかだが,道路建設や教育あるいは住宅建設といった領域でさえ,この種の許容性が存在することは,先進国と状況の違う途上国においては,経済的合理性の表現となっている場合がある。先進国並みの道路を維持するために稀少な資源を費やすよりも,交通需要に応えるべく,若干の質の低さに目をつぶりつつ道路の総延長を伸ばすほうが,途上国の実情に沿う場合も多い。教育や住宅に関しても同じようなことを指摘しうる。粗製濫造と揶揄され,往々にして誤解されているものの,質の低さは必ずしも,途上地域における管理者の怠慢や怠惰によるものとはいえないのだ,というのがハーシュマンの主張である［Hirschman 1967: 112-119, 訳 169-179］。

このほかにもハーシュマンは,「建設から操業への移行期間における時間的拘束性」,「汚職に対する許容性」,「政府支出を民間支出によって代替することの許容性」などをあげているが,ここでは省略しよう。いずれにせよ重要なのは,彼が許容性,拘束性のどちらかに軍配をあげるといった単純な評価軸を提供しようとしているわけではないということである。たしかに,許

容性が存在しないことによって判断基準は明確になるし，無駄も防止され，意志決定は促進される。プロジェクトの責任者・担当者は行動の明確な基準・目標を得ることができるだろう。だが一方，許容性が存在することによって，合理的な意志決定の仕方を学んだり，あるいは，外来の経済行動モデルを自国の実状と必要性に適合させたりする余裕をもつことができる場合もある。許容性と拘束性は，プロジェクトの善し悪しを決める単純な物差しではない。ハーシュマンはもとより，そのような物差しを提供しようとしたのではなく，プロジェクトの帰趨を見きわめるうえで重要な概念としてそれらを提示したのである［Hirschman 1967: 126-127, 訳 188-189］。

　本書でのこれまでの議論を踏まえれば，「許容性」と「拘束性」は，ハーシュマンの数多くの著作を貫く，もっとも重要な対概念のひとつであるということがわかる。個別の開発戦略に登場するばかりではなく，第8章で検討するように，この対概念は，国家，企業，組織のパフォーマンスの維持，健全な運営はいったいどういうメカニズムによって保障されるのか，という議論を切り開くものである［Hirschman 1970］。そして前章で言及した「ビルトインされた不活性」，第4章で検討した「社会的安全弁としてのインフレーション」は，具体的な政治的・社会的状況のもとで許容性のもつ意味に目を向けさせるためになされた考察である。正統的経済学においては，競争的市場における価格の動きに素早く反応する経済主体，および均衡財政主義という歯止めがもたらす拘束性のもつ効果に議論が傾きがちなとき，どこかに限度はあるにせよ，許容性が存在することで学習や経験・関与の機会が発生し，有効な変化が促進される可能性があるというのである。さらに，同じく第5章で整理した「情念の制御」という考え方は，ハーシュマンも確認しているように，市場経済の発達が君主や一般大衆にある種の拘束性を強いることによって，社会を混乱に陥れるような情念が抑えられ，結果的に安定的な社会編成に資するというものであった［Hirschman 1986: 22］。

　個別プロジェクトの帰趨を占う概念としてだけではなく，許容性，拘束性の概念に関連し，ここでより一般的なことを中間的な総括として述べておくとすれば，以下のようになろう。すなわち，条件・状況に応じポテンシャルを最大限引きだすため，さまざまなレヴェルで許容性と拘束性がどのように組み合わされているのか，これこそが，一般に「政策」とか「戦略」，「計画」といわれるものの具体的内実を構成するということである。

正統的経済学では，経済主体にパフォーマンスを維持させる役割を拘束性に求め，しかも市場における価格競争のみが，この拘束性の機能を担えると想定している。したがって競争状態を維持するといったことを除けば，あえて政策だとか戦略だとかを練り上げる必要などはなくなる。もちろん，競争を通じた拘束性が経済主体のポテンシャルを引きだしパフォーマンスの維持に寄与する場面はあるだろう。しかしながら，競争単独で，しかもどのような状況においても，ハーシュマンが議論したような「許容性」と「拘束性」の問題に代わりうるものではないということは，ここで確認しておかなければならないのである。

　ともあれ，ふたたび『診断』におけるハーシュマンの議論に戻ろう。「変化を誘発する知性の組織化」という目的にとって興味深い話は，まだつづくからである。

2　開発プロジェクトの特性と副次効果

(1)　特性受容と特性形成

　不確実性の支配する世界で各プロジェクトのたどるであろう軌跡を少しでも陽表化すべく，許容性と拘束性という概念装置を提示したハーシュマンは，プロジェクトの選択，デザイン，評価といった，より具体的な領域に踏み込んでいくが，その踏み込み方はかなりユニークである。

　プロジェクトが実施される社会には固有の「特性」があるが，開発プロジェクトをデザインする際には，どのような特性を「受容」し，どのような特性をその社会において新たに「形成」しようとしているのかを認識することが重要となる。たいていのプロジェクト策定者はこの面への配慮が足りなすぎるため，本来回避しうるはずの摩擦を引き起こしてしまっていることも

5）経済発展とは「新規の創造」というよりも「転換」なのだというハーシュマンの基本的認識は，ここにも現れている。個別プロジェクトと当該社会の相互作用を，特性受容，特性形成といった視点から考察しようとしないプロジェクト担当者は，まさに「後進的な経済部門にはほとんど手を触れないで，すばらしい新経済部門が土台からしかも後進的部門とは無関係に建設される事態を想像していたに違いない」[Hirschman 1958: 56, 訳 99-100]。

多い[5]。ハーシュマンは，価格理論における「価格受容」，「価格形成」という表現を借用し，「特性受容」（Trait-Taking）と「特性形成」（Trait-Making）という対概念を用いて開発プロジェクトと当該社会の特性の相互作用を分析しようとした。

「特性受容」とは，当該社会の既存の特性を当面は変化しないものと想定したうえで開発プロジェクトを策定することを意味する。地域の利用可能な特性がプロジェクトの建設・運営にまったく適合しうる状況は好都合であるように思われるだろうし，反対に，必要な資材，技術がないならそれを輸入するという形で現地の特性をそのまま受容することも起こりうる。地域の現状をとりあえず受け入れるという点で，特性受容的計画は現実的ではある。しかし，その反面，完全に特性受容的な計画は，生産物を増加させる以外には環境をそっくり温存しがちであり，低開発状況を打破する変革拠点にはなりにくい。やむをえないと認めた当該社会におけるマイナスの特性が一時的なものではなく，計画を遂行していくうえでますます強化されていくことも起こりうる［Hirschman 1967: 131-135, 訳 196-201］。こうなっては社会に真の変化を誘発することは困難となる。

「特性形成」とは，プロジェクトを遂行するために，当該社会の既存の特性を変えたり，新しい特性をつくりだしていくことを意味する。技術水準，社会政治的条件，文化的制約などを考慮すれば，低開発地域において特性形成的プロジェクトを遂行することは容易ではないが，特性形成こそが低開発地域の現状を打破するうえで必要とされていることもたしかである。ただその際，さまざまな注意が必要である。

まず確認すべきは，プロジェクトにとって不可欠の特性が，計画発足当初から必要な量と質でもって利用できない場合でも，それらが過程のなかで漸進的に習得されるものと楽観できることもあるということである。ハーシュマンが「引きずられた特性形成」として言及しているように，必要とされる特性の変化，社会的変動が技術開発に引きずられ，計画の進行とともに生みだされることがあるからである［Hirschman 1967: 148-153, 訳 222-230］。また，状況によっては，「許容性」の小さい仕事を組み込むことで価値観，行動基準に非連続的な変化が生まれ，特性形成の可能性が増して，さもなければ延期されたり放棄されたりしかねないプロジェクトが実行されることもある。つまり，許容性が存在する場合は，漸進的学習を通じて変化が引き起こされ

る可能性があるし，逆に許容性が少ない場合は，新しい価値観，行動様式に非連続的にコミットすることで変化が生みだされる場合がある。ハーシュマンはここでも，許容性の存在と欠如がともに特性形成に役立つ場合のあることを確認しているのである［Hirschman 1967: 135-139, 訳 202-208］。

　ただ，ここで冷静なプロジェクト策定者は，特性形成一般にまつわる困難ないしは危険性を認識しておかなくてはならない。プロジェクトが機能するのに必要な特性がなかなか当初の予定どおりに形成されず，計画自体が破綻してしまうという事態は実際に起こりうる。また，必要とされる特性があまりにも社会との親和性を欠くために社会から予想外の反発を引き起こし，プロジェクトが挫折する可能性もある。開発プロジェクトを分析し評価しようとすれば，特性形成の内容がどのようなものであるか，特性の変化がいつ起こり，どの程度期待できるものなのかを明確にしなければならない。ハーシュマンによれば，開発プロジェクトは通常意識されている以上に特性形成的であるにもかかわらず，計画の成否が特性形成如何にかかっていることを認識できなかったがために失敗するプロジェクトが，あとを絶たない。ナイジェリア鉄道公社プロジェクトはその典型例である［Hirschman 1967: 139-147, 訳 208-220］。

　当時のナイジェリアの「特性」としてあげられるのは，第一に，部族対立・派閥抗争，第二に，近親者・同一部族を優遇しようとするクローニー的体質，第三に，汚職の横行，そして第四に，外国人職員を現地人に転換しようとする「ナイジェリア化」の動き，それにともなう官僚機構の非効率化であり，これらがナイジェリア鉄道公社にもちこまれていた。鉄道公社を効率的に運営するには，これら負の特性を解消するとともに，新たな特性を形成する方策が自覚的に模索されなければならなかった。それにもかかわらず，鉄道プロジェクトが特性形成的なものであることすら想定されていなかったため，負の特性は温存され，鉄道公社プロジェクトの効率的運営はかなわなかったのである。

　これに対してトラック輸送網は，ナイジェリアの「特性」を受容し適合することで生き延びたわけだが，逆にいうと，それは部族対立やクローニー的体質，汚職の構造を温存させる結果ももたらした。そして競合するトラック輸送という代替的輸送手段の存在そのものが，巨額の財政投入を受けながら非効率的運営をつづけるナイジェリア鉄道公社改善のための圧力を弱めるこ

ととなった。競争相手の存在が効率を向上させるどころか，改善圧力の逃げ道になってしまい非効率が持続してしまうという，こうしたナイジェリアの輸送問題こそ，市場競争はつねに効率性を向上させる機能をもつかという問いかけとなり，『離脱・発言・忠誠』[Hirschman 1970]で展開される議論のきっかけを提供したのである。これについて詳しい議論は，第8章で展開していく。

　ともあれ，ここでの議論をまとめてみよう。ハーシュマンによれば，ただちにか，漸進的であるかの違いはあれ，特性を形成することがまさに開発プロジェクトそのものであるというのが一般的である。そして特性形成たることを自覚し，そのプロセスをある程度まで自覚的にコントロールしていくことが必要であり，またそれは可能である。だからこそ，プロジェクトなるものの策定・デザインがテーマになりうる。そして，そのことによって冒険主義，すなわち「目隠しの手の原理」に盲目的に頼りきる事態を回避できる。上述したような特性受容と特性形成を十分考慮しなかったがために，プロジェクトの持続性に齟齬をきたし，変革の可能性を見失ったり，回避しえたはずの対立状況を引き起こしてしまう場合が往々にしてある。

　従来の研究においてはほとんど扱われていなかったが，開発プロジェクトと社会のそれぞれに固有の構造的特性の相互作用を，「特性受容－特性形成」という対概念で分析することによって，ハーシュマンは，とくに途上地域における開発プロジェクトには，目につくアウトプットを基準とした効率性以上に重要な評価基準が必要であると主張したのである。

(2) 副次効果

　開発プロジェクトを評価するうえでは，プロジェクトが直接生みだす財貨・サーヴィスのほか，具体的な形をとらないため見分けにくいが，きわめて重要かつ強力な間接的効果をどのように評価すべきなのかという問題がつねに生じてきた。だがこれまでは，この問題が誤った形で提出されてきたのではないか。各プロジェクトが直接的生産物のほかに間接的効果を生みだすとされ，多くの人々はまさに，この「付随的アウトプット」をどのように計量すればよいのかということに腐心してきた。そして，直接的生産物と間接的効果の大きさを測定したうえ，直接的・間接的アウトプットをより効率的にもたらすプロジェクトを選びだすこと，これが開発プロジェクト評価の主

軸に据えられていた。

　でも，これでいいのだろうか。本章で検討しているハーシュマンの概念は，実はこうしたスタンスを根底から覆すために用意されたものといっても過言ではない。ハーシュマンにとって，副次効果とは，「副次的」なものであるどころか，途上地域の開発プロジェクトにおいては，通常，間接効果，副次効果と称されるものへの注目こそが中心的な課題である。副次効果をめぐるハーシュマンの議論には，途上地域の社会発展，より一般的には「変化を誘発する」ということに関するきわめて重要な視点が盛り込まれている。

　たしかに副次効果は，プロジェクトによって生みだされるアウトプットである。だが，プロジェクト自体を成功に導くためにどうしても形成（ないし排除）されねばならない「特性」でもある。すなわち，副次効果は，プロジェクトの主目的・主効果を実現させるために必要不可欠なインプットでもある。副次効果は，とくに途上地域においては，純粋にアウトプットとしてのみ現れるというよりは，こうしてアウトプットであると同時にインプットとしての性格をあわせもつような「混合副次効果」であることが一般的である，とハーシュマンはいう［Hirschman 1967: 161-163, 訳 241-245］。これは人を煙に巻く単なるレトリックではない。オーソドックスなプロジェクト評価に慣れた論者，あるいは目的と手段を截然と区分する「費用－便益」分析，「投入－産出」モデルに親しんできた経済学者は，概念上のもつれのようにしか表現しえない，こうした事態を理解できない。だが，事態は「継起的に」理解せよ。これがハーシュマンの繰り返すメッセージである。

　特性形成の議論でも出てきたように，プロジェクトの成功にとって必要な特性は，プロジェクト開始当初から存在しているとはかぎらず，まさにプロジェクトが開始されることによって生みだされていくもの，いいかえれば，プロジェクトが開始されなければ生みだされないものである（この局面で「目隠しの手の原理」が重要となる）。インプットしようにもプロジェクト開始当初は存在せず，あるいは存在してもきわめて稀少であり，プロジェクトとともに生みだされていくために，インプットされる必要のあるものが最初からはインプットされない。でも，それでよい。途上地域の状況を考えれば，それが普通だろう。最初からインプットできないから諦める（支配的見解では一般に，プロジェクト成功のための前提条件を欠く，と認識されるだろうから）のではなく，インプットされるべきものが後から生みだされるように

プロジェクトを策定するというのが，途上地域における開発プロジェクトの基本的姿勢ではないのか。「副次効果それ自体がしばしば計画のデザイン，成否の内容そのものに他ならない」[Hirschman 1967: 169，訳 254]と述べるハーシュマンの意図を敷衍すれば，このようなものとなるだろう。

副次効果について，ハーシュマンはつぎのように述べている。

> もし開発計画の建設・運営にそのような資源が僅かにせよ必要であるならば，まず，そういった資源を使用することが先決であり，そうすることによってはじめて，その資源が増大ないしは拡大し，さらに，そのようにして増加した資源が，次に，別の新たな仕事に振り向けられるようになる，というのが，副次効果の発生する筋道であろう [Hirschman 1967: 161, 訳 242]（強調引用者）。

> 二次的利益は，たとえその実現を見たとしても，それを評価することがおそらく困難であり，さりとて，もし実現しなければ，かなり大きい，しかも漠然としているどころかきわめてはっきりした損害をもたらすものなのである [*ibid*.: 163, 訳 245]（強調原著者）。

ここでも「使う」「消費する」ことによって，「減る」どころか「増える」資源について語り，こうした資源の重要性，および広い意味での「学習効果」を示唆している。副次効果，間接利益の計測は，面倒であり，経済学者は避けたがるが，だからといって重要でないことにはならない。インプットであると同時に，アウトプットでもある副次効果とはいかなるものであるかは，プロジェクトによってさまざまであり，各プロジェクトに，副次効果のインプットとしての性格とアウトプットとしての性格がどういう割合で盛り込まれているのかを検証するには，当該社会に関する広範な知識・情報を背景とした技術者と社会科学者の共同作業が必要となる。後述するように，どのプロジェクトの評価にも使える単一の基準でもって副次効果を計測・検証するのは無理であるというのが，ハーシュマンの主張である。

利害関係が確立し，それに応じた各種機関・組織が存在して，あらゆる人が各人の義務を遂行しているような先進国なら，ここで問題としているような副次効果，間接効果にそれほど注目しなくてもよいかもしれない。しかし

低開発という環境で同じことを期待するのは，その環境の存在を仮定によって否定していることになる。低開発という状況をうちやぶるべく政策展開しようにも，途上地域では政策の効果をそのまま遂行することが困難な場合が多い。だから途上地域では，副次効果に着目したうえ，迂回的問題解決，便乗的問題解決の方途を探ることが必要となる [Hirschman 1967: 170-171, 訳 255-257][6]。

ハーシュマンはいう。プロジェクトの実施によって社会変動が引き起こされ，そしてその変動がもしそのままの形で提起されたなら，即座に拒否されるようなものであったとしても，望ましくない変動を相殺するような利益をそのプロジェクトが生みだせば，その変動が社会に受け入れられる場合がある。あるいは，計画発足当初，意識的には同意もしくは採択されることのなかった社会的・制度的変革，ないしは態度の変化が，計画の進行とともに徐々に現れてくる場合がある。灌漑計画にある種の社会政策が忍び込まされるように，開発プロジェクトにはこうした「トロイの木馬」的性格があり，まさにこの性格こそが，低開発状況の打破という，一瞬たじろぐほどの難題に途上地域の人々自身を巻き込んでいくものとなる [Hirschman 1967: 172-173, 訳 258-261]。

やはりここでも，嫉妬，羨望，感情移入といった変動局面の主観的認識が重視されるわけだが，いずれにせよハーシュマンは，こうして副次効果の重要性，途上地域の開発プロジェクトにおける中心的役割を主張する。だが副次効果が上述したようなものである以上，一元的尺度を設定して計測するの

6）政治状況のみならず，ハーシュマンは経済状況についても先進国と途上国の違いに言及し，副次効果を考慮すべき理由を述べている [Hirschman 1967: 176-178, 訳 265-268]。
　完全雇用・定常成長という条件下では，資源はいずれもどこかで雇用されているはずだから，市場価格で評価したプロジェクトの直接利益はその社会的利益を完全に反映するだろう。したがってプロジェクト策定において，ここでいわれているような副次効果を考慮する必要はないという批判が，正統的理論の立場からなされることがある。ハーシュマンは，低開発国に対して，完全雇用，定常成長，労働・資本の完全移動を仮定するのは不可能であること，低開発国における開発計画の使命は，慢性化している失業・不完全雇用の軽減，移動不可能な生産要素の吸収であり，そのため，成長継起の灯をともすことが求められていることを述べ，低開発国の構造的特性を前提すれば，副次効果が非常に重要であることを確認している。もちろんここには，のちに「スラック経済観」として一般化される考え方が反映されている。

は不可能である。開発プロジェクトに含まれるさまざまな側面をひとつの指標に集約して単一の尺度をつくり,それによって開発プロジェクトをランクづけることなどできない。

　政治家の恣意的判断を排するためには客観的な尺度が必要だ,と「専門家」(technicians)はいうかもしれない。だがハーシュマンによれば,一元的尺度を設定しようなどという尊大な行為は,最終決定については一切の責任を回避し,「政治的」要因によるものだから仕方がないと済ませてしまう専門家の無責任な態度と結びついている。一元的尺度を設定しようとすると,現実には,多数の重要な項目が専門家の守備範囲から除外されることになるので,意志決定者は直観的判断,体験にもとづいた判断にかえってより多く頼らなくてはならなくなる。一元的尺度に頼ろうとすればするほど,ますます直観的判断を助長し,意志決定者の無責任な判断を認めることになってしまうのである [Hirschman 1967: 179-180, 訳 268-269]。この指摘は傾聴に値する。「結論を急ぐ激情」,「理論化の強迫観念」[Hirschman 1971] からあえて導きだされる結論,理論は,現実社会の分析,そして変化の誘発という目的にとって,弊害をもたらすことも多い。ここでもそれが確認されているのである。

　不確実性が除去しえない以上,開発プロジェクトの評価には,必ずや直観的判断に委ねられる部分が残る。だが,その判断能力を高めるのは一元的尺度や統一的基準ではない。プロジェクト立案者・担当者の直観的判断を助けるべく,プロジェクトがたどるであろう道筋を見つめるためのいろいろなセットの眼鏡を用意すること。ハーシュマンが『診断』で行なおうとしたのはこれに尽きる。慣れ親しんだ「効率性」という眼鏡を外し,「不確実性」,「拘束性 - 許容性」,「特性受容 - 特性形成」,「副次効果」といった眼鏡をかけることにより,プロジェクトが変化へのまったく新たなる扉を開く,その理路を認識できるようになるだろう [Hirschman 1967: 186-188, 訳 281-283]。

3　開発プロジェクト論の射程

(1)　開発プロジェクト論への異端的視角

　『診断』の概要は上述のとおりである。ここではあまり触れられなかった

が，ハーシュマン自身はより多くの具体例に則しつつ，示唆に富む説明を行なっている。

先にも述べたように，『診断』においてもっとも重要な主張は副次効果の議論に盛り込まれているが，ここに集約されているようなハーシュマンの開発プロジェクト論をどのように評価すればよいのだろうか。喜多村浩は日本語版への興味深い書評のなかで，ハーシュマンの副次効果論を簡潔かつ適切にまとめ，その意図を十分理解しつつも，議論は完全な不可知論に近い立場に到達してしまったのではないかと危惧を述べた［喜多村 1974: 73］。たしかにハーシュマンは，開発プロジェクト評価に関する簡便な道具立てを用意できたわけではないかもしれないが，本当にそういう評価しかなしえないのだろうか。

以下では，つぎのような点を指摘し，本章のまとめとしたい。すなわち，『診断』での議論は，開発の現場が直面する具体的課題に対して，伝統的な「費用－便益」分析からは抜け落ちた視角を提供するものとして現在でもなお有効であること，またそれが社会科学の方法論に関しても重要な問題提起となっているということ，この2点である。

まず日本における2人の論者の議論を簡単に紹介し，開発プロジェクトの現場で何が問題になってきたのか，どういう視点が必要とされているのかを確認しておこう。

第三世界の開発目標相互間にはトレードオフの関係がほとんどの場合存在する。だが，そのどれもが重要であり，目標の選択に際しては「あれかこれか」というよりは「あれもこれも」が求められるのが通例である。したがって開発政策の策定には「時間軸の設定」が必要になるとともに，トレードオフの関係にある「あれもこれも」の目標追求がもたらす「社会的緊張」を直視すべきであり，開発過程における政策の「政治的社会的許容限度」を判断する必要がある。長年にわたる国連地域開発センター勤務の経験から，長峯晴夫はこう述べた［長峯 1985: 103-104］。そして「真に民衆の生活改善に役立つような開発は，これまで放置されていた民衆の潜在的エネルギーを掘り起こすことによって，巨額な追加費用を要せずとも推進しうる余地がきわめて大きい」と指摘した。こうしてまさにハーシュマンを彷彿させるような認識をもって地域開発を研究してきた長峯は，科学的厳密性を装いながら具体的課題に対応しえていない伝統的な「費用－便益」分析に批判的な立場をと

る［同上：41-42］。

　工学部出身で，もともと都市計画を専門とする長峯によるハーシュマンへの言及は少なく，わずかに不均整成長論における拠点開発に触れる程度だが，開発プロジェクトの策定，開発プロセスへの視点，狭義の経済学的手法への疑問，そして発展への熱い思いなどは，ハーシュマンに共通するところが多いように思われる。長峯は大々的な「費用－便益」分析批判は展開していないが，以下の点だけは確認している。すなわち，第一に，事業がもたらす便益が社会階層ごとにいかに分配されるかを判断する手法が確立しているわけではなく，かりにそれを試みたにせよ，多くの「判断」の挿入を必要とするため，一見厳密な分析手法がそのまま分析結果の客観的厳密性を保証することにはならないこと，第二に，世銀流の費用便益分析はもともと，ある「単一の」事業が「すでに認定されてから」その事業の経済的・財政的優劣を判断するための手法であるということである［長峯 1985: 161-162］。

　長峯は，開発計画の策定・推進・評価があまりにもエコノミスト中心に行なわれている事態を憂慮し，つぎのように述べた。開発推進のためにもっとも重要なのは，在来の方法によって将来を予測したり，マスタープランを描くことではなく，「人」，「地域社会」が不測の事態に時々刻々対応していく問題解決能力，すなわち「キャパシテーション」を強化することであるとし，「意図的なキャパシテーション過程」の設計こそが地域開発の役割であり，第三世界諸国の開発計画ではこの問題は避けて通れない。

　第三世界は，価値観，資源，技術，制度，情報からなる開発推進能力に従って判断と行動を繰り返すが，その過程での成功や失敗体験を通じて自らの開発能力を高めていく。「キャパシテートされた社会」とはこうした持続的過程のなかで育成されていくが，過程の持続性がさまざまな要因により阻害されるのが第三世界の現実である［長峯 1985: 236］。回帰分析で変量間の定量的関係を求めたり，成長率の予測作業に躍起となるよりは，真に学際的手法を駆使しつつ，帰納的分析を積み上げ，こうした現実に迫るほうが実り多い，と長峯はいう。1974年に国連本部が提出した『開発のための分析と計画のための統合方式について』という報告書は，キャパシテーション概念の提唱をはじめ，現時点でも評価されるべき数多くの論点が盛り込まれていたが，報告書のフォローアップが国連本部におけるエコノミスト中心の開発計画・分析・政策企画部（CDPPP）に移管されるや，内容は骨抜きにされ

てしまった［同上：169］。国連本部においても一時真剣に検討された「試行錯誤過程を通じての学習という思想と行動様式の形成」こそ、「費用－便益」分析では対応しきれない開発プロジェクトの眼目であるとする長峯の指摘は、本章で再確認してきたようなハーシュマン的視点が開発現場でいまなお有効であることを示唆している。

援助受入側に生ずる予期せぬ「社会的影響」を、開発援助論における重要テーマとして、近年明示的に分析対象としている佐藤寛の議論も、ハーシュマンによる「不確実性」への着目、「特性受容－特性形成」論の有効性に人々の耳目を集める機能を果たすだろう。

佐藤は、どの途上国にもあてはまる理想的プロジェクトを想定し、それを各途上国に移植していこうという技術論的アプローチでは、受入社会により多くの摩擦・軋轢を引き起こしかねないという基本的認識にもとづき、経済のロジックには取り込みえない、それゆえ数値化するのが困難な援助受入社会の側の反応、援助の受容能力を問題にしようとした。プロジェクトの評価は、比較的計測が容易で客観性も確保しやすいとみなされがちな経済的側面に偏ることが多いが、数値化できない影響はどれだけ関数を複雑にしてもそもそも計算式には入ってこない［佐藤 1994: 19-21］。だからといってどうでもよいものであるどころか、その影響を知らないことにはプロジェクト評価はおぼつかない。

佐藤は、プロジェクトと地域社会とのコンフリクトを日常的なものとみているが、必ずしもこれを否定的にはとらえていない。たしかに摩擦・軋轢は起こらないに越したことはない。受入社会にさまざまなマイナス効果をもたらすからである。したがって、こうした事態を導かないよう、援助受入側の政治、経済、社会文化状況はまえもって精査されるべきであるが、それでも発生すべきときは発生してしまう。けれども見方を変えれば、摩擦・軋轢は、プロジェクトに内在する問題点、受入社会への意図せざる影響の存在を知らしめるサインであり、これに対処することによって、援助供与国・受入国双方がともに理解を深めることのできる場合がある［佐藤 1994: 137-138］。ここには、対立の存在を前提しているのみならず、対立をより積極的に活用しようという姿勢が見いだされる。

プロジェクト・サイクル・マネジメントとは、プロジェクトに関わる「計画」、「実施」、「評価」の三要素をひとつのサイクルとして密接に関連づけ、

統合的に管理することによって「よりよい援助」を目指す試みである。この考え方においては，一般に責任範囲外とされる問題を真正面から取り上げようとした佐藤は，『診断』への言及はまったくないが，まさにハーシュマンが課題とした事柄を，冷戦体制終結後の援助研究における中心課題のひとつに据えたのである。

開発プロジェクトに関する長峯晴夫，佐藤寛両者の的確な指摘は，まさに間接照明のごとく，ハーシュマン的スタンス，分析枠組みの有効性を現在に浮かび上がらせているのである。

(2) 発展プロセスへの視点 ── 正統的経済学からの乖離

『診断』全体を通してハーシュマンは，自らの議論を正統的な「費用 – 便益」分析，収益率分析にとって代わるものと位置づけてはいないが，彼の副次効果論は，それらと真っ向から対立する視点を提供するものといってよい。アウトプットが同時にインプットでもあるという認識のもと進められた副次効果の議論は，目的と手段，アウトプットとインプットを互いに独立なものとする考え方とは交わりえないからである。先にあげた書評論文のなかで喜多村浩が述べているように，ハーシュマンの「継起的な問題の解決は，正統派の手段＝目的モデル，あるいは均衡条件から導かれた『最適化』の手法と相容れない考え方の系譜に属している」［喜多村 1974: 73］。

したがって『経済発展の戦略』［Hirschman 1958］から連綿と引き継がれ，第4章，第5章，そして本章に結実する議論への評価は，正統的な理論経済学者とそれ以外の論者とではまったく異なったものとなる。

理論経済学者からすれば，現代経済学に要求される厳密なモデル化もなされていないような代物は，いかに興味を引こうと単なるアイディア以上のものとはみなされない。『診断』に直接言及したものではないが，P. クルーグマンがビッグ・プッシュ論を再評価する議論のなかでハーシュマン（ならびに G. ミュルダール）的方法に与えた評価が，このようなものであった。モデル化されない叙述的・定性的，そして個別状況対応的な分析では説得力もなく，長期間にわたる知的影響力はもちえない。開発経済学が往時の力を失っていったのも，イデオロギーの問題ではなく，ハーシュマンやミュルダールなどがモデル化の手続きを怠ったからである。クルーグマンのこうした指摘については，すでに本書でも触れたが，これが経済学というディシプ

リンに強くこだわる理論経済学者の一般的評価なのかもしれない[7]。

　ただ，1990年代，マサチューセッツ工科大学（MIT）を舞台に定期的に開催された「ハーシュマン・セミナー」に参集した，クルーグマン以外の研究者たちは，肯定するにせよ，批判，留保の姿勢をみせるにせよ，もう少し幅広い視点からハーシュマンの議論を評価しようとしていたようである。

　セミナーへの参加者のひとりM.ピオーリは，理論経済学の分野でハーシュマン的方法が受け入れられなくなった背景として，経済学の側の変質を指摘している。悲惨な世界恐慌の光景がいまだ人々の目にこびりつき，ケインズ経済学が隆盛を極めていた時代，経済学の世界では，単なるモデル化よりも経験的証拠が重視され，事態の推移を説明しうるアイディアならいかなるものでも，とりあえずは受け入れる用意のようなものがあった。ハーシュマンがハーヴァード大学に赴任したころは，まさにこの雰囲気が残っており，ハーシュマンも自らの中核的仕事はこの雰囲気のなかで取り組むことができたはずだ，とピオーリは振り返る。しかしその後は，開放的かつ学際的な窓は閉ざされ，経済学は外部からのアイディアに寛容ではなくなっていった。だからといって，ハーシュマンの議論の有効性が損なわれたわけではまったくない。モデルの精緻化は進めど経験的領域との接点が薄れ，内容が貧弱化していった狭義の経済学よりも，実践に身を置く人々の関心は，むしろハーシュマンの議論のほうに向けられてきた，というのがピオーリの評価である［Rodwin et al. 1994: 13-14］。L. テイラーも同様の指摘を行なっているが［Taylor 1994: 59-62］，経済学者の「訓練された無能力」（trained incapacity）とは，いまや言い古された言葉であろう。

　また，本書でもすでに言及したが，「低開発」について，矛盾に満ちた諸力，意思の混乱の反映とする見方をハーシュマンと共有するE. ロスチャイルドは，経済が前進していくことへの期待と変化への抵抗が併存している緊張状態をどう取り除くか，また，より小さな管理しやすい緊張にどのようにもっていくかというハーシュマンの問題意識の的確さに触れ，現在の開発における問題は，規模の経済のモデル化というクルーグマン的なものとは異なることを指摘した［Rothschild 1994］。

　クルーグマン以外のハーシュマン・セミナー参加者の多くが注目したのが，

---

7) Krugman［1994］参照。なお，これとほぼ同じ内容の論文が，クルーグマン［1999］，第1章に収録されている。

『診断』の諸議論にも内包される「行為・実践を通じての社会的学習」という視点である。一国の発展に重大な影響を与えるのは,「その国が何をしたか,あるいは何をした結果,何がどうなったか,という関係」であると述べ[Hirschman 1967: 5, 訳8]（強調原著者）,副次効果の分析に典型的なように,発展のための前提条件,必須投入物など,発展プロセスの途中ないしその結果満たされ,生みだされうるものであると指摘するとき,明らかにハーシュマンは「学習」ということを想定している。学習は行為を通じて可能となるものであり,事前に察知しえない不確実性,不均整,さらにはそこから生まれる何らかの緊張が人々の行為を引きだすこともあるとすれば,均衡万能論者,合理的計画経済論者の目には忌避すべきものと映る不確実性,不均整などは,抑制するというよりは,できうるかぎり意識下にコントロールすべきものとなる。だからこそ,不確実性に彩られた世界での「プロジェクト」策定がテーマとなりうるのである。

　たしかに,モデル化はなされていない。だが,そもそも「行為・実践を通じての社会的学習」は厳密に単純化されたモデルには馴染みにくいものだろう。そして経済学的モデル化に馴染むか否かが,「行為・実践を通じた社会的学習」という認識の重要性を測る尺度ではない。開発の具体的現実が突きつけてくる問題は切実なものであって,L. ピアティが批判したように,経済を社会から切り離し,意味の変化や情念を分析対象としないまま精緻化されてきた経済学の技術的水準に合わせる形で,開発研究のテーマ・手法が狭められるべきではないだろう[Peattie 1994]。

　ハーシュマン・セミナーにおける論点をいくつか垣間見るだけでも,『診断』の射程がおぼろげながら見えてくる。副次効果の議論に集約されている『診断』の分析は,単に開発プロジェクト評価に関わるものではなく,期待,不満,情念,嫉妬などが渦巻く発展プロセスへの視点も豊富化させる。そしてその視点は,経済学の積み残している,あまりにも大きな課題のそれぞれをも照射しているのである。

小　括

　『診断』は,1995年に著者自身による新たな序文が書き加えられてリプリ

ント版が出された。この序文に示されているように，もともとは，テーマが通底する三部作の最後をしめくくるものとして執筆されたものである。すなわち，途上諸国の経済発展をテーマとする『経済発展の戦略』[Hirschman 1958]，途上諸国，とくにラテンアメリカにおける政治発展の具体的プロセスを扱った『進歩への旅』[Hirschman 1963] という，発展のややマクロ的な側面を分析した2冊につづき，世界各地の途上諸国における個々の開発プロジェクトの推移をテーマとする本書を書き上げることで，自らの開発研究の区切りにしようとしたのである。

『診断』の内容は本章でみてきたとおりだが，結果的にそこでの議論は，単に三部作のしめくくりという位置づけにとどまらず，自らのその後の著作で扱うことになる，社会科学のより幅広いテーマへの架け橋となったとハーシュマンは回顧する。さまざまな分野に影響を与えつづけている『離脱・発言・忠誠』[Hirschman 1970] の着想に大いに貢献した要因のひとつが，ナイジェリア鉄道公社の分析であるということはすでに述べた。「許容性」が小さく，パフォーマンスの維持には好都合な条件を本来整えているはずの鉄道事業の成果が思わしくない原因は，不満を口にし（voice），改革圧力となるべき顧客があまりにも簡単にトラック輸送に逃げていく（exit）という状況にあるのではないか，という分析がその後の著作に道筋をつけたといってよい。これについては第8章で詳しく検討する。

開発という物語には，崇高な目標を目指す人間の諸活動に共通する感覚がつきまとうということ，つまり出来合いの理論や客観的基準では見通しきれない，ある種不思議で謎めいた側面を有するものであること。「目隠しの手の原理」の主張には，このことをあらためて世に訴えるという隠された意図が込められていたということも，新たな序文で確認されている [Hirschman 1995b]。この「目隠しの手の原理」の提示から開始された『診断』は，開発プロジェクト評価にとどまらず，社会科学のより幅広い地平を切り開くものとなったのである。

興味深いことに，こうしたハーシュマンの議論が「ワシントン・コンセンサス」の中枢でも再評価されている。各方面から批判にさらされ「改革」を進めている世銀の援助手法は30年近くの歳月を経て，ハーシュマン的なものを積極的に摂取しつつあるといわれている。だが世銀は，ハーシュマン的手法を正しく採り入れ，本当に変わりつつあるのだろうか。次章では，ポス

ト・ワシントン・コンセンサスの動きのなかで，ハーシュマンがどのように評価されているのかに注目していくこととする。

第7章　世界銀行「改革」のさざ波と社会的学習
ポスト・ワシントン・コンセンサスのなかのハーシュマン

はじめに

　冷戦終結後，途上諸国における開発，旧社会主義諸国における市場移行が世界の最重要課題となっていることは，あらためて指摘するまでもなかろう。しかし，いまのところその成果は必ずしも芳しいものではない。開発・市場移行過程は停滞し，人々の間では，「平和の配当」に対する期待感よりは，むしろ「情念の爆発」への恐怖感が広まりつつあるとさえいえる。こうした事態をことごとく，開発金融を担う国際機関の処方箋，ならびにその骨格をなす新自由主義的イデオロギーに帰することは正しくないだろう。だが，途上国，市場移行国にとって国際通貨基金（IMF）や世界銀行の影響力は大きく，これら国際機関の描いた処方箋の理論的背景，ならびにその現実的帰結は注視されつづけなければならない。

　「経済の社会的被拘束性」，さらには「社会の壊れやすさ」という認識の欠如した構造調整政策は，社会との摩擦・軋轢を深め，発展どころか混乱を導きかねない。たしかに途上国，市場移行国は大きな「変化」を迫られている。だが当該社会において発展に向けての変化を導く具体的戦略は，現行の構造調整政策には欠落しているように思われる。ショック療法により急激な民営化を進めさえすれば，それまで押さえつけられていた企業者精神が全面開花し，開発や市場移行の過程を担って資本主義への道を切り開くなどというのは，まさに「空想的資本主義」にほかならない。これは，A. O. ハーシュマンの数々の業績に「変化を誘発する知性の組織化」という試みを見いだそうとする本書において，問題意識の根源ともいうべき認識である。

　長年 IMF，世界銀行の基本的哲学となってきた「ワシントン・コンセンサス」は，さまざまな批判を受け，それら組織自体に対しても，保守派を含

め，各方面から批判の声が絶えない。本章では，まず，近年IMFとの差別化を図り，独自路線を歩みつつあるという世銀の改革路線の背景を探るとともに，「改革」の中身について検討する。

　興味深いことに，あるいはやや意外なことに，世銀の改革，ポスト・ワシントン・コンセンサスの模索のなかでハーシュマンが再評価されている。本書でその内容を検討してきた『経済発展の戦略』や『開発計画の診断』［Hirschman 1958, 1967］などに言及する論者が増え，「制度構築」，「ナレッジ・バンク構想」推進のために援用されている。だが，世銀は果たして本当にハーシュマンの真意を踏まえたうえで「改革」への道を歩みはじめたとみなしてよいものか。ポスト・ワシントン・コンセンサスとは，途上国・移行国において真に変化を誘発する知性となりえているのだろうか。ハーシュマンをその初期の業績から検討してきた本書においては，彼の世界銀行的な「使われ方」には注目せざるをえないのである。

　以下では，J. スティグリッツによるワシントン・コンセンサス批判，スティグリッツその他によるハーシュマン再評価の動きを検討したうえで，本書第4章から第6章まで検討してきたハーシュマンの開発論を「社会的学習」という視点から総括する。「前提条件の物神化」を拒否し「総合化の呪縛」からの解放を企図したハーシュマンの開発論は，ポスト・ワシントン・コンセンサスに絡めとられるやいなや，「人間行動の意図せざる帰結」，「変動局面の主観的認識」，「情念の普遍性」をも射程に入れた，その豊かな着想が衛生的に濾過されてしまうことになろう。結論を先取り的にいえば，「政治」というものを明示的に意識したハーシュマンの議論は，ワシントン・コンセンサスはもとより，いまだ経済還元主義にとどまるとともに知的帝国主義の色濃いポスト・ワシントン・コンセンサスの枠内では語り尽くせないのである。

1　世界銀行への批判と「改革」の動き

(1)　世界銀行への批判

　世銀は，本来，途上地域の貧困，開発という課題に対して主導的かつ効果的役割を果たすべき国際機関であるが，各方面からの批判はあい変わらず根

強い。世銀批判の主体,拠って立つ思想・理念は多様であるが,ここ数年,世銀自身も自己改革を模索してきたといわれている。本節では,まずこうした流れを簡単に確認しておきたい。

ワシントン・コンセンサスと称される開発哲学,それにもとづく政策処方箋の普遍的適用,そしてその貧弱なパフォーマンスへの批判は,第1章でも触れた。設立当初,役割分担が図られたはずの世銀とIMFの業務は,1980年代の累積債務問題を機にオーヴァーラップするようになり,債務途上国への政策スタンスでも共同歩調をとるようになった［Fine 2001: 13］[1]。ワシントン・コンセンサスの名づけ親ともいうべきJ. ウィリアムソンは,これを「新自由主義宣言」などではないと弁明したが［Williamson 1996: 13-15］,一般にワシントン・コンセンサスとは,世銀・IMFの開発哲学を集約する言葉であり,その中身は,国家の役割を著しく限定し市場メカニズムの優越性・普遍性を説く新自由主義そのものと理解され,批判にさらされてきた。

新古典派経済学にもとづき自由市場の力による調整・成長回復機能を信奉する「この考え方は両機関の融資コンディショナリティに反映され,80年代以降中南米諸国を皮切りに各国で実施された」［大野 2000: 44］。世銀とIMFは,両機関がもっているどのような証拠も,最終的な報告書では標準的な自由市場パッケージの勧告に変えてしまった［George et al. 1994: 64, 訳78］[2]。そして,怪しい勧告にもとづく構造調整政策は,現実には「痛み」

---

1) H. シンガーは,1980年代における累積債務問題を機にブレトン・ウッズ機関が大きく変質したことを指摘した。開発問題の主導権は世銀からIMFにシフトし,債務返済,安定化,調整,構造変革,自由化などに関心が集中する一方で,成長,雇用,所得再分配,ベーシック・ニーズ,貧困削減といった重要な開発課題が軽んじられるようになった。世銀は伝統的なプロジェクト融資から国際収支構造を安定化させる構造調整融資にも手を染めるようになり,IMF主導のコンディショナリティ政策が進められるようになった［Singer 2001: 65］。

なお世銀設立からの変遷,組織の成り立ち,IMFとの関係,改革の方向性については,Fine et al. ［2001］, George et al. ［1995］, 毛利 ［2001］, 大野 ［2000］, 大野ほか ［1993］, Pincus et al. ［2002a］, 鷲見 ［1994］などを参照のこと。

2) 世銀・IMFの関係者は,同じ構造調整プログラムが「各国一律」に適用されるわけではないというが,個々の政策手段の「強弱」が異なるだけで,緊縮財政,補助金削減,金融引締めなどの政策手段,メニューそのものは何ら変わらない。したがって,症状しだいでは同じ薬が患者を治しもすれば殺しもするということが無視されている,と批判されることになるのである［Ohno et al. 1998: 9］。

をともなうものであったが，それは長期的繁栄に向けての短期的苦しみとされた。構造調整政策への反発から世界各地で暴動まで起きていたにもかかわらず，苦しみの程度が処方箋の成功，改革のパフォーマンスを測る尺度となるのではないか，どれくらい失業率が下がったかではなく，どれだけ上がったかで構造調整の成果が判断されるべきではないかとまで，主張されるようになっていたのである［George et al. 1994: 68-69, 訳 83-85］。

こうした市場メカニズム信奉を，ある人は「ケースバイケースで実証されるべき帰納命題というよりも，公理系から導かれるイデオロギーに近い」と評し［大野 1996: 18］，より過激に批判する人々は，独自の教義と自己満足に満ちた準宗教的様式を押しつける世銀を中世キリスト教会になぞらえた。厳格に構成されたヒエラルキーをもつこの機関は，「真理」の唯一の守護者であると自任し，審問，粛正を行なう。人々の日常生活の場を破壊しても，将来現れるはずのより「大きな善」の名のもとに，その行為を正当化している。つまり，構造調整とは偽りの予言であると糾弾するのである［George et al. 1994: 5, 訳 8-9］[3]。世銀の「専門家」は，予言が外れても，ヒポクラテスの誓いをたてる医者やその他の専門家とは異なり，けっして責任を取らされることはない［George 1992: 168, 訳 285-287］。

各国固有の事情を無視してワシントン・コンセンサスの政策パッケージを

---

3) 構造調整とは，国際収支バランスの達成，市場経済原理の導入，貿易・金融制度の撤廃などの側面に関してのみの政策・制度の変更を意味しているにすぎず，これにより国内の貧富の格差是正，開発独裁体制の変更などを求めるものではない。したがって，構造調整の実施は途上国経済を快方に向かわせるどころか，かえってこれらの国々の経済・社会構造を歪めてしまっている。構造調整に批判的な論者はこのように結論づける［鷲見 1994: 207-208］。

4) この点については第1章で検討したとおりだが，ワシントン・コンセンサスと日本の援助理念の違い，世銀と日本のつばぜり合いのプロセスなどに関しては，George et al. ［1995］，本山［2000］，大野［1996］，白鳥［1994］，Wade［1996］もあわせて参照のこと。

日本の援助関係者は自らの考え方を世界に発信すべく，石川滋，村上泰亮，渡辺利夫，原洋之介，青木昌彦ら，日本の開発哲学を反映すると思われる主要な論者の論文を集め，英語に訳したうえ出版した［Ohno et al. 1998］。英訳された本のなかでも大野健一は，ワシントン・コンセンサスの根幹をなす新古典派経済学では，その論理構造ゆえ，体制移行のような社会全体の変化を分析することはできず，新古典派と開発経済学の融合は理論的ミスマッチであるときっぱりいいきっている［Ohno et al. 1998: 16-18］。

一律に適用する姿勢は，援助大国日本からの批判も招き，1980年代後半以降，援助理念，具体的政策，その根幹をなす新自由主義的経済学をめぐって両者の論争がつづいている[4]。冷戦終結以後，その一国主義的行動を強めるアメリカからも，世銀・IMFに対して，とくに保守派から批判的見解が打ちだされるようになった。アメリカ議会の『メルツァー報告』は保守派による批判の集大成ともいえる内容である[5]。

(2) 世界銀行改革の動き

冷戦体制が終結し，ブレトン・ウッズ50周年を迎えるなか，左右両派からの激しい批判もあって，世銀は組織保全のためにも「改革」に着手せざるをえなくなった[6]。1980年代は一枚岩とされたIMFとの関係でも，独自路線を模索してきたとされる。大野泉は，こうした変化を世銀に促す要因として，以下の5点をあげている［大野 2000: 47-50］。

まず第一に，冷戦体制崩壊とともに東西援助合戦が終結したことである。

---

5)『メルツァー報告』は，アメリカ議会が設立した国際金融制度諮問委員会（座長カーネギー・メロン大学教授 A. メルツァー）の報告書で，2000年3月に提出されたが，過去25年間積み上げられてきたIMF・世銀批判における主流的見解の集大成として位置づけられるべきものである［Bello 2002: 92］。委員会は民主・共和両党推薦のメンバーにより構成されたが，報告書の内容は保守的色彩の濃いものである。

改革案の中心は，国際金融危機を予見しえず，モラルハザードを引き起こしかねないような救済策を打ち出してきたIMFにあるが，世銀に対しても，活動の中心を融資からグラントに移すべきこと，世銀とその他地域開発金融機関との関係を再編し「分権化」を進めるべきこと，援助パフォーマンスを重視し，その際，個別案件の評価よりもむしろ，制度構築に力点がおかれるべきこと，透明性が高められるべきこと，などが改革案として提示された。『メルツァー報告』はアメリカ政府の公式見解ではないが，ブッシュ政権下，その重みは増しており，IMF・世銀改革をめぐる議論において過小評価されるべきではない［Bello 2002: 92; 稲田 2002: 6-8］。後述するように，ポスト・ワシントン・コンセンサスは，この報告書の保守理念とさほどかけ離れたものではない。

この報告書の内容，およびその後の議論について，詳しくは，稲田［2002］，大野［2002］を参照のこと。

6) 左派は，途上国市民のためにならない組織など，設立後50年も存続すれば十分であって，いまや廃絶すべきであると主張する。保守派は，廃絶とまではいかないまでも，『メルツァー報告』にみられるように，世銀の業務を民間では担えない残余部分，民間貸付が向かいにくい地域，具体的にはアフリカなどへのグラントに限定すべきであるとし，世銀の「ニッチ・バンク」化を主張する［Pincus et al. 2002a: 15-20］

これにともない，人類共通の課題に対応するとともに，市場移行国，新興工業国，最貧国など，各国の事情に応じて援助を行なわねばならなくなり，政治・制度面をもカヴァーする包括的な開発パラダイムを検討する必要が生じた。第二に，援助国・機関・団体が多様化するとともに援助の資金源も多様化し，開発援助における世銀の相対的重要性の低下が懸念されたことである。第三に，財政難から先進各国が援助予算を削減する傾向にあり，開発援助機関の効率性，援助効果を厳しい目で監視するようになったことである。上記のとおり，日本は従来から批判的スタンスをとりつづけてきたし，先の『メルツァー報告』にみられるように，アメリカ議会も国際金融機関の現状には批判的である。第四に，世銀自らが行なった調査によって，プロジェクト監理の不十分さ，開発効果の低さが明らかになったことである。そして第五の要因として，技術革新により情報，知識へのアクセスが容易になり外部と世銀とのコンタクトが増えたにもかかわらず，そのことによって得られた教訓，情報を蓄積・体系化して内部で共有できる組織になっていなかったことから，組織改革の必要性が叫ばれはじめたことが指摘されている。

環境重視，情報公開，査察パネルの設置など，L. プレストン総裁時代から目指された援助の「質」ならびにアカウンタビリティの向上という方向性は，1995 年 6 月に J. ウォルフェンソンが総裁に就任して以後，より明確に打ちだされた。ウォルフェンソンは，業務を効率化し開発効果を改善するべく，業務慣行の見直し，開発アジェンダの再考，知識基盤ネットワークの強化，人事・機構体制改革を 4 つの柱とする「ストラテジック・コンパクト」を掲げ，世銀改革に着手した［大野 2000: 106-112］。

さらにウォルフェンソンは，新世紀に向け，従来の世銀とは一線を画した開発哲学を打ち立てようとし，「包括的な開発フレームワーク」（Comprehensive Development Framework: CDF）を提唱した。その概要は以下のとおりである。

貧困を緩和し開発効果を上げるためには，マクロ経済的な側面のみならず，構造的・社会的・人的な側面も反映する包括的な分析枠組みが必要である。そうした分析枠組みに組み込まれるべきテーマは，「よい政府・クリーンな政府」，「有効な法律・司法制度」，「うまく組織され監督が行き届いた金融システム」，「社会的セーフティ・ネットと社会プログラム」，「教育・知識普及のための制度」，「保健および人口の問題」，「上水道・下水道設備」，「エネルギー」，「道路・輸送・通信設備」，「持続可能な開発，環境・文化の諸問題」

などである．こうした課題に向けては，開発当事国が中心的役割を果たすこと（オーナーシップ）とともに，当事国の中央・地方政府，援助国・援助機関，市民社会，国内外の民間部門など，開発の多様なプレーヤー間の協調関係を築き上げること（パートナーシップ）が重要となる［Wolfenson 1999］．

　CDFの理念は，「持続可能性」，「参加型開発」，「オーナーシップ」，「パートナーシップ」，「グッド・ガヴァナンス」といった言葉に反映されている．そしていまや，途上国の開発予算が貧困削減に有効なセクター，プロジェクトに重点的に向けられることを促すべく，資金供与の際には「貧困削減戦略ペーパー」（Poverty Reduction Strategy Paper）作成が義務づけられるようになった．

　ウォルフェンソンの改革への姿勢は，チーフ・エコノミストのポストにも表された．一般に「チーフ・エコノミストは世銀の調査研究の方向性を決定づける重要なポジションで，誰が任命されるかで世銀の経済政策の理論的バックボーンをうかがい知ることができる」とされる［大野 2000: 60］．プレストン総裁時代は，市場原理主義を体現する人物として悪名高いL. サマーズがそのポストにいたこともあったが[7]，ウォルフェンソンは，新自由主義経済学に批判的なJ. スティグリッツを任命し，注目されたのである[8]．

　総裁ウォルフェンソン，チーフ・エコノミスト兼副総裁スティグリッツのもと，世銀はポスト・ワシントン・コンセンサスを模索し，毎年の『世界開発報告』のテーマにも表されているように，パフォーマンス向上のため，援助においては「制度構築」，「知識」を重視するようになった．そして世銀は，自らを単なる融資機関ではなく「ナレッジ・バンク」（Knowledge Bank）と

---

[7] のちにアメリカの財務長官にまで昇りつめたサマーズは，世銀のチーフ・エコノミスト兼副総裁の時代，環境汚染産業は低賃金の途上国に移転するのが経済学的に合理的であるとするメモを回覧し，各方面から痛烈な批判を浴びた［George et al. 1994: 97-102, 訳 123-129; 鷲見 1994: 2-5; 都留 1998: 88-98］．

　サマーズは，その後，貧困とグローバリゼーションの関連を指摘した『世界開発報告』2000年度版のドラフトの内容を書き換え，トーンダウンさせるよう動いたとされ，執筆主任辞任という事態を招いたともいわれている［Fine 2001: 19］．

[8] 大野泉はウォルフェンソンとスティグリッツを「世銀を変えた2人の人物」として評価している．チーフ・エコノミストとしてのスティグリッツにはとくに期待を寄せていたようである．また，日本式開発主義の構築を目指す論者も，スティグリッツと自らのアプローチの近さを指摘し，世銀改革に期待していた［Ohno et al. 1998: 46］．

して位置づけようとしているのである。

　こうした一連の「改革」は、「開発哲学のソフト化」ともいわれるが、これをどう評価すればよいのかは、のちに検討しよう。ここでは節を変え、世銀改革の動きのなかでハーシュマンが注目されている状況についてまとめておきたい。本書でここまで検討してきたハーシュマンは、どのように「再評価」あるいは「再利用」されているのだろうか。

2　世界銀行内部におけるハーシュマン評価

　前章で検討したように、世銀融資を受けた各種プロジェクトについて、ハーシュマンが1960年代に行なった調査研究［Hirschman 1967］は各方面から注目され、開発論にも影響を与えたが、世銀の正統的手法とは異なったアプローチであったため、世銀関係者からは長く敬して遠ざけられる存在であった。そのハーシュマンについて世銀関係者がたびたび言及するようになったのは、1990年代に入ってからである。

　世銀の業務評価部門の長にあったR. ピチョットは、1990年代の初め、マサチューセッツ工科大学（MIT）を舞台に行なわれた「ハーシュマン・セミナー」において、狭義の「費用 - 便益」分析が手詰まりになり、世銀における開発プロジェクトの評価基準が、幅広く複雑で、より定性的・叙述的なものになりつつあるとき、ハーシュマンのプロジェクト評価論がふたたび注目されるようになっていると述べた［Picciotto 1994］。開発プロジェクトの評価は、収益率以上に制度面への実質的効果があったかどうかで判断すべきという考え方を提示した世銀の政策レポートでも、そうした面での先駆者としてハーシュマンの名前があげられている［World Bank 1998: 96, 訳140］。スティグリッツは、チーフ・エコノミスト時代、後述のように、機会があるごとにハーシュマンの業績に触れ、積極的に評価した［Stiglitz 1999a, 1999b］。スティグリッツのあとを継いだN. スターンも2001年5月、ワシントンで行なわれた世界銀行開発経済年次会議の基調講演冒頭でハーシュマンに言及しつつ、投資環境の整備と貧しい人々のエンパワーメントを説いた［Stern 2001］。

　本節では世銀内部におけるハーシュマン評価の流れを確認するが、まずは、

ワシントン・コンセンサスに批判的なスティグリッツの議論に耳を傾けよう。

(1) ワシントン・コンセンサスの陥穽——スティグリッツによる批判

スティグリッツによれば、ワシントン・コンセンサスの大きな失敗とは、市場経済の精妙な仕組みを理解できなかったこと、つまり私的所有権と自由化だけでは市場経済は機能しないということを理解できなかったことにある［Stiglitz 1998: 9］。彼は、ワシントン・コンセンサス、ならびにその背景をなす経済学に対し、つぎのような厳しい評価を下した。

> 教科書経済学は、教師が学生に教えるにはいいかもしれないが、あらためて市場経済を築き上げようとする政府にアドヴァイスするには向かないだろう。典型的なアメリカ式教科書はある特定の知的伝統、すなわち新古典派モデルに依拠しすぎているから、というのがその大きな理由である。これらのモデルは、シュンペーターやハイエクといった人たちがつくりあげてきたその他の知的伝統には目もくれない。だが、それらのほうが移行経済の直面する状況に対してより多くの洞察を与えてくれるかもしれないのだ［Stiglitz 1999b: 3］。

スティグリッツによれば、ワシントン・コンセンサスにもとづく民営化は、過去幾多の経済学者が明らかにしてきた市場経済の本質を誤解したものであり、市場移行の過程において多くの点で誤りを犯した。民営化そのものは何ら難しい仕事ではない。だが、きちんと機能する競争的市場をつくりあげるのは至難の業である。本来行なわれねばならなかったのは、より適切なインセンティヴを与えて既存の国営企業の経営陣をコントロールし、富の創出基盤を長期的視点で維持・発展させることであった。

経済が現実に機能するうえで不可欠な社会資本・組織資本は、いったん破壊されてしまえば再構築するのは難しい。そうであるとすれば、先進国のようなセーフティ・ネットも資本市場も欠く市場移行の過程でとくに重要となってくるのは、既存の企業をできるだけ維持しつつ、その内部で経営の建て直しを図ることである。ところがヴァウチャー・システムなどにもとづく急速な民営化は、「市場移行国の現実に根ざしたコーポレート・ガヴァナンス」という視点を欠き、結果的に、会社のまっとうな経営から利益を上げる

よりは資産の切り売り,さらには非合法すれすれの手段をはびこらせるだけに終わった。期待されたような,より効率的な資産の再配置などもたらさなかった。

　市場移行の過程で一国経済全体を再構築するということと,諸制度が整い市場経済がきちんと機能しているなかで一企業の再構築を図ることとは,まったく異なる。非効率な企業を倒産させたからといって,ただそれだけでは一国の産業構造の調整が行なわれたことにはならないし,生産性の低い労働者を失業に追い込んでも生産性を向上させたことにはならない。企業創出や企業経営のノウ・ハウ,破産法,適切な金融システム,要するに先進市場経済諸国が長い時間をかけてつくりあげてきた制度の欠如しているところで,そういった制度を所与のものとしたり,すぐさま移植・構築できるとするような民営化プログラムでは,社会に混乱をもたらすだけである。群をなしてやってきた西側諸国のアドヴァイザーは,不適切な教科書経済学によって,問題の解決策よりも問題そのものを生みだすことさえあった。こうしてみると,ロシアの現状は偶然の産物ではなく,明らかに行き過ぎたショック療法的民営化の誤りなのであって,もっと「漸進主義的視点」が必要である。これが,「市場移行過程の10年」を振り返ったスティグリッツの結論である[Stiglitz 1999b]。

　一般に政策処方箋というものは,固有の歴史をもち,一定レヴェルの社会資本,固有の政治制度を備え,政治プロセスがある特定の政治勢力の影響を受けるような社会で展開されるものである。こうした政治的・社会的文脈のなかで,政策処方箋が現実にはどのように使われ,またねじ曲げられるのかということは非常に重要な問題であり,経済学者は本来これを避けて通ることはできない [Stiglitz 1999b: 4]。漸進主義を提唱するとともに,こうして,一般の経済学者が明示的には扱わない,政策展開の政治的・社会的背景に言及したとき,スティグリッツは,たしかにハーシュマンの問題意識にかなり近づいていることになる。こうした問題意識を欠いたまま教科書からの演繹に終始するとき,開発や市場移行に関わる政策論の多くは不毛に終わる。

(2) スティグリッツによるハーシュマン評価

　上述したようなスティグリッツの視点は,日本では,市場経済と基層社会の適合性,市場の育成,国家の役割,工業化の社会的能力といった問題設定

のもとで共有され，開発協力・援助政策における「日本的アプローチ」にも具体化しているとされる［大野2000］。新古典派的アプローチには，途上国・市場移行国の現状に対するペシミズムと，その状況は自らの処方箋をいますぐ実行すれば改善されるというオプティミズムとが同居している。一方，日本的アプローチは，新古典派のように発展の条件，プロセスを固定的にとらえるのではなく，当該社会の初期条件を踏まえたうえ，新古典派によるもの以外にも発展への道がありえることを示そうとしたという点で，たしかに意義深い［大野1996］。

　だが，日本的アプローチから一部の論者が性急に導こうとする政策的帰結には疑問点も多い。最終的に国家，とりわけ権威主義開発体制の必然性ないし効用が指摘されるだけでは，新古典派に対するオルターナティヴとはなりえない。こうした政策的帰結に関する批判的検討は第1章でも行なったが，ここではスティグリッツとハーシュマンの接点をもう少し掘り下げていこう。実践的志向もあってか，日本的アプローチを提唱する論者は，共有し発展させうるはずの論点，認識があるにもかかわらず，ハーシュマンら戦後初期の開発経済学者，あるいはJ. M. ケインズ，J. A. シュンペーター，F. A. ハイエク，A. A. バーリ＝G. C. ミーンズといった学説史上のビッグネームに必ずしも言及しないが，スティグリッツは，ワシントン・コンセンサスを克服する端緒を彼らに求めようとしている［Stiglitz 1999b: 4-11］。

　スティグリッツは，改革プロセスに関わる非常に困難な諸問題を解決しようとすれば，経済学，政治学の領域を越え，社会の内部さらには社会そのものの進化と変化に関わる問題に正面から向き合わねばならなくなると述べたが［Stiglitz 1999b: 26］，重要なのはまさにこの点である。どうすれば当該社会の現実に根ざしつつも，そこに具体的な発展への「変化」を生みだせるのか。そこに摩擦が生じるとすれば，具体的にはどのようなものか。どうすれば克服できるか。「社会的能力」はどのようなプロセスを経て醸成されるのか。ワシントン・コンセンサスはもちろんのこと，日本的アプローチにおいても往々にして忘れられがちな，これらの点こそハーシュマンが長年向き合ってきたテーマであり，スティグリッツがその重要性を再確認している点である。

　ある講演においてスティグリッツは，ハーシュマンの『経済発展の戦略』［Hirschman 1958］を引用しつつ，つぎのように述べた。「思考様式」（mindset）の変化が発展問題の中心をなすとすれば，いかにしてそうした変化を引き起こすのかということに注意を向ける必要がある。それは，いかに善意のアウトサイダーであれ，外部から命じたり強制したりできないものであって，変化は内発的なものでなければならない［Stiglitz 1999a: 4］。

『経済発展の戦略』［Hirschman 1958］に関し，かつて H. チェネリーは，「経済学というより，応用心理学的な開発論」と揶揄した［Chenery 1959: 1064］。D. フィリックスはより辛辣で，『経済発展の戦略』には「投資への意志以外は，労働であれ外貨であれ，すべて無制限に供給されている状況下での経済発展」というサブタイトルが付けられるべきである，つまり経済学者が通常問題とするような条件を無視していると批判した［Felix 1964: 202］。最近になって P. クルーグマンや L. テイラーが確認しているように，たしかにこの著作はいまや正統的経済学の分野において影響力が小さくなっていることは否定できないのかもしれない［Krugman 1994; Taylor 1994］。しかし，世銀チーフ・エコノミストとして各国の開発・市場移行の現実に関わらざるをえなかったスティグリッツにとって，『経済発展の戦略』の内容を含め，ハーシュマンはとるに足りない過去の人ではなく，いまなお注目すべき経済学者なのである。

ハーシュマン評価はこれにとどまらない。世銀のシニア・エコノミストであり，チーフ・エコノミストの経済アドヴァイザーを務める D. エルラーマンもハーシュマンに焦点を絞り，その可能性を検討したペーパーを数多く書いている。ここでは，2001 年 4 月に発表された世銀の *Policy Research Working Paper* の概略を紹介しておこう［Ellerman 2001］。

(3) コンディショナリティへの疑念

このペーパーにおいて，まずエルラーマンは，ハーシュマンに依拠しつつ，援助効果を高めるために付されるコンディショナリティの実効性を疑問視している。中央集権的計画，社会工学的改革モデルにおける数値目標と何ら変わらないとしているのである。必ずしも世銀の公式見解を反映するものではないワーキング・ペーパーという媒体においてではあるが，エルラーマンは，コンディショナリティによって援助受入国を規律づけ「正しい政策」を採るよう仕向けるという思想に批判的である。机上のプランを越えた真の改革を引き起こすためには，受入国の内在的な根拠，動機が必要なのであり，資金

援助というニンジンはせいぜいそのための付帯的根拠を提供しうるのみである。成果主義に則りコンディショナリティをもっと厳格にすればよいという発想は，根本的に重要な「動機づけ」の問題を回避し，問題をすり替えているにすぎない［Ellerman 2001: 2-3］[9]。

　援助機関は，受入国側の善行を導くべく，プログラム援助にコンディショナリティを課すというやり方で，いわば「善行を買おう」とするのだが，受入国側は望ましいとされる政策の実行を取り繕うことを覚えてしまう。つまり，自国にとって本当に必要な政策と認め主体的に取り組むというよりは，往々にして，援助と引き換えにうわべだけ政策パッケージに忠実な姿勢をみせるだけとなってしまう。だから，「援助の具体的文脈においては，コンディショナリティ付きの援助で買われた『正しい政策』は，たいてい非効率なのである」［Ellerman 2001: 4］。ここでエルラーマンは，あとでも触れる1968年のハーシュマンの論文を引用し，自らの見解を代弁させている。

> したがって，これらの政策は，援助を渇望する政府によって採用されることが多くなるだろう。しかしながら，その一方で，それらの政策に関しては政策決定者自身が疑念を抱いたままだろうし，政府部内からの抵抗も出てくる。反対勢力はその「取引」を攻撃するし，手続き全体への嫌悪感が漂うことになるのだ。
>
> 　もちろん，援助契約の際には，受入国側から疑念や留保が表立って明らかにされることはない。だから，考え方は完全に一致したという錯覚がドナーの側に生まれる。だがこうした状況下，援助を通してドナーが善行を「買う」やいなや，合意された政策に取り組まなかったり，実行したにしても中途半端なものにとどめるといったやり方で，受入国側の留保や抵抗の意思が表面化するだろう。かくして，ドナーと受入国の関係はすぐさま悪化することになるのである［Hirschman 1971: 205］[10]。

---

9) 前章の用語を使えば，これは「拘束性」こそが援助効率を高めるという発想である。資金援助とコンディショナリティを組み合わせれば，援助効率に関わる問題が解決されるというのはあまりにも素朴な考え方である。

10) Hirschman［1971］は論文集であり，エルラーマンが引用したこの個所は，もともと，ハーシュマンがR. バードと共同で執筆した論文である。

あるいは，エルラーマンが指摘しているように，援助というゲームのなかで「私たちは，あなた方が金を与え援助機関として働いているふりができるように，改革をしているふりをしてあげるつもりだ」という受入国側の世慣れた対応が生まれるのみである［Ellerman 2001: 10］。これでは進歩に向けての変化は何ら生じない。

(4) 不均整成長理論への注目

　上述の点からも明らかなように，世銀シニア・エコノミストとしてのエルラーマンにとっての課題は，どうすれば援助受入国側の改革への内在的動機を間接的に醸成できるのかという点にある。これは，外在的動機に働きかけ改革を進めるために，「アメとムチ」をいかに課すかというエージェンシー理論的課題とは異なるという［Ellerman 2001: 5］。むろん，簡単に答えが出る課題ではない。だが彼は，自らのこうした課題への接近方法としてハーシュマン的手法を検討しつづけ，不均整成長論のアイディアに活路を見いだそうとしている。コンディショナリティをめぐる議論は，「均整成長対不均整成長」という古くからある論争に通ずるものがあるというのが，エルラーマンの見立てなのである。

　均整成長論の問題点とは，あらためて後に述べるように，それが「前提条件の物神化」に陥り，「総合化の呪縛」にとらわれていることにある。「もしある国が均整成長理論を適用されるほどであるならば，その国は初めから低開発国ではない」というハーシュマンのフレーズはあまりにも有名だが，これになぞらえて，エルラーマンも，もしある国が，国際機関からの借入に付随するコンディショナリティという，おきまりの「クリスマス・ツリー」を全部飾りつけられるのなら，その国は最初から低開発の罠に陥ってはいないと述べた［Ellerman 2001: 6］。均整成長論も国際機関のコンディショナリティも，途上国に対し不可能なことを要求している，あるいは，両者とも途上国が抱える現実の問題を最初から捨象している，というのである。

　低開発の罠に陥り，どうにも動かしようがないと見える事態を前に，それでもいかにして変化を生みだし，それを拡大していくか。ハーシュマンの不均整成長論の含意とは，発展過程のダイナミズムを小規模なもののなかに見いだすこと，すなわち，一連の緊張，不均整，不均衡を通じ，あるひとつの事柄を別の事柄に導いたり，誘発したりして，社会を発展経路に乗せること

にある。不均整成長過程において継起的に誘発される意志決定を極大化し，改革圧力を生みだしつづけることによって，そうでなかったならば利用されなかったような資源を呼び起こし，未開発のエネルギーを引き寄せるようになる。制度変化についてのハーシュマン的な不均整成長アプローチは，個々別々の試みが失敗するのを恐れ，各政策目標をきっちりと整合化し「すべてを一度にやろうとする」計画アプローチに対する代替策になりえる。エルラーマンは不均整成長論の含意をこのようにまとめたのち，必要に迫られる形で継起的に改革が導かれるということと，改革を明文化したコンディショナリティを外部から押しつけること，あるいは支配者が改革を通じて慈悲深い恩恵を与えることとはまったく異なると指摘した［Ellerman 2001: 7-10］[11]。

エルラーマンは，他の論者同様，「社会的学習」という面からハーシュマンを評価し，援助政策の現場で生かそうとしている。「分権的・社会的学習および変化の理論」としてのハーシュマン的手法は，たとえアカデミックな経済学者の理解を得られなくても[12]，けっして特異な意匠ではなく，援助政策に生かすべくさまざまな分野の研究との生産的対話が可能なものである。H. サイモンの「制限された合理性」（Bounded Rationality），C. リンドブロムの「漸進主義ならびに隘路打開」（Incrementalism and Muddling-Through），D. シェーンの「分権的・社会的学習」（Decentralized Social Learning），E. ロジャーの「分権的イノヴェーションと普及」（Decentralized Innovation and Diffusion），「ジャスト・イン・タイム在庫システムと継続的改良システム」（Just-in-Time Inventory and Continuous Improvement Systems），C. セーブルの

---

11) 従来のコンディショナリティを批判し，参加やオーナーシップを重視する姿勢はスティグリッツの議論にも反映されている。スティグリッツは「援助受入国に自らの分析能力を伸ばすよう促すのではなく，コンディショナリティを押しつけるプロセスは，そうした能力を獲得しようというインセンティヴも，そうした能力を使うことができるのだという受入国の自信も，両方とも台無しにしてしまう」と述べている［Stiglitz 1998: 20］。援助資金によって良い政策を買うことはできないという考え方は，当然ながら，スティグリッツ在任時代の世銀の政策研究レポートにも見いだされる［World Bank 1998］。

12) エルラーマンがここで想起するアカデミックな経済学者とは P. クルーグマンである［Ellerman 2001: 6］。クルーグマンは，ハーシュマンやミュルダールを，地道に積み上げられ数学的に首尾一貫した分析を拒否し，粗野なプラグマティズムに走った学者として辛辣に批判している。「ハーシュマンは誇らしげに自らの追随者を集め，彼らを荒野に引きずり込んだ。だが残念なことに，皆そこで息絶えた」［Krugman 1994: 40］。

「モニタリングによる学習」(Learning by Monitoring) など，これらいずれの理論も，ハーシュマン的な問題意識ならびに解決方法とあい通ずるところがあるとエルラーマンはいう [Ellerman 2001: 10-16][13]。

(5) エルラーマンの試論

開発の成果が，ただちに自らの存在状況を左右するような主体が開発プロセスに関与すべきであり，彼らの主体的動機を欠いたまま，コンディショナリティでいかに外部から規律づけようとしても援助の効果はあがらない。彼らが内在的動機にもとづき改革に着手し，自己および他者の成功と失敗から学ぶプロセスを小規模なプロジェクトから分権的に築き上げていくことが，援助の実効性を高める鍵となる。これがハーシュマンに依拠しつつ展開された，エルラーマンの議論の骨子である[14]。こうした主張そのものはおおむね首肯しうるにしても，具体化するのはそれほど容易なことではない。リサーチ・ペーパーの結論部分で展開された分権的・社会的学習に関する試論も，ハーシュマン的な問題意識を引き継ごうとするにしては，やや物足りないものであり，細部も詰められていないが，ここで簡単に紹介しておこう [Ellerman 2001: 16-17]。

中央政府は，現に問題を抱えた地域，州，都市などのサブユニットが個々の問題にどのように対処しようとしているのか，その取り組み方についての「コンテスト」をまず設定する。コンテストの参加ユニットは，大学や研究機関の指導を仰いだり，外国の先進的事例に学んだりしながら，自らのアプローチの背景をなす「理論」を明確にしたうえ，支援を獲得すべくコンテストに応募する。参加ユニットは公的に定められた基準，達成目標にもとづき評価されるということにあらかじめ合意しておく。この基準は参加ユニット自身が設定することもありうる。

---

13) 不確実性下の継起的意志決定という観点から，ハーシュマン自身，サイモンにはたびたび言及しているし，リンドブロムとは「経済発展・研究開発・政策策定プロセス」に関する論文を共同で執筆したこともある [Hirschman 1971: 63-84]。シェーンは「ハーシュマン・セミナー」の成果を公刊する際，自ら寄稿するとともに，ロドウィンとともに共同編者となった。セーブルもその論文集に寄稿している [Rodwin et al. 1994]。
14) 繰り返すように，これはスティグリッツの認識でもある。外部から押しつけられたコンディショナリティは，「当該社会のなかで変化の触媒の役割を担いうる人々に力を与えるというよりも，彼らの無能を明らかにするようなものである」[Stiglitz 1998: 21]。

第1段階として中央政府は，提出された「理論」を審査し，助成金などの物質的支援を供与する勝者を選びだす。助成金を勝ち得た参加ユニットはその見返りとして，それに見合った実質的貢献が要求される。参加申請に先立ち，問題に対処すべく，すでに何らかの投資が行なわれている場合もあるが，いずれにせよ，ただの助成金狙いではなく，問題を解決するという姿勢が問われるわけである。

　第1段階としての理論コンテストを経て，援助の第2段階が始まる。事前に合意されていた基準に従って，個々の課題への取り組みについて結果が評価され，援助を受けられる真の勝者が選びだされるのである。援助は，助成金をもらったかどうかにかかわらず，第1段階でうまくやれたもの，基準をクリアしたものに与えられる。ここで重要なのは，うまくやれた主体とうまくいかなかった主体との水平的ないし相互の学習を促すことであり，資金は，成功例から学べるように相互の訪問ないし出向にも使えるようにしておく。こうしたプロセスを通じた社会的学習にともない，パフォーマンスが向上していくに従って，公的に定める基準も徐々に上げていくようにする。この種のコンテストでは，地域の威信，名声といったものも重要な役割を果たすとされる。

　エルラーマンによれば，この援助プロジェクトの特長は，「解答」から始まるのではなく，「問題」から始まっているということである。コンディショナリティとしてあらかじめ外部から与えられた解答を忠実に実行する見返りに援助が与えられるのではなく，各サブユニットが抱える具体的な問題がすでにあること，その現実的解決策を各ユニットが競い合うとともに互いに学び合うことに資金が提供される。実際に問題を抱えた現地に根ざし現地に適合した解決策は，分権的な実験によって与えられるものであり，中央政府から押しつけられるものではない。中央は分権化された社会的実験のスポンサーとなり，うまくやれないものが成功例から学ぶのを促す仲介者として行動することが期待される。改革に向けての変化は，政府の上からの命令によって導かれるのではなく，小規模プロジェクトにおいて現場のエネルギーを解き放ち，それを方向づけることによって導かれるだろう。そうしたエネルギーは，水平的学習，明確な基準，模倣を通して，また前方連関，後方連関によって徐々に広がっていくというのが，エルラーマンの主張なのである。

　こうしてエルラーマンは，ポスト・ワシントン・コンセンサスを特長づけ

るとされるオーナーシップと参加型開発を重視し，内部からの変化を導くための基礎理論，有効と思われる視点をハーシュマンに求めたわけだが，上述のような議論をみるかぎり，具体策としてはいまだナイーヴな感は否めない。援助受入国は，明確な基準を策定したうえ，サブユニット間のアプローチを審査し，各参加ユニットが素直に結果を受け入れられるようなコンテストを取り仕切れるだろうか。このプロセスをスムーズにするためにもパートナーシップが重要だということになるのかもしれないが，何をもって助成・援助の対象とするかを決める基準づくりに際し，「知識ギャップ」を埋めるべく援助国・援助機関が乗り込むことになれば，エルラーマンが思い描いたのとはまったく異なる構図ができあがってしまうことにもなりかねないだろう。ナレッジ・バンクの中身が問われることになるのである。

　本節では，改革が模索される世銀内部でのハーシュマン評価の論点を概観したが，私たちはこれをどうとらえればよいだろうか。本書で跡づけてきたようなハーシュマンの議論は，ポスト・ワシントン・コンセンサスでいわれるところの「制度構築」，「知識」にストレートに連なるものなのであろうか。この点について述べる前に，次節ではまず，エルラーマン的な評価の背景をなすハーシュマンの援助論を振り返っておこう。ハーシュマンが1960年代に展開した援助論には，たしかにコンディショナリティ的な思考様式とは相容れない姿勢がみられるからである。

3　コンディショナリティ的思考方法へのスタンス

(1)　ハーシュマンによる批判的援助論の時代背景

　本書でもすでに確認してきたように，ハーシュマンと世銀との関わりは古い。世銀のバックアップを受け，世銀融資プロジェクトについて研究した『開発計画の診断』[Hirschman 1967]のもととなった調査は1964年から65年にかけて行なわれたものであるが，彼はこれ以前から世銀との接触があった。ハーシュマンは1946年から52年までワシントンの連邦準備銀行で勤務した後，コロンビアで新設された国家計画委員会の経済顧問を1952年から54年まで務めたが，この組織の設立を勧めたのは世銀であり，彼はコロンビア政府と世銀を仲介するような立場となった。「計画」をめぐって，世銀

がコロンビアに送り込んでくる人々と意見の対立が生じたこともあって，1954 年にはこの職を辞し，ボゴタ市でコンサルタント事務所を開設した。そして 1956 年まで，ハーシュマンは世銀融資を受けるための相談業務のような仕事を行なっていたが，コロンビア在住時代の仕事を振り返り，彼はのちにこう述べている。

> 私は，彼らが何も知らない一連の技術を輸入することによってのみ，彼らは「開発され」うるのだと決めてかかるよりも，むしろ本能的に，彼ら自身の行動パターンをよりよく理解するよう努めた［Hirschman 1986: 8］（強調原著者）。

こうしたスタンスを欠く「お雇い経済学者症候群」(visiting-economist syndrome) への批判的姿勢は，すでに本書でもみてきたとおりである。

　1956 年，ハーシュマンはコロンビアからアメリカに戻り，経済発展，そして当時数少なかったラテンアメリカ経済の専門家としての地位を確立していくことになる。彼が第一線で活躍しはじめた 1960 年代，アメリカの対外援助政策に大きな影響を与えていたのが 1959 年に起きたキューバ革命であった。キューバ中央銀行総裁 F. パソスと知り合いだったこともあり，ハーシュマンは当初，キューバ革命の意義を積極的に評価していた。しかし，1 年もたたないうちにパソスが追放され，F. カストロが熱狂的にソヴィエト・モデルに傾いていくと，キューバ革命の政治路線に疑問を抱くようになったという［Hirschman 1998: 84］。

　こうした状況下，ハーシュマンの関心は，どのようにすればアメリカはラテンアメリカにおいて建設的な役割を担えるのか，改革を進めるためにはどのような可能性があるのかに向かっていた。そして当時のアメリカや世銀を支配していた素朴な援助観に危惧の念をもち，批判的な論文を書きつづけた[15]。前章で検討した開発プロジェクト論を執筆したのも，この時期にあたる。

　アメリカは，キューバ革命が勃発したとき，革命の波及・再発の阻止，ラテンアメリカとの良好な関係構築を急務と考え，「進歩のための同盟」を提唱し開発援助に躍起となっていた。しかし，ラテンアメリカで実際に開発政策やコンサルティングに携わり，ラテンアメリカに知己も多いハーシュマンの目からすれば，そのコンセプトは非常に頑なであった。援助資金を対価と

して相手国に望ましい政策を採らせることができるというのはあまりに素朴な見方であり，援助がかえって受入国側の反発を醸成することもあろう。ハーシュマンが「進歩のための同盟」にともなう援助に感じた危惧も，これである。

　ラテンアメリカのアメリカに対するイメージは，当時けっしてよいものではなかった。アメリカは戦略的思惑，利己的な経済的思惑をもってラテンアメリカに関心を抱くだけであり，どの国においても大企業や大土地所有者と手を組みたがるというイメージがはびこっていた。こうしたイメージを，ときのケネディ政権が払拭しようという意図は理解できる。だが，高らかに謳われる宣言文といくばくかの資金供与によって，アメリカが実際にラテンアメリカの社会革命の守護者となりえるのかどうかは疑問である。関係を改善するためなら，援助に過大な期待を寄せるよりも，パナマ運河の管理を広域的な地域組織に委譲するなり，漸進的撤退を含め相互の利益になるようにアメリカ民間投資の地位を取り決めたり，さらには，ラテンアメリカ産品への輸入障壁を削減したりすることによって古いイメージを打破することのほうが大きな意味をもつだろう。いずれにせよ，アメリカは，ラテンアメリカの有力な知識人，政治指導者の抱く進歩・開発への思いを理解するべきであり，援助と引き替えに改革を外部から押しつけるべきではない［Hirschman 1971: 180-181］。これが「進歩のための同盟」の再考を促すハーシュマンの議論の骨子であった。

　「進歩のための同盟」にみられるような J. F. ケネディの単純な行動主義は，その意図するところに反し，ラテンアメリカ諸国の反発を買うのではないかと危惧する論文を書いていたにもかかわらず，かえってそのことが目にとまり，ハーシュマンはケネディ政権に加わることを打診されたこともある。ケネディのアドヴァイザーのひとり R. グッドウィンから，「ラテンアメリカ作

15）当時，開発援助についてハーシュマンが書いた論文の多くは，Hirschman ［1971］に収められている。以下で参照する，"Second Thoughts on the Alliance for Progress"（*The Reporter*, 25 May, 1961），"Critical Comments on Foreign Aid Strategies"（in Robert Asher et al., eds., *Development in the Emerging Countries*, The Brookings Institution, 1962），"Foreign Aid: A Critique and a Proposal"（with Richard M. Bird, in *Princeton Essays in International Finance*, No. 69, 1968）も同様だが，引用はそれぞれすべて Hirschman ［1971］, pp. 175-182, 183-187, 197-224 から行なう。

戦」への参加の意向を尋ねられたのである。転居がつづく家族の事情，および本を執筆中だったこともあり，ハーシュマンはこの申し出を断ったが [Hirschman 1998: 83-85]，いずれにせよ，エルラーマンは，このとき展開された援助論にあらためて注目したわけである。

(2) ハーシュマンのプログラム援助批判

開発援助の中心は，1950年代はプロジェクト援助だったが，ケネディ政権の後押しもあり，60年代になるとプログラム援助が登場してくる。当時は，プロジェクト援助に対するさまざまな批判が出されていた。援助資金が生産目的に使われているかを確かめるには，援助受入国の支出パターン全体に目を光らせる必要があるとか，プロジェクト援助は巨大プロジェクト，公的インフラ・プロジェクトに傾きがちで，さまざまなバイアスを生みだしインセンティヴ構造を悪化させる，などと主張されていたのである。その一方で，受入国の中心的経済プログラム・政策について，ドナーと受入国との「合意」を通じ実質的かつ着実に行なわれるプログラム援助がいかに有効であるかが説かれていた [Hirschman 1971: 198-200]。

だが本当にそうだろうか。特定目的に向けて行なわれるプロジェクト援助に比べて，援助受入の条件として政策の変更を迫るプログラム援助は，それゆえ固有の問題点を有するのではないだろうか。たしかに理想的に機能すれば，プログラム援助は，政策変更の触媒として作用し，援助国と援助受入国との間に考え方の完全な一致，価値観や目的の完全な共有を導くことができるだろう。その結果，両者はよりよき未来に向かって手を取り合って進んでいけるのかもしれない。だが，こうした状況はむしろまれなケースであり，援助というニンジンによって受入国に正しい政策を促すことができるという状況を思い描くのは，あまりにも素朴である [Hirschman 1971: 202-205]。

ハーシュマンは，1960年代アメリカの対ラテンアメリカ外交への含意を考慮すれば，プロジェクト援助に対しプログラム援助の優位性を説く議論にはいくつかの難点があることを指摘した [Hirschman 1971: 201-210]。

まず第一に，プログラム援助はプロジェクト援助以上に受入国内の反発を受けやすい。プロジェクト援助の場合，援助契約以前の政策目標を達成したうえに，援助の成果を付加しうる。基本的に受入国の誰も援助で状況が悪くなるわけではない。プログラム援助の場合，利用可能な資源合計は増えるか

もしれないが，政策内容が見直されるため損害をこうむるグループが出てくる。その損失に関しては援助協定のいかなる文言によっても直接補償されておらず，少なくとも短期的には救われないという事態が生ずる。

　第二に，プログラム援助は金融・財政といった，必ずしも援助本来の目的ではない分野に集中してしまう傾向にある。援助契約には，契約の履行が厳重に遵守されなければならない性質をもつ政策と許容度のより大きい政策とがある。こうした場合，交渉は金融・財政・為替政策といった，数値目標がより設定しやすく，契約がより遵守されると期待される分野に偏り，本来の目的であるはずの経済成長や社会正義などの目標にはだんだんと注意が払われなくなってくる。しかも，援助受入国側は，為替切下げ政策のような約束を破りようがないように思われる政策でさえ，他のさまざまな政策を駆使して為替切下げの意図する政策効果を食い止めようとするものだと，ハーシュマンは指摘した。

　第三に，プログラム援助には「隠されたコスト」がある。援助と引き替えに経済政策の変更を迫ることによって引き起こされる受入国側の反発は，援助供与国の外交および供与国内の援助への支持という点でも，援助供与国にコストを強いる場合がある。経済政策で大国への譲歩を強いられた小国は，それを埋め合わせるように，失われた独立性を外交面で発揮しようとして，その大国と同一歩調をとらなくなる可能性がある。そして，援助受入国側での援助批判が伝わってくると供与国内で援助への支持基盤が動揺し，援助そのものを枯渇させかねない。プログラム援助にはこうした間接的なコストがともなうとハーシュマンはいう。

　第四に，プログラム援助は受入国に対し，プロジェクト援助ほど知的説得力をもたないということが指摘される。高速道路や発電所の建設ならば，知識に関する彼我の差は明らかかもしれないが，経済成長を促す政策となれば話は異なる。ドナー国でさえ，完全に解決できていない問題について受入国側を納得させるのは難しい。かりにそうした政策をうまく運営した経験があったとしても，経済，歴史，社会，政治などの環境がまったく異なるところでその経験を適用できるかどうかは定かではない。

　第五に，援助交渉において受入国側は政府部内のトップクラスがテーブルにつくのに，供与国側は援助の実務者レヴェルがやってくるという植民地支配的構図を生みだしがちなことも，受入国側の反発を招くこととなる。遠く

からやってきた人間を権力の座にある自らと対等に扱い，しかもそうした連中の命令に自分の治める国のなかで従わざるをえない状況が，受入国政府によって歓迎されるはずもない。

　ハーシュマン自身はこのほかにもいくつかの点を指摘しているが，ここでは以上の点を確認しておけば十分であろう。ハーシュマンが指摘した論点は，環境問題なども国際開発において現在ほど重要なアジェンダとなっていない1960年代初めにおける，アメリカによる対ラテンアメリカ援助政策を念頭においたものである。その意味で議論の細部は注意しながら検討すべきなのだろうが，エルラーマンは，オーナーシップの欠如した援助がいかに反発を招き，援助を非効率なものにするかという視点をハーシュマンの援助論から引き継ぎ，彼が展開したその他の開発論を踏まえたうえで，分権的・社会的学習という方向性を見いだそうとした。世銀のシニア・エコノミストとして，チーフ・エコノミストのアドヴァイザーとして，ポスト・ワシントン・コンセンサスの理論づくりに貢献しようとしたのである。

　だが先ほどから留保しているように，果たしてポスト・ワシントン・コンセンサスは，本書で検討してきたようなハーシュマンの議論の延長線上に無理なく展開できるものであろうか。以下ではその妥当性について検討していこう。

4　世界銀行内部におけるハーシュマン評価をどうみるか

(1)　制度構築とナレッジ・バンク構想

　世銀が「改革」路線を歩もうとしていることは，すでに述べてきたとおりである。その改革のスタンスは，スティグリッツの副総裁在任中，世銀の援助方針を示し，その重要性から日本語にも訳された政策研究レポートの，つぎのような叙述にも端的に表されている。

> 開発プロジェクトの価値は，制度と政策を強化することによって，公共サービスが効果的に行きわたるようにすることにある。援助とは，知識と資金のパッケージをもたらすものである。……プロジェクトの最も重要な貢献は，個別セクターの融資を増加させることではなく，セクター

別・地域別の制度を強化することによって，提供される公共サービスの質を改善することにある。援助に促された知識の創出は個別セクターの改善を導き，援助パッケージの資金部分は，公共サービス全般を拡大することになる［World Bank 1998: 3, 訳4］（強調原著者）。

　この政策研究レポートでは，一般に援助資金はファンジブル（fungible）である，つまり他目的への流用可能性がつきまとうという想定のもと，援助資金を効果的なものにするには，援助受入国の政策と制度全体の質がよくなければならないと結論づけられる。開発援助は単に資本を提供するものではなく，良い制度と政策を支援すべきものであり，金よりもアイディアのほうがより重要であるという本レポートの結論が世銀の基本方針に沿うものであることはいうまでもない［World Bank 1998: 13, 訳19］。ここに「制度構築」の重視，制度変化の誘発手段としてのプロジェクト，ナレッジ・バンクとしての世銀という考え方が反映されているのである。

　こうして開発プロジェクトが制度面にもたらす変化に注目するようになったという意味では，「世銀は皮肉なことに，1967年に出版された，いまや古典的な『開発計画の診断』でハーシュマンが提起した議論にずいぶんと近づいてきたということになる」。しかし両者の間には，方法論的に，あるいはイデオロギー的に，容易には埋められない懸隔がなお存在する［Pincus 2002: 77］。以下では，いくつかの論点をあげ，ポスト・ワシントン・コンセンサスにおけるハーシュマンの「利用法」の問題点を検討していきたい。

　知識と制度を重視する世銀の姿勢が端的に表されたのは，『世界開発報告1998/1999』である。この報告書では，スティグリッツの「情報の経済学」の考え方にもとづき，開発が成功するかどうかは，ひとえに，豊かな国と貧しい国の間に，そして貧しい国の内部に存在する知識ギャップを埋められるかどうかにかかっており，したがって貧しい国は知識の効果的普及に役立つような政策を採用するとともに，そのような制度を構築する必要があると論じられている［World Bank 1999][16]。

---

16)『世界開発報告1998/1999』では，農業，医療・保健，会計知識など「技術的知識」の不均等な分配を「知識ギャップ」（knowledge gap）と呼び，製品の質，借り手の信用度，従業員の勤勉さなど，「属性に関する知識」の不平等な分配を「情報不全問題」（information problems）と称している。

スティグリッツの議論を背景に，世銀は知識ギャップを埋めるプロセスを支援するナレッジ・バンクとなることが求められるわけだが［Stiglitz 1998: 28］，ここでは，「どんな知識か」，「誰が何を知識ギャップと決めるのか」は問われていない。B. ファイン，J. ピンカス，G. スタンディングといった，ワシントン・コンセンサスのみならずポスト・ワシントン・コンセンサスにも批判的な論者は，こうした認識を問題とする。

　知識観がこのようなものになる理由は，まずは技術的なものである。情報経済学の理論的な枠内で概念的に扱えるようにするためには，知識は「価値中立的で数量化できる財」とせざるをえない。そしてここから，市場によっては供給不足となりがちな公共財というとらえ方がなされるようになり，だからこそ知識ギャップを埋めるべく介入が必要だという結論が導かれることになる。そしてまた，こうした知識観に傾斜せざるをえない，より重要な理由は政治的なものである。誰の知識か，何を正当な根拠として知識が構成されているのかという問題に踏み込めば，知識の社会的構成を支える権力構造，情報へのアクセスを妨げる障害といったことに関わる政治問題を惹起せざるをえない。知識や情報の政治的性格を公然と認めれば，世界銀行協定第4条第10項に謳われている，政治的中立性，内政不干渉の姿勢とは相容れなくなる。したがって，世銀は，知識を価値中立的で数量化できる財とみなすという「経済還元主義」に固執せざるをえなくなるのである［Fine 2001: 8-9; Pincus 2002: 80-81; Standing 2000: 750-751］。

　『世界開発報告 1999/2000』での議論のように，ウォルフェンソン治下の世銀は，ガヴァナンスや地方分権など，政治問題に踏み込んでいるようにみえるが［World Bank 2000］，あくまでも滅菌消毒された厚生経済学の言語に忠実であろうとし，公然と政治を語ることは避けている。価値中立的な知識の普及に貢献し，知識のギャップを埋めるナレッジ・バンクたろうとするわけであるが，ピンカスは，こうした「知識の非政治化」という試みそのものが，実はきわめて政治的なものであることが忘れられてはならないと指摘している。知識が価値中立的な公共財であるという考え方は，何が正統な知識なのかということに関し，自分たちの考え方を強要できるだけの力を持っている機関，個人の利益にかなうものだからである［Pincus 2002: 84］[17]。世銀は，ポスト・ワシントン・コンセンサスを模索する過程でも知識や制度のテクノクラート的アプローチにこだわり，知識や制度構築の政治的含意を明示

的に扱うことをせず，分権化，参加型開発，市民社会など，掲げられた理念に反して，結果的に，相手国の中央集権化，社会工学的単純さを暗黙のうちに支持するという政治性を発揮してきたのである［ibid.: 100］。

ポスト・ワシントン・コンセンサスにおいて重視される知識や制度構築が，なおハーシュマンの提起した問題からかけ離れているとピンカスが指摘するのも，上述したような事柄に関わっている。前章でみたように，ハーシュマンの開発プロジェクト論で注目されるのは，プロジェクトで意図される経済的なアウトプットではない。むしろハーシュマンは，プロジェクトを実行しそのプロセスが進展することによって，イノヴェーション，スキルの向上，政策決定者や受益者の価値観の変化のための「政治的空間」（political space）が生みだされるという点に着目した［Pincus 2002: 77］。もちろん，ここでの「政治的空間」とは，権力により操作可能な領域，大文字の政治権力のみが行き交う領域ととらえられるべきではない。各プロジェクトに着手し経験を積むことで広がる「可能性の領域」，第 1 章で述べたような「広義の政治」が繰り広げられる場を指すことはいうまでもないだろう。

「各プロジェクトを調査すれば，それぞれ違った経験と結果，そして直接的効果と間接的効果が独自の形で配列されていることが分かる。翻って，この独自性とは，一方における各プロジェクトの構造的特性と，他方における社会的政治的環境との間に見受けられる様々な相互作用に起因するものである」と述べるハーシュマンは，社会工学的発想からはほど遠い［Hirschman 1967: 186, 訳 280］（強調原著者）。発展とは，単純化と数量化には非常に馴

---

17) 国際労働機関（ILO）で社会的・経済的安全保障の仕事に携わってきた G. スタンディングは，ワシントン・コンセンサスに批判的なだけではなく，ナレッジ・バンク構想も批判の俎上に載せ，つぎのように述べている。

 ワシントンに拠点を置く現在の国際金融機関の「知識」はきわめて特殊なものである。そこは，アメリカ人エコノミスト，あるいはシカゴ，ワシントン，ケンブリッジ，マサチューセッツにまたがる，ごく限られた範囲の人間によって支配されている。経済学者の狭い知的サークルのなかでの知識が幅をきかせ，「現実」がどのように認識され計測されるべきかという基準となり，「知識のヘゲモニー」を形成している。世銀や IMF による研究，あるいは両機関のために行なわれる研究は，他のどんなところで行なわれる研究よりも重視され，仕事の質ではなく，誰と知り合いか，「ワシントン－ケンブリッジ－シカゴ」サーキットにどれだけ近いかで研究の重要性が決まってくるというのが現実である。構造をそのままに世銀をナレッジ・バンクにすることなど，現在のこうした傾向を強めるだけである［Standing 2000: 752］。

染みにくい。ピンカスが適切に述べているように、ハーシュマンの政治経済学を貫く基本テーマは、これである［Pincus 2002: 77-78］。ハーシュマン自身が『開発計画の診断』再版の序文であらためて確認しているように、原著執筆時点で意識していたのは、投資選択の科学的基準としてR. マクナマラ時代のアメリカ国防省で編みだされ、その後世銀にも広まっていったような社会的費用便益分析、社会工学的手法であった［Hirschman 1995b: viii-ix］。利害対立が渦巻くなか、それでも試みられる開発への挑戦は、ハーシュマンにとってまさに叙事詩的に雄壮なものであり、このプロセスがプログラミング可能で、もたらされる利益は直接的なものも間接的なものも計測しうるなどという発想は「専門家の尊大な野望」であり、とうてい受け入れがたいものだった［Hirschman 1967: 180, 訳 269］。

　ピンカスらによれば、スティグリッツのナレッジ・バンク構想にせよ、ウォルフェンソンが提唱するCDFにせよ、そうした「尊大な野望」の類であり、その経済還元主義に端的に見いだされるように、マクナマラ時代の社会工学的発想とさほどの変わりはない［Pincus 2002: 84-85; Standing 2000: 758］。ハーシュマンを評価しているようで、現地の政治的・制度的文脈にもっと敏感になれ、開発プロジェクトの計画・設計・評価に関してはもっと慎ましくあれ、と説いたハーシュマンの主張からはかけ離れている。たしかに「ウォルフェンソンのもと、知識や制度構築の役割を再発見した世銀と、意図せざる結果、特性形成、不確実性を重視したハーシュマンとは、なお大きな隔たりがある」［Pincus 2002: 77］。特定の歴史的文脈、個別性、人間行動の意図せざる結果への畏怖ないし敬愛を保持する知性、すなわちポシビリズムと主知主義的かつ権威主義的な知性とは、似て非なるものなのである。

(2) ポスト・ワシントン・コンセンサスの中身

　2015年までの世界の貧困人口半減を謳う国連ミレニアム開発目標実現に向け意気軒昂な世銀だが、改革の動きを懐疑的に見る向きはなお多い。かつてR. ウェイドは、『東アジアの奇跡』［World Bank 1993］の作成プロセスを事例に、変化しているように見えて世銀がいかにして自らのパラダイムを維持するのかという興味深い論文をまとめたことがあるし［Wade 1996］、S. ジョージがいうように、世銀が中世キリスト教会のような組織なら、自らの誤りを認めたり、簡単に教義を変更したりすることなどは望みえないだろう

［George et al. 1994］。「経路依存性」（path dependency）という言葉は，事実や新たなパラダイムを突きつけられようと，身につけた「知識」をなかなか放棄したがらず，「知識ギャップ」を埋めようとしない世銀スタッフにこそふさわしい，などと皮肉られることもある［Standing 2000: 753］。

　最近の世銀改革とはどれだけ本質的なのか。そもそもポスト・ワシントン・コンセンサスとワシントン・コンセンサスとは，実質的にどれほど異なるものなのだろうか。

　世銀は，その歴史のなかでなんども批判にさらされたが，批判者のロジックを驚くほど取り込んできた［Pincus et al. 2002b: 9］。まさに，「反対勢力の言葉を，そしてときには行動までも，自分のなかに取り込んでしまう」のだが［George et al. 1994: 183, 訳232］，本当の意味で世銀が自らの誤り，失敗を認め，改革に踏みだす様子は，ポスト・ワシントン・コンセンサスにも見いだしがたい。さまざまな立場，理論を背景にワシントン・コンセンサス的なスタンスを批判してきた論者は数多い。しかし，ポスト・ワシントン・コンセンサスを提唱する論者は，そうした論者の議論を咀嚼することなく，何らかの引用・言及がある場合もすべて「情報の経済学」という自らの立論に沿う形で利用してしまっている［Fine 2001: 14］。

　新たなコンセンサスは，分析枠組みを情報の経済学に狭く限定したままであるにもかかわらず，古いコンセンサス以上に介入主義的スタンスを強めている。ワシントン・コンセンサスは経済の領域におけるレッセ・フェール政策を押しつけてきたが，ポスト・ワシントン・コンセンサスにおいて，介入政策は市場の不完全性を理由に正当化されるだけではない。そうした介入政策が成功するか否かが非経済的要因に関連づけられ，したがって援助機関による介入が経済的領域を越え，どこまでも拡大していくことになる。まさにファインが指摘しているとおり，新たなコンセンサスにもとづき行なわれているのは，よい統治の名のもとに，そして市場の不完全性と非市場の不完全性をともに和らげる義務の名のもとに，恣意的介入の範囲を拡大し強めることであり，それを「オーナーシップ」という言葉によってうまく丸め込んでしまうことなのである。そして，援助政策の現場はいまだにワシントン・コンセンサスの影響力が強く，ポスト・ワシントン・コンセンサスを実行できる土壌ではなかったため，スティグリッツのチーフ・エコノミスト辞任という事態を引き起こしたのだ，とファインは述べている［Fine 2001: 14-16］。

こうして，ファインやピンカスといった，ワシントン・コンセンサスにもポスト・ワシントン・コンセンサスにも批判的な論者は，左右両派による世銀批判を排するとともに，世銀内部の現行の改革路線にも見切りをつけ，世銀を，資本蓄積と成長に必要な公的資金を供給する開発金融機関として「作り直すこと」(reinvention) を主張するようになったが，詳しい議論はここでは割愛しよう[18]。いずれにせよ，ハーシュマンをも援用しながら展開されるポスト・ワシントン・コンセンサスの中身とは，批判的論者からは，ワシントン・コンセンサスとさほど変わらない狭い原理にもとづいてアジェンダを設定するのみならず，異なる意見をも自らの還元主義的形式に取り込んでしまうもの，そして，階級，権力，対立といった概念は留保したまま，開発を大きな社会的・経済的変化をともなう矛盾に満ちた過程としてとらえようともしないものと認定されてしまう。世銀の改革，ポスト・ワシントン・コンセンサスに一定の期待が寄せられる一方で，ワシントン・コンセンサスに対するのと同様，批判の声も大きいのである［Fine 2001: 16][19]。

　以上，ハーシュマン評価という観点からポスト・ワシントン・コンセンサスの流れを概観し，世銀によるハーシュマンの「利用法」の問題点を確認してきた。たしかにハーシュマンは，コンディショナリティ的思考方法に批判

[18) ファインらによれば，世銀をつくり直すには，まずナレッジ・バンク路線と訣別し，経済発展を促進する公的な開発金融機関を目指さねばならないとされる。ブレトン・ウッズから50年以上を経たいまでも，貧困国の資本蓄積と成長にとってこうした国際金融機関は重要である。にもかかわらず，現在の世銀は，CDFだ，ナレッジ・バンクだと本質的でない仕事を抱え込むとともに，恣意的かつ不要な介入を繰り返している。ガヴァナンスは世銀にとってこそ重要で，「つくり直す」には分権化が必要となるが，それは実務レヴェルの仕事をワシントンから世銀の地域事務所に委ねるということではない。いろいろな「知識」を生みだし，透明性を高め，アカウンタビリティを向上させるべく，世銀の重要な機能を外部組織に委譲することが必要となる。研究部門，プロジェクト評価部門は，競合する数多くの組織に委ねられるべきだし，「知識」は，たったひとつの有力な機関の専売特許とされるべきではない［Pincus et al. 2002a: 23-24; Standing 2000: 751］。
　世界の現状を見渡したとき，ナレッジ・バンクではなく，こうした形の「バンク」として世銀をつくり直すことは喫緊の課題である。最大の障害は，世銀を財務省の外郭組織と認識し影響力を行使しつづけようとするアメリカであるとファインらは主張するが，世銀再生に向けての詳しい議論は，Fine et al.［2001］，Pincus et al.［2002b］を参照のこと。

的スタンスをとった。また，開発プロジェクトの実施がもたらす副次効果の重要性も指摘した。しかし，ハーシュマンの議論を現在の世銀が主張するような制度構築やナレッジ・バンクに直結させるのは無理がある。マーシャル・プランに携わったとき，コロンビアの開発に関わったとき，いや，それよりもはるか以前，「確固たる世界観をもたぬ」という少年時代に耳にした父の言葉を引きずりつづけ，義兄コロルニとともに反ファシズムとの戦いに明け暮れていたようなころから，ハーシュマンは，絶対的世界観には不信を抱き，究極的処方箋を外部から押しつけることを拒絶してきた［Hirschman 1995a, 1998］。そして研究者としては，経済学の反民主主義的利用，狭義の経済学にもとづく一方通行的な分析の危険性を訴えつづけてきたのである［Meldolesi 1995: 20］。

　以下では，第4章から6章にかけて検討してきたハーシュマンの開発論の意義をまとめ，ハーシュマンをポスト・ワシントン・コンセンサスによって包摂するのは無理であることを再確認し，次章への橋渡しとしよう。

19）ファインは，情報の経済学というアプローチによる知的植民地化は許されるべきではないと主張するし，スタンディングは，ポスト・ワシントン・コンセンサスなど，ひとつのヴィジョンを別の単一のヴィジョンに置き換えただけと批判するが［Standing 2000: 760］，このほかにもポスト・ワシントン・コンセンサスへの批判は多い。
　スティグリッツによる世銀改革の方向性に一定の可能性を見いだした大野泉も，「開発哲学のソフト化」とは，つまるところ，経済以外の分野にまで欧米流の開発思想を拡大することにすぎないのではないかと苦言を呈した［大野 2000: 212-222］。また，原田太津男は，世銀が改革を試みウィングを広げようとするほどに，たとえばこんどは国連開発計画（UNDP）との職掌区分がぼやけるだけでなく，社会的・非経済的指標作成の遅れが際立つことになると指摘するとともに［原田 2001: 109-110］，一連の改革の理論的支柱をなす新制度学派的アプローチそのものが真の貧困対策にはほど遠いものであると述べている。原田によれば，ガヴァナンス，市民社会，リスク・マネジメント，制度構築，セーフティ・ネットなど「新たな用語法に惑わされることなく，ポスト・ワシントン・コンセンサスから出現する政策枠組みを分析してみれば，それが，ワシントン・コンセンサス（オープンな市場，規制緩和，政府の役割の縮小）とさほどかけ離れたものでないこと」は明らかであり，むしろ「構造改革の経済的強調にたいする政治的対応物にすぎないとすらみることができる」［原田 2002: 82］。

5 「社会的学習」への示唆

　保守派による援助批判は古くからある。ハーシュマンは，援助をテコに政策の変更を迫るという発想には批判的であり，援助によって供与国が受入国の「正しい政策」を買おうとすることの問題点を指摘したが，援助そのものに反対しているわけではなかった。そして，1960年代のアメリカによる対ラテンアメリカ援助を念頭に議論を展開したとき，援助をどれだけ効果的なものにできるか，供与国納税者の賛同を得ることができるかというのがハーシュマンの問題意識にあったとすれば，J. K. ガルブレイスが当時行なったような議論には反対の立場をとらざるをえなかったのも当然である。

　ガルブレイスは，援助が供与される社会が満たすべき条件として，①国民の高識字率および高等教育を受けたエリート層の存在，②社会正義を果たすべき手段の存在，③信頼しうる政府・行政機構，④開発についての明確な目標，という4項目をあげたことがある。つまりこうした条件が整っていなければ，せっかくの援助も功を奏しないというわけだが，工業化に先立ち，これら4条件を満たしていた先進国などはない。また，このような条件を満たせる国なら援助は不要であり，むしろ援助供与国になるであろうと，ハーシュマンは批判したのである［Hirschman 1971: 183］。

　援助が効果的になるための条件探し，さらには発展のための前提条件探し。ハーシュマンにとって，これこそ，発展のための現実的可能性を摘んでしまいかねない試みなのである。

(1) 「前提条件の物神化」と「総合化の呪縛」

　今も昔も援助機関のエコノミストたちは，進歩への唯一の道と自認する処方箋の中身とその帰結には楽観的である一方，往々にして自らが対象とする社会の現状，能力には悲観的であることが多い。彼らの目には，なにもかもが悪く見え，天然資源，資本，貯蓄，技術，企業者精神，マネジメント能力，その他，ありとあらゆる発展要因が欠けて見える。挙げ句の果て，社会秩序，法の施行，国家行政，さらには知識などにまで言及される状況は，上述したとおりである。こうした事態をB.サンヤールは「前提条件の物神化」

(fetishization of prerequisites）と呼び，それを克服しようとするハーシュマンを積極的に評価した［Sanyal 1994: 134］。

　停滞状態の国がそんなに多くの必要条件を同時に満たせるはずがない。ガルブレイスのあげた前提条件をすべて満たせるような国は低開発国ではない。あるいは，シュンペーターも注目したように，いかなる要因も一義的に決定された方法で機能することはないし，経済学者によって指摘される一般的な発展要因が整いながら，なお経済発展がうまく進まない場合もある［シュンペーター 1998: 87］。

　すでに述べたように，通常，前提条件，制約要因とされるものの多くは，ハーシュマンにとって学者がこしらえたものにすぎず，発展における真の問題は別のところにある。一国の発展に重大な影響を与えるとして彼が重視するのは，「その国が何を・した・か，あるいは，何を・した・結果，何が・ど・う・な・っ・た・か，という関係」，いうなれば「実践的行為を通じた学習」のプロセスとその帰結であり，あれやこれやの前提条件ではない［Hirschman 1967: 5, 訳 8-9］（強調原著者）。一般に発展の前提条件といわれるものは，発展プロセスの途中で生みだされるものである。前提条件に足下をすくわれ，所与の資源・生産要素の最適結合を見つけるよりも，むしろ，隠された，散在している，もしくは利用の拙劣な資源・能力を発展目的に即応して喚起し協力させることのほうが発展にとって重要である。諸資源を，動かしえない不足状態にあるものと思い込み，またその観念で資源配分を計画するならば，発展は抑圧されてしまう。

　重要な前提条件とされていることの多くは発展の関数であるというとき，ハーシュマンはけっして事態を楽観しているのではない[20]。そうではなくて，

---

20) ブラジルの経済学者 C. フルタードは，1990 年 8 月，L. メルドレージのインタヴューに答えてつぎのように述べた。フルタードとハーシュマンは研究のバックグラウンドも類似しているし，発展や開発戦略に関する認識も共有していた。2 人にとって，発展とは，進化と転換の過程であり，したがって開発戦略という概念は人間行動の側面を含まざるをえず，またこうした行動を導く論理を示すべきものである。ところが，2 人は肝心なところで意見が分かれたという。「アルバートは偉大な文筆家だし高潔な男だ。でも，こと開発問題に関するかぎり，われわれの意見はしばしば食い違いをみせた。彼の考え方はあまりに洗練されすぎているし，あまりにも楽観的なのだ」［Meldolesi 1995: 239］。フルタードにかぎらず，ハーシュマンの経済発展論を楽観的と評する論者は多いが，単なる楽観論でないことは，本書で確認してきたとおりである。

問題の所在を異なったところに見いだしているのである。ハーシュマンは，多くの人々が見誤っている事態，すなわち発展に必要な制度的プロセスの複雑さに注意を向けようとしている。足りないものは資本であれ，技術であれ，知識であれ，外から持ってくればよい。市場メカニズムの機能を邪魔する，古びた制度はなくせばよい。こうした姿勢では混乱こそ生じても，発展に向けての着実な変化は生まれない。ハーシュマンは，発展過程における制度変革の重要性とその困難，さらにはその実現可能性を主張してきたのである。

ハーシュマンは合理的経済人，理想的市場からの乖離でもって生身の人々，現実の社会を認識・評価しようとはしない。多くの経済学者と違って，資本市場であれ，労働市場であれ，商品市場であれ，完全に競争的な理想的市場に近づけるべく現状を変革しようとはしないし，市場の不完全性，市場の歪みという表現すらほとんど用いない。そうした表現には，完全な市場が存在する，あるいは，完全な市場が望ましいというニュアンスがともなうからである。ハーシュマンは，まさに人類学者のように，外来のものよりも当該社会の知識の重要性を認めるとともに，一見，非合理的な現地のやり方に内在する「隠された合理性」を理解しようとする［Sanyal 1994: 141-142; Schön 1994: 89］[21]。経済学者のいう前提条件が整っていないことなど，途上諸国・移行諸国ではむしろ常態である。これをあげつらうのではなく，隠された合理性に目を向け潜在的諸資源を動員していかないことには，発展のプロセスは始動しない。

「前提条件の物神化」の克服とともに，ハーシュマンが目指したのは「総合化の呪縛」を断ち切ることである。隘路打開のために総合計画の策定は必須とされがちであり，総合化の呪縛はいたるところにある。たとえば，貧困，低識字率，乳児死亡その他を撲滅する仕事はまさに「戦争」と同じであり，だからこそ内包されるすべての要素を整合的に扱い，持てるエネルギーを確固たる目標に向けて集約し合理的に対処すべきであると主張される。あるいは彼我の差に愕然としたものが，この差を一挙に埋めるべく大転換を内容とした総合計画を打ち立てようとする。発展にまつわる多くの問題は，たしかに相互に関連する複合的要因の結果である。だからといって，必ずしもそれ

---

[21] スティグリッツは，まさにこうした認識をハーシュマンと共有しようとしたはずなのだが［Stiglitz 1999b: 17］，スタンディングらによっては，その「知識」がいまだ狭く限定されたものと批判されるわけである。

らすべての要因間の調整を図る総合的な計画が必要なわけではない。途上国，市場移行国の現実を前提にした場合，そうした総合的計画の実行は非現実的であるし，また望ましくもない。場合によっては危険でさえある。これがハーシュマンの基本認識である［Sanyal 1994: 136-137］。

　何が発展の促進要因で，何が阻害要因であるか，あとになってはじめて判明する場合がある。また，戦災地域の復興計画や未開地の開拓とは異なり，一般に経済発展とは「新規の創造」ではなく「転換」であることが多く，それ以前の生産方法を陳腐化し，生活様式，その他の慣行を崩壊させるなど，損害を生みだすこともある。総合計画の合理性とは出発点と到達点，発展プロセスに対する明確な知識を前提とするが，発展には以上のように多くの不確実性がつきまとい，いくらモデルを駆使しても完全な青写真を描くことなど不可能である。人知の限界，不確実性を前提にした場合，全面的な調整にもとづく総合計画は，解決するよりも多くの問題を引き起こしてしまうだろう[22]。

　ハーシュマンによる均整成長論批判の論拠もここにあり，総合計画から距離をおくわけだが，総合計画が不可能だから，発展が不可能になるわけではまったくない。そしてまた，不確実性が存在し意図せざる結果が生じるから，発展に向けての戦略が打ち立てられないわけでもない。サンヤールが的確に指摘しているとおり，ハーシュマンは，進歩というのはまえもって確固たる目標を立てずとも，また目標を達成するための予備知識を完備せずとも可能であるという立場をとる。たとえ行為の帰結については非常に限られた知識しかなかったとしても，行為に参画することによって目標がより明確になる場合がある。行動から知識が導かれ，一般の人々も開発に関わる諸機関も行動から学習する。当初目標の修正，手段の再検討，より合理的な方法の発見などは，「意図せざる結果」に対処する現実の行動を通して可能となる。新

---

22) スティグリッツもほぼ同様のことを述べている。スティグリッツによれば，開発戦略はひとつの青写真，つまりは当該社会が進んでいく地図のようなものになぞらえられてきたが，それは誤りである。これまで，いかに細部まで描写された計画でも，開発過程が直面する多くの不確実性をほとんど考慮できていなかった。理論上，開発計画は，向こう何年かで生じうる，おびただしい不測の事態に対して，経済がいかに対処するかを描けるはずだが，現実にはそんなことは稀であった［Stiglitz 1998: 16］。開発戦略とはけっして総合計画を立てることと同義ではないというのは，たしかに，ハーシュマン，スティグリッツに共通する認識である。

たな資源を動員することによってこれを行なうというより，必要性が生じるまでは，自分たち自身にも見えなかったような既存の資源を発見し，それを利用するようになる［Sanyal 1994: 136-37］。

「社会的学習」とは，このようなプロセスに対して賦与されるべき言葉であり，これを経て「社会的能力」が高まっていくと考えるべきなのであろう。ポスト・ワシントン・コンセンサスはこのようなプロセスの認識がいまだに社会工学的であり，自分たちの正しい知識を学ばせようとするという意味で権威主義的であると批判されるのである。

(2) 社会的学習を示唆するハーシュマンの諸概念

ハーシュマン自身は体系的に「社会的学習」を語ったわけではないが，『経済発展の戦略』［Hirschman 1958］以来，「前提条件の物神化」，「総合化」の軛を脱するべく，豊富な事例でもって発展プロセスを語るとともにさまざまな概念化を試みた。これらについては，本書でも検討してきたとおりである。ここでは社会的学習というテーマに引き寄せつつ，その意味を再確認しておこう。

後進性・低開発の根本原因は，国内外で調達されるようになればそれで問題が解決するといった特定の要素の欠落ではなく，さまざまな推進力の相互矛盾およびその結果としての意思の混乱，決意形成過程の不完全性にある。発展の根本問題は調歩装置，誘発機構をつくりだすことによって「人間活動を一定方向に引き起こし，そしてそれを刺激すること」である［Hirschman 1958: 26, 訳45-48］。『経済発展の戦略』ではこうした認識にもとづき，自然に任せていたのでは生まれないメカニズムを意識的に生みだすこと，つまりは「戦略」が構想された。

どうすれば，保有する資金ばかりでなく，自己自身をもできるだけ長く「流動的状態」に保っておこうとする企業家，商業・不動産業に偏りがちな企業者能力を，長期的投資に向かわせることができるか。どうすれば自己中心的変動観念を越え出て，相互利益の可能性と全体的成長の可能性を認知できるようになるのか。どのような投資が次期の投資の方向を決めやすくするのか。投資決意を最大限引きだしうる投資の順序はどのようなものか。地域間・部門間の不均整を調整するメカニズムとはどのようなものか。作業者の規律を高め生産管理をより容易にする技術・生産システムとはどのようなも

のか。

　いずれも開発・市場移行の過程におけるクリティカルな問いでありながら，私的所有権を確立し競争メカニズムを働かせただけでは解決しえないものである。そして広く社会的学習に関わる課題であるが，これらに対してハーシュマンは，「使うことによって増大する資源としての企業者能力」，「投資の補完性効果」，「不均整成長論」，「調整メカニズムとしての非市場的要因」，「社会的間接資本不足型発展」，「連関効果」，「輸入代替工業化」，「新生産物創出的工業化」，「機械ペースの作業」，「生産工程中心産業」といった概念ないし戦略を提示した。経済発展の戦略とは，関連するすべての要素を勘案しようとして，結局のところ何ら有効な変化を引き起こせないばかりか，大きなコストをともないがちな総合計画と，発展プロセスをなすがままに放置することとの間に立ち，不均整，不均衡がつぎつぎと生みだす，不足，緊張，対立，困難を学習の機会ととらえ，そのプロセスをコントロールしようとするものである。

　『経済発展の戦略』につづく『進歩への旅』では，ラテンアメリカにおける3つのケーススタディ，すなわちブラジル東北部の干魃対策，コロンビアにおける土地制度改革，チリにおけるインフレーション対策を事例に，分析対象を投資から，経済成長の単なる副産物として経済学の範囲外におかれがちな政策決定過程へとシフトさせた［Hirschman 1963］。この著作の趣旨は，のちの論文集で彼が述べていることにつきる。

> 　私が思うに，ラテンアメリカの人々は自己否定の段階からいまだ十分には抜け出ていない。彼らは自分たちのやり方をすべからく否定するのに躍起となっている。そして，法律はつねに最新のものが制定され，制度は完璧に作られ，計画は科学的計算にもとづき策定されるという，夢のような世界に逃げ込もうとしているのである。……私見によれば，彼らは，諸問題の同時的解決などというかなわぬ夢を追い求めるのではなく，継起的意志決定，継起的問題解決のさまざまな可能性を認識し評価できるようにならねばならない［Hirschman 1971: 311］（強調引用者）[23]。

　『進歩への旅』では，「特権的問題－無視されやすい問題」，「理解先行型問題解決－動機先行型問題解決」，「改革屋」（reformmongers），「失敗コンプレッ

クス」(fracasomania),「イデオロギー上のエスカレート」(ideological escalation) といった概念を用いながら，既存の政治制度の欠陥は当然のこととし，それでも特定の経済政策課題の重要性，緊急性が建設的行動を導くのかどうか，導くとしたらどのように導くのかを検証していったのである［Hirschman 1963: 5］。

　前章で検討した『開発計画の診断』の対象は個別の開発プロジェクトであるが，そこでは『経済発展の戦略』のアイディア，概念をよりいっそう発展させることが目指された。

　「目隠しの手の原理」とは，前提条件探しの不毛性，プロジェクトをとにかく起動させることの重要性に注意を引き寄せるため，困難と思われるプロジェクトに着手するにあたり一般的にみられる状況を明らかにしようとするものであった。またプロジェクトの推移を完全には見通せないまでも，どのような事態がどのように生じがちであるかについて知見を得るため，「不確実性」の内容が具体的に検討された。ここでも総合計画の非現実性，非効率性が確認される。「許容性－拘束性」は，意志決定者に自由裁量の余地が残されているプロジェクトとそうでないもの，そのいずれも「学習」の機会を提供する可能性のあることに，そして「特性受容－特性形成」は，プロジェクトが実施される社会に固有の「特性」にどう対処するかでプロジェクトの趨勢が異なってくることに目を向けさせるべく，それぞれ編みだされた対概念である。プロジェクト評価のみならず，ハーシュマンの経済発展観をとらえるうえでも非常に重要な「副次効果」の概念も『開発計画の診断』で展開された。

　ハーシュマンのいう，これら「開発三部作」では，発展という現象が豊富な記述でもって語られ，社会的学習を示唆する多くの概念，具体例が展開された。それらはまた，より一般的な概念に彫琢され，次章でまとめるように，

---

23) ハーシュマンは，何らかの社会的活動，運動においてその結果がまったくの失敗であるようなことなどありえないのであって，まったくの失敗と断じてしまうことによってさらなる失敗を生みだしてしまうこともあるのだ，と述べたことがある。社会変革を求める運動に失敗しているにもかかわらずエネルギーが持続し，以前とは異なった形態・内容ながらも，集団的な社会活動が維持されている具体例をラテンアメリカのさまざまなコミュニティ活動に見いだし，暫定的に「社会的エネルギーの保存および変異の原理」と名づけている［Hirschman 1984: 42-57］。これなども，さまざまな論者が注目する社会的学習の一形態といえるだろう。

幅広く応用されていくことになるのである。

(3) 議論の方向性

D. シェーンによれば，社会的学習というのは正統的な経済分析に馴染みにくいものであり，なおざりにされがちなテーマである。社会的学習に一応注意を向ける経済学者も，それは経済環境が適正に整えられさえすれば，自動的に生起するものであるから，学習のプロセスよりは，学習の結果がモデルに組み込まれれば十分である。しかも学習の結果は，扱いやすい別の変数に反映されるはずだから，その変数に注目すれば足りると考えがちである。学習の結果，意志決定が変化していくプロセスをモデル化しようとする学者もいるが，ハーシュマンが取り組んだような社会的学習をとらえるまでにはいたっていないというのがシェーンの見解である［Schön 1994: 88-93］。

シェーンは，経済学が扱いきれていない社会的学習というテーマの探究におけるハーシュマンの貢献を高く評価しつつも，一方で，とくに『経済発展の戦略』段階における議論の曖昧さを指摘した。そして発展プロセスを社会的学習として理論化しようとすれば，さらに深めねばならない論点として以下の4つをあげた［Schön 1994: 75-80］。

まず第一に，学習主体にとって馴染みのない新たな行動を，まずはどのようにして起こすのかを明確にすべきである。発展の主体が事前にやり方を知っている活動と知らないために自ら学びとらねばならない活動，さらには外部からの支援，モデルが必要な活動とを区別する必要がある。第二に，行為を通じた学習という経験が人々の感覚，思考，信念を同じように，同じ方向に変化させるかという点である。ハーシュマンの議論からは，発展にとって有益な行為はいったん動きだすと力を増し，よい結果をもたらすさらなる学習を促進すると読みとれるが，このためには，あらかじめ発展志向の価値観を持ち，人々を行動に導けるような「デザイナー」を想定せねばならない。だが，この点に関して明確には述べられていない。第三に，いかなる困難が発展にとって有益なきっかけ，発展推進圧力になるかを明確にすべきである。どんな困難，不均衡でも発展にとっての有益な学習を導くとはかぎらないからである。そして第四に，誰が何を学習するのかという点に対し，より具体的に注意が払われるべきことである。

ここでシェーンが問題にしていることからも明らかなように，社会的学習

に関するハーシュマンの示唆は，まさに示唆のレヴェルにとどまり，いまだに曖昧な部分が残っていることは否めない。おそらくはこの曖昧な部分が，ハーシュマンのポスト・ワシントン・コンセンサス的な利用法を許す要因ともなっているのであろう。

ただし，シェーンの指摘した点に関しては，『開発計画の診断』の内容，すなわち上に略述した「目隠しの手の原理」，「不確実性」，「許容性と拘束性」，「特性受容と特性形成」をめぐる議論がかなり補完するはずである。そして，シェーンも確認しているとおり，ハーシュマン自身は社会的学習についての体系的理論は求めないだろう［Schön 1994: 75］。ハーシュマンの場合，行動を通し知識が深められる，学習するというプロセスに関心を寄せるものの，それに関する決定版的な理論を完成させようとしたわけではない。発展や変化に関して理論が完全には整っていないこと，説明しきれない何事かがつねに残っていることが創造性，革新の基盤である。ハーシュマンがやろうとしたのは，小規模で何ら調整の図られていない改革をいくつ試みようとも，すべての変数を考慮した包括的・革命的計画を実行しないことには社会は何ら変わらないとする考え方への挑戦なのである［Sanyal 1994: 134-38］[24]。変化を起動し，それを社会で受容可能なものとしていくにあたり，単一のマクロ的標語（たとえば "get the prices right"）など，ハーシュマンにとってはまさに「まゆつばもの」なのであって，ミクロのインセンティヴ，学習の機会を提供しつづけることが目指されたのである［Schön 1994: 94］。

ここまで社会的学習というテーマに引き寄せつつ，ハーシュマンの議論を簡単に振り返ったわけだが，シェーンも確認したように，正統的経済学では，大きな研究テーマとはなりにくく，扱いにくい問題であろう。人々の行動を律し，変化の過程を導く機能をもっぱら市場メカニズムに求めるとすれば，ハーシュマンが提起したような面倒な問題は生じないし，生じたにせよ，それは守備範囲外のものとなる。だが，ハーシュマンに依拠しつつさまざまな論者が着目した社会的学習のプロセスを，市場メカニズムというレンズを通

---

[24] 社会的学習をより明確に議論すべきであるとしたシェーンが最後に確認していることは，本章との関連でも興味深いものである。まず，社会的学習の理論化とはいっても，それは絶対的価値基準となるべきものではなく，最終的には「判断」の問題は残るとしている点，そして，理論化する際には，一般に流布する経済合理性の概念にとらわれるべきではないとしている点である［Schön 1994: 94-95］。

してのみ観察していたのでは見えないことが多いし，かといって無視することにしたのでは，無用なコストを発生させ混乱を招くこともある。

　いずれにせよ，こうして社会的学習に目を向けると，浮かび上がってくるのは，「非市場的要因」を適切に評価することの重要性である。非市場的要因というと，まずは政府の役割が思い浮かべられるかもしれないが，ハーシュマンにとってそれがすべてではない。不均衡の調整に際し「非市場要因が必ずしも市場要因よりも非『自動的』ではない」とハーシュマンがいうとき［Hirschman 1958: 63, 訳 112］（強調原著者），念頭にあるのは，政府の役割，権力をめぐる闘争という次元での「大文字の政治」というより，むしろ，自分の置かれた状況を改善しようとして職場，生産現場，店舗などで諸個人・諸集団が行なう日常的な要求，クレーム，すなわち「発言」（voice）である。社会的学習を示唆するハーシュマンの議論におけるキー概念のひとつはこの「発言」であり，参加型開発を提唱するスティグリッツもこれを積極的に評価しようとした［Stiglitz 1999a: 2-5］。本書でも章をあらため，その中身を探っていくこととしよう。

小　括──経済学と政治学の架橋に向けて

　本章では，ポスト・ワシントン・コンセンサスにおけるハーシュマン評価をどうとらえればよいのかという問題意識から，ハーシュマンの開発論を振り返ったが，そうしたなか浮かび上がってきたのが，社会的学習という視点である。もちろん，社会的学習だけでハーシュマンの議論をくくろうとするのは無理があるし，ましてやその「理論化」となれば，ハーシュマン自らがするりと身をかわすであろうが，彼がこうした方面の議論に貢献してきたのはたしかであろう。

　社会的学習とは，いちど決まった上からの計画を内容どおり実行していくという意味での計画の対極にあるものであって，「下からのエネルギー」を絶えず吸収し，現場の状況，予定外の事柄の発生に絶えず対処しうるメカニズムとはどのようなものか，ということを考察するなかで浮かび上がってきた概念である。正統的経済学者の提示する前提条件を乗り越えようとすれば，こうした意味での学習に着目せざるをえなかったのである。

あるインタヴューにおける最後の質問,「主要な論敵は？」という問いかけに対するハーシュマンの答えは,以下のようなものだった。

> 主たる論敵は正統派です。実にさまざまな問題を解決するのに,同じレシピを使い,同じ処方を施す。複雑性を認めず,できるだけ単純化しようとする。現実はもっと複雑なのにそれを無視しようとする。そんな正統派です［Hirschman 1998: 110］。

ハーシュマンにとっての社会科学とはどのようなものか。どのようなものであるべきか。それを象徴的に示す一節がある。第2章でも言及したが,「計画化されない未来に対する権利を,真に譲渡不可能な権利のひとつとして,すべての個人,諸国民に対して認め,擁護していくこと,そして『歴史の創造性』と『可能なるものへの情念』とが力溢れる主体として認められるような変化の諸概念を設定すること」［Hirschman 1971: 37］,おそらくはこれこそがハーシュマンの理論的営みであり,概念化作業の目指すところである。そうでなければ社会科学の理論など,非常に虚しいものとなるだろう。

ハーシュマンはまた,こうも述べている。社会科学者が障害や制約要因を見いだすのは結構だが,言いっぱなしにするのは無責任なのであって,「発展への新たな障害を発見したと信ずる者は,こうした障害を克服しうる方途,禍中の福（blessing in disguise）と共存できるような状況,あるいは,一定の環境のもとでこの障害を禍中の福に転ずるための方途を探し求める義務があるのだ」と［Hirschman 1971: 356］。これまで第三世界は,理論,パラダイムを追い求める連中の獲物にされすぎた［ibid.: 349］。

ハーシュマンは,R. スウェッドベリのインタヴューに対して,「私はいつも『純粋』経済学から逃れ,経済現象と政治現象の関連性を追い求めたいと強く思っていた」と語ったが［Swedberg 1990: 158］,これは,本来,発展を導くはずの経済学が,そのあまりに硬直的なパラダイム志向ゆえ,変化の芽を見いだせず,逆に発展への障害をうずたかく積み上げてしまっている状況を認めがたかったからであろう。「計画化されない未来に対する権利」を擁護するどころか,それを剥奪するという思潮はどのあたりで転換するのだろうか。

「下からのエネルギー」を絶えず吸収し,現場の状況,予定外の事柄の発

生に絶えず対処しうるメカニズムの模索。社会的学習における中心論点を模索しようとするとき，やはり，ハーシュマンの代表的著作のひとつ，『離脱・発言・忠誠』[Hirschman 1970] の検討に向かわねばならない。この著作を検討することが，とりあえず「ハーシュマン研究序説」のまとめとなるであろう。

第8章　経済学・政治学架橋の試み
「離脱・発言・忠誠」モデルの意義

はじめに

　純粋経済学の地平を離れ，「計画化されない未来に対する権利」を擁護すべく変化のプロセス・諸概念を明確化し，経済現象と政治現象の関連性を追い求めたいと A. O. ハーシュマンがいうとき，その念頭にある「政治」とは，単に政府の役割，権力闘争などという「大文字の政治」ではない。むしろ，自分の属する組織，購入した商品やサーヴィスへの不満に対し，諸個人・諸集団が行なう日常的な要求，クレームを含め，より幅広い抗議行動，「発言」（voice）に，市場を通じた行動と同等の機能を見いだそうとしていた。

　本章では，さまざまな分野の研究者が注目してきたハーシュマンの「離脱（exit）・発言（voice）・忠誠（loyalty）」モデルの意義を検討していこう [Hirschman 1970]。「離脱・発言・忠誠」論は，日本では欧米ほどの関心が寄せられてきたとは必ずしもいえないが，そこでは，他の多くの著作で展開された概念，方法論がより一般的な形で提示され，ハーシュマンの「政治経済学」（political economics）を集約するものとなっている。「離脱・発言・忠誠」モデルの意義を検討することで，「ハーシュマン研究序説」の総括としたい[1]。

　以下では，前章で検討したように，いまなお国際機関の政策に大きな影響を与えている新自由主義，新古典派経済学の原理的問題点を取り上げ，「開かれている」とされながら，結果的に「排除」が構造化され，社会の分断化

---

[1] ここでの基本概念である "exit" と "voice"，ならびに "loyalty" をどう訳すかは，たしかに難しいところである。ここでは，後述するような議論のニュアンスをより適切に反映させるべく，そして基本概念ゆえ語数を揃えることも必要ではないかという観点から，筆者が以前の論文でこれらに当てた訳語，「離脱」，「発言」，「忠誠」を用いることとする [矢野 1989: 115-117]。

を招来する状況を論じつつ,「離脱・発言・忠誠」モデルの意義を検討していこう。

1 新自由主義への原理的批判

(1) 経済学者の「夢」

「実践的な社会科学は,なによりもまず『ひとつの原理』を確立し,それを妥当なものとして科学的に確証し,その上で,当の原理から,実践的な個別問題を解決するための規範を一義的に演繹すべきである」という見解。あるいは,「実在を分析して法則に下属させ,一般概念のなかに秩序づける」ような方法。社会科学のあり方として,M. ヴェーバーは,これらを厳しく批判した［ヴェーバー 1998: 40, 84］。世界全体を説明し尽くす法則や原理を追い求めるなど,人間の具体的歴史を「プロクルーステースの寝床」にあてがうに等しいと喝破したのであるが,現在の市場原理主義はまさに,社会科学における「禁断の実」を口にしつつある。「市場主義者は,市場経済を自律的システムとみなすだけにとどまらず,実践的にも,システムの自律性と純粋性をいっそう高めようとする。つまり理論のために複雑な現実を単純化するだけでなく,単純な理論をもって複雑な現実を改変しようとするのである」［間宮 1999: 190］。

「合理的経済人」,「自生的かつ自律的システムとしての市場経済」という単純な想定から構築される経済理論は,いまや経済学者の狭い知的サークルを越え,グローバル・スタンダードと規制緩和を支える強力な市場経済ドクトリンとなり,具体的世界に住む人々の生活を鷲摑みにして大きく揺さぶっている。国家をはじめとする制度や組織は,人間の「自由」を保障する市場原理を妨げるものとされ,国家と同一視される公的領域,公共空間は,どんどん狭められていく。自由を体現する市場原理は,理論的にも実践的にも,まさに神聖不可侵なものとされる。

自生的秩序としての市場,自己調整的市場というのは,新古典派経済学の公理的前提であるが,多くの批判的論者が指摘するとおり,市場経済の現実にはほど遠い観念である。理論の精緻化にいそしむ正統的経済学者の多くは,これに疑問をさしはさむことはなく,この観念が思想史のなかでどのように

育まれてきたのかということに思いを馳せるものなど、ほとんどいないというのが現状だろう。

　誤解を恐れずにいえば、自己調整的市場、マーケット・メカニズムというのは、自由主義思想を局部的に受け継いだ経済学者の果てない「夢」である。どのような権力も、どのような個人も、どのような企業も影響を与えることができない価格に各経済主体が従うという市場メカニズム、つまり、M. フリードマンが語ったという「国家も制度も民族も一切力を持たない、一つのメカニズム」が人間社会を結ぶという「夢」である［伊東 1995: 100-101］。ここには、人知を離れたところにあり、誰もが従わざるをえない「規律」、「拘束性」をもたらすものとしての、つまりは社会編成原理としての「市場」に対する信仰が垣間見えるのである［マクファーソン 1980: 307］。

　ハーシュマンが、現代の経済学にまで連なる、こうした「夢」の系譜をたどった議論［Hirschman 1977］については、本書第4章でも検討したとおりである。きわめて興味深い A. トクヴィル研究を展開した宇野重規による以下のような自由主義思想家のまとめは、ハーシュマンの跡づけた流れを的確に把握したものである。

　　　彼らはいずれも政治や権力への懐疑を持ち、「社会」の自律によってこれを押さえ込んでいこうとした。彼らは政治における普遍的真理、政府や社会の自然的基礎の存在を模索するのではなく、それらを欠いてなお自生的に存在する秩序に期待をかけた［宇野 1998: 28］。

　現代の経済学者が自覚しているかどうかはともかく、彼らがしばしば口にする「『政府の失敗』よりも『市場の失敗』のほうが、ましである」というのは、経済学の「血統」からすると、生まれながらに具有する「本能的フレーズ」である。しかし、自由主義の多様な議論に目配りすることなく、新古典派経済学者が21世紀のいま、先祖代々継承してきたと自ら信ずる「夢」を実現しようとすれば、批判が出てくるのは当然であろう。彼らは、ハーシュマンが A. ファーガソンやトクヴィルの言葉に託しつつ、留保した点をみごとに迂回している。

　第4章でも触れたように、ハーシュマンは、モンテスキュー＝スチュアート流の資本主義擁護論に対する「自由主義者」ファーガソン＝トクヴィルの

懸念を以下のようにまとめている［Hirschman 1977: 124-125, 訳 124-125］。

　まず第一に，近代経済およびその複雑な相互依存関係，その成長がきわめて繊細なメカニズムをつくりだすということを理由として，専制政府の巨大な権力濫用は不可能になる，と結論づけることは一面的である。もし経済に従わねばならないことが本当だとすれば，君主の不謹慎な行動のみならず市民の政治参加を抑制することも正しくなってしまう。経済学者の王は，それをもマーケット・メカニズムという「精密な時計」の正常な動きを脅かすと解釈しかねないからである。こうした懸念からすると，現代において新自由主義的政策が権威主義的体制と親和することは単なる偶然ではなく，理論的必然ともいえる。

　第二に，栄光と権力を求める情熱的な争奪戦の代替案として物質的利益の追求を歓迎するという姿勢は，大多数の人々が私益の追求に走り公的なことに無関心になっている状況を放置し，結果的に暴政に道を開けてしまう可能性があるという点である。私的利益の追求に忙しくて公的世界に関与せず，私的利益を追求できる環境の保全だけを政府に求めがちな人々について，トクヴィルは「自らの福祉の奴隷」と喝破した［トクヴィル 1987: 260］。

　先に言及した宇野によれば，自由主義者として商業の発展が専制に対してもつ抑止能力を認めつつもなお，「市場の自律とそれをあくまで外部から支えるだけの国家」という図式に安住しなかったトクヴィルの意図は，以下のようなものである［宇野 1998: 67-68］。

> 彼は確かに，商業と自由の結びつきを認めた。しかしその反面，王権と中央集権化こそが商業の発展を可能にしたし，またその逆に商業の発展が王権の発展を容易にしたことも事実であり，その意味で，商業に留保をつけざるをえなかったのである。……多くの思想家が商業による封建的関係からの個人の解放という地点にとどまっているのに対し，トクヴィルはそれを認めた上で，さらにその後の人間関係の在り方を検討し，模索したともいえるであろう[2]。

　こうして宇野がトクヴィルのなかに見いだそうとした「政治」は，ハーシュマン研究を企図する本書にとってきわめて興味深いものである。

　宇野によれば，トクヴィルの念頭にある「デモクラシー」とは，すべてを

絶対的に規定する第一原因としての「本質」ではなく，動態的な「原理」として理解されるべきである。そうであるとすれば，デモクラシーとは，トクヴィルにとって「閉じられた体系」ではなく，両義的で人間の「選択と作為」に対して多様な道筋を示すものとなる。したがって，それが自由と結びつくか，はたまた専制体制につながるかは必然的なものではなく，デモクラシーのもとでの人民の将来は，偶発事，つまりは人間の自由のための作為の如何を通じてさまざまな可能性に対して開かれたままである，というのがトクヴィルのデモクラシー観ということになる。こうした議論から宇野が教訓として引きだしているのは，以下のような事柄である。

> 現代の人は過去をつねに現代の到達点から振り返り，あたかも歴史を貫く一般的原因があり，現在が必然の産物であると考えてしまう傾向がある。しかしながら実際にたどられた歴史は必ずしも唯一絶対のものではなく，途中には多くの分岐がありえた。そして残されたものが歴史の中に見失われた他の選択肢と比べ，残るべき必然性をより多く残していたとも限らない［宇野 1997: 6］。

　宇野の議論に従えば，トクヴィルのなかに再発見されるべき「政治」とは，ポシビリズムにあい通ずるものとなる。宇野のトクヴィル論については，終章でふたたび触れることとして，とりあえずここでの議論をまとめておこう。
　新古典派経済学は，自由主義をいびつな形で肥大化させ，ファーガソン＝トクヴィル＝ハーシュマン的な自由主義解釈を萎縮せしめた。まさに「昔の時代に提出された考え方がどのような現実と対抗するものであり，この対決は決して全面的に満足すべきものではなかった点を無視して，同じ意見を持ち出す態度」である［Hirschman 1977: 133, 訳 133］。ファーガソン＝トクヴィル＝ハーシュマン的な懸念は，冷戦終結後のいま，現実のものとなりつつある。

2）大規模な工業化の進展と国家との関係をみれば，こうした留保はいっそう重要となる。情念の抑制という観点から自由主義を評価するという視点は重要だが，諸国家が競って国内工業を支持し金融に関与するなど，経済に深く介入していった経緯を振り返れば，封建遺制を意識する素朴な商業擁護論をただ繰り返すだけでは，現代の問題を見えにくくするからである。

自由主義の系譜，経済学者の「夢」，「実現しなかった意図」の意味をたどり，それをきちんと理解することの意義は否定すべくもない。現代の複雑な問題に国家や共同体を「デウス・エクス・マキーナ」としてもちだし，対処しようとする動きもあとを絶たないからである。しかし，肥大化した夢，現実からまったく遊離した妄想を実現しようとすることにまつわる危険性は，宗教もイデオロギーも同じである。市場原理主義的経済学者は，夢という自覚もなく，現実と真摯に向き合うというよりは，むしろ「単純な理論をもって複雑な現実を改変しよう」としている。「政府を含む市場外の諸制度はもはや理論化のための与件ではなく，彼らの目には市場の円滑な運行を妨げる阻害要因と映る」［間宮 1999: 190］。

　そして彼らは，おそらくそれと自覚することもなく社会の分断化を推し進め，排除を構造化し，公的世界を静かに葬り去っている。新古典派的想定とは異なり，現実には非市場的要因が市場経済を成り立たしめ，さらには非市場的要因こそが公的世界の存在を示唆するもの，あるいはその必要条件となるものであるにもかかわらず，市場原理主義者は，非市場的要因を「夢」実現の前に立ちはだかる夾雑物と認識し，積極的に排除しようとするからである。「離脱・発言・忠誠」モデルは，まさにこの局面を照射するものであるが，この検討に入る前に，いま少し，自己調整的市場という前提から排除の構造化，公共性衰滅という状況にいたらしめる新古典派経済学の問題点をみておこう。

(2) 非市場的要因と公共性の手がかり

　自生的・自己調整的市場に対する重要な批判を加えた人物のひとりに，K. ポランニーがいる。ここでは，このポランニー評価をめぐる議論を簡単に振り返り，あらためて市場原理主義の問題点を浮き彫りにしておこう。

　ポランニーは，周知のとおり，長期にわたる人類史のパースペクティヴからすると，「市場」というものがいかに特殊な存在であるかということを論じた人物である。市場経済は，生産組織としての労働，自然としての土地，価値標準・購買力としての貨幣という，本来的に商品ではなく市場経済にとって外在的なものをも商品として包摂しなければ，つまり「擬制商品」としなければ，自己完結しない。彼は人類学の成果に依拠しつつ，こうしたことを説得的に論じた［ポランニー 1975: 28］。

ポランニーによれば，擬制商品化にはおのずから限界があり，もともと商品ではないものを市場メカニズムに委ねて調節していくのは困難である。資本主義市場経済は，労働，土地，貨幣を含めて万物を商品化していくが，社会の側からの自己防衛として，商品化は制度的にコントロールされてきた。

> たしかに，労働市場，土地市場，貨幣市場は市場経済にとって本質的な・・・ものであることは疑いない。しかし，ビジネスの組織だけでなく，社会の人間的，自然的実態が，粗暴な擬制のシステムという悪魔の挽臼の破壊力から保護されなければ，いかなる社会も，そのような粗暴な擬制のシステムの力に一時たりとも耐えることはできないであろう［ポランニー 1975: 30］（強調原著者）。

間宮陽介は，現代的視点からこうしたポランニーの所論を整理し，自己調整的市場経済観を批判する論点を拾いだそうとしている。「自己調整的市場という観念こそがユートピアにほかならないこと，市場が非日常的なゲームの世界としては存続しえないこと」，「端的にいうと，非市場を含まない市場は自己完結しない」という議論を縦横に展開した人物として，ポランニーを評価しようとしているのである［間宮 1999: 200-202］。

一方で，たとえば野口建彦のように，ポランニーを高く評価しながらも，自己調整的市場の認識をめぐって批判を展開する論者もいる。たしかにポランニーは，擬制商品化の限界という視点から市場経済を外部で支える制度的要因への重要性に耳目を引き寄せはした。このことの意義はけっして小さくはないが，彼は，自己調整的市場をユートピアとしつつも，19世紀に関して，それを現実のものとみてしまっている［野口 1999: 78］。つまりポランニーは，経済学者の「夢」を19世紀の現実とみてしまっているという批判である。

金子勝も同様の視角から，ポランニーを批判的に継承し，また乗り越えようとしている。自己調整的市場など歴史上いちども存在したことはないし，また政治の領域から独立した経済の領域など存在しなかったのであって，自由主義の時代といわれる19世紀においても本源的生産要素の市場化には限界があったはずである［金子 1997: 52-53］。こう主張する金子は，ポランニーが行なわなかった資本主義国家成立以後に形成されてくる生産要素市場

の制度分析の必要性を訴え,以下のような貴重な視点を提供している。

　金子によれば,労働・土地・貨幣という本源的生産要素は市場化の限界をもつがゆえにこそ,市場外に排除される者を救いとるセイフティ・ネットと連結した制度,ルールを必要とする。このような形で制度やルールが信認を得られなければ,市場は安定せず,システム全体が崩壊する危険性が出てくるからである［金子 1997: 201］。制度やルールと市場経済との関係は,前者を取り除けば,後者の自動調整機能が働くといった単純なものではないが,新古典派的な議論には「市場を支える制度の設計という視点が決定的に欠如している」［金子 1999: 292］。

　こうした金子の議論が興味深いのは,市場経済の限界自身が社会的共同性の「内的」契機をもたらし,「自己決定権と社会的共同性の相補性」という問題を必然的に生起するとしている点,すなわち「倫理」の問題を突如外部から差し込んで公共性を謳うのではなく,生産要素の市場化の限界そのものが具体的な公共性の論理を要請するという視点である。新古典派的な議論に対する彼の代替案提出の姿勢は明確である。

　　本源的生産要素の市場化の限界を起点に,歴史具体的に発生する現実的な諸課題に対して,これまた歴史具体的に公共性の論理を構成し,自己決定権と社会的共同性の相補関係をぎりぎりまで突き詰めることによってオルターナティブを提出するということに尽きている［金子 1999: 184］。

「自己決定権と社会的共同性」とは,新古典派的世界においては「相補性」どころか「敵対性」をすら導くものであるが,金子は,ポランニーを手がかりのひとつとしつつ,それをも乗り越え,「制度の政治経済学」という立場から新古典派に対峙し,現代の具体的課題に切り込もうとしているのである。いずれにせよ本章の議論にとっては,ポランニー評価そのものではなく,彼をめぐって行なわれた議論において示唆される自生的・自己調整的市場経済観の問題点,あるいは塩野谷祐一のいう「経済の社会的被拘束性」,さらには峯陽一のいう「市場を飼い慣らす知恵」の意味を再度確認することが重要である［塩野谷 1995; 峯 1999］。

　ハーシュマンは,本源的生産要素の商品化の限界から制度を論ずるのでは

なく，個別の状況における主体的対応を重視しながら，市場原理主義に対する貴重なオルターナティヴを提供している。プロローグ的な叙述はこのあたりでとどめ，そろそろ本章の本題に入ろう。

2　離脱・発言・忠誠

(1)　「離脱・発言・忠誠」モデルの広がり──彼我の相違

　経済・社会・政治のどのようなシステムであろうと，個人や企業，組織は，ちょっとしたきっかけでつまずき，能率的・機能的行動から脇道にそれていくものである。したがって，いずれの社会も，こうした錯誤的行動と共存する術を学んでいるのであるが，個々の錯誤が自己増殖し社会全体が衰退しないように，錯誤に陥った主体をできるかぎり復帰させる諸力を当該社会内部から生みだすようにしなければならない［Hirschman 1970］。ハーシュマンの「離脱・発言・忠誠」モデルは，企業，組織，国家が何らかの衰退に陥った状態からの回復機能，調整プロセスに着目するものであるが，1970年に出版されるや，欧米では政治学，経済学，経営学，社会学などの分野で大きな反響を呼んだ。

　1973年には，M. オルソン，O. ウィリアムソン，B. バリー，S. ファイナー，S. ロッカン，S. アイゼンシュタットなど，経済学，政治学，社会学，社会人類学の分野から計17人の研究者が参加し，『離脱・発言・忠誠』［Hirschman 1970］をめぐる社会科学国際会議が開催された。ここに列挙した名前は，いずれもハーシュマンが知的「越境」(trespassing) を試みるなかで遭遇した研究者たちであるが，彼がどちらかといえば批判的に言及する論者も含まれる。オルソンの「集合行為論」への批判的スタンスは後述するとおりであるし，革命後の政治体制の帰趨を論じたアイゼンシュタットの議論にも，第2章で検討したようなポシビリズム的歴史認識を背景に，ハーシュマンは批判的コメントを残したこともある［Hirschman 1986: 171-175］[3]。

　この会議の概要についてはロッカンが簡潔にまとめているが［Rokkan 1974a］，ロッカン自身は，ヨーロッパの国民国家形成過程の比較政治学的研究にハーシュマンの枠組みを用い，"exit" や "entry" のコントロール，"voice" の制度化という視点から，各国の比較を行なった［Rokkan 1974b］。理論構

成における下位文化重視の姿勢は，ヨーロッパ諸国の政治発展研究において，「ロッカン＝ハーシュマン・モデル」として知られるようになった［Finer 1974; Flora 1999: 59-60］[4]。

また 1975 年のアメリカ経済学会年次総会でも，『離脱・発言・忠誠』［Hirschman 1970］を検討する部会が設けられ，R. フリーマン，O. ウィリアムソンなどが報告を行なった［Hirschman 1981: 236］。

フリーマンは，組合も存在せず，提示された賃金のみを目安に労働者が出たり入ったりするより，多くの情報をもたらす発言機能を体現する労働組合のあるほうがかえって生産性も向上するとし［Freeman 1976］，ウィリアムソンは，取引費用の観点から「市場」と「ヒエラルキー構造をもつ内部組織」とを分析した自らの手法に引き寄せつつ，「離脱‐発言」を検討した［Williamson 1976］。

以後，現在にいたるまで「離脱・発言・忠誠」論への関心は高いが，日本では，残念ながら欧米ほどの反響は呼ばなかった。そのようななか，比較的早い時期に，尾上久雄が「下からの経済性」という視点から，あるいは経済体制を議論するなかで，ハーシュマンに言及しているのは注目に値する［尾上 1976: 211-217; 尾上ほか 1976: 56-58］。環境問題を重視する尾上は，事業計画のコスト・ベネフィット分析に真の市民的基礎を与えるには，「下からの経済性」という視点が不可欠であるとし，そのための基礎理論を提供したものとして『離脱・発言・忠誠』［Hirschman 1970］に言及している。環境への影響をも勘案した事業計画・事業評価を，市民の参加も得ながら行なお

3）反対にバリーは，その書評のなかで「離脱・発言・忠誠」という分析の意義を認めつつ，批判的スタンスを提示した政治学者である。バリーによれば，具体的世界で検討すべき対概念とは「離脱‐発言」ではなく，「離脱（退去）‐非離脱（残留）」，「発言（活動・参加）‐沈黙（非活動・不参加）」ということになる［Barry 1974］。

ハーシュマンはこの批判を必ずしも受け入れないであろう。一般に考察される選択肢は，政治学では発言か黙認か（ないし無関心か）であり，経済学では離脱か黙従かである。だが現実には，離脱か発言かという選択の余地があり，しかもこの選択肢を考察することによって，政治学，経済学では通常見落とされたり，見誤ったりされるような状況がより明確に分析できるのではないかというのが，ハーシュマンの主張なのである［Hirschman 1970: 30-31］。

4）政治学におけるロッカン理論の意義については，Flora［1999］，白鳥［2001］を参照せよ。

うという趣旨が提示されているのだが，「下からの経済性」という論文のタイトルは，ハーシュマンの議論の趣旨を的確に反映したものといえる。

だがその後，残念ながら，ハーシュマンの問題設定を正面から受けとめた形で議論が深められることはほとんどなかったといってよい。中谷巌もその著書のなかで，「離脱・発言・忠誠」モデルに触れているが，経済が国際化していくなかで，ますます「exit」が進展し，規制に縛られた日本経済の空洞化が高まるという論を展開するにとどまった［中谷 1987: 29-57］。速水佑次郎も，豊富な実地調査と地道な理論研究にもとづき，「共同体」の役割に新たな光をあてる非常に興味深い著書でハーシュマン・モデルに言及しているが，その評価は，中谷的理解の延長線上にあるように思われる［速水 1995: 285］。

日本においても貴重な例外はあるが，これは後に言及することになろう[5]。以下では，基本概念を中心に『離脱・発言・忠誠』［Hirschman 1970］の概要に目を向けていこう。

(2) スラック経済観

経済学者は，衰退傾向からの回復，調整というと市場を通じた競争圧力に専一的な資格を与えてしまうが，ハーシュマンの注目する回復機能は，より具体的かつ複雑である。ここには経済観についての根本的な違いがある。まずは，この点からみていこう。

企業であれ，組織であれ，国家であれ，誤りうる人間が関わっている以上，現実には「衰退」や「失敗」は，どんなに工夫を凝らしても必ず生ずるものである。しかし，だからといってすぐさま「破滅」にいたるわけではない。動物の世界とは異なり，およそ人間社会というものは，生存維持水準を上回る余剰の存在によって特徴づけられる。余剰が存在しているがゆえに，人間社会はかなりの衰退を甘受できる。企業，組織，国家を含め，人間社会に対して精緻に機能するホメオスタシスのようなコントロールを望もうとしても，こうした余剰とそれがもたらす許容性があるために，そのコントロールも大雑把にならざるをえない［Hirschman 1970: 7］。これが「スラック経済」（slack economy）観ともいうべきハーシュマンの基本的認識であり，そこから「と

---

5) 例外的業績としては，伊丹［2001］，原田［1996］，峯［1999］，森脇［2000］，澤邉［1999］，八木［1999］，矢野［1999b］，山川［1996］といったものがある。

りかえしのつく過失」（「とりかえしのつ̇か̇な̇い̇」ではなく）という考え方も出てくる。

　これに対して，一般の経済学者が思い描くのは「スラック経済」の対極にある「緊張経済」（taut economy）である。前節で論じた「夢」の系譜は，ここでも経済学者の観念の形成に影響している。権力の濫用を抑制するものと期待された複雑で精緻な経済システムは，ここでは各経済主体にパフォーマンスの維持を促す役割を託されている。技術進歩や経済成長にともなう「微調整」は，経済主体に錯誤的行動を回避させる「規律」を生みだす。すなわち，競争が各経済主体に能力ぎりぎりまでのパフォーマンスを強制するメカニズムとなってスラックの発生を抑止し，効率的活動を保持するというわけである。だが，こうした緊張経済観にとらわれている経済学者によって，企業，組織，国家を日常的にみまう「とりかえしのつく過失」からの回復プロセスは分析の範囲外に追いやられることとなった。回復や調整に小難しいものは必要なし，競争状態さえ確保されていさえすればよし，ということになるからである。

　企業は存続するためには競争に勝たねばならず，そのため最大限の合理策を講ずるであろう。企業の合理的行動が仮定されている以上，経済学者にとって，企業が衰退するのも成長するのも，合理的となる。つまり，衰退も成長も需要・供給関係の変化という合理的理由で説明し尽くされるのであり，これ以上の分析は必要とされない。また，ある企業が競争に敗けて，新規参入者を含む他の企業に市場を奪われ，敗退企業の諸要素が利用されたとすれば，それはまさに社会全体として資源がよりよく配分されたことを意味するのであって，心を乱すべきような状況ではない。かくして経済学者は，モラリストや政治学者以上に，自らの患者，すなわち企業の失敗を余裕をもって受け流せるようになると，ハーシュマンはいうのである［Hirschman 1970: 1-2］。

　こうした経済学者の想定は現実的であろうか。競争が回復メカニズムにならないのではない。しかし，緊張経済という非現実的立場をとる経済学者は，正常な状態から逸脱した企業をもとに戻す競争メカニズムをも，実は認識できていないのではないか。需要・供給要因の変化を表す価格の動きにできるだけ機敏に反応することが，各経済主体にとって，また社会的見地からも望ましい回復をもたらすのであろうか。競争圧力によってスラックを除去しうると考えるよりは，人間社会の特質上，スラックは絶えず生起するものとと

らえ、率直にそれと向き合ったほうがよいのではないか［Hirschman 1970: 14-15］。そうすれば、緊張経済観からイメージされるのとは異なってはいるが、現実には存在しうる別の回復機能も正当に評価することができるのではないか。

このようにしてハーシュマンは、代替的議論の出発点をスラック経済観に据えた。彼によれば、潜在的な生産能力と現実の生産高との差異がミクロ経済レヴェルでの精力減退によるという考え方そのものは、H. サイモン、R. サイヤート、J. マーチ、G. ベッカー、H. ライベンシュタイン、M. ポスタンらの問題意識に通底するものであり、また自身の「不均整成長理論」のなかでも展開されている。だがスラックに対するこれまでの対応は、「一定レヴェルのスラックの合理性を主張するか、逆境、不均衡、革命などの外生的力によって過度のスラックを根絶する方途を模索するか」というスタンスであった。

「スラックの合理的管理ないし除去」とでもいうべきこうした立場に対し、ハーシュマンは、「スラックは、とにもかくにも、この世に生まれ出て、すでに一定量存在しているというだけではなく、余剰を生みだす人間社会のある種熱力学的特質の結果、スラックは絶えず生みだされつづけている」と考えるという（強調原著者）。つまり、どんなにうまく組織しようとしてもスラックは生じ、衰退、失敗は必ず起こりうるという「悲観的な」見方をするのである。しかし、ここで重要なのは、衰退、失敗が全面的に展開する必然性はなく、したがって、そうした過程そのものが一定の拮抗力を生みだす可能性があるという点である。スラックは無駄を体現するとともに、衰退からの回復の土台をも提供しうるという認識がここにはある。むろん、この可能性は放っておいて現実化するものではなく、何らかの主体的対応を必要とする。だが、そうだとすれば、主体的対応がなされる具体的状況を勘案しつつ、こうした可能性を模索するという方向があってもよいだろう。少なくとも、それをもって非現実的とはいえないはずである。これがハーシュマンの立場であり［Hirschman 1970: 11-15］、ここにもポシビリズムのスタンスを垣間見ることができる。

ここで「スラック経済」という考え方が、第6章で検討した「許容性（latitude）の広さ」と関わっていることは容易にみてとれるであろう。「許容性がある」とは、関係者の怠惰を許し、無駄や非効率性を招くことには必ずしもならず、

交渉や学習の機会を提供する場合のあることは,すでに述べたとおりである。
　なんども確認しているように,ハーシュマンはけっして反市場主義者ではない。それどころか,積極的な市場擁護論者である。だが彼は,より現実的なスラック経済観に従おうとした。さまざまな規制を取り払えば自己利益を極大化しようという意志とエネルギーをつねに持ち合わせた,血気さかんな経済主体が最大限のパフォーマンスを維持すべく活動するようになる。そうすればスラックなどという無駄は発生せず,社会全体の資源配分が効率的になる。スラック経済観に立てば,これもまた経済学者の見果てぬ「夢」ということにならざるをえない。

(3) 離脱と発言

　以上述べてきたことからも明らかなように,『離脱・発言・忠誠』[Hirschman 1970]は,これまで検討してきたハーシュマンのその他の議論同様,「無謬の国家」,「完全に機能する市場メカニズム」,「哲人」,「合理的経済人」などを拒否することから始まっている。議論の出発点は,他者とともに現実の世界に生きる「生身の人間」であり,他人と対立することもあれば,打算であれ,共感にもとづくものであれ,協調することもある。普通の人間だから,判断を誤るし,決断を躊躇することもあるし,期待を寄せながら失望することもある。しかし,同じく「学びうる人間」でもある。誤ることなく,あらかじめプログラムされた選好基準は変えず,一心不乱に私的利益の追求に励む合理的経済人,すなわち「人間以下の道楽者」(wanton)と,ハーシュマンの人間観とはまったく異なる[Hirschman 1982: 69, 訳 77-78]。あらゆる被造物のうち,人間のみが間違いを犯すとして,ハーシュマンはつぎのように述べる。

> 間違いを犯すということは,最低限の生活,動物的存在からまさに人間が進歩したことと不可避的に結びついていることだと了解されれば,もうひとつ別の不可避性も出てくることになる。つまり,人の歩む道は必ずしも善意によって敷きつめられているわけではなく,そこには間違いを犯さないことへの高度の期待もまた敷かれているため,道を間違えた場合の後悔と失望もまた不可避的ということになるのである[Hirschman 1982: 23, 訳 24]（強調原著者）。

経済学者は,「失望」など,人がより合理的な行為者となり,合理的行動をとるようになれば存在しなくなるものと考えるが,ハーシュマンによれば,失望とは,希望を胸に輝かしい未来を切り開こうとする人間行動に不可避的なものである。

　ハーシュマンが念頭におくのは,失望も失敗もすれば,自省と学習も行なう人間である。生身の人間が関わる以上,国家,企業,組織は衰退する。しかし,衰退するからそのまま死滅するとはかぎらない。また死滅させるべきでもない。現実の世界では,緊張経済,合理的経済人を所与とした考え方とは違った,衰退からの回復プロセスが機能しているはずであり,それがもう少しきちんと理論化されるべきではないのか。ハーシュマンのいう「開発三部作」での研究をより一般化する形で世に問うたのが,『離脱・発言・忠誠』なのである [Hirschman 1995a: 127-131, 訳 155-160]。

　中心的概念の検討に入ろう。ハーシュマンは,商品・サーヴィスの質の低下への不満が,消費者,成員,有権者など「下から」出され,それが経営者,生産者,意志決定者などにより察知され,何らかの対応を引きだすことに回復機能の本質をみている。不満が出てこないことには回復もないが,下からの不満が実際に察知されるかどうか,察知されたとして,経営者などに,現実にどこまで機能回復行動をとらせることができるかが重要となる。不満の表明,それに対する対応を考えるわけだから,商品やサーヴィスを通じた間接的な,あるいはメンバーシップを通じた直接的な,という違いはあるにせよ,この議論にはまず何らかのコミュニケーションが前提されている。

　下からの不満は2つの方法で表明されうる。消費者やメンバーが不満を感じた企業・組織との関係を断ち,別の商品,組織にさっさと乗り換えること,これが「離脱」(exit) である。もうひとつが,離脱せず企業・組織との関係を維持したまま,何らかの改善を求めて不満を表明する抗議行動に出ること,これが「発言」(voice) である。

　「離脱」は,競争的市場を通じる問題解決の方法である。経済学者には馴染み深いものだろう。顧客が離れていった企業は,売上げや株価の低下にみまわれるし,従業員,党員,会員,有権者などの離脱は数字となって表れ,企業や政党,組織のトップに不満の所在を知らしめる。何らかの対応を施さないと顧客,メンバーの離脱は食い止められない。したがって,何らかの改善措置がとられるであろうというわけである。

この離脱オプションは，程度問題ではなく，「出るか否か」のどちらかひとつであり，はっきりしている。また予測できない要素をはらみつつ顧客と企業が直接対するということはない。そして，企業・組織が成功しているのか否かが統計的数値を通して伝わるという意味で「非人格的」である。さらに，顧客の離脱が衰退しつつある企業の業績回復につながるか否かは，「見えざる手」の計らいしだいであるという意味で「間接的」である［Hirschman 1970: 15-16］。本質的に，私的な，そして「声なき決意・行動」であり，誰と協力する必要もない［Hirschman 1995a: 34, 訳38］。再エントリーの可能性はあるにせよ，とりあえず一度の離脱で企業なり組織なりとの関係は絶たれる。

　「発言」は，まさに離脱と対照的なものであり，すぐれて政治的な行為である［Hirschman 1970: 16］。商品やサーヴィスに，あるいはメンバーであることに不満を感じれば，直接声をあげて，それを伝えるオプションである。声のあげ方，程度にはいろいろあるため，発言は，離脱ほどきっぱりとはしていない。離脱しないで声をあげる以上，企業なり組織なりとの関係はつづいてしまうし，一度きりの離脱とは異なり，なんどもトライされうるオプションとなる。そして，のちに展開していくように，誰かとの協力，組織を必要とするものである［Hirschman 1995a: 34, 訳39］。

　ハーシュマンは，こうした離脱と発言を簡単な図で説明している（次頁参照）。この図は，需要の「品質弾力性」（需要が品質の関数である状況）を示したものである。

　ハーシュマンの関心は，上述したような理由から一般の経済学者の注意を引かない「とりかえしのつく過失」にある。通常の経済学者は分析の外におくが，現実にはたびたび生じうる事態，すなわち，「需要・供給要因に何ら変化がないにもかかわらず業績が悪化する事態からの回復プロセス」がここでの検討課題となっているために，「需要の品質弾力性」を問題とするのである。現実に企業・組織・国家などを襲う衰退プロセスは，一般に，それまでの業績レヴェルに復帰することを妨げるほど強力で持続的なものではなく，こうした日常的な業績悪化は，まず供給される製品やサーヴィスの「質」の悪化に反映されるというのが，ハーシュマンの議論の出発点となっている［Hirschman 1970: 3-4][6]。彼にとっては，経済学者が簡単に死亡宣告をしてしまう企業，組織はまだまだ捨てたものではなく，一時的衰退から回復させ

ることが社会的にみても望ましいことが多い，ということになる。

簡単に右図の説明をしておこう。(b) 図において，価格が R で不変のまま，品質が L_0 から L_1 に低下すると，需要は Q_0 から Q_1 へ下落し，その結果，総収益も低下する。その大きさは長方形 E ($Q_1Q_0P'_0T'$) で示されるが，これが離脱である。他方，発言は，(a) 図において，離脱しなかった顧客の数 OQ_1 と品質低下の度合い L_0L_1 とに依存するので，発言の可能量は長方形 V ($L_0TP_1L_1$) で示される。図示されたような離脱と発言で実際にどれだけの改善が見込まれるかは，図に示されていないさまざまな要因しだいであるが，ハーシュマンのいわんとするところはイメージできるであろう。

図　需要が品質の関数である場合の発言と離脱

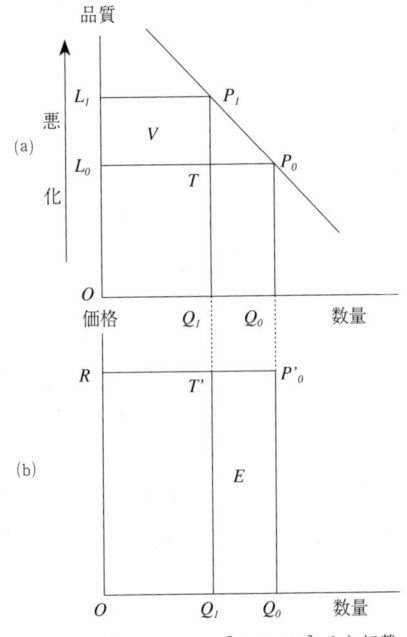

出所：Hirschman［1970: 130］より転載。

さらに，次頁の表は，離脱と発言の有無により，具体的組織などを分類したものである。離脱，発言がそれぞれどういう場合に選択されやすいか，あるいは選択されにくいかがみてとれるであろう。

一般に，経済学者は，面倒な発言を忌避して離脱を好む。反対に政治学者は，離脱を逃避，離反，裏切りと結びつけて罪深いものとして発言を好む傾

6）経済学者は需要を，計量可能で扱いやすい価格・数量で分析してきた。「品質」の変化がそれに相応する「価格」の変化をつねに生みだすのであれば，品質の低下と価格の上昇が顧客の離脱に与える影響は同じになり，あえて需要の品質弾力性を問題にする必要はない。だが，価格上昇にともない最初に逃げだす消費者は，品質が低下したとき最初に離脱する消費者と必ずしも同じではない。また同じ品質の低下が，いろいろな顧客に対しさまざまな価格上昇を引き起こす。現実の回復・調整プロセスにおいて注目しなければならないのは，こうした点なのだとハーシュマンは主張する［Hirschman 1970: 47-49］。

表 2つの反応メカニズムによる組織の分類

メンバーによる反応オプション		離　　脱	
		可	不可
発言	可	ボランタリーな組織 競争的政党 少数の顧客に製品販売をする営利企業	家族　　民族 国家　　教会 全体主義的ではない一党体制における政党
	不可	通常の競争的営利企業	全体主義的な一党体制における政党 テロリスト集団 犯罪組織

出所：Hirschman［1970: 121］より転載。

向にある。ここでハーシュマンは，どちらの側の偏見も取り除く必要を説く。離脱の歴史は，市場の拡大，自由移動の権利拡大などの歴史であり，発言の歴史は，プロテストする権利，組合を組織する権利など政治的諸権利拡大の歴史であって，離脱と発言は，民主主義的自由の2つの基本的・補完的構成要素だからである［Hirschman 1986: 79］。そして離脱と発言，すなわち市場力と非市場力，経済的メカニズムと政治的メカニズムのどちらも，調整プロセスにおいて等しく重要であるとした。ハーシュマンは，『離脱・発言・忠誠』［Hirschman 1970］において，離脱と発言のそれぞれの機能，そしてのちにみるようにその相互作用を検討することを通じ，自らの「政治経済学」，「経済学と政治学の合体」（economics-cum-politics）の枠組みを提示したわけである。ハーシュマンはつぎのように述べている。

> 典型的な市場メカニズムと典型的な非市場・政治メカニズムの両者が，ときには調和的に，それぞれの機能を高め合うように働き，ときには邪魔をしあい，それぞれの効率性を低下させるように働く。この相互作用の様子を観察するという特別な機会を生かそうとするなら，どちらの側も，あまりに一方に入れ込んだり，偏見を抱いたりしないようにする必要があるのは明らかである［Hirschman 1970: 17-18］。

　離脱と発言は互いに排他的なものではなく，「ゲマインシャフト‐ゲゼルシャフト」，「普遍主義（universalism）‐個別主義（particularism）」のような，伝統的ではあるけれど単純な二分法とは異なる。ハーシュマンは，どちらか一方の優越性よりは，特定の状況における問題解決に向けての両者の相互作

用に関心を向けようとしていたのである［Hirschman 1981: 212］。

　だが実際のところ，少なくとも執筆当時におけるハーシュマンの力点は，忍び寄る「経済学帝国主義」を意識しつつ，発言という非市場的方法の重要性を再確認することにあったはずである。一般に，1970年代アメリカの思潮は60年代の左翼的傾向に対する「新保守主義」の巻き返しと認識されているが，経済学に関していえば，市場メカニズム，選択の自由を，社会におけるさまざまな意志決定の場面に拡張していこうとする新保守主義は，70年までにかなりの地歩を獲得していた。『離脱・発言・忠誠』［Hirschman 1970］の執筆を始めた1968年時点において，ハーシュマンは経済学のこうした動向を念頭におかざるをえなかったのであり，とくに意識されたのが，公教育への競争原理導入を説くM. フリードマン，地域選択論を提唱し「郊外への逃避」を促す議論を展開したC. ティブー，「フリーライダー論」を軸に集合行為を分析したM. オルソンらであった［Hirschman 1981: 211］。

　本来，市場的力だけが回復メカニズムではないにもかかわらず，非市場的方法の力を具体的に示すべき政治学者は，華々しく装う経済学の道具立てにたじろいでいるのではないか。歯痒さを覚えたハーシュマンは皮肉をまじえながら，「豊富な分析道具を有する経済学者に対する政治学者の劣等感に匹敵するのは，物理学者に対する経済学者の劣等感ぐらいのもの」と述べている［Hirschman 1970: 19］。

　こうしたハーシュマンの意図を念頭におきつつ，いましばらく離脱と発言の内容，さらにはその相互作用についてみていこう。

(4)　「過剰な離脱」の問題点

　離脱は，経済学者には馴染み深く，また好ましいものである。経済学者にとっては競争がすべてである。経済学者のように「競争に備わる活力増進機能を礼賛する人たちは，最高の状態で人々を働かせることに，競争システムがただの一時でも失敗することがありえるなど認めたがらない」［Hirschman 1970: 21］。離脱が頻繁にみられる状況とは，まさに市場メカニズムが活発に機能していることであって，一般的に好ましいものと判断されるだろう。

　しかしこうした姿勢では，競合する多くの企業が存在しているとき，企業同士が不満を感じた顧客を互いに誘いだし，不満解消の「幻想」を生みだすという，現実に起こりえる状況を認識しえない。需要の品質弾力性がどうあ

れ，失った顧客を新規顧客で埋め合わせられれば，企業の収益は減らない。どれもこれも効率的とはいえない企業が似たような商品を提供し，そうした商品群のなかを顧客が右往左往したところで，不満の解消にはいたらないであろう。顧客が離脱してもより多くの新規顧客を獲得できれば，各企業レヴェルでは収益の増大すら生じてしまう。「選択の自由」の実態がこのような状況では，不満のシグナルが察知され機能回復メカニズムが作用するどころか，競合する多くの企業が競争を通じて「共同詐欺行為」(collusive behavior) をしているようなものだと，ハーシュマンは指摘する。不満解消の幻想は生みだしても，不満のもととなった衰退，品質の低下を改善するような圧力を現実に生みだすことはできないからである［Hirschman 1970: 26-28］[7]。競争市場が回復メカニズムとならない場合がある。この認識はハーシュマンにとって非常に重要である。

　また通常の経済学の競争認識では，正常な状態から逸脱はしたが，回復する可能性のある企業をもとに戻すメカニズムは実は明らかとはならない。上述したような条件のもとでの品質低下を考えれば，企業の潜在的回復力が実際に機能するには，需要の品質弾力性は過小であっても過大であってもいけない。過小であれば，品質低下にともなう売上げの減少は軽微にとどまり，経営陣の改善努力は引きだせないし，過大であれば，改善に向けた努力の余裕を与える間もなく，企業は倒産に追いこまれてしまうからである。つまり，伝統的な競争観では顧客が機敏に反応すればするほど競争の効果は高まるということになるけれども，機敏な顧客と反応の鈍い顧客がうまく混在しているということが競争を現実の回復メカニズムとするための条件である［Hirschman 1970: 24-25］。第5章でシュンペーターと比較しつつ，「ビルトインされた不活性」として論じたことに関わるが，この認識もまた非常に重要である。

　競争はいつでも自動的に回復メカニズムとなるわけではなく，競争が回復メカニズムを機能させないことすらありえる。その場合，それを補足するメカニズム，あるいは，それに代わるべき回復メカニズム，すなわち発言が考慮すべきものとなるであろう。

---

7) もちろんO. ウィリアムソンのような立場からすれば，「共同詐欺行為」とは極端な認識であって，寡占状況における競争は当然分析対象となるはずである［Williamson 1976: 373-374］。

「発言」とは，経営担当者に直接個人や集団が改善を要請したり，経営を変革させるべく，より上位の権力層に訴え出たり，あるいは，世論の喚起を含め，さまざまな行動や抗議活動に出ることである。そうすることによって，不愉快な事態から逃避するよりも，とにかくそうした事態を変革しようと立ち上がるものである［Hirschman 1970: 30］。それゆえ，不満の内容は，黙って立ち去る離脱オプションよりも具体的に経営者，生産者，意志決定者らに伝わり，より強力な回復メカニズムとなる可能性がある。

　だが，発言がいま述べたようなものであるとすれば，出るか否かでしかない離脱以上に面倒でコストのかかるものであることがわかる。一消費者，一メンバーの立場からすれば，時間がとられたり，抗議への相手方の対応で不愉快な思いがかえって増したり，場合によっては，不当な圧力を受けたりすることもあるし，命がけの発言などということもありうる。したがって，発言を業績維持のメカニズムとするには，発言にまつわるコストを削減するような制度を整備し，発言の見返りを高めることが必要となるであろう。しかし，発言が，その組織化を含め，時間をかけて新たなるさまざまな可能性を追求する技術である以上，離脱と発言の両方が利用可能なオプションとして目の前にあるとき，離脱へのバイアスが生じやすくなる。コストがかかり，効果も不確かな発言よりも，きっぱりと関係を断つ離脱のほうがいま現在の不満をとにかく解消するのには手軽と思われるからである。したがって，代替的な離脱先の存在そのものが，発言の展開を妨げる可能性をもつというのがハーシュマンの主張である［Hirschman 1970: 42-43］。

　このことの確認は，のちの議論にとってきわめて重要である。競争市場が効率性を保証するというのが経済学の一般前提であるが，容易な離脱先のあることがフィードバック・システムを萎えさせる可能性は否定しえない。これはそれほど特殊な事例ではなく，日常的に起こりうることである。

　こうした点について，ハーシュマンは議論のきっかけともなった，ナイジェリア鉄道公社の例をあげて具体的に説明している[8]。より満足のいくサーヴィスを提供できる民間企業（この場合，鉄道と競合するトラック輸送）があることによって，低劣なサーヴィスへの不満が直接鉄道公社に向けられることがかえって少なくなり，改善圧力が弱まったというのである［Hirschman 1967: 147, 訳219］。このほかにもハーシュマンは，アメリカにおける公教育衰退，会社経営と株式保有の例に触れ，代替的な離脱先が存在す

ることで，もっとも有効かつ先鋭な発言をする者がいなくなり，効率が増すどころか，かえって改善圧力が放出されてしまう状況を指摘している［Hirschman 1970: 45-47］。

　ここまで述べてきたように，本源的生産要素を含め，経済には，市場メカニズムを導入して効率性が向上するどころか，かえって不安定さが増す領域がある。質の低下に対して，完全に民間に委ね離脱に頼りきるよりは，本来，発言が機能すべき領域がある。後述するように，関わりがより根本的な購買，組織［Hirschman 1970: 40］，具体的には教育や医療，福祉といった分野である。ハーシュマンは，離脱の保障を自由権と結びつけ重視しているのは間違いないが，過剰な離脱，急激な離脱が発言の機能を弱め，ひいては公共性を侵食し民主主義の土台を掘り崩していくことへの視点を持ち合わせている。以下では，この点を確認していくとともに，新自由主義全盛の時代におけるその意義について検討していくことになる。

(5) 「忠誠」概念の導入

　上述のとおり，企業，国家，組織などの衰退に際し，発言は強力な回復メカニズムになりえるが，新たなる可能性を追求する技術である以上，離脱に比してさまざまなコストをともなうものである。したがって，離脱と発言の両方が利用可能な場合，諸々の煩わしいコストが考慮され，一般的には離脱が選択されやすくなる。実際に効率を高めるか否かという客観的問題とは別に，離脱が選択されやすい状況が存在するのである。

---

8) ナイジェリアの鉄道輸送の問題が，執筆のきっかけになっていることは，序文でハーシュマン自身が述べているとおりだが［Hirschman 1970］，萌芽的なアイディアや叙述は，「長い間経済学文献に君臨していた，きわめて偏狭な調整過程観を脱却」するべく，不均整成長論を展開し，「非市場要因が必ずしも市場要因よりも非『自動的』ではない」と述べた，『経済発展の戦略』にも見いだせる［Hirschman 1958: 63, 訳 111-112］（強調原著者）。

　だが，発想の本当の意味での源泉は，ユダヤ人同胞を残したまま，多くの若者同様，ナチス統治下のドイツから逃れたことへの罪悪感にあるのかもしれないと，ハーシュマンは『離脱・発言・忠誠』のドイツ語版序文で吐露している。あの極限状況で，誰が去り，誰が残ろうが，ヒトラーの時代にまともな「発言」などできなかったであろうが，それでもなお，1939年以後もドイツにとどまったユダヤ人の運命を考えると，こだわりつづけざるをえなかったのである［Hirschman 1981: 304-305］。

しかし，現実には，組織のメンバーや顧客は，こうした状況においてすぐさま離脱するとはかぎらない。正統的経済学の視点からはいかにも非合理的にみえ，ありえない選択となるが，現実にはこういうことが生じうる。なにゆえに，人は衰退する企業，組織などからすぐには離脱せず，内部にとどまるという選択を行ないうるのか。ここで，組織や企業などに対して抱く特別な愛着，すなわち「忠誠」(loyalty) という概念がもちだされる。

忠誠とはいっても，全身全霊を傾ける「忠誠心」，あるいは純粋なる信仰とはほど遠い。ここでいう忠誠とは，ただただ忠義を誓う，あるいは何の根拠もなくやみくもに信じるということではない。組織に対する自らの影響力，ないし他人の積極的活動によって生じうるはずの改善を期待し，冷静に計算したうえ内部にとどまるという理詰めの選択をすること，すなわち「離脱の確実性」よりも，あえて何らかの期待を込めて「改善の不確実性」を選択するということである。こうした忠誠が存在することで一番の改革圧力となるはずのメンバーをつなぎとめ，発言が有効に機能するための時間的猶予を生みだす場合がある [Hirschman 1970: 77-79]。ハーシュマンはつぎのように述べている。

> ある製品や組織にかなりの愛着を抱いているメンバーなら，自分の影響力を高めるための方途を模索することが多くなるだろう。組織が，自分にはまずいとしか思えないような方向に進んでいるときには，とくにそうである。逆に，ある組織内でかなりの力を振るっている（あるいは，振るっていると思っている）メンバー，したがって，自分は組織を「正しい軌道に戻す」ことができると確信しているメンバーなら，自分が力を持つ組織に強い愛着を抱く可能性が高い [Hirschman 1970: 77-78]。

ハーシュマンがいうように，「発言か離脱かの選択において，しばしば発言が放棄されるのは，必ずしも発言の効果が離脱よりも劣るからではない。発言の効果が，回復に向けて影響力を行使し圧力をかける方法を新たに見つけられるかどうかにかかっているからである」とすれば，離脱への制度的防壁が存在すること，あるいは忠誠をもつメンバーが存在することは，非合理的であるとはいえない [Hirschman 1970: 80]（強調原著者）。それどころか，離脱に対し何の歯止めもないことのほうが問題となる。あとで振り返ってみ

て，いかに容易に思える方策でも，実行前は非常に可能性の低いものととらえられ，実行されないことがよくあるが，忠誠は，離脱のコストを引き上げ，目前の作業（すなわち有効な発言の手立ての模索）の困難を少なく見積もらせることでバランスをとるように機能する。

このようにして忠誠の概念がもちこまれると，離脱と発言の関係は，より複雑なものとなってくる。

発言にとっての防護壁ともいえる忠誠であるが，内部にとどまり影響力を行使しようとする者の交渉力を高めるのは，「離脱の脅し」である。すなわち，ここまでの議論では，容易な離脱先が発言の機能を弱める事態に着目してきたが，忠誠の概念が導入されると，離脱という選択肢が存在してこそ，「忠誠者」（loyalist）による発言の効力がより高まるという状況が生じうるのである。

むろん，これは議論の根本的な矛盾を示すものではない。発言が選択され，有効に機能する状況をより詳細に明らかにしているだけであるが，離脱と発言の二項対立的理解には一定の歯止めがかけられる。そして，最初に提起された重要な命題は，「発言の機能にとって，離脱先はあるべきだが，あまりに容易な離脱先であってはならない」というように若干書き改められることとなる［Hirschman 1970: 83］[9]。こうした局面があるからこそ，離脱と発言とは，単に対立的選択肢としてではなく，補完的機能を含め，相互作用を分析すべきであるということになるのであろう［Hirschman 1981: 212］[10]。離脱と発言という概念によって経済学と政治学を架橋するというハーシュマンの試みは，このような展開をみせるのである。

誤解がないようつけ加えておけば，ハーシュマンは，忠誠を万能視しているわけではない。彼は，離脱の可能性を保持しながら，離脱を延期させると

---

[9] 峯陽一は，W. A. ルイスの連邦国家論をもちだし，この点に関して説得力のある具体例を提供している。峯によれば，豊かな地域にも貧しい地域にも行動の自由を与える緩やかな連邦制が機能してはじめて，分裂を指向しがちなエスニック集団を独立国家の枠内に引き留めることが可能になるというのが，西アフリカの現実を見据えたルイスの連邦国家論であった［峯 1999: 35-47, 164-165］。

[10]「ボイス形成と市民社会」という観点から，ハーシュマンについて興味深い議論を展開した八木紀一郎も，個人主義的な市場的合理性にすぐには反応しないという「忠誠」概念をもちだすことで，市場的調整と政治的調整が結びつく可能性を分析できるとしている［八木 1999: 124］。

ともに発言を機能させ、過度の、あるいは、あまりにも早期の離脱から企業や組織を守るものとしての忠誠にまずは注目した。しかし、忠誠がつねにそうした役割を果たすわけではないことにも注意を向けている。現実には、忠誠の度が過ぎ、離脱が不当に無視されたり、あるいは、離脱とともに発言も抑圧されるという状況が生じうる。国家、企業、組織などの運営に携わるものが、離脱と発言をうまく組み合わせて衰退から回復させようという殊勝な長期的視点をつねに持ち合わせているとはいえず、後述するような事例にもあるとおり、離脱も発言も現実に機能することなく、忠誠のみが上から強制されるような例も見いだしうるからである［Hirschman 1970: 92-98］。

　こうしてハーシュマンは、発言機能を育む善玉的役割を忠誠オプションに付与して単純に議論を閉じるのではなく、それのもつ負の側面にも着目し、衰退への対応、衰退からの回復プロセスの複雑さを示唆するのである。いずれにせよ、彼は忠誠概念を導入することによって、衰退に直面しつつも離脱することなく内部からの改革に期待するという、狭義の経済学が看過しがちな選択の可能性と合理性を提示しようとしたわけである。

　なんども繰り返していることだが、ここでハーシュマンの議論を誤解してはならないのは、誤りうる人間、学びうる人間を議論の出発点にするにせよ、いちど誤り、学べば、永続的に正しい答えにたどりつけるなどとは考えてはいないということである。学習とはいうものの、最終的に唯一無二の正しい答えを見いだすことを目的とするものではないし、そのようなことはそもそも不可能である。人間は、誤りつづけ、かつ学びつづける。離脱と発言に一般的に最適な組み合わせがあるわけではなく、離脱と発言の選択に関わる問題を忠誠に解決させようなどとしているわけでもない［Hirschman 1970: 124］。

(6) 公共空間からの離脱

　離脱しないという「忠誠者」の選択の背景をもうしばらくみていこう。

　ハーシュマンによれば、一般に忠誠者は、「自分が離脱することで、衰退しつつある組織はいっそう悪化するのではないか」という判断から離脱を思いとどまるのだという。離脱しないという背景にはこうした判断があるというのだが、離脱という私的な、あと腐れない選択のはずなのに、個人の離脱が組織などの質の低下に与える影響を、人はなぜ気にかけるのだろうか。以下の指摘は、本章での議論にとってきわめて興味深い。

こうした行動の唯一合理的な根拠とは，組織の産みだすもの，組織の質が，離脱したあとも自分にとって重要であるような状況に置かれているということである。いいかえるなら，完全な離脱が不可能な状態にあるということである［Hirschman 1970: 100］（強調原著者）。

　ありふれた日常的商品に関してなら，こうしたことは当てはまらないであろう。不満を感じれば，さっさとその商品に見切りをつけ，別の商品へと乗り換えればよいだけのことである。だが，たとえば，学校教育の場合はどうであろうか。現在の日本でもよりよい教育内容を求めて，わが子を公立ではなく私立に入れたがる親は多い。親たちが私立を選択することで競争が生じ，公立学校の質を高める圧力が生まれるはずだから，私立を選択する意志と能力のある親は，ためらうことなく私立を選択すべきである。教育に競争原理を導入せよと主張する経済学者なら，間違いなく，こういうであろう。
　しかし，私的な「費用－便益」計算の観点からでさえ，親はこうした選択をしないことがありえる。教育熱心な（つまり，教育の質の低下に敏感な）親の私立への離脱は，さらなる離脱を呼び，公教育の衰退に拍車をかける可能性が大きい。だとすれば，いくら子供が私立で高度の教育内容が得られようと，そのメリットは割り引かれることになろう。なぜなら，親子の生活がその地域社会の公教育の質から影響を受けないでいることは不可能であり，公教育衰退からこうむるさまざまな費用を考慮せずにはいられないからである［Hirschman 1970: 100-101］。ハーシュマンにとって，教育というのは，離脱よりも，むしろ発言が機能すべき典型的分野なのである。
　市場原理主義者はどうか。M. フリードマンは，公教育にも市場メカニズムを導入し，学校間で競争させることの意義を説く。退学，転校という選択（＝離脱）の自由が認められなければ，「あとは，厄介な政治的経路を通じて自分たちの意見を表明しうるにすぎない」との指摘には，離脱に偏向し発言を忌み嫌う正統的経済学者の姿勢が，はからずも滲み出ている［フリードマン 1975: 104］（強調引用者）。ハーシュマンは，発言に対する経済学者の偏見の典型例として，まさにフリードマンのこの一節を引いているのである。ハーシュマンは述べている。

　　私がこうした一節を引用しているのは，それが離脱を好み，発言を嫌う

経済学者の偏見を示す，ほとんど完全な事例だからである。まず第一に，フリードマンは，ある組織に対し快く思っていないことを表明する「直接的な」方法として，退去，つまりは離脱を想定している。経済学の訓練をさほど受けていない人ならば，もっと素朴に，考えを表現する直接的な方法とは，その考えを言明することじゃないか，と思うことだろう。第二に，フリードマンは，自らの考え方を発言すると決めて，それを広く訴えようと努力することなど，「厄介な政治的経路」に頼ることだと，侮蔑的に言い放っている。だが，まさにこうした経路を掘り起こし，それを利用し，望むらくはそれをゆっくりとでも改善していくよりほかに，政治的で，まさに民主主義的なプロセスがあるだろうか。

　国家から家族にいたるまで，およそ人間の関わるすべての制度において，発言は，いかに「厄介な」ものであろうと，その制度に関わるメンバーが日常的につき合っていかなければならないものなのである [Hirschman 1970: 17]。

　ハーシュマンにとって教育，ことに基礎的教育は一般に，所得にかかわらず，すべての市民が権利を有するものであり，とくに，多様な民族・宗教グループから構成される民主主義社会では，単一の公的に管理されたサーヴィス内容により共通の教育経験を積むことで，基本的な市民的価値を共有することが目指されることもある。民間に任せていたのでは実現の危うい，こうした目的，存在理由をもつからこそ，公共的なサーヴィスが行なわれているわけであって，効率性やサーヴィスの質の維持を市場メカニズムで達成させようとすることには，そもそも無理があるのではないかというのがハーシュマンの主張である。

　対応のひとつとして，ヴァウチャー・システムが提唱されることもある。フリードマンがまさにその主唱者であるが，これを万能視してはならない。ハーシュマンによれば，ヴァウチャー・システムがうまく機能するための財・サーヴィスの特徴とは，第一に，それぞれの嗜好に正当と判断される程度に差異があること。第二に，自ら欲する財や商品の質に関して人々が十分に情報を有しており，容易にそれらを比較考量できること。第三に，財やサーヴィスの購買額が所得と比較して小さく，また購買が繰り返され，人々が経験から学ぶことにより，供給者の変更が容易に可能であること。そして

第四に，数多くの供給者がいること，以上である。こうしたことを勘案すれば，ヴァウチャー・システムが比較的うまく機能しそうなのは，食料供給の場合であり，医療や教育には不向きであるというのが，ハーシュマンの結論である［Hirschman 1986: 87-89］。

「経済学者は，なぜもっと素直に発言の意義を認知できないのか」というのが，ハーシュマンの率直な心情であろう。たしかに発言に固有の問題はあるが，それは離脱も同じである。にもかかわらず，あらかじめ「離脱＝効率的，発言＝非効率的」という図式ができあがっているために，本来不向きなヴァウチャー・システムの導入，学校間競争の推進などという結論を導いてしまうのであって，虚心坦懐に見つめれば，教育こそは，管轄当局への請願，校長への手紙，授業参観，PTA活動への参加，マスコミへの投書など，発言が典型的に機能しうるし，機能させるべき領域のひとつなのである。

こうして学校教育の事例を引いていることからもわかるとおり，離脱後も衰退に注目せざるをえない状況，つまりは「完全な離脱など不可能な状況」とは，「公共財」に典型的に見いだせるとハーシュマンはいう。公共財は，誰によっても消費されうるものであるが，同時に，消費しないでおこうとすれば，それを供給する社会から逃亡せざるをえないような財だからである。

> 公共財という概念によって理解しやすくなるのは，ある製品，ある組織から本当に離脱することなど不可能な状況もあるという考え方である。不完全な意味での離脱という意思決定（こうした決定もありえるかもしれないが）でさえ，そのことによってもたらされる当該製品のさらなる衰退を考慮しなければならないからである［Hirschman 1970: 101-102］。

いったん公共財（およびそれと対をなす公的害悪）の概念を導入すれば，そうした財からの離脱が，たとえ限定的な離脱でさえ困難であることがわかる。自分が関わりたくなくても，公共財の場合，その質の推移は地域社会全員の生活に影響を与える。質の衰退に直面して離脱しようにも，字義どおりの離脱などはありえない。「私的行為の公的帰結」をまったく考慮しないなど，私的利益に照らしてみてもおかしな話となるのである。

要するに，ここで確認されなければならないのは，「何から離脱するのか」が非常に重要であるということである。正統的経済学の場合，競争市場

を通じた離脱は万能であり，したがって何から離脱しようが，離脱を選択するものの判断基準，離脱の期待効果は単純かつ明瞭である。ところが現実には，日常的商品から離脱するのと公共的な財から離脱するのとでは事情はまったく異なる。後顧の憂いなく公共空間から完全に離脱することなど，本来は不可能なのであって，こうなれば選択は，離脱か発言かではなく，「内部からの発言」か，離脱したあと「外部からの発言」を行なうか，ということになるであろう［Hirschman 1970: 104］。

　正統的経済学では，競争こそがすべてである。競争の圧力によって「拘束性」を高め，各経済主体に能力ぎりぎりまでのパフォーマンスを維持させることができる。公共部門，公共財についても同じであり，衰退がみられるとすれば，それは，そこに競争のないことが原因であるとされるのである。もちろん，競争的環境の効果が認められる場合もあろう。離脱は衰退からの重要な回復メカニズムである。ただそれはいつでも，どんな分野でも有効なわけではない。過剰な（あるいは早期の）離脱があることで，本来機能すべき発言が機能せず，回復するものも回復しないという状況が生じうる。

　たしかに，発言は厄介な面がある。発言を効果的なものとするために誰かとの協力，組織を必要とすることも多い。自由や正義を求める闘争に似て永続的性格を有するものであり，手を変え品を変え，なんども取り組まねばならないかもしれない。だからこそ一回かぎりの私的な離脱が選択されやすくなる［Hirschman 1986: 84］。さらには，離脱という選択肢の行使は目的達成と同じであるのに対して，発言の場合は目的達成とは同じではなく，その帰結は不透明である。離脱オプションを選択すれば，少なくとも不満の源と関係を断てるが，発言オプションの場合は，不満を感じさせるものをどれだけ改善できるかは定かではない。そして，組織内にとどまることにより買収や報復にもさらされやすい。経済学者が発言よりも離脱を選好しがちな理由としては，こうした事情もある［Hirschman 1981: 239-242］。

　だからこそ，ハーシュマンの指摘はきわめて重要である。結局は離脱しきれない領域の存在，つまりは「公的世界」の存在を認め，その世界での衰退にはとくに発言が機能しうること，さらにいえば，機能させなければならないことを強く示唆したのである。短期的な私的利益をもとに行なわれる自己決定は，往々にして公的害悪を考慮に入れておらず，「個の意志決定の横暴」という事態を招きがちであること。これは，ハーシュマンの重要なメッ

セージのひとつであろう［Hirschman 1986: 80］。

　離脱がまったく許されない社会の閉鎖性はあらためて指摘するまでもない。そして，のちにハーシュマンが論じたように，離脱とは，争いごとの現場からそっと立ち去る手段であり，不満や対立のエネルギーがその地に充満することを回避させるという機能も有する。ハーシュマンは，離脱の政治的帰結を分析するなかで，植民地化以前のアフリカ大陸，アメリカ大陸についての人類学的研究を引きつつ，開放的な土地への離脱可能性，さらには離脱オプションの日常的な行使が長らくその地に「国家なき社会」を存続させてきたと論じた。だが，離脱の政治的帰結という話はこれで終わらない。

　離脱が全面化している社会は，何事にも束縛されないという状況を生み，ある意味で「自由」を保障している。フロンティア神話に結びつけ，これを「アメリカン・デモクラシー」の基礎と位置づける議論も出てくるのだが，事はそう単純ではない。こうした社会では，他人の労働を利用すべく手もとに止めおくため，強制力を行使する必要が生じ，自由の保障どころか，奴隷制の導入を助長する可能性もあるからである。

　さらにハーシュマンは注意を喚起する。国家なき社会を理想とし，離脱が全面化することをよしとする議論は，「足で投票する」（voting with one's feet）民主主義に全幅の信頼を寄せる。だが，M. フリードマンや C. ティブーといった「ネオ・レッセ・フェール派経済学者」の夢は，南米やアフリカの狩猟民族の世界にこそ見いだされるのかもしれないが，現代社会では，所得格差，富の不平等により，「足で投票する」能力は全成員に等しく配分されているわけではない［Hirschman 1981: 247-252］。

　「開かれた社会」の幻想については以下で検討するが，万人にとっての選択が離脱しかないような世界はきわめて不安定である。これは先進国も途上国も同じである。発言を取り巻く制約を認識したうえでなお，離脱が万能視される世界に発言を復権させること，いいかえれば，そうした世界に民主主義の楔を打ち込むことがハーシュマンの「離脱・発言・忠誠」モデルの核心であるというのが本書の立場である。

　以上，離脱，発言，忠誠といった基本的概念をめぐる議論を概観してきた。途上地域の発展過程をつぶさに観察することを通じて概念化された，このシンプルな枠組みは，企業組織や労働市場，投票行動をはじめ，多くの分野に適用され，さまざまな論者の議論に大いなる示唆を与えてきた[11]。以下，本

章では、幾人かの論者の関連する議論もまじえながら、「離脱・発言・忠誠」モデルを市民社会の維持・発展という観点から論じていこう。ハーシュマンのオリジナルな議論にみられる「下から」の不満表明という視点は、市民社会、民主主義をめぐる議論に一石を投じ、本書でこれまでさまざまな角度から検討してきた発展過程の分析を総括するものでもある。

3 「離脱・発言・忠誠」モデルと市民社会

(1) 過剰な離脱と市民社会——「開かれた社会」の幻想
①エリートの反逆

ハーシュマンによれば、フロンティア神話が残る移民の国アメリカでは、何らかの不満が生じた場合の問題解決方法として、内部にとどまっての発言よりも、物理的逃避、すなわち離脱という選択が伝統的に幅をきかせてきた。そして、このアメリカの伝統的観念を土台として、離脱がアメリカ国民の成功観をも形づくることとなったという。すなわち、社会階層の底辺から個人が離脱し、這い上がっていく「社会的上昇移動」(upward social mobility) が成功と結びつけられるようになり、社会的上昇移動の機会を保障する「開かれた社会」こそが望ましいものとされるようになった [Hirschman 1970: 106-108]。いわゆる「アメリカン・ドリーム」である。

これは正統的経済学にも投影される価値観になっていると思われるが、果たして一個人に対する社会的上昇移動の保障が問題を解決するであろうか。これは第5章で検討したような、人は社会変動をどう認識するか、他人の成功にどの程度感情移入できるかという問題とも関わる。たしかに、社会的上昇移動が可能となっていることによって、抑圧された集団、階級から選ばれた少数の者が成功し、「成り上がる」ということもあるだろう。彼らは自らを育んでくれた集団やそこでの生活を懐かしみ、寄付をしたり慈善活動をすることもあるかもしれない。だが彼らの行動は、本質的には、うしろを顧みることのない離脱である。たとえ、ごく少数の者が上昇できたとしても、社

---

11) 政治亡命した中国人の政治活動を分析するのに「離脱・発言・忠誠」の枠組みを用いる論者もいる [Ma 1993]。

会問題の根本的解決にはつながらない［Hirschman 1970: 108-109］。
　それどころか，離脱のチャンネルが存在することで，抑圧された集団全体の問題を解決するための「潜在的リーダーシップ」が漏出し，発言機能が奪われてしまう。すなわち，社会の改革圧力，差別解消圧力になりそうな者を既存の社会秩序の枠内における上昇階段に取り込んで潜在的リーダーシップを抜き去ることになり，結局は，差別と分極が構造化されてしまうのである。ハーシュマンは，つぎのように述べている。

　　　下層階級から才能溢れるごく少数の者のみ社会的階梯を上昇していくことによって，上層階級による下層階級の支配は，階級の分断が固定化されている場合よりも，はるかに確実なものとなる［Hirschman 1970: 111］。

　分析対象は異なるが，こうした状況をかつてハーシュマンは，「分裂効果」(polarization effects) という概念でとらえようとしたことがある。これは G. ミュルダールのいう「逆流効果」(back wash effects) に対応するが，悪いものがますます悪くなっていく状況を，ここでも「ミュルダール流の累積的継起」と表現した［Hirschman 1970: 99］。類似した概念を提起したものの，ハーシュマンは，一方向的な因果関係を強調しがちなミュルダールの悲観的結論を受け入れてはいない。しかし，第4章でも言及したように，成長地域と停滞地域とのギャップの累積的拡大を食い止めるには，一国内においても国際的にも政治的要因が機能すべきである，としたミュルダールの主張には全面的に同意している［Hirschman 1958: 187, 訳 332-33］。「分裂」，「逆流」と認識される事態は，市場的手段のみによっては，解消するどころか悪化しかねないという認識が共有されていたのである。
　表現の細部に違いをみせながらも，基本的にこうした視角を共有する論者は数多い。『エリートの反逆』というきわめて興味深い論文集を遺した C. ラッシュもそのひとりである［ラッシュ 1997］。書名からも明らかなように，ラッシュは，J. オルテガ・イ・ガセットの『大衆の反逆』を多分に意識している。オルテガは，周知のとおり，徹底的な恩知らずで自己の他に権威というものを認めず，無限の可能性を疑うこともなく，現在という瞬間を過去のどの文明よりもはるかにすぐれたものと考えるという思考・行動様式を，「大衆」に固有のものとみて攻撃対象にした。しかしラッシュは，これらを，

まさに現代のエリートに典型的なものとみて手厳しく批判しているのである。

ハーシュマンを意識しながら，しばらくラッシュの議論に耳を傾けてみよう。

いまや人々にとっての「機会」といえば，社会的上昇移動と同義だが，ラッシュによれば，アメリカ的文脈においても，「機会という言葉が上等な身分にたどりつくことと広く結びつくようになったのは，アメリカ社会の序列的構造が見まがう余地もないほどにはっきりしてからのことである」［ラッシュ 1997: 86］。アメリカにおいて，それまでは「機会」といえば，よその国々では特権階級だけにとっておかれる知識と教養に接する可能性を，社会のどんなに貧しいメンバーにも与えるものだと思われていたのであり，「知性と美徳の民主化」こそが「機会の保障」であった［同上：87］。そしてこうした知性の民主化こそが，アメリカを訪れるヨーロッパ知識人たちを驚嘆せしめたのだとしている。そのなかにはトクヴィルもいたことであろう。

ところが，いまや機会は社会的移動と同一視され，社会的移動を保障することが民主主義であるとするイデオロギーがまかり通っている。ラッシュは，ハーシュマンに類似した論法でもって，社会的流動性が高まることとエリート支配がつづくことは何ら矛盾しないと述べる。

> 社会的流動性の拡大はエリートの影響力を衰えさせるものではない。むしろそれは，影響力を決定するのは功績のみであるという幻想をささえることによって，エリートの影響力を強化するのに貢献する。それは，エリートたちが無責任に権力を行使する可能性を高めるだけである［ラッシュ 1997: 52］。

> 移動率の高さは権力と特権が支配階級に集中する階層システムと相容れないものではけっしてない。実のところ，エリートの循環は，階層秩序という原理を強化し，エリートに新鮮な才能を供給し，彼らの出世を出自ではなく自分たちの能力の産物として正当化するものなのである［同上：91］。

社会的上昇移動を保障する能力主義社会においては，あとにとり残された人々は，自分が置かれた境遇に対して道理にかなった文句をつけることはで

きない。すべては自己責任というわけである[12]。そのうえ，ハーシュマンも指摘したことだが，そうした状況を解決しようにも，下層階級は，メリトクラシーによって指導者となるべき人材を吸い取られてしまっている［ラッシュ 1997: 55-56］。民主主義のなかに指導者の選抜制度しかみないようなイデオロギーがはびこるなか，エリート層は時間と場所という制約条件を逃れようと公的世界からも離脱を繰り返そうとする。ラッシュはいう。

> エリートたちは，公益事業を援助するかわりに，自分たちの自閉的な小陣地を改善するために金銭をそそぎこむ。彼らは，郊外の私立学校，私設警察，私設のゴミ収集システムに喜んで金をはらう。だが彼らは，国庫に貢献しなければならない義務を何とかまぬがれようとして，異常なほど努力する［ラッシュ 1997: 59］。

アメリカン・ドリームとはうらはらに，現代のアメリカを覆う病理の一端がここに示されている。ラッシュは，上記の論文集のなかで「新自由主義」という言葉こそ使っていないが，彼が批判の俎上に載せる「エリートの反逆」的行動を正当化しているのが，まさに新自由主義のイデオロギーである。不遜なことに，そうしたイデオロギーに裏打ちされたエリートたちは，「公的世界」を完全には離脱しきれないものとして認識しようとしない。ハーシュマンは，「公的福利は自らの利益を厳密に重視する者によって最もよく提供される」とするイデオロギーが，「非ブルジョワ的倫理規範に長くさらされてきた，多くのいわゆる『勝利を得たブルジョワ』が感じる罪の意識を和らげる」役割を果たした，と述べたことがある［Hirschman 1982: 128-129, 訳 151-152］。いまや新自由主義は，現代エリートの罪の意識を単に和らげるというより，その傲慢な自尊心を開花させ，公的世界からの離脱を促すも

---

12) これに関して齋藤純一は，ある対談で興味深いコメントをしている。「キャッチアップが可能である，能力と勤勉と若干の幸運さえあればよいというのは，生身の暴力ではなく言説の力によって秩序を維持しようとする古典的なリベラリズムの統治にとって欠かせなかったと思うんです。『あなたも一緒にゲームを行って，そのゲームで負けたんだ』ということが『能力に開かれたキャリア』＝『自然的自由の体系』としての秩序を正当化する力になるわけですから。ゲーム自体は閉じられていない，と」［姜ほか 2002: 45］。

のとして機能しているといってよい[13]。

②黒人解放運動への注目

　他の論者の議論で補足しつつ，離脱重視の上昇志向社会についてハーシュマンが抱く懸念についてみてきたが，伝統的に「根本的かつ有益な社会メカニズムとしての離脱への信頼がいささかも問題とはならなかった」アメリカにおいて，新たなる動きとハーシュマンが認め，その可能性に注目していたのが黒人解放運動であることは，ここで取り上げておいたほうがよいだろう［Hirschman 1970: 112］。個人的なサクセス・ストーリー，所属階層からの離脱ではなく，黒人全体の地位向上を狙い，集団で，協力しながら推進していく運動は，すなわち，ハーシュマンが離脱同様（ないしは，それ以上に），重要視した発言にもとづく社会運動であった。彼は述べる。

　　アメリカの現実のなかでブラック・パワー運動の何が新しいのかというと，それは，その運動が，われわれの社会のなかでもっとも抑圧されたグループにとって，実現不可能であるばかりか望ましくもないこの伝統的パターン，すなわち社会的上昇移動を拒絶したことである。ブラック・パワー運動は，選ばれた少数の黒人が個人的に白人社会に入り込んでいくことを軽蔑するとともに，ひとつのグループとしての黒人を「集団的に鼓舞」し，自分たちの住みかとしての黒人居住区を改善することに強く関わってきた。このことは非常に重要である［Hirschman 1970: 109］。

　社会が開かれていることが悪いわけではない。抑圧された人々にとって，社会的上昇移動の機会が存在することそのものが否定されるべきなのではない。ただやはり，社会的上昇移動を個人的力量・選択の問題に解消してしまうことはできない。せめて，以下のような現実感覚は失うべきではないであろう。

13）A. ギデンズは，公的世界からの特権階級による自発的排除（つまりは離脱）と下層階級の排除とを連関しているものととらえ，そうしたエリートの動きを制限することが健全な民主主義の維持，社会をより包摂力のあるものとするにも重要であると述べている［Giddens 1998: 101-105］。上層階級のこうした離脱を「選択の自由」としかとらえようとしない新自由主義への異議申し立て［Giddens 1998: 116-128］は，ハーシュマンやラッシュの認識に共通するものがある。

実際問題としては，恵まれない集団，これまで抑圧されてきた集団が地位を向上させるには，個人的プロセスと集団的プロセスを組み合わせること，つまり離脱と発言とを組み合わせることが必要となるであろう。集団的プロセスは，ある途中の段階で非常に顕著なものとなるだろうし，社会が長らく分裂してきたような場合，そして経済的不平等が宗教や人種，皮膚の色といった壁によって強められているような場合，そうしたプロセスはとくに必要となる［Hirschman 1970: 111］。

　現在の状況はどうか。アメリカ黒人の置かれた悲惨で暴力的な差別状況，それに対する抵抗運動の歴史を世に訴えた著作は数多いが，ここでは本田創造のまとめたコンパクトな書から一節を引いておこう。
　ハーシュマンが，アメリカの歴史において新たなる動きと注目したほどの公民権運動，ブラック・パワー運動を経ても，現在にいたるまで黒人と白人の格差は大きく，それは所得や失業率，寿命といった経済的・社会的指標に投影されている。「こんにちのアメリカ『黒人問題』の本質は，たんに人種や偏見の問題というより，それらを媒体としながら，貧困というかたちで端的にあらわれている特殊アメリカ的な体制の問題，そういう意味での階級の問題と考えるべきである」というのが，本田の結論である［本田 1991: 251］[14]。
　本田が指摘したとおり，問題は根深く，黒人を取り巻く事態が容易に好転するとは考えにくいが，こうした点に関連して，ハーシュマンは興味深い指摘を行なっている。
　冷戦体制下のアメリカ国内では，1930年代とは対照的に，マルクス＝レーニン主義的色彩を帯びた議論が躊躇される傾向にあり，本来「階級対立」として把握すべき事態が人種ないし民族間の対立として説明されること

---

[14] 黒人と白人のさまざまな格差という点は，国連開発計画の『人間開発報告』（*Human Development Report*）でも確認されている状況である。これは，各国ごとのマクロ的な「人間開発指数」（Human Development Index）を比較していたのではみえない現実であり，国連開発計画は，社会を分断する大きな区分ごと，たとえばアメリカの場合なら人種間で指数を算出していくことの必要性を確認しているのである［UNDP 1993: 17-18］。
　ちなみに，M. フリードマンが失業率や所得の格差といった黒人差別問題を，「差別」ではなく，黒人自身の「選択」の結果にすぎないといい放ったのは，いまや有名な話である［内橋 1997: 5-8; 宇沢 2000: 182-183］。

が多かった。ハーシュマンによれば，こうした冷戦期のタブーから解き放たれたいま，アメリカでも現に存在する「階級」間の対立そのものを議論できる雰囲気が醸成されてきた。「汎人間的」理念にもとづき，富者と貧者の大きな格差を克服しようという正当な知的伝統が甦ったのである [Hirschman 1995a: 195-196, 訳 233-234]。ハーシュマンの見立てに従えば，アメリカでもようやく，「黒人問題」を「階級」の問題として把握しようという本田的スタンスが色眼鏡で見られなくなったということになる。黒人とアジア系・ヒスパニック系移民との対立も起こるなど，事態はより複雑化しているが，だからこそ，以前にも増して，「階級」認識が必要とされているということなのだろう。こうした認識が，アメリカ的言説の主流にどれほど影響を与えられるかは，また別の次元の問題であるが。

　話をもとに戻そう。ここで問題としてきたのは，「開かれた社会」なるものを維持するとは社会的上昇移動を保障することであり，それさえなされていれば，あとは個人の選択，力量しだいであるとしてしまうこと，社会問題への他の対処方法，非市場的判断にもとづく行動を非効率ないし非合理的なものとして，まともに取り上げようとはしないことである。ハーシュマンは，ラッシュ同様，開かれた社会が再生産する支配構造への確かな目をもちあわせているのであり，社会的上昇移動の機会さえ提供されていれば，すなわち離脱さえあれば民主主義的であり，社会の問題が解決されるとする能天気なイデオロギーを退けている。ここで取り上げられた黒人解放運動はひとつの事例であるが，イデオロギー的には離脱に偏向しがちなアメリカにおいてさえ，社会的上昇移動のイデオロギーとは異なる現実が多くみられることは，実際の問題解決においては，離脱のみならず発言が機能しうることを如実に示している。

　一般的な商品とは異なる，労働・土地・貨幣という本源的生産要素の特質を指摘するとともに，そうした特質に市場経済化の限界を見いだし，敵対する可能性すらある「自己決定権と社会的共同性」について，ありうべき相補性を模索しようとするのが金子的な「制度の政治経済学」であった。公共性の論理と可能性をこうした形で導出するわけだが，「離脱・発言・忠誠」モデルでは，具体的な不満への個々人の対応・選択という次元から社会的共同性，公共性へとつながる道筋，つまりは「わたし」から「わたしたち」へとつながる理路が提示された。この道筋，理路は必然的なものではなく，あく

までも可能的なものであるが，「わたしたち」という概念は，素朴な功利主義では消し去れないものであり，状況に応じ「わたしたち」という概念に立脚して行動することには，正統的経済学には見いだしえない合理性が存在する。この可能性と合理性を陽表化し，公共性概念の提起に結びつけていくことが，『離脱・発言・忠誠』の中核をなす議論のひとつなのである。

(2) 過剰な離脱と第三世界
①素朴な「国家チェック論」

　前項では，ハーシュマンがアメリカという先進社会を念頭に行なった分析を振り返り，離脱に偏向し社会的上昇移動を支えるイデオロギーが先進社会の抱える問題を解決するには不十分であること，「わたしたち」という意識にもとづいた発言が有効に機能する場合があり，それは正当に評価されるべきことを述べた。以下では視点を途上地域に移し，過剰で早期の離脱が途上国においても市民社会形成を阻害する作用を有すること，「わたしたち」という観念を醸成するうえで，先進社会における以上に大きな制約となりうることをあらためて確認していくこととする。本章でも述べた経済学者の「夢」の系譜，資本主義勃興期における資本主義擁護論が，ここでもまた議論の足がかりを提供してくれる。

　ハーシュマンによれば，初期の資本主義擁護論者たちは，ヨーロッパ絶対主義国家の恣意的権力行使という「情念」を抑止するものとして，富の新たなる定在形態に着目していた。初期の絶対主義諸国家は地域的独立や分離という「離脱」をなんとか抑え，国家形成の道を歩みはじめたが，自らが積極的に推進した商業や金融は，富を土地や建物といった不可動的な存在形態から切り離し，可動的な富を生みだした。つまり絶対主義国家にとっては，コントロールすべき新たなる離脱形態が生みだされることとなった。この新しい富の有する「自動的な国籍離脱力」こそが，絶対主義国家の恣意的権力行使を抑止するものと期待されていたというのがハーシュマンの見方である[Hirschman 1981: 253-255]。冒険的な戦争を含め，自らの意に沿わない政策をするようなら，利益を追求する資本家はその地を離脱するという脅しをかけられるというわけである。

　こうした，いかにも素朴な「国家チェック論」は，姿を変えつつ現代にいたるまで影響力を及ぼしつづけている。利益を求めての合理的な資本の動き

が，各国の恣意的な政策運営，非合理的な規制をチェックし，各国の国民にとっても良い結果をもたらすというものである。企業情報が公開され透明な政策が行なわれれば逃避した資本も還流してくる，資本の自由化こそが繁栄をもたらす，という趣旨の主張は，新興市場を源とするたび重なる通貨・金融危機のあとも，正統的経済学者たちによって繰り返された。「世界資本市場との統合という課題に対する現在の解答は，まさにこの統合への積極的支持である。資本市場は，経済政策に対する重要な監督機能を果たしている。政府は債券市場の監視下に置かれることを望まないかもしれないが，貯蓄者と投資家はそれを歓迎するはずである」と述べるR. ドーンブッシュなどは，典型的な事例であろう［ドーンブッシュ 1999: 48］（強調引用者）。

　もちろん，途上国の政治家は，この手の議論には神経質となる。たとえば，マレーシアで長く首相を務めたM. マハティールは，「為替取引が市場の力を媒介にして各国政府の政策修正を促す，などという言い訳は通用しない」，「通貨が政府の良し悪しを判断し，相場を調整することなどありえない」と述べ，大量の浮動的短期資金こそがアジア通貨・金融危機をもたらし，世界経済を不安定化させた原因であると断言している［マハティール 1998: 131-132］。

　情念抑制の方途を真剣に模索した資本主義擁護論，「穏和な商業」テーゼの意義は否定すべくもないが，当然留保すべき点はあろう。ハーシュマンは，現実の市場経済は「離脱」のみで機能していたわけではなく，「発言」も重要な役割を担っていたのであり，そもそも「穏和な商業」テーゼにもそれは反映されてきたとして，つぎのように述べている。

> 商業とは，実際のところコミュニケーションであり，それは，契約主体の日常的かつ緊密な交流を前提としている。彼らは互いに約束を交わし，信頼を寄せ合い，それぞれの要求や不満を調整する。こうしたことすべてが，「穏和な商業」という18世紀の考え方のなかに含まれているのである［Hirschman 1986: 87］。

②過剰な離脱の影響

　市場経済の現実的な機能を分析するには，「離脱」のみならず「発言」という観点も必要となるのであり，競争がどの程度なされているかという尺度だけで現実の経済を評価することはできない，というのがハーシュマンの考

え方である。ところが現実には，離脱は過剰になりがちで，たとえば，ある国が富裕層の過度の特権を抑えるべく税制を改編したり，社会改革を実践し経済成長の果実をより平等に分配しようとしても，資本はそうした施策を嫌い，その国から離脱してしまうかもしれない。とすれば，国家は資本逃避を恐れ，改良的政策の導入を躊躇してしまうだろう。こうした状況では，離脱が改革圧力を生みだすどころか，改革圧力を削ぐ結果となっている。昔ながらの離脱の自由を繰り返すだけでは，社会の根本的問題は解決されないままである。

> それゆえ，モンテスキューやアダム・スミスによって礼賛されたような離脱が可能であることは，今日では，由々しき脅威となっているようにも思われる。なぜなら，それは資本主義の自己改革能力を損ねているからである［Hirschman 1981: 257］。

しかも離脱の与える影響は，各国平等ではない。資本の所有者がほかに行くところはないと考えがちな世界経済の中心諸国においては，歴史的に，離脱には一定の歯止めがかけられるとともに，発言のチャンネルが制度化されてきた。そこでは離脱の潜在的可能性と発言の制度化が，社会改良，制度改革の圧力として機能した。中心諸国では最底辺の人々にまで享受されるさまざまな公共財が生みだされ，資本主義擁護のイデオロギーが浸透するようになる。とくに世界の大国ほど，こうした傾向は強い。

かたや周辺の途上国は，貧富の差があまりにも大きく，資本主義擁護のイデオロギーは育ちがたい。何らかの改善を試みようにも，離脱の影響をもろに受け，いつも非常に大きな困難に直面してきた。ハーシュマンによれば，「こうした点にこそ，なぜ反資本主義革命が，つねに資本主義システムの中心よりも，むしろ周辺において勃発してきたのかという古くからある問題を解く鍵がある」［Hirschman 1981: 258］。

これはたしかに古くからある，しかも現代にまで連なる論点である。情報・通信が発達し，国際的規模で資本の循環が容易になり，高度の能力を備えた人材の移動が未曽有の規模に達すれば，国家は，これまでにも増して離脱のもたらす圧力にさらされるようになる。いうまでもなく，その影響は小国ほど大きい。さらに，ハーシュマンによれば，ヘゲモニー国家のイデオロ

ギーは，資本や人材の離脱先となる世界の思潮を形成するのに大きな影響力を及ぼしている［Hirschman 1981: 262-264］。前章で言及した「知的ヘゲモニー」の問題を，ハーシュマンはこうした形でも認識しているのである。

　上述したように，ハーシュマンは離脱に対する歯止めとしての「忠誠」の機能に注目した。そして，第三世界諸国を念頭におきつつ，組織をある単一の尺度でランク付けできたとすれば，忠誠および凝集力をもたらすイデオロギーは，下位にランクされる組織ほど必要になると述べ，忠誠はまさに「幼稚産業にとっての保護関税にも匹敵する」としたのである［Hirschman 1970: 81］。しかし，忠誠が盲目的服従ではなく，打算的性質を帯びるものであるとすれば，政治的独立後の途上国は，離脱の歯止めとなりうる忠誠の基盤も脆弱である。独立間もない途上国が引き受けねばならなかった政治，経済のこうした現実は，多くの論者が指摘していることだが，離脱と忠誠という観点からすると，C. ギアーツによる指摘は非常に示唆に富むものである。

　　実際のところ，独立は民衆の間に高まった熱狂の矛先を外国支配に対して向けさせることによって達成されたが，その独立運動の成功そのものが，往々にして，その運動を支える文化的基盤のもろさと偏狭さを隠蔽していた。というのは，そうすることによって反植民地主義と集合的自己再規定は同じものであるとすることができたからなのである。しかし，確かに両者の間には密接（また複雑）な相互関係はあるものの，この二つは本来別のものである［ギアーツ 1987: 83］。

　多様な文化的背景をもった人々のなかにひとつの「国民」という意識を根づかせる過程は，植民地主義という共通の敵と戦う過程と無関係ではありえないが，その過程でもって代替させるわけにはいかないものである。独立後の途上国は，この「集合的自己再規定」という固有の問題に直面せざるをえない。「開発」は，集合的自己再規定の具体的内実を形成するはずのものであるが，第三世界は，過剰な離脱という一般的状況のもとで，この時間を要する困難な課題に向き合わなければならなかった。

　露骨な市場メカニズムが生みだす過度の離脱，それに対する歯止めとなりうる忠誠形成の困難，それゆえ有効に機能しえない発言。世界経済における周辺の途上地域が直面する事態，すなわち南北問題と総称される状況は，こ

こでの概念を用いれば，このように集約されるであろう。ハーシュマンは，これを絶対的に克服不可能な状況とは認識しないが，それにしても新自由主義は，途上地域の制約要因を安易に見過ごしがちである。過剰な離脱が分極化の度を深めるとともに，第三世界における市民社会形成を阻害し，さらには南北問題を深刻化させるという現実には，もう少し注意が払われてしかるべきなのである。

(3) 「わたしたち」という観念——権威主義体制とベルリンの壁

ここまで，離脱・発言・忠誠の概念を用いつつ，市民社会の形成・展開という観点からは，離脱の保障が重要であるとともに，過剰な離脱が市民社会の阻害要因となるという事例に注目してきた。以下では，抑圧的体制のもとで，「わたしたち」という観念がどのように変容し，展開していくのかという点を検討していこう。ここではとくに，抑圧的体制のもとでの発言のありようを分析した G. オドーネルの議論，ならびに，ベルリンの壁崩壊という歴史的事態を，ハーシュマン自身が分析した論稿を中心にみて，「離脱・発言・忠誠」モデルを市民社会との関連で検討するという作業に区切りをつけよう。

①垂直的発言と水平的発言——権威主義体制下の市民

ハーシュマンとも親交のある政治学者オドーネルは，ハーシュマンの提起した諸概念を，権威主義体制前後におけるアルゼンチンの政治状況に適用して興味深い議論を展開している[15]。

1976年のクーデター後，アルゼンチンの軍事政権は，権威主義的支配体

---

15) オドーネルのみならず，ハーシュマンは数多くのラテンアメリカの研究者と親交がある。「従属的発展論」で知られ，のちにブラジル大統領にもなる F. H. カルドーゾもそのひとりである。カルドーゾは 1964 年にニューヨークではじめてハーシュマンに会い，67 年，ハーシュマンがチリの国連ラテンアメリカ経済委員会（ECLA）で滞在した折，親交が深まった。1975 年から 76 年にかけて，ハーシュマンはカルドーゾをプリンストンに招聘したが，このとき，カルドーゾの『従属と発展』（*Dependency and Development*）の英語版ができあがった。カルドーゾの論文集を編集した M. A. フォントによれば，ハーシュマンは，カルドーゾにとっての研究仲間であるとともに，大きな影響を与えたアメリカ人ということになる［Font 2001: 5, 28］。

ハーシュマンは軍事政権下で研究の自由を奪われた，ラテンアメリカにおける多くの研究者に研究の機会を与えてきた。

制を築き，国民の「再政治化」を禁じた。のちに明らかになったように，権力による残虐行為，暴力は日常化し，市民は理由も知らされないまま逮捕・拷問されたり，殺されたりする状況であった。何をもって罪とされるのか不明でまったく予測不可能な体制のもとでは，市民による不満の表明は危険きわまりない行為となり，オドーネルによれば，ハーシュマンのいう発言は「沈黙」あるいは「遠回しの発言」という現象と化する［O'Donnell 1986: 250-251］[16]。権威主義体制下の国民は，聞くだけで話すことはできず，権威主義体制という家族のなかの幼児的なものに位置づけられた。「幼児」は自分にとって何がよいことなのか知りえず，ましてや他人にとって何がよいことなのか知ることはできない。自分が誰であるのか，どんな人間であるべきなのか，どのように，そしてなぜそうなるべきなのか，命じられなければならないような存在とされていたのである［O'Donnell 1986: 259］。

　オドーネルは，権威主義体制下，「わたしたち」ということを意識させる社会というものから遮断され，私的生活に埋没せざるをえなかったアルゼンチン国民を取り巻く状況を以上のようにとらえた。そして，こうした分析のなかで，ハーシュマンの発言概念をより豊富化する指摘を行なっている。

　オドーネルによれば，発言概念は2つに区分されるべきである。ひとつは，もともとハーシュマンが念頭においていた「垂直的発言」(vertical voice)というべきものである。これは，市民や消費者が不満，嘆願，抗議を直接，経営陣や権力者に訴える行動を起こすことである。もうひとつは，市民相互の会話，意見交換，社会への関心，批判の表明などを具体的内実とする「水平的発言」(horizontal voice)である。発言には，ハーシュマンが分析したような垂直的発言とともに水平的発言があり，この水平的発言は垂直的発言の必要条件であるとオドーネルは指摘する。「わたしたち」という意識があってはじめて垂直的発言が可能となるのであり，水平的発言はコミュニケーションを育み，同一性の認識，つまり「わたしたち」という意識を創りだすメカニズムであるとし，オドーネルはつぎのように述べている。

　　厳しい制約や身の上の危険がなく水平的発言が行使できるということは，民主主義的な（より一般的には，非抑圧的な）政治環境の構成要素であ

---

16) O'Donnell［1986］は，彼自身の論文集［O'Donnell 1999］に再録された。

る。水平的発言は，集団的な垂直的発言が「上に立つ，権力者からかなり自律した形で存在するための必要条件なのである。さらにいえば，水平的発言は，民主主義的政治状況が存在するための必要条件なのである［O'Donnell 1986: 252］。

　個々人が行なう孤立無援の垂直的発言は，無視されるか，つぶされれば，それでおしまいとなる。水平発言があってこそ垂直的発言に実効性が生じ，発言にハーシュマンが期待したような力が賦与される。ところが権威主義体制によっては，この水平的発言が生起する「対話的な構造」は抑え込まれる。集団になること，社会に訴えることはきわめて危険な状況となり，体制に批判的であると市民が互いに認識し合うのは非常に困難なこととなる。こうして，ひとつの国家において水平的発言が喪失してしまうとどうなるのであろうか。オドーネルはつぎのような状況を指摘している。
　まず第一に，「垂直的発言の崩壊」である。水平的発言が抑圧されれば，発言のチャンネルは，たとえ残されていたとしても非常に個人的な（また非政治的な）ものとなり，集団的で，それゆえ社会的な垂直的発言は抑圧されることとなる。その結果，社会的階梯を下るほど「沈黙」が押しつけられていく。第二に，権威主義体制による「忠誠の押しつけ」である。権威主義的支配者の手が及ばないような集団的個性をもつものは厳しく禁じられ，体制に対し，文字どおり忠誠を誓わないものは「反逆者」のレッテルを貼られ排除される。第三に，発言の自律的源泉を排除してしまうことによる「矯正メカニズムの欠如」である。体制が抑圧的であればあるほど，体制から独立した発言の発進源は失われ，潜在的に重要な情報が遮断されるようになる［O'Donnell 1986: 259-260］。この点は，後述する東ドイツの場合に顕著である。
　しかしながら，「わたしたち」という観念は，容易には消し去れない。アルゼンチンの軍事政権支配時代を念頭におきつつ，いかなる抑圧的な体制であれ，垂直的発言を暫時，完全に抑えることはできても，水平的発言を封殺することは不可能だとオドーネルはいう。抑圧的体制下でも，「遠回しの発言」ともいうべき形ではあるが，水平的発言は存在しうる。一風変わった服装，公的機関の前で派手に手を叩いてみせる行為，体制に順応していないとされる歌手やミュージシャンの公演への参加，通りやパブリックスペースでの素早い目くばせ。個人的な行為に見えるが，これらは，声なき声を，それ

でも聴いてくれるかもしれない「相手」を意識したものである。こうした「遠回しの発言」は，細々としたものであれ，他の発言形態が抑圧されていたとしてもなお行使できるものであり，これによって，体制に反対しているのが自分ひとりではないことが理解できる場合がある［O'Donnell 1986: 261］。厳しく制限されながら，なおしぶとく生き残った水平的発言は，マルビナス（フォークランド）戦争敗戦後のアルゼンチンにおいても，民主化の動きのなかで再生していくこととなる［ibid.: 263-266］。

　なお，ここでは取り上げなかったが，オドーネルは同じ論文のなかで，軍事政権の支配時期をはさんで人々の意識がどう変化したか，それが人々の公的活動にどのような影響を与えたか，という興味深い分析を行なっている。

　権威主義支配の時代には，政治に関して受動的もしくは無関心にならざるをえなかった人々が，状況の変化にともない，ふたたび政治的意識を高揚させ，権威主義に対し明確に反対の立場をとるようになった背景に，彼は心理学でいうところの「認知不協和」という状況を見いだす。非常に抑圧的な体制のもとでその体制に同化しえず，残虐行為にも同調できない人々がとりうる現実的な代替的選択肢は，個人の生活に埋没することであり，外界で起こっていることを知ろうとしないことであった。しかし，民政移管後，知ることが危険でないような状況になれば，こんどはそれまでに起こってきたことに激怒するようになる。自分たちは，「つねに」権威主義体制に反対だったと考え，体制崩壊後の現実に折り合いをつけていく。オドーネルは，ハーシュマンの研究に依拠しつつ，こうした「心理学的な合理化」，「選択的記憶」に注目したうえ，現実に起こる政治的活動，集団行動が功利主義的分析に馴染まないことを確認しているのである。

②離脱・発言の「上からの」管理——東ドイツの状況

　さて，同じく抑圧的体制のつづいた東ドイツの場合はどのような状況であったのだろうか。また，1989年のベルリンの壁崩壊という事態はどのように把握されるべきなのだろうか。原著出版後約20年を経て，ハーシュマンは，東ドイツに生じた複雑な歴史的事態を「離脱・発言・忠誠」モデルの検証の場とした［Hirschman 1995］。以下，この内容を概観していこう[17]。

　ハーシュマンによれば，東ドイツにおいては1949年から88年まで，発言

---

17) これは，八木［1999］，山川［1996］でも検討されている。またベルリンの壁崩壊のプロセスは，高橋［1999］第2章でも詳しく描かれている。

は有効に機能しえなかったが，それは発言への直接・間接の制約が大きかったからである。具体的には，どのような制約が発言を抑え込んでいたのか。

　まずは発言への直接的制約であるが，ハーシュマンは，東ドイツにおいて発言が機能しなかった直接的な理由を3つあげている。第一に，発言の重要な担い手となるような独立した機関が存在しなかったこと。たとえば，ポーランドではカトリックの教会などが発言の担い手となったが，東ドイツでは強力な共産党から自律した運動を支える主体はなかった。第二に，ナチス・イデオロギーの負の遺産が，当初，東ドイツのイデオロギーが受容される素地をつくったこと。戦後提示された公式のイデオロギーは，反ファシズムと真の社会主義を体現するものであるとされ，ナチスの過去を忘れ，罪ほろぼしの感覚を促すものとして機能した。他の東欧諸国における共産党は，こうしたイデオロギー上の優位性はもてなかった。第三に，ソヴィエト・ブロックの最前線で西側と対峙している以上，ソ連は，東ドイツにおいては，いっさい箍を緩めようとはしなかったこと。これらの要因が，直接，発言機能に対してマイナスに作用したという［Hirschman 1995a: 20-21, 訳23-24］。

　つぎに，発言が機能しなかった間接的な要因とは，「離脱先の存在」である。容易な離脱先が発言機能を弱めるということは，繰り返し論じてきたことであるが，東ドイツには，逃げ場としての西ドイツがあり，これが発言機能の作用を弱める間接的要因となってきた。

　第二次世界大戦後，東ドイツからは数多くの人が西側に亡命した。たとえば1953年のベルリン暴動の失敗は，33万人にも及ぶ国外脱出者を生みだしたが，その前後も，不満分子，階級敵の国外逃亡を歓迎する当局の意向もあり，かなりの人が出国していた。大量の熟練労働者，技術者の流出を懸念した当局がベルリンの壁を創設した後も，人々は1年間のうちに万の単位で国外に出ている。当局は離脱を完全に封じるのではなく，離脱を権力の管理下に置くことで，改革・反体制の潜在的リーダーシップを放出し，不満の爆発を未然に防いでいたのである。こうして現実に多くの人々が離脱したこと，それを横目で見ながら離脱したいという希望を持っている人々がつねに数多くいたこと，そのうえ，外の世界を映しだすテレビが擬似逃亡というべき体験をさせたこと，すなわち「現実のもしくは想像上の離脱先」が発言への圧力を軽減させてしまった［Hirschman 1995a: 22, 訳25］。

　以上のように東ドイツでは，発言を直接・間接に抑圧するさまざまな要因，

容易な離脱先の存在が，発言の機能を弱めた。こうしてたしかに，「上から」離脱をコントロールし，早い段階で不満分子を国外退去させてガス抜きを行ない，反体制的な運動・グループを弱体化させたことは，一時的には政権安定に寄与した。しかし，長期的には，潜在的な改善圧力を国外に出してしまったことは，破壊的な影響をもたらしたのではないか。発言の有力な担い手がとにもかくにも国内に残ったポーランド，チェコ，ハンガリーでは，そうした人々が1989年以後の多元的政治状況の担い手になり，市場経済化・民主主義化を支えたが，東ドイツは有効な発言を担うはずの人々がおらず，ただ西ドイツに吸収されるしかなかった，とハーシュマンは指摘している［Hirschman 1995a: 24, 訳27-28］。国家のみが君臨し，「わたしたち」という意識を醸成させうるはずの空間，言説の形成を長らく阻止してきたツケは，このような形で支払われることとなった。

　ここで「下からの」反応，「上からの」管理という点について述べておこう。もともと，離脱と発言は，企業，組織の衰退に直面した際，消費者，メンバーが行使しうる「下からの」反応オプションとして概念化されたものである。上述のように両オプションがトップマネジメントにより操作され，改革へのフィードバック機能を果たさないことがあるとの認識はオリジナルの分析にも確認できるが［Hirschman 1970: 124］，ハーシュマンの主たる関心が「下からの」反応にあったのはたしかである。

　『離脱・発言・忠誠』［Hirschman 1970］のあと，ハーシュマンは，S. ロッカンがハーシュマンの概念枠組みを援用しヨーロッパ近代国民国家の形成過程を分析した議論に言及しつつ，「上からの」操作道具としての離脱，発言を論じた。彼はヨーロッパの国民国家形成の初期段階において，離脱と発言のコントロールが必要であったとするロッカンの主張をおおむね受け入れたうえ，離脱を管理下に置くことで，フィードバック能力を持つ発言を適正レヴェルに保つことができたのではないかと指摘した。アメリカをはじめ海外への移民がガス抜きの役割を果たし，たまりにたまった発言圧力が国家を揺るがしかねないほど暴発することを抑えるとともに，移民（＝離脱）という安全バルブの効果で適正レヴェルに抑えられた発言のフィードバック機能そのものは留保されたとみるわけである。

　ハーシュマンはさらに議論をつづける。もともとの分析では，フィードバック機能や情報の欠如が離脱も発言も機能しないということのコストだと

考えられていたが，国家運営となれば，そうした長期的なコスト以上に，抑圧体制の継続・深化という，より直接的なコストが発生する。たとえばキューバは，離脱の自由をある程度認めることで，国内での発言は抑えつつも，国内政治体制の抑圧度はコントロールできたが，ソヴィエト連邦などは，離脱も発言も抑圧したため，際限なき圧政というコストを支払うことになる，とハーシュマンは指摘していた［Hirschman 1981: 223-228］。

ベルリンの壁創設後も年間万単位の国外逃亡を認め，人の移動をコントロールしてきた東ドイツは，キューバ型のガス抜きを行なっていたはずだが，以下で述べるように，最終的には体制の崩壊，西ドイツへの統合という事態を招いた。

③ベルリンの壁崩壊と市民の行動

東ドイツの抑圧体制を以上のように認識するハーシュマンは，抑圧体制が行き着いたベルリンの壁崩壊という事態をどのようにとらえているのだろうか。

ハーシュマンによれば，ベルリンの壁崩壊においては，離脱が先導的役割を演じ，発言がこれにつづいた。ハンガリー，ポーランド，チェコスロヴァキアを経由した市民の西側への大規模な離脱を東ドイツ当局が阻止できないという状況は，国家権力全般の衰退と認識され，発言をも助長することになったのである［Hirschman 1995a: 25-26, 訳29-30］。1989年の天安門事件後，ホーネッカー体制は中国共産党との連帯を表明し，民主化運動への妥協の姿勢はみせなかったが，ハンガリー経由の大量国外脱出を阻止できず，支配体制の揺らぎが広く認識されるようになっていた。そうしたなか，各地で市民集会が盛り上がりをみせたが，ハーシュマンは，離脱と発言の相互作用という点から，ライプツィヒやドレスデンでの市民集会の展開過程，スローガンの変化に関心を寄せている。

1989年9月4日，ライプツィヒにおける市民集会でのスローガンは，「わたしたちは国外に出たい」("Wir wollen raus") というものが，当然ながら多かった。離脱を希望する声である。だが，それに対抗して「わたしはここにいる」("Ich bleibe hier") という声も上がり，それはやがて「わたしたちはここにいる」("Wir bleiben hier") というものに転化した。国外に出ようとするもの，国内にとどまろうとするもの。市民集会においてこの両者は，それぞれ別の行動をとり，敵対する雰囲気すらあったが，やがてひとつのスロー

ガンのもとに結集していった。「わたしたちは国民である」（"Wir sind das Volk"）と叫ぶようになっていったのである［Hirschman 1995a: 28-29, 訳 32-34］。ドレスデンでも同じような展開がみられた。

　まとめよう。東ドイツで生じたのは，純粋に私的なはずの逃避行動が公的行動につながっていったということであり，離脱と発言という，概念上相反すると思われたものが結合し，相互に強め合ったということである。私的動機で集会に来た人々が，そこではもはや一人ではないことを知り，自分たちが知らず知らずのうちにつくりあげたコミュニティに喜びを見いだすようになった。一人ひとりが試みる「私的な離脱」は，大規模になれば「公的離脱」となり，それがやがては「公的な発言」を生みだしていった。集会でのスローガンも変化し，最終的には「わたしたちは国民である」という声に収斂し，権力に対する非暴力運動に結集していったのである［Hirschman 1995a: 38-40, 訳 43-47］。

　もともとの「離脱・発言・忠誠」モデルは，回復メカニズムとしての離脱と発言を分析するものであり，ハッピーエンド的シナリオを形成するものであったが，最終的に東ドイツは，回復することなく崩壊してしまった。ハーシュマンによれば，これは離脱と発言を長く抑圧したことの報いである［Hirschman 1995a: 41, 訳 47-48］[18]。急激な盛り上がりをみせ，ベルリンの壁まで突き崩した公的な発言も，上述したように，長年の管理された離脱のもとで潜在的な改善圧力が放出されてきた状況では，体制崩壊後の政治経済再建において持続的かつ有効な担い手とはなりえず，東ドイツは西ドイツに併合されるしかなかったのである。

　本節で取り上げたオドーネルとハーシュマンの議論は，抑圧的政治体制という状況，およびその変化の過程を「離脱・発言・忠誠」の枠組みで分析したものである。ここで新自由主義は直接批判の対象とはならなかったが，「わたしたち」という観念の醸成，公的空間での人々の行動というものが，

18）これは東ドイツの崩壊過程の分析に「離脱・発言・忠誠」モデルを適用して得られた結論であるが，1970年時点でのオリジナルな分析においても，同様の結論が導かれている。離脱，発言とも禁じられているようなところでは，衰退が行き着くところまで行ってしまい，回復に向かうことがもはや可能でも望ましくもないような段階になってはじめて機能する。そうした場合，離脱や発言は，回復に向けての改良的効果よりもむしろ破壊的効果が強まることとなる［Hirschman 1970: 121］。

短期的な私的利益という視点からだけではとらえきれないものであることの一端は確認できたように思う。人は,「合理的経済人」という前提からはけっして汲み尽くせないようなさまざまな期待を抱きつつ,現実とのギャップに失望も繰り返しながら,社会という文脈のなかで行為する。与件は変えうる。自らも変わりうる。人間の豊かな可能性とは,失望と関与の繰り返しにこそある。誤認し,躊躇し,学びながら,なお人々は社会に関与しようとするのである。公共空間とは,そうした人々がより普遍的な価値を求め,双方向的な対話が永続的に行なわれる場である。

4 「離脱・発言・忠誠」モデルの評価

　ここまで,さまざまな論者にも言及しつつ,「離脱・発言・忠誠」モデルの概要とその広がりをみてきた。以下では,批判的論点も紹介しながら,このモデルの意義を確認し,本章での議論をまとめよう。

(1) 公的行為と「フリーライダー」問題

　上述のように,ハーシュマンは,離脱,発言それぞれの機能,相互作用を,忠誠概念と絡めながら掘り下げて分析していくなかで,離脱の重要性を確認しつつも,発言が機能しうる領域,さらには発言が機能すべき領域の存在を主張した。非市場的判断にもとづく行動をすぐさま非合理的と断じ,それを無視ないし否定しがちな正統的経済学の想定とは異なり,競争的市場を通じた問題解決のみでは,現実には公正のみならず,効率性をも損なう可能性があることを,「離脱・発言・忠誠」という,ある意味で非常に単純な概念を駆使しながら指摘した。『離脱・発言・忠誠』[Hirschman 1970]で扱われた個々の事象は,卑俗であり必ずしも目新しいものではないけれども,ハーシュマンの分析によって,主体による「選択の自由」を祭り上げる新自由主義の見過ごしがちな可能性と問題点の双方が,その主体的選択という側面から提示された。そしてハーシュマンは,公的世界が当然存在しうるし,また存在すべきことを,主体的選択の次元から明らかにしたのである。

　さまざまな角度から論じられてきた「離脱・発言・忠誠」モデルであるが,本章での主たる論点のひとつは,過剰な離脱が市民社会,民主主義にもたら

す弊害である。けっして誤らない，判断基準を変えようとしない一次元的人間を想定したうえ，市場を純化させようとする経済的自由主義は，「わたしたち」という観念，公共空間をけっして自動的には生みだしはしない。むしろ現在では，「わたしたち」という観念を育むどころか，その破壊に一役買っている側面は否定しえない。さらに確認すべきは，国家がすなわち「公共」ではなく，経済的自由主義同様，抑圧国家も公共空間を窒息せしめるということである。国家が果たすべき役割は小さくないだろうが，人々の声が行き交い，「わたしたち」という意識が育まれうる空間を，「上からの意志」を反映させることのできる便利な装置に転化してしまえば，これまたそうした空間は存続しえない。ハーシュマンが「下からの」不満表明を重視したことの意味は，再度留意されるべきである。

　こうして「わたしたち」などという集合的な概念をもちだすと，正統的経済学からはつねに「フリーライダー」の問題が提起される。しかし，端的にいって，この問題は，経済学の貧困な人間観，特殊な前提から生みだされるものである。私的利益，私的領域はたしかに存在しうるし，また存在しなければならない。直接民主主義にもとづく「フルタイム市民モデル」は非現実的であり，抑圧的ですらある [Hirschman 1982: 97-101, 訳 112-117]。しかしながら，だから私的世界に没入するのが望ましく，それが合理的経済人に適った行動であるとし，集合的行為の特殊性ないし非合理性を導くことにも無理があろう。

　『離脱・発言・忠誠』[Hirschman 1970] のあと，ハーシュマンは，発言にはさまざまなコストがともなうが，公的活動への関与，公的領域での発言オプションの行使は，その行使自体が目的であり，費用と考えられることは便益に転化するという興味深い議論を展開した。

　ハーシュマンによれば，私的消費という行為と公的活動への参加という行為を同じ次元で扱うには無理がある。日常的な消費については，必要なコストもそれがもたらしうる便益もある程度予想がつき，手段と目的，費用と便益という区分でも理解可能かもしれないが，その分析をそのまま公的世界での活動，集団的行動に適用することはできない。公的活動への参画とは，非日常的行為であり，それ自体やりがいのあることと認識され，私的消費とは異なった期待感を抱かせるものである。そこでは「追求と獲得」が融合するようになり，行為の費用と便益の明確な区分が消滅し，本来，費用の側に入

れられるべき追求が便益の一部となる［Hirschman 1982: 85-88, 訳 97-101］[19]。そうだとすれば，M. オルソンの集合行為分析［オルソン 1983］から導かれるフリーライダー論は，現実の集合行為を真摯に分析しているというよりは，正統的経済理論の見地から集合行為の非合理性を確認しているにすぎないということになろう［Hirschman 1981: 214-219; 1982: 77-78, 訳 88-89］。

ハーシュマンは，公的局面での集合行為の分析においても，新古典派的世界では非合理的で起こりえないことが現実にはなぜ生じるのかを明らかにしようとしたのである[20]。

(2) 批判的留保，そしてなお残る積極性

上で述べたことから明らかなように，正統的経済学による「フリーライダー論」は，「離脱・発言・忠誠」モデルの批判としては決定的なものではないが，以下では，ハーシュマンによる議論の積極性を認めつつ，なお検討すべき方向性を示す批判的留保，傾聴に値する論点をいくつか取り上げておこう。なかでも「離脱・発言・忠誠」モデルを会計制度分析に拡張するという意欲的試みから引きだされた，澤邉紀生のユニークな論点を中心にみていくこととする。

会計情報が提供された前後における価格変化によって，会計の情報価値を定量的に捕捉しようとする研究の意義は否定すべくもない。会計の情報価値

---

[19]「手段が目的に，費用が便益に，このようにおかしな転化をとげるにあたっては，不確実性が重要な要素となっている」のだが［Hirschman 1981: 216］，不確実性がもたらすこうした特質はまた，公的行為を減退せしめる要因ともなる。公的行為は，人がそれに関わりすぎる事態，すなわち過剰関与（overcommitment）や耽溺（addiction）を生みだす場合もあるし，逆に，普通選挙制度に体現されるような「強制された低関与」（forced underinvolvement）によって，政治参加への上限が決められてしまう場合もある。ハーシュマンは，期待したほどの結果を生みだせないこと（「想像力の貧困」からユートピア的目標を設定しがちなことの裏返しである）だけではなく，以上のようなことから公的行為への失望が生まれ，社会の雰囲気が私的生活中心主義に振れていくと述べたわけだが，ここで詳しく検討する余裕はないので，これらについては，Hirschman［1982］を参照していただきたい。いずれにせよ，ハーシュマンは，正統的経済学とは異なる論拠でもって，公的局面での集合行為の発生を論じるとともに，その減退のプロセスを明らかにしようとしたのである。

[20] オルソンの側からハーシュマンの議論に接近し，両者を比較して議論したものとしては，森脇［2000］を参照せよ。

は，こうして「離脱」との関連で重要なのはたしかであるが，会計はまた，ある種の言語であり，会計行為の一部は「発言」から成り立っているのではないか。澤邉は，こうした認識のもと，ハーシュマンの枠組みを会計制度，とくにその制度変化の分析に応用しようとする。

会計制度とは，「会計の領域において，何が目的であり，その目的のためにはどのような手段が利用されるべきなのかを指し示す社会的存在」である。制度が「手段の選択」のみならず，「目的の設定」にも関わるものであることを考慮すれば，効率性に限定した分析枠組みは限界を露呈する。とくに制度変化を分析しようとすれば，前提とされた制度目的そのものが変容する過程も分析の対象となるだろう。こうした問題意識から澤邉は，会計制度の分析にハーシュマンの枠組みを応用しようとするが，オリジナルな「離脱・発言・忠誠」モデルには，発展させるべき積極性とともに，いくつかの難点がある［澤邉 1999: 285-289］。

まず第一に，分析において「下位者へのバイアス」がみられる点である。本章でもすでに述べたように，ハーシュマンは，ヨーロッパ国民国家の形成過程を分析したロッカンの議論と絡めつつ，離脱，発言の「上からの」管理という視点を提供している。だが，こうして下位者の見地と上位者の見地を総合したとしても，離脱・発言は，依然として下位者による選択肢にすぎない。会計を上位者の選択肢としても概念化しようとすれば，離脱，発言を上位者の選択肢として理解する必要がある。また会計を双方向的なコミュニケーションの手段としてとらえようとする澤邉にとっては，ハーシュマンが「上下関係」を所与としてしまっていることも問題となる。上位・下位という区分そのものは，それぞれのオプションが行使される制度的構造に規定されるものであり，確定した地位ではない。

第二に，「活性化メカニズムへのバイアス」があること，すなわち沈滞化・衰退の傾向を所与としたうえ，回復傾向を分析しようとしている点である。人間は誤りうるものであり，組織は衰退しうるものであるとはいえ，どのようなミクロ的選択が沈滞のメカニズムを維持しているのかを明らかにする必要がある。沈滞化傾向は，所与としてしまうにはあまりにも重要であり，理論の内部において説明される必要がある。

第三に，せっかくもちだされた「忠誠」概念が，離脱・発言の補完的要因以上の位置づけがなされていないことである。「離脱と発言の両概念は，ミ

クロ選択行為をマクロ構造の中に反映するミクロ-マクロ・ループと固有の関連を持つものとして理論的な場所を与えられているのに対し，忠誠概念は行為主体の選択肢でもなければ，それ固有のメカニズムによって説明されてもいない」[澤邉 1999: 287-288]。

こうした難点を前提にしながら，ハーシュマンの枠組みに潜在する可能性を会計制度分析に拡張しようとすると，少なくとも以下のような点が考慮されなければならないと澤邉はいう。

まずは発言オプションについての確認である。関係を形成している当事者同士が変わりうることを前提としているはずの発言であるはずなのに，もともとの分析では，いまだ一回かぎりの手段であるかのような扱いにとどまり，対話的コミュニケーションの分析としては不十分である。「発言が発言として独自の意味を持つのは，発言が多義的な意味を有し，発言がなされたその時点においてその意味が特定化され得ないからである。発言がなされた後に行われる対話や行為によって発言の意味が明らかにされ続けるという性質を持つがゆえに，意味が確定していたならば起こり得ないような可能性を示唆する」[澤邉 1999: 294]。

つぎになされるべきは，忠誠に理論的な意味づけを与え，衰退プロセスと活性化プロセスを同じ枠組みで説明できるようにすることである。不満があっても黙る，関係を維持するということを，独自の積極的選択肢としてとらえるとともに，そうした選択を主体にとらしめるメカニズムが明らかにされなければならない。澤邉は，丸山眞男，M. ポランニー，H. サイモンを引きながら，まず「忠誠」が自己のアイデンティティを忠誠対象に同定化する過程であること，そして忠誠対象との関係を通じて自らの目的や選好が獲得されるものであることを指摘する。忠誠がこうしたものであるとすれば，不満を感じた場合，まずはその原因を自分の内面に求めさせるものとして機能し，外的環境への働きが抑制されることとなる。忠誠は，ハーシュマンが分析したように，活性化過程で忠誠者の発言を促すべく機能することもあれば，こうして沈黙を長引かせ，衰退プロセスを導く場合もある [澤邉 1999: 291-294]。

以上のように澤邉は，ハーシュマンのその後の議論も援用しつつ，ユニークな視点から再構成を試み，オリジナルな枠組みが潜在的にもつ可能性を広げようとしたわけである。澤邉にとって「離脱・発言・忠誠」モデルの会計制度分析への拡張とは，同時に，モデルそのものの活性化を図る試みでも

あったのだが、この意欲的取り組みはどう評価され、継承されるべきなのだろうか。

最初にあげられた「下位者へのバイアス」という批判は、「離脱・発言・忠誠」モデルをどういった領域に適用するかによって、生じうるものである。会計を双方向的コミュニケーションの制度として理解し、その分析に適用しようとする場合には、こうした批判があてはまるかもしれない。だが本章で検討してきたように、モデルがそもそも提示された背景、その後の展開過程に照らし合わせれば、「下位者」の視点は、むしろハーシュマンの「戦略的バイアス」とでもとらえうるものではないだろうか。上述のとおり、モデルの含意は、新自由主義的費用便益計算では、非合理的で、ありえないものと認定される公的行為を復権させるとともに、その公的行為、あるいは公共空間が国家によっても操作されるべきものではないと主張することにあったと思われるからである。

概念上、持続的コミュニケーションに向けた手段であるはずの発言が一回かぎりの選択・行為であるような扱いをされているという批判は、オリジナルな枠組みを離れ、その後の展開、あるいはハーシュマンのその他の著作に目を向ければ、必ずしもあてはまらない。澤邉も確認しているように、「変わりうる発言者」は、不毛なレトリックの応酬を越えた「対話」の前提条件として、ハーシュマン自身、指摘していることだし〔Hirschman 1991: 169, 訳 191〕、これまで本書で述べてきたように、「変えうる世界、変わりうる主体」というのは、ハーシュマンの著作全体を貫く問題意識だからである。

澤邉の意欲的な試みのうち、本書のような研究にとってもっとも興味深いのは、「忠誠」概念のとらえ直しである。モデルのなかで忠誠概念に固有の論理が与えられておらず、離脱、発言を媒介する補完的役割を担わされているだけで、曖昧なままであるという批判は、澤邉固有のものではない〔Barry 1974: 95; Laver 1976〕。だが、衰退化プロセスと活性化プロセスを、忠誠と学習の枠組みで、そしてある一定のタイムスパンで理解しようという方向性はたしかにオリジナルな枠組みを補完するものであり、非常に意義深い。こうした澤邉的な問いかけに対しては、上述のように、「期待と失望」に着目し、「公的行為への参画と私的生活への埋没」というプロセスをある種循環的なものとしてとらえようとしたハーシュマンの研究が、答えのひとつを用意しているだろう〔Hirschman 1982〕。

「離脱・発言・忠誠」モデルに対する批判的留保に関し，最後にもう一点だけあげておこう。豊富に蓄積された開発論の諸概念・分析枠組みに目を配りつつ，アフリカの政治，経済，社会を論じた峯陽一は，つぎのような鋭い指摘を行なっている。

> ハーシュマンは決定論を嫌悪し，歴史をつくる個人の意志や創造的行為の側に寄り添おうとする。ところが，その代償として，歴史は固有の状況における個々の行為主体の決断の集積と化し，個体を取り巻く制度的状況が生成してきた長期的な過程を首尾一貫した概念装置で説明していくことが困難になるのである［峯 1999: 150-151］。

これは，「離脱・発言・忠誠」モデルにとどまらず，ハーシュマンの方法論全体に関わる批判的留保となりうるかもしれない。だが，おそらく「長期的な過程を首尾一貫した概念装置で説明」することは，ハーシュマンは意識して回避したはずである。もちろん，だからといって，主体的行為にすがりつき，具体的歴史過程をすべて個人の創意や英雄的行為で説明しようとしているわけではない。峯は正当にも，上述のコメントにつづき，モデルが「行為主体の選択において，主体の側から，つねに制度的な制約に光が当てられる構成になっていること」を指摘し，過剰な離脱にハーシュマンが特別な注意を払った意味を理解する必要があると述べ，ハーシュマン的分析の意義を救いだそうとしている［峯 1999: 151］[21]。

この点は，姜尚中，杉田敦，高橋哲哉との対談のなかで齋藤純一が触れていることでもある。市場経済のゲームの勝者は，敗者を閉めだすとともに，勝者自身を敗者と別個の世界に置こうとする。敗者の世界から完全に離脱しようとする。しかし，離脱したつもりでも，自分が排除してきたものと，いつかどこかで出会わざるをえない。少なくとも，つねにその「影」におびえるという仕方で出会わざるをえない。勝者による「排除」は，敗者に対するものも自分自身に対するものもけっして完成せず，排除したものは必ず自分の目の前に回帰してくる。こう主張するなかで，社会の分割，世界の分断化に抗うためには「完全な離脱は不可能である」とするハーシュマンの思想が

---

[21] こうした点に関しては，終章でも述べる。

重要であるということを，あらためて確認しているのである［姜ほか 2002: 66-67］。

　躊躇し悩みつつも自らを取り巻く環境に果敢に挑む主体的行為を，その意図せざる帰結ともども重視するポシビリズムという方法。歴史の具体的事象を必然性のもとで認識することを拒否する，このポシビリズムはまた，思うがままに歴史を創りだせるとする考え方とも縁遠い。「主体の側から，常に制度的な制約に光が当てられる構成」とは，過剰な離脱の分析にとどまらず，ハーシュマンの数々の著作を貫く特徴のひとつといってよいだろう。いずれにせよ彼は，「個体を取り巻く制度的状況」を人の手が及ばない自生的秩序，聖域とは認識しないはずである。ハーシュマンの「ボイス形成」を市民社会論と関連づけながら論じた八木紀一郎の結論も，この点を再認識させるものである。

　　政治経済学は，進化的過程を市場の自生的展開においてだけとらえるのではなく，制度および知識の形成とむすびついた創造的な過程としてとらえる。それは，社会と個人の形成の仕方にかかわる［八木 1999: 124］。

小　　括── 「累積性のある理論」の可能性

　本章では「ハーシュマン研究序説」のまとめとして，「離脱・発言・忠誠」についてさまざまな角度から論じてきた。まずもって市民社会論の視点から評価しようとしたわけだが，あらためて驚かされるのは，これらシンプルな概念のもつ可能性と広がりである。それらに対する評価に濃淡はあるにせよ，肯定的に援用しようとするものばかりではなく，批判的スタンスをとろうとするものに対しても多くの示唆を与えたであろうことは間違いない。

　本書でもたびたび言及したように，通常，正統的経済学者はハーシュマンの方法をもてあまし気味である。そうしたなか，初学者向けのアドヴァイスをまとめた本のなかで，伊丹敬之が「離脱・発言・忠誠」モデルを事例に，ハーシュマンの議論の展開方法を肯定的に評価しているのは興味深い。伊丹によれば，ハーシュマンは，まず自分がどんな現実を観察したか，その現実から自分がどんな概念構造をつくり，どんな理論的仮説を立てるようになっ

たか，簡にして要をえた書き方で示している。読者はこうして理論が生まれてくるプロセスを追体験できる。展開される理論自体はシンプルな構造であるが，適用を工夫すると多様な現実が説明できる「累積性のある理論」である。そしてそのシンプルな構造を積み重ねていくと，あるいは入れ子にしていくと，とんでもない複雑なことが説明できるようになっている。伊丹は，ダイナミックに展望を開きうる，こうした累積性のある理論こそ「良い理論」だと評価するのである［伊丹 2001: 60-63］。

　反ファシズム運動に身を投じ，若くして命を落とした義兄に捧げられた献辞のなかで，ハーシュマン自らがシンプルな概念の累積的可能性を確認している。

　　　小さなアイディアのもつ重要性について，そしてその小さなアイディアがどのように育ちゆくものであるかについて，私に教えてくれたエウジェニオ・コロルニ（1909～1944年）に捧ぐ［Hirschman 1970］[22]。

　とはいえ，小さなアイディアが育ちゆくことと，その小さなアイディアですべてが説明できるようになることとは異なる。ハーシュマンの枠組みは，衰退傾向からのありうべき回復手段の範囲を広げるものである。そして制度設計の改善に向け，ハーシュマンが採用したアプローチは，政策選択について通常想定されている変域を拡大するものであり，離脱か発言か，どちらか一方に著しく偏った考え方から，われわれを解放してくれる。しかし，自ら注意を喚起しているように，ハーシュマンは，離脱と発言の最適な組み合わせを処方しようとしたわけではないし，試行錯誤を繰り返せば，徐々に最適な組み合わせに近づけるなどと主張しているわけでもない。離脱，発言という回復メカニズムそれ自身が，ハーシュマンの着目する衰退の諸力のもとにあり，そういった諸力をまったく排除したような形で，最適な組み合わせを天空から降臨せしめることなど不可能だからである。最適と思われたどのよ

---

[22] ハーシュマンとコロルニとの関係について，メルドレージはつぎのように述べている。「この2人の義兄弟は，現実にそぐわない考え方に疑問を投げかけ，新たな，より具体的なオルタナティヴをみつけようとしていた。2人とも，その目的に向けて，学問においても，政治的活動においても，自らの認識力，分析力を鍛えあげようと情熱を燃やしていたのである」［Meldolesi 1995: 214］。

うな組み合わせであれ，生まれながらにして不安定な傾向をもっていると認識できれば，制度設計の改善につながり，離脱，発言とも健全に機能させることができるようになるかもしれない。これがハーシュマンの結論である［Hirschman 1970: 123-126］。

　永遠に最適な状態など存在しない。これはたしかに不安定な状況ではある。だから最適な状態が提示されれば安心できるかもしれない。けれどもハーシュマンは，そのような幻影にすがるよりも，不確実，不安定，不均衡な現実を生き抜く覚悟を求める。丸腰のまま放りだそうというわけではない。未然の可能性を照射しうる，いくつかの知的枠組みは用意してくれている。ただし，そこには「使用上の注意」も書かれている。それにも目を配りながら長々と書き連ねてきた『可能性の政治経済学』も，そろそろしめくくらなくてはならない。終章をまとめよう。

終　章　極論との訣別

1　ガルブレイスと前提条件の物神化

　私だけの印象にすぎないのだろうか。冷戦終結後の困難な現実を前に根本的・根元的問題解決を求める雰囲気が社会科学，とりわけ開発論の分野を支配しているような気がしてならない。1999 年 9 月，あるテレビ番組におけるJ. K. ガルブレイスのコメントにもそういった気配が感じられた。非常に興味深い内容の番組ではあったが，ガルブレイスの言葉に，一瞬わが耳を疑った。インタヴューのなかで，彼はつぎのようなことを述べたのだ。

> 植民地主義に終止符を打ったことは，今世紀の大きな成果ですが，多くの国が「統治能力」をもたないまま，打ち捨てられています。……ひとつの解決策として，私が考えているのは，とくにアフリカの一部の国々について，まず主権を一時的に取り上げ，そして「よい政府組織」を作り上げていくための手段を国連にもたせることです。これはかなり偏った，反宗教的な方法ではありますが，優れた政府を樹立させることができれば，経済発展への道も開けるというものです[1]。

　発展の「前提」として「グッド・ガヴァナンス」，「統治能力」に注目する議論は，いまや珍しくはない。すでに述べたように，『世界開発報告 1997』[World Bank 1997] 以後，世界銀行などでも中心テーマになっている。統治能力を欠く国家に貧困撲滅を目指す開発プロセスは先導できないし，そうした国にいかなる援助を与えても無駄である。こうした主張にある種の真理が

---
[1]）これは，1999 年 9 月 26 日に NHK 衛星第一放送で放映された『シリーズ 21 世紀への証言』「不確実性の時代を越えて——ジョン・K. ガルブレイス」における発言である。

含まれていることは，否定できないのかもしれない。

　ただ，『大衆的貧困の本質』[ガルブレイス 1979]という著書があり，良識派と目されるガルブレイスから上述したような言葉が発せられると，心中に驚きとも怒りともつかない複雑な感情が沸き起こったのは事実である。さまざまな機会に私たちが見聞きするとおり，アフリカの状況は，冷戦終結後，穏やかなものになるどころか，より厳しさを増している。でも，あのガルブレイスが，植民地支配の悲惨な歴史と独立への血の滲む命がけの努力を知らないはずはあるまい。そして大国の介入が往々にして，問題を解決しなかったばかりか，泥沼化させてきたということも。その彼が，主権の一時停止ということまで口にするのか。国際連合は，国際機関とは，それほど善意に満ちた無私の組織なのか。アフリカにおいて発展への道は，本当にそれしかないのだろうか。現代アメリカを代表する知性とはこのようなものなのか。

　齢90を越えるガルブレイスの言葉は，長きにわたる彼の経験，学識が言わしめた，ぎりぎりの提言ではあろう。たしかに邪意はない。冷静かつ成熟した社会科学者なら，彼の発言のなかに，眼前の貧困と混乱を打開すべく考え抜かれた，不本意ながらもプラグマティックな方策を読みとろうとするのかもしれない[2]。

　ただ，やはり釈然としないものが残る。ガルブレイスが発展のための前提条件をいろいろとあげるのは，第7章でも言及したように，いまに始まったことではない。そして，政治的なものにせよ，経済的，文化的なものにせよ，前提条件にこだわるのは，なにもガルブレイスにかぎられたことではない。本書で検討したように，ハーシュマンが対峙してきたのは，こうして発展論を今も昔も覆い尽くしている「空気」，すなわち前提条件の物神化，総合化の呪縛という状況である。

---

2)「アフロペシミズム」が横行するなか，本書では，それでも「現在のアフリカは，ある意味で，勝者となった国々が根本的に解決できないまま繰り延べにしてきた問題を，むしろ先取りする形で切実に経験している」という認識のもと，「アフリカ解放の破れた夢のなかから合理的な要素を救い出すとともに，細心の注意を払いながら同時代の新しい実験を見守っていく必要がある」とする峯陽一のスタンスを共有したい[峯 1999: 267]。峯によれば，アフリカの歴史と現在に関する最低限の知見さえ受け入れることなく，アフリカの人々に人類史の階梯における最底辺の位置を割り当てようとする姿勢は，植民地時代の思想に反映されているだけではなく，現在もなおはびこり，「現代の主流の社会科学においては，もっと隠微な形で常態化している」[峯 1999: 6]。

発展の前提条件をいくつもあげ，足りないものがあれば外部から移植してその条件を整える。これら条件をクリアできなければ，発展はありえない。こう結論づける発展理論は数多い。けれども，そんな前提条件がクリアできるような国は途上国ではないし，先進国の歴史を振り返ってみても，それら条件をすべて整えたうえ発展してきたところなどはない。あれもない，これもないと立ち止まったり，足りないものを外から持ってきたりするのではなく，いまある現実に根ざしたうえで変化を引き起こすこと。いま眼前にあるものを永遠不変のものととらえることなく，生起しつつある現実に目を向けようとする姿勢，「未然の可能性」に希望を託そうとする「可能なるものへの情念」，これこそがポシビリズムである。真の変化を誘発するため，ハーシュマンは，既存の知的枠組みから導かれる「前提条件-結果」，「インプット-アウトプット」，「手段-目的」，「費用-便益」という区分をいったん取り払い，相対視する必要があった。本書は，ハーシュマンによる，その「区分の取り払い方」，「相対視の仕方」のいくつかを検討してきたわけである。

2　極論を越える

　極端な議論は，ときにガルブレイスにさえ見いだされるものだが，本書でも取り上げたように，途上国・移行国への提言として，意義深い論点が散見される新自由主義と開発主義の論争にも，極論の危うさが見え隠れする。新古典派は構造調整という劇薬の効能を謳うし，開発主義者は漸進主義を唱えつつ，国家への権力の集中を内包する議論を展開しがちである。両者とも，自らが合理的と考える経済政策の遂行主体として権威主義体制をひそかに，あるいは何のてらいもなく期待する傾向にある。個々の自由を許す民主主義は，無意識のうちに，あるいは意識的に軽んじられていく。あたかも，すべての問題の根源が民主主義という制度に集約されているかのように。でも本当にそうだろうか。
　経済発展と民主主義というのは，S. リプセットにあらためて言及するまでもなく，古くから議論されてきたテーマである。一国における民主主義の定着度と1人あたり所得との間には，有意な関係はあるのか否か。もし経済成長が民主主義の前提条件を整えるのだとしたら，民主主義を樹立・成熟さ

せるためにも，まずは経済成長が急がれるべきではないか。そして，経済成長のために現時点で民主主義が制限されようとも致し方ないどころか，短期的利害対立を越えた国益としての開発を目指す権威主義体制が，より積極的に推奨されるべきではないのか。本書第1章でもみたように，「日本式開発主義」を奉ずる論者の多くは，臆することなく権威主義体制を擁護し，新自由主義者も，結論的には同じ地平に到達する。

　マクロ的な集計値をもって開発の成果を図る指標とするのではなく，一人ひとりが実際に何ができ，何ができないのかという観点から開発プロセスを評価しようとしたA. センは，そうであるがゆえにこそ，開発における民主主義の重要性を説き，民主主義それ自体の意義，「手段としての役割」（instrumental role），「構成上の役割」（constructive role）を強調した［Sen 1999: 147-155, 訳 167-175］。

　この点については，これまたあるテレビ番組において，センがベルトルト・ブレヒトの『ガリレイの生涯』の一節を引きつつ，印象深いコメントをしたのが思い出される。『ガリレイの生涯』には，「英雄のいない国は不幸だ！」と大声で叫ぶアンドレアに対し，ガリレイが「違うぞ，英雄を必要とする国が不幸なんだ」と反論する場面が出てくる［ブレヒト 1979: 172-173］。センはこれを引用し，途上国の発展における民主主義の重要性を主張し，インタヴューのしめくくりとしたのである[3]。

　センは，アングロ・サクソン的な民主主義の普遍性・移植可能性を高らかに主張したのではない。彼の言いたいことは，ただひとつ。合理的経済学者の高処からするとすさまじく非合理的に見え，権力者の側からすればいかにわがままに思われようと，結局のところ，開発の主体とは一般の民衆であるということである。市場や「上からの」政策が無用なのではない。そうではなくて，どのような制度も，どのような政策も，そしてどのようなプロジェクトも，普通の人々の自由を認めず，人々の行動を現実に規制する価値観から大きく乖離していたのでは，思惑どおりの効果が得られないどころか，往々にして社会を混乱させるだけに終わってしまうということなのである。人々の声が行き交い，人々の置かれた状況を反映する声がきちんと伝わって

---

[3] これは，1999年3月13日，NHK教育テレビで放映された『未来潮流』「経済は人を幸福にできるのか──ノーベル賞学者・セン教授が語る」という番組中のコメントである。

こそ，それぞれの困難な状況を社会全体で解決しようという動きが出てくる。

　怠惰に流れ判断を誤りがちな人間の行動を律し，社会に効率性と調和をもたらす編成能力が市場には備わっているという考え方。長期的判断能力を欠く人々になり代わり，国家こそが短期的利害対立を越えた正しい政策をなしえるという考え方。こうして学者が頭のなかでこしらえた「理想的市場」，「理想的国家」など，現実には望むべくもない。理想的市場，理想的国家という幻影にとらわれた政策など，開発・市場移行の現場では，無意味であるばかりか，しばしば社会に破壊的な影響を与えてしまう。生きる望みを断ち切らんばかりの飢餓や貧困が蔓延してよいはずはない。多くの人々を絶望のどん底に突き落とす紛争の勃発は何としても回避しなければならない。だが，ありもしない万能薬を市場や国家に求めても虚しい。哲人や合理的経済人を想定するような理論に導かれる開発プロセスは，普通の人々にとって過酷なものとなる。冒頭で紹介したガルブレイスは，厳しい現実を前にして，国連という「デウス・エクス・マキーナ」(deus ex machina)，すなわち「急場しのぎの神」に頼ってしまったようにも思える。

　経済成長こそが民主主義の「前提」であり，経済成長を目指す権威主義体制が民主主義を抑圧するのはやむをえないのだと結論づける議論を，セン同様，ハーシュマンもきっぱりと拒絶する。こうした議論に対し，彼は，サミュエル・ジョンソンの一節を引きながら，「善を為すためとして，あえて悪を犯すほど，人は原因と結果の因果関係をわかっていないはずだ」と注意を促した［Hirschman 1995a: 229, 訳 271］。

　さらにいえば，ハーシュマンが全体主義，権威主義といった抑圧体制を擁護する議論に与しえないのは，それらがあらかじめ定められた崇高な国民的目標（たとえば経済成長）の達成を阻むものとして，意見や利害の対立を悪いことと決めてかかっているからである。政治的進歩と経済的進歩の間には単純な関数的関係はないとしながら，それでもハーシュマンが民主主義にこだわるのは，それが経済成長を導くか否かという点に大きな関心があるからではない。「全体」というものに包摂されえない個人の自由を保障する「可能性」がそこにあると認識しているからである。つまりハーシュマンは，間違いなく「自由主義者」なのであり，経済発展を論じる場合も政治的自由主義者としてのスタンスが貫かれている。そうなると，彼にとってのテーマはおのずから明らかであり，消し去りえない利害対立を前提として，あるいは，

より積極的に利害対立や不均衡を圧力としながら，どうやって変化を誘発し，発展プロセスを推し進めていくのかということになる。

3　未然の可能性を生きる

　前章で触れたが，A.トクヴィルの「政治」が宇野重規の描きだしたようなものだとすれば，ハーシュマンはまさに，その流れを継承しているということになるのかもしれない。
　トクヴィルにとって政治の主眼とは，「自由」が生みだす「差異」を同一性へと還元するのではなく，かといって，互いの意味づけを一切欠いたまま，バラバラにしておくのでもなく，差異性を維持しながら，あるいは差異の複数性を維持するためにこそ，共通の靱帯，交流のための空間をいかにしてつくりあげるかという点にあった。こうしてトクヴィルも，のちにハーシュマンが注目し検討したように，「利益」概念に引き寄せられたのである［宇野1998: 91-92, 116, 130-134, 190］。
　それぞれ差異性を有する主体間に対立があるのは，当然である。ここで対立は，現実の衝突にいたる「遠心化の契機」になることもあれば，共通の場，政治的空間内部の関係に収斂させる「求心化の契機」となることもある。後者のような場合，対立は政治的に有益なものとなるはずだが，事態がどちらにも傾く可能性があるなか，トクヴィルは，対立を求心化の契機とすべく，政治的多元性を作為的に生みだすこと，政治的自由の実践の技術を回復させることを課題とした［宇野1998: 80-81, 91］。価値観や道徳性があらかじめ共有されてこそ，社会が維持されるのではない。トクヴィルにとって，自由を保障するため，対立があることを前提にそれを処理していく方法・様式を求めていくのが「政治」であって，対立を悪とし，同一性に還元していくなど，政治とは似て非なるものなのである。
　本書で長くハーシュマンの議論を検討してきた私たちにとって，宇野の描くトクヴィルの政治論を受容することに困難を要しない。ハーシュマンの議論には，あるときには明示的に，またあるときには暗示的に，トクヴィル的な意味での「政治」が語られていた。1995年の論文集にはまさに，「民主的市場社会の柱としての社会的紛争」と題する論文が収められている［Hirschman

1995a: 231-248, 訳 272-291]。たしかに，利害対立のもたらす危機はあまりにも明白すぎて，秩序や平和，調和，均衡，つまりは対立のない状態を追い求める思想家が歴史的には少なくなかった。だがその一方で，古くはヘラクレイトス，その後時代を下ってマキアヴェッリ，トクヴィル，さらには20世紀の思想家にいたるまで，対立が社会的関係において果たす建設的役割に注目する論者も数多く存在した［*ibid*.: 235-239, 訳 276-280］。

　対立や紛争がつねに，どんな状況でも，社会の統合，結合にプラスの効果をもたらすとはかぎらない。上述のとおり，求心化の契機にもなれば，遠心化の契機にもなりうる。どんな状況なら，対立・危機から進歩が生みだされるのか，注意深く見きわめる必要がある。ここでハーシュマンは，トクヴィル同様，対立する主体間で「共通の善」や「基本的価値」について，あらかじめ合意されていなければ，対立を内包する民主主義は成立せず，また機能しないとする考え方と一線を画そうとする。近代の多元的体制は，長期間，激しく争ってきたさまざまな集団が，どちらか一方が相手を完全に支配するだけの能力を互いにもっていないということを認識せざるをえなかったところから生まれた。ハーシュマンは，B. クリックを参照しつつ，寛容や多元主義の受容は，価値についての事前の合意があったからではなく，結局，激しく敵対してきた集団間の「引き分け状態」から生みだされたとしている［Hirschman 1991: 168, 訳 190; 1995a: 238-239, 訳 278-280］。

　共通の善や基本的価値についての事前合意がない，つまりは，「自由」な社会で，それでも対立を求心化の契機にしようとするのは簡単なことではないかもしれないが，不可能ではない。この困難にたじろぎ，差異性を同一性に還元しようとする誘惑，契機は，現実政治においても，思想においても，そこかしこに存在する。しかしながら，最初はどんなに手強く，和解不可能と思われるような対立であっても，交渉可能な部分・局面はあるはずで，それらは，交渉や実験の技能について，よく訓練された人が取り組めば，より容易に解きほぐされるものだろう［Hirschman 1995a: 247, 訳 290］。こうしてハーシュマンは，民主主義における意志形成過程として「討議」(deliberation) の重要性を確認したうえ，この討議を実りあるものとするため，つまり民主主義をよりよく機能させるため，討議の参加者につぎのようなスタンスを求めることとなる。

参加者は，完全にできあがった，決定版的な意見を最初から持つべきではない。彼らは有意義な討論に参加することが期待されている。つまり，参加者は，他の参加者の論拠に照らし合わせたり，同時に討論の過程で有益な新しい情報を利用できるようになることで，自分がもともと持っていた意見をいつでも作り変える心づもりができていなくてはならない［Hirschman 1991: 169, 訳 191］。

ハーシュマンにとってこのスタンスは，おそらく学問の世界でも踏襲されるべきものである。

おわりに

　最後に，ハーシュマンが 1988 年 12 月，ベルリン自由大学 40 周年を記念する名誉学位授与式において行なったスピーチの内容を紹介しておこう。そこでは，ハーシュマンの父に関する思い出が紹介されるとともに，上述したような事柄に関するハーシュマンのスタンスが端的に示されていた。

　ハーシュマンがまだ 12, 3 歳のころである。父カールは，ベルリンで外科医としての仕事に励む日々を送りながら，よく子供たちと話しもした。父は探求心が旺盛で，また何事も鵜呑みにしない人だったが，アイロニーの技法には長けていなかったため，子供たちとの会話，問答のなかでも，憂鬱そうな，困惑しているかのような表情を浮かべることがよくあった。ある日，父と会話をしていたときのこと。具体的な内容はいまや定かではないが，ハーシュマンの発した質問に対し，父は「わからない」と率直に答えた。少年ハーシュマンは，別の部屋にいた姉のところに飛んでいき，こういったという。「ねえ知ってる？　お父さんには世界観がないんだって」［Hirschman 1995a: 111, 訳 134-135］。

　これは，本書のテーマにとって非常に興味深いエピソードである。自分の父親が「世界観」（Weltanschauung）をもたないという少年時代の驚きを，ハーシュマンは強烈な印象でもって記憶していたのだが，なにゆえに忘れえぬ記憶となったのか。いい大人が自らの世界観すらもっていない。そんな父のようにはならないぞと強く思ったからというよりも，逆に，確固たる「世

界観」をもつことがよいことかどうかということが，それ以後の自分の人生にいつもつきまとう課題となったからだろう，とハーシュマンはいう。そしてスピーチのなかで，ハーシュマンは，「確固たる完璧な意見をつねにもちあわせていることが必要なのかどうか，とくにアメリカの経済学者たちには真剣に考えてもらいたい」という趣旨を述べたのである［Hirschman 1995a: 112, 訳 135］。

ハーシュマンは，「確固たる世界観」，「完璧な意見」という表現をしているが，いろいろな意味での「原理主義」，非妥協的な姿勢といいかえてもよかろう。スピーチにおけるハーシュマンの意図は，上で述べてきたことからも明らかである。

民主主義にとって討議のプロセスが重要なものであるとするなら，「確固たる世界観」をもつことよりも，つねに「議論の暫定性」に耐える，「未決定の世界」を生きる覚悟が必要となる。そして，社会科学はそれに対応する必要があろう。「変化を誘発する知性の組織化」という観点からすると，「経済学帝国主義」など，あまりにもグロテスクである。

極論がはびこるなか，不況に喘ぐ日本でも，人々の暮らしを真摯に見つめ，「すでにはじまっている未来」の可能性に目を向けようとする人もいる。ジャーナリスト内橋克人はいう。

> 今日に明日をつなぐ人びとの営みが経済なのであり，その営みは，決して他を打ち負かしたり，他におもねったり，他と競り合うことなくしてはなりたちえない，というふうなものでなく，存在のもっと深い奥底で，そのものだけで，いつまでも消えることない価値高い息吹としてありつづける，それが経済とか生活とかいうものではなかったでしょうか。おぞましい競り合いの勝者だけが，経済のなりたちの決め手であるはずもないのですから［内橋 1995: i-ii］。

かすかな胎動ではあれ「すでにはじまっている未来」を察知し，変化を誘発する知性。「今日に明日をつなぐ人々の営み」の意義と本質を認識したうえ，生きるに値する世界を次世代に提示できるような学問。「わが孫たちの社会科学」としてそのようなものを思い描くのは荒唐無稽だろうか。

本書は，ハーシュマンに簡便なモデル，単純な解決策を求めようとしてき

たわけではない。問いの立て方を学び，考えるに足る，あるいは考えなければならない問いのあることを提示しようとしてきたのである。それが「わが孫たちの社会科学」という壮大な夢への，ささやかな一歩であることを願いながら。

参考文献 ［著者アルファベット順］

吾郷健二［1980］「現代世界経済と経済理論」森田・本山編［1980］所収。
Amsden, A.［1989］*Asia's Next Giant: South Korea and Late Industrialization*, New York: Oxford University Press.
――― ed.［1994］"The World Bank's *The East Asian Miracle: Economic Growth and Public Policy*", *World Development*, Vol. 22, No. 4.
アンダーソン（Anderson）, B.［1997］『想像の共同体（増補）』（白石さや・白石隆訳）NTT出版。
Arestis, P., et al., eds.［1992］*A Biographical Dictionary of Dissenting Economists*, Aldershot: Edward Elgar.
アーント（Arndt）, H. W.［1978］『世界大不況の教訓』（小沢健二ほか訳）東洋経済新報社。
麻田四郎［1951］「A. ヒルシュマン『國家權力と外國貿易構造』」『商学討究』第2巻第1号。
―――［1961］「後進国開発ゼミナール――問題と文献」赤松要ほか監修『講座国際経済　第5巻　帝国主義と後進国開発』有斐閣。
Auty, R., et al., eds.［1996］*Challenging the Ortodoxies*, London: Macmillan Press.
Baldwin, D. A.［1980］"Interdependence and Power: A Conceptual Analysis", *International Organization*, Vol. 34, No. 4.
バラン（Baran）, P.［1960］『成長の経済学』（浅野栄一・高須賀義博訳）東洋経済新報社。
Bardhan, P.［1988］"Alternative Approaches to Development Economics", in Chenery et al., eds.［1988］.
Barry, B.［1974］"Review Article: *Exit, Voice, and Loyalty*", *British Journal of Political Science*, Vol. 4.
Bello, W.［2002］*Deglobalization: Ideas for a New World Economy*, New York: Zed Books（戸田清訳/吾郷健二解説『脱グローバル化――新しい世界経済体制の構築へ向けて』明石書店，2004年）.
Bhagwati, J.［1998］"The Capital Myth", *Foreign Affairs*, Vol. 77, No. 3（沢崎冬日訳「資本の神話」『週刊ダイヤモンド』1998年5月23日号）.
ブレヒト（Brecht）, B.［1979］『ガリレイの生涯』（岩淵達治訳）岩波文庫。
Bruton, H. J.［1985］"The Search for a Development Economics", *World Development*, Vol. 13, No. 10/11.
Caporaso, J.［1978a］"Introduction to the Special Issue on Dependence and Dependency in the

Global System", *International Orgnization*, Vol. 32, No. 5.
――― [1978b] "Dependence, Dependency, and Power in the Global System: A Structural and Behavioral Analysis", *International Orgnization*, Vol. 32, No. 5.
――― [1980] "Dependency Theory: Continuities and Discontinuities in Development Studies", *International Organization*, Vol. 34, No. 4.
Cardoso, F. E. [2001] *Charting a New Course: The Politics of Globalization and Social Transformation*, New York: Rowman & Littlefield Publishers (edited and introduced by M. A. Font).
カー（Carr），E. H.［1996］『危機の二十年』（井上茂訳）岩波文庫。
チャクラヴァルティー（Chakravarty），S.［1989］『開発計画とインド』（黒沢一晃・脇村孝平訳）世界思想社。
Chenery, H. [1959] "Book Reviews: *The Strategy of Economic Development*", *American Economic Review*, Vol. 49, No. 5.
――― et al., eds. [1988] *Handbook of Development Economics*, Vol. 1, Amsterdam: North Holland.
コーザー（Coser），L.［1988］『亡命知識人とアメリカ』（荒川幾男訳）岩波書店。
クラウチ（Crouch），C.［1982］「インフレーションと経済的諸利益の政治的組織化」ハーシュほか編［1982］所収。
DeGregori, T. R., ed. [1989] *Development Economics: Theory, Practice, and Prospects*, Boston: Kluwer Academic Publishers.
ドーンブッシュ（Dornbusch），R.［1998］「資本規制は時代遅れの考え方」S. フィッシャーほか『IMF 資本自由化論争』（岩本武和監訳）岩波書店。
Drèze, J. & A. K. Sen [1989] *Hunger and Public Action*, Oxford: Clarendon Press.
ドラモンド（Drummond），I. M.［1989］『金本位制と国際通貨システム 1900-1939』（田中生夫・山本栄治訳）日本経済評論社。
Dutt, A. K., et al., eds. [1992] *New Directions in Development Economics*, Aldershot: Edward Elger.
絵所秀紀［1991］『開発経済学――形成と展開』法政大学出版局。
――― [1994]『開発と援助――南アジア・構造調整・貧困』同文舘。
――― [1997]『開発の政治経済学』日本評論社。
――― [1999]「開発主義の政治経済学」『日本労働研究雑誌』第 469 号。
―――・山崎幸治編著［2004］『アマルティア・センの世界――経済学と開発研究の架橋』晃洋書房。
Ellerman, D. [2001] "Hirschmanian Themes of Social Learning and Change", *World Bank Policy Research Working Paper*, No. 2591.
Felix, D. [1964] "Review of Hirschman, *Journeys toward Progress: Studies of Economic Policy-Making in Latin America*", *Economica*, Vol. 31, No. 122.
Fetter, F. [1977] "Lenin, Keynes and Inflation", *Economica*, Vol. 44, No. 173.

Fine, B. [2001] "Neither the Washington nor the Post-Washington Consensus: An Introduction", in Fine et al., eds. [2001].
―――― et al., eds. [2001] *Development Policy in the Twenty-first Century: Beyond the Post-Washington Consensus*, London: Routledge.
Finer, S. [1974] "State-Building, State Boundaries and Border Control", *Social Science Information*, Vol. 13, No. 4/5.
Flora, P. [1999] "Introduction and Interpretation", in Rokkan [1999].
Font, M. A. [2001] "Introduction: To Craft a New Era: The Intellectual Trajectory of Fernand Henrique Cardoso", in Cardoso [2001].
Foxley, A. [1986] "After Authoritarianism: Political Alternatives", in Foxley et al., eds. [1986].
―――― et al., eds. [1986] *Development, Democracy, and the Art of Trespassing: Essays in Honor of Albert O. Hirschman*, Notre Dame: University of Notre Dame Press.
Freeman, R. [1976] "Individual Mobility and Union Voice in the Labor Market", *American Economic Review*, Vol. 66, No. 2.
フレイレ（Freire），P. [2001]『希望の教育学』（里見実訳）太郎次郎社。
Friedman, D. [1988] *The Misunderstood Miracle: Industrial Development and Political Change in Japan*, Ithaca: Cornell University Press（丸山恵也監訳『誤解された日本の奇跡――フレキシブル生産の展開』ミネルヴァ書房，1992年）．
フリードマン（Friedman），M. [1975]『資本主義と自由』（熊谷尚夫ほか訳）マグロウヒル好学社。
Fry, V. [1945] *Surrender on Demand*, New York: Random House.
―――― [1993] *Assignment: Rescue*, New York: Scholastic.
藤原帰一 [1998]「ナショナリズム・冷戦・開発――戦後東南アジアにおける国民国家の理念と制度」東京大学社会科学研究所編 [1998] 所収。
ガルブレイス（Galbraith），J. K. [1979]『大衆的貧困の本質』（都留重人監訳）TBSブリタニカ。
―――― [1988]『経済学の歴史――いま時代と思想を見直す』（鈴木哲太郎訳）ダイヤモンド社。
ギアーツ（Geertz），C. [1987]『文化の解釈学』（Ⅱ）（吉田禎吾ほか訳）岩波書店。
George, S. [1988] *A Fate Worse Than Debt: A Radical New Analysis of the Third World*, London: Penguin Books（向壽一訳『債務危機の真実――なぜ第三世界は貧しいのか』朝日新聞社，1989年）．
―――― [1992] *The Debt Boomerang: How Third World Debt Harms Us All*, Boulder: Westview Press（佐々木建・毛利良一訳『債務ブーメラン――第三世界債務は地球を脅かす』朝日新聞社，1995年）．
―――― et al. [1994] *Faith and Credit: The World Bank's Secular Empire*, London: Penguin Books（毛利良一訳『世界銀行は地球を救えるか――開発帝国50年の功罪』朝日新聞社，1996年）．

Giddens, A. [1998] *The Third Way: The Renewal of Social Democracy*, Cambridge: Polity Press（佐和隆光訳『第三の道――効率と公正の新たな同盟』日本経済新聞社，1999年）．

原　洋之介 [1992]『アジア経済論の構図――新古典派開発経済学をこえて』リブロポート．

原田太津男 [1996]「政治経済学と Possibilism ～ A.O.Hirschman の思想～」『中部大学国際関係学部紀要』第 16 号．

―――― [2001]「世界銀行の変貌をどう評価するか」『愛知大学経済論集』第 155 号．

―――― [2002]「アジア危機と社会保障――新制度学派的開発論の批判的検討」原田ほか『東アジア開発モデル再考――国家・経済・社会をめぐって』中部大学産業経済研究所マネジメント・ビュー 7．

蓮見重彦 [2002]「不条理にあらがって」『日本経済新聞』8 月 25 日朝刊．

羽鳥敬彦 [1981]「UNCTAD の経済学――シンガー・プレビッシュ命題」小野編 [1981] 所収．

速水佑次郎 [1995]『開発経済学――諸国民の貧困と富』創文社．

ハイエク（Hayek），F. A. [1986]「真の個人主義と偽の個人主義」田中真晴・田中秀夫編訳『市場・知識・自由――自由主義の経済思想』ミネルヴァ書房，所収．

ヒルガート（Hilgerdt），F. [1979]『工業化の世界史――1870-1940 年までの世界経済の動態』（山口和男・吾郷健二・本山美彦訳）ミネルヴァ書房．

平川　均 [1997]「東アジア工業化ダイナミズムの論理」法政大学比較経済研究所・粕谷編 [1997] 所収．

―――― [1999a, b]「東アジア通貨・経済危機と世界経済」（上・下）『労働法律旬報』第 1454・1455 号．

――――・石川幸一編著 [2001]『新・東アジア経済論』ミネルヴァ書房．

ハーシュ（Hirsch），F. [1982]「結び――インフレーションのイデオロギー的背景」ハーシュほか編 [1982] 所収．

――――ほか編 [1982]『インフレーションの政治経済学』（都留重人監訳）日本経済新聞社．

Hirschman, A. O. [1945] *National Power and the Structure of Foreign Trade*, Berkeley: University of California Press.

―――― [1952] "Effects of Industrialization on the Market of Industrial Countries", in B. F. Hoselitz, ed. [1952].

―――― [1958] *The Strategy of Economic Development*, New Haven: Yale University Press（麻田四郎訳『経済発展の戦略』巌松堂，1961 年）．

―――― [1963] *Journeys Toward Progress: Studies of Economic Policy-Making in Latin America*, New York: Twentieth Century Fund.

―――― [1967] *Development Projects Observed,* Washington, D.C.: Brookings Institution（麻田四郎・所哲也訳『開発計画の診断』巌松堂，1973 年）．

―――［1970］*Exit, Voice, and Loyalty: Responses to Decline in Firms, Organizations, and States*, Cambridge, Mass.: Harvard University Press（矢野修一訳『離脱・発言・忠誠――企業・組織・国家における衰退への反応』ミネルヴァ書房，近刊）．

―――［1971］*A Bias for Hope: Essays on Development and Latin America*, New Haven: Yale University Press.

―――［1977］*The Passions and the Interests: Political Arguments for Capitalism before Its Triumph*, Princeton, NJ.: Princeton University Press（佐々木毅・旦祐介訳『情念の政治経済学』法政大学出版局，1985 年）．

―――［1980］*National Power and the Structure of Foreign Trade*, expanded edn., Berkeley: University of California Press.

―――［1981］*Essays in Trespassing: Economics to Politics and Beyond*, Cambridge: Cambridge University Press.

―――［1982］*Shifting Involvements: Private Interest and Public Action*, Princeton, NJ.: Princeton University Press（佐々木毅・杉田敦訳『失望と参画の現象学――私的利益と公的行為』法政大学出版局，1988 年）．

―――［1984］*Getting Ahead Collectively: Grassroots Experience in Latin America*, New York: Pergamon Press.

―――［1986］*Rival Views of Market Society and Other Recent Essays*, New York: Elisabeth Sifton Books/Viking.

―――［1991］*The Rhetoric of Reaction: Perversity, Futility, Jeopardy*, Cambridge, Mass.: Harvard University Press（岩崎稔訳『反動のレトリック――逆転，無益，危険性』法政大学出版局，1997 年）．

―――［1995a］*A Propensity to Self-Subversion*, Cambridge, Mass.: Harvard University Press（田中秀夫訳『方法としての自己破壊――〈現実的可能性〉を求めて』法政大学出版局，2004 年）．

―――［1995b］*Development Projects Observed*, Reissued with new preface, Washington, D.C.: Brookings Institution.

―――［1997］*The Passions and the Interests: Political Arguments for Capitalism before Its Triumph*, twentieth anniversary edition, Princeton, NJ.: Princeton University Press.

―――［1998］*Crossing Boundaries: Selected Writings*, New York: Zone Books.

ホジソン（Hodgson），G.［1997］『現代制度派経済学宣言』（八木紀一郎ほか訳）名古屋大学出版会．

北條勇作［1983］『シュムペーター経済学の研究』多賀出版．

―――［1998］『経済学の一方向――経済地理学の視点から』多賀出版．

本多健吉［1970］『低開発経済論の構造』新評論．

―――［1986］『資本主義と南北問題』新評論．

―――［2001］『世界経済システムと南北関係』新評論．

本田創造［1991］『アメリカ黒人の歴史　新版』岩波新書．

堀井敏夫［1993］「社会主義労働者同盟」京大西洋史辞典編纂会編『新編西洋史辞典（改訂増補）』東京創元社．
法政大学比較経済研究所・粕谷信次編［1997］『東アジア工業化ダイナミズム―― 21 世紀への挑戦』法政大学出版局．
Hoselitz, B. F., ed.［1952］*The Progress of Underdeveloped Areas*, Chicago: University of Chicago Press.
池本　清［1982］『開発経済学の研究』同文舘．
稲田十一［2002］「世銀改革をめぐる近年の議論――メルツァー報告書のその後」国際金融情報センター編［2002］所収．
石田　雄［1995］『社会科学再考――敗戦から半世紀の同時代史』東京大学出版会．
石川　滋［1990］『開発経済学の基本問題』岩波書店．
―――［1994］「構造調整――世銀方式の再検討」『アジア経済』第 35 巻第 11 号．
板垣与一［1962］『アジアの民族主義と経済発展』東洋経済新報社．
伊丹敬之［2001］『創造的論文の書き方』有斐閣．
板谷茂ほか著［1994］『アジア発展のダイナミックス』勁草書房．
伊東光晴［1995］『21 世紀の世界と日本』岩波書店．
―――・根井雅弘［1993］『シュンペーター――孤高の経済学者』岩波新書．
岩本武和［1999］『ケインズと世界経済』岩波書店．
岩崎育夫［1998］「アジア市民社会論――概念・実態・展望」岩崎編『アジアと市民社会――国家と社会の政治力学』アジア経済研究所，所収．
姜尚中ほか著［2002］『思考をひらく――分断される世界のなかで』岩波書店．
金子　勝［1997］『市場と制度の政治経済学』東京大学出版会．
―――［1999］『反経済学――市場主義的リベラリズムの限界』新書館．
加藤浩平［1993］「ドイツ経済と外国貿易―― A. O. ハーシュマンの分析を中心に」『経済と経済学』第 73 号．
河明生［1997］『韓人日本移民社会経済史――戦前編』明石書店．
―――［2001］「マイノリティの経済問題――世代別経済的上昇法則と起業者活動」平川ほか編［2001］所収．
―――［2003］『マイノリティの起業家精神――在日韓人事例研究』ITA．
川田富久雄［1952］「後進国工業化と国際貿易」『国民経済雑誌』第 86 巻第 4 号．
川田順造ほか編［1998］『岩波講座　開発と文化 6　開発と政治』岩波書店．
ケインズ（Keynes），J. M.［1981］『ケインズ全集第 9 巻　説得論集』（宮崎義一訳）東洋経済新報社．
キルケゴール（Kierkegaard），S.［1996］『死にいたる病』（桝田啓三郎訳）ちくま学芸文庫．
橘川武郎［1998］「経済開発政策と企業――戦後日本の経験」東京大学社会科学研究所編［1998］所収．
北川一雄［1953］『経済発展と外国貿易』有斐閣．
喜多村浩［1974］「開発経済学における一つの異端的視角」『アジア経済』第 15 巻第 5 号．

清成忠男［1998］「編訳者による解説」シュンペーター［1998］所収.
高英求［1993］「初期開発経済学の国際金融論——ヌルクセ理論の再評価」『九州国際大学論集』第122号.
———［1995］「国際資本移動と開発論」本山編［1995］所収.
小泉允雄［1998］「東南アジアの本当の希望とは」『世界』7月号.
国際金融情報センター編［2002］『世界銀行等の開発援助政策に係わる検討（委嘱調査）』3月（http://www.mof.go.jp/jouhou/kokkin/tyousa/tyou036.htm）.
コッペル（Koppel），B.［1998］「第二局面に突入したアジア」『論座』3月号.
Krugman, P.［1992］"Towards a Counter-Counterrevolution in Development Theory", Proceedings of the World Bank Annual Conference on Development Economics, Supplement to *World Bank Economic Review* and *World Bank Research Observer*.
———［1994］"The Fall and Rise of Development Economics", in Rodwin et al., eds.［1994］.
クルーグマン（Krugman），P.［1999］『経済発展と産業立地の理論——開発経済学と経済地理学の再評価』（高中公男訳）文眞堂.
久保田勇夫［1994］「東アジアの奇跡——最近の開発援助政策の論点」（下）『フィナンス』1月号.
Lal, D.［1983］*The Poverty of 'Development Economics'*, Lancing: Institute of Economic Affairs.
Lall, S.［1994］"*The East Asian Miracle*: Does the Bell Toll for Industrial Strategy?", *World Development*, Vol. 22, No. 4.
ラッシュ（Lasch），C.［1997］『エリートの反逆——現代民主主義の病い』（森下伸也訳）新曜社.
Laver, M.［1976］"Cultural Aspects of Loyalty: On Hirschman and Loyalism in Ulster", *Political Studies*, Vol. 24, No. 3.
Lewis, W. A.［1949］*Economic Survey: 1919-1939*, London: Unwin University Press（石崎昭彦ほか訳『世界経済論』新評論，1969年）.
———［1984］"The State of Development Theory", *American Economic Review*, Vol. 74, No. 1.
Ma, S. Y.［1993］"The Exit, Voice, and Struggle to Return of Chinese Political Exiles", *Pacific Affairs*, Vol. 66, No. 3.
Mackintosh, M.［1992］"Qustioning the State", in Wuyts et al., eds.［1992］.
マクファーソン（Macpherson），C. B.［1980］『所有的個人主義の政治理論』（藤野渉ほか訳）合同出版.
マハティール（Mahathir），M.［1998］「『ルック・イースト』は死なず」『文藝春秋』8月号.
マイヤー（Maier），C. S.［1982］「20世紀におけるインフレーションの政治学」ハーシュほか編［1982］所収.
間宮陽介［1999］『同時代論——市場主義とナショナリズムを超えて』岩波書店.
マーシャル（Marshall），A.［1988］『貨幣信用貿易』第1分冊（永沢越郎訳）岩波書店.

丸谷才一・山崎正和［1996］『二十世紀を読む』中央公論社。
マルクス（Marx），K.［1969］『資本論』（三）（向坂逸郎訳）岩波文庫。
McPherson, M.［1986］"The Social Scientist as Constructive Skeptic: On Hirschman's Role", in Foxley et al., eds.［1986］.
────［1992］"Albert O. Hirschman", in Arestis et al., eds.［1992］.
Meier, G.［1994a］"From Colonial Economics to Development Economics", in Meier, ed.［1994］.
────［1994b］"The Future in Perspective", in Meier, ed.［1994］.
────ed.［1989］*Leading Issues in Economic Development: Fifth Edition*, New York: Oxford University Press.
────ed.［1994］*From Classical Economics to Development Economics*, New York: St. Martin's Press.
────et al., eds.［1984］*Pioneers in Development*, New York: Oxford University Press.
Meldolesi, L.［1995］*Discovering the Possible: The Surprising World of Albert O. Hirschman*, Notre Dame: University of Notre Dame Press.
峯　陽一［1999］『現代アフリカと開発経済学』日本評論社。
三谷太一郎［1993］「戦時体制と戦後体制」『岩波講座　近代日本と植民地8　アジアの冷戦と脱植民地化』岩波書店。
毛利健三［1978］『自由貿易帝国主義』東京大学出版会。
毛利良一［2001］『グローバリゼーションとIMF・世界銀行』大月書店。
森田桐郎・本山美彦編［1980］『世界経済論を学ぶ』有斐閣選書。
森脇俊雅［2000］『社会科学の理論とモデル6　集団・組織』東京大学出版会。
本山美彦［1976］『世界経済論』同文舘。
────［1980］「世界市場における生産の組織化」森田・本山編［1980］所収。
────［1982］『貿易論序説』有斐閣。
────［1986a］『貨幣と世界システム──周辺部の貨幣史』三嶺書房。
────［1986b］「NICs現象をどうみるか」本山美彦・田口信夫編著『南北問題の今日』同文舘，所収。
────［2000］『売られるアジア──国際金融複合体の戦略』新書館。
────編著［1987］『貿易論のパラダイム』同文舘。
────編著［1995］『開発論のフロンティア』同文舘。
村上　敦［1959］「均衡的成長と不均衡的成長」『国民経済雑誌』第100巻第2号。
村上泰亮［1992］『反古典の政治経済学』（上・下）中央公論社。
Myrdal, G.［1957］*Economic Theory and Under-Developed Regions*, London: Gerald Duckworth & Co. Ltd.（小原敬士訳『経済理論と低開発地域』東洋経済新報社，1959年）.
Nafziger, E. W.［1990］*The Economics of Developing Countries*, 2nd edn., London: Prentice-Hall International.
長峯晴夫［1985］『第三世界の地域開発──その思想と方法』名古屋大学出版会。
Nagamine, H.［2000］*Regional Development in Third World Countries: Paradigms and*

Operational Principles, Tokyo: International Development Journal.
中村政則［1993］『経済発展と民主主義』岩波書店。
中谷　巌［1987］『ボーダーレス・エコノミー——鎖国国家日本への警鐘』日本経済新聞社。
根井雅弘［2001］『シュンペーター』講談社。
野口建彦［1999］「カール・ポランニー」『大航海』第 28 号。
ヌルクセ（Nurkse），R.［1960］『後進諸国の資本形成』（補訂版）（土屋六郎訳）巌松堂。
オコンナー（O'Connor），D.［1996］『東アジアの環境問題——「奇跡」の裏側』（寺西俊一・吉田文和・大島堅一訳）東洋経済新報社。
O'Donnell, G.［1986］"On the Fruitful Convergences of Hirschman's *Exit, Voice, and Loyalty* and *Shifting Involvements*: Reflections from the Recent Argentine Experience," in Foxley et al., eds.［1986］.
—————［1999］*Counterpoints: Selected Essays on Authoritarianism and Democratization*, Notre Dame: University of Notre Dame Press.
大野　泉［1994］「『東アジアの奇跡』を越えて——アジアからのメッセージを中心に」『開発援助研究』第 1 巻第 3 号。
—————［1995］「市場導入戦略と移行パフォーマンス——『グラジュアリズム』の再評価」『開発援助研究』第 2 巻第 1 号。
—————［2000］『世界銀行——開発援助戦略の変革』NTT 出版。
—————［2002］「世銀改革論議にみる国際開発動向」国際金融情報センター編［2002］所収。
大野健一［1996］『市場移行戦略——新経済体制の創造と日本の知的支援』有斐閣。
—————・大野泉［1993］『IMF と世界銀行——内側からみた開発金融機関』日本評論社。
—————・桜井宏二郎［1997］『東アジアの開発経済学』有斐閣。
Ohno, K. et al., eds.［1998］*Japanese Views on Economic Development: Diverse Paths to the Market*, London: Routledge.
オルソン（Olson），M.［1983］『集合行為論——公共財と集団理論』（依田博・森脇俊雅訳）ミネルヴァ書房。
小野一一郎編［1981］『南北問題の経済学』同文舘。
尾上久雄［1976］「下からの経済性——コスト・ベネフィットの市民的基礎」『世界』5 月号。
—————・中村達也［1976］「体制比較の経済学」『経済セミナー』2 月号。
小野塚佳光［1988］「W. A. ルイスの世界システム論」『経済論叢』第 142 巻第 2・3 号。
—————［1989］「開発経済学の混迷と再生」『愛媛経済論集』第 9 巻第 1 号。
Peattie, L.［1994］"Society as Output: Exit and Voice among the Passions and Interests", in Rodwin et al., eds.［1994］.
Picciotto, R.［1994］"Visibility and Disappointment: The New Role of Development Evaluation", in Rodwin et al., eds.［1994］.

Pincus, J. [2002] "State Simplification and Institution Building in a World Bank-Financed Development Project", in Pincus et al., eds. [2002b].
─── et al. [2002a] "Reinventing the World Bank", in Pincus et al., eds. [2002b].
─── et al., eds. [2002b] *Reinventing the World Bank*, Ithaca: Cornell University Press.
Piore, M. & C. Sabel [1984] *The Second Industrial Divide: Possibilities for Prosperity*, New York: Basic Books(山之内靖ほか訳『第二の産業分水嶺』筑摩書房, 1993年).
ポランニー(Polanyi), K. [1975]『経済の文明史』(玉野井芳郎・平野健一郎編訳) 日本経済新聞社。
Pomfret, R. [1992] *Diverse Paths of Economic Development*, Hemel Hemstead: Harvester Wheatsheaf.
Przeworski, A., ed. [1995] *Sustainable Democracy*, Cambridge: Cambridge University Press(内山秀夫訳『サステナブル・デモクラシー』日本経済評論社, 1999年).
Ritschl, A. O. [2001] "Nazi Economic Imperialism and the Exploitation of the Small: Evidence from Germany's Secret Foreign Exchange Balances, 1938-1940", *Economic History Review*, Vol. 54, No. 2.
Rodwin, L., et al., eds. [1994] *Rethinking the Development Experience: Essays Provoked by the Work of Albert O. Hirschman*, Washington, D.C.: Brookings Institution and Cambridge: Lincoln Institute of Land Policy.
Rokkan, S. [1974a] "Politics between Economy and Culture: An International Seminar on Albert O. Hirschman's *Exit, Voice, and Loyalty*", *Social Science Information*, Vol. 13, No. 1.
─── [1974b] "Entries, Voices, Exits: Towards a Possible Generalization of the Hirschman Model", *Social Science Information*, Vol. 13, No. 1.
─── [1999] *State Formation, Nation-Building and Mass Politics in Europe*, New York: Oxford University Press (edited by P. Flora et al.).
Rothchild, E. [1994] "Psychological Modernity in Historical Perspective", in Rodwin et al., eds. [1994].
Sabel, C. [1994] "Learning by Monitoring: The Institutions of Economic Development", in Rodwin et al., eds. [1994].
サイード(Said), E. W. [1995]『知識人とは何か』(大橋洋一訳) 平凡社。
櫻井公人 [1987]「貿易理論が対象としてきたもの」本山 [1987] 所収。
Sanyal, B. [1994] "Social Construction of Hope", in Rodwin et al., eds. [1994].
佐藤寛編 [1994]『援助の社会的影響』アジア経済研究所。
澤邉紀生 [1999]「会計制度分析への Exit-Voice 論の拡張可能性について」『経済学研究』第66巻第4号。
沢井 実 [1990]「書評 D. Friedman, *The Misunderstood Miracle: Industrial Development and Political Change in Japan*」『経営史学』第25巻第2号。
Schön, D. [1994] "Hirschman's Elusive Theory of Social Learnig", in Rodwin et al., eds. [1994].
シュムペーター(Schumpeter), J. A. [1962a, b, c]『資本主義・社会主義・民主主義』(上・

中・下）（中山伊知郎・東畑精一訳）東洋経済新報社。
─── [1977a, b]『経済発展の理論』（上・下）（塩野谷祐一・中山伊知郎・東畑精一訳）岩波文庫。
シュンペーター（Schumpeter), J. A. [1998]『企業家とは何か』（清成忠男編訳）東洋経済新報社。
─── [2001]『資本主義は生きのびるか──経済社会学論集』（八木紀一郎編訳）名古屋大学出版会。
Seers, D. [1964] "Book Reviews: *Journeys Toward Progress*", *American Economic Review*, Vol. 54, No. 2.
─── [1979] "The Birth, Life and Death of Development Economics", *Development and Change*, Vol. 10.
Sen, A. K. [1982] *Choice, Welfare and Measurement*, Oxford: Basil Blackwell（部分訳：大庭健・川本隆史訳『合理的な愚か者──経済学＝倫理学的探求』勁草書房，1989年）.
─── [1983] "Development: Which Way Now?", *Economic Journal*, Vol. 93.
─── [1986] "Rationality, Interest, and Identity", in Foxley et al., eds. [1986].
─── [1997] "Foreword", in Hirschman [1997].
─── [1998] "Autobiography", The Nobel Foundation. (http://www.nobel.se/economics/laureates/1998/sen-autobio.html)
─── [1999] *Development as Freedom*, New York: Oxford University Press（石塚雅彦訳『自由と経済開発』日本経済新聞社，2000年）.
Shaw, D. J. [2001] "Introduction", in Singer [2001].
Sheahan, J. [1986] "The Elusive Balance between Stimulation and Constraint in Analysis of Development", in Foxley et al., eds. [1986].
塩野谷祐一 [1995]『シュンペーター的思考──総合的社会科学の構想』東洋経済新報社。
白鳥浩 [2001]「シュタイン・ロッカンの政治理論体系」『法政研究』第6巻第1号。
白鳥正喜 [1994]「世界銀行レポート『東アジアの奇跡』をどう読むか」（上・下）『ESP』2月号・3月号。
─── [1997]「開発における政府の役割──世界銀行の開発・援助哲学を中心にして」『開発援助研究』第4巻第1号。
Singer, H. [1984] "The Terms of Trade Controversy and the Evolution of Soft Financing: Early Years in the UN", in Meier et al., eds. [1984].
─── [1985] "Relevance of Keynes for Developing Countries", in Wattel, ed. [1985].
─── [1987] "What Keynes and Keynesianism Can Teach Us about Less Developed Countries", in Thirlwall, ed. [1987].
─── [2001] *International Development Co-operation: Selected Essays by H. W. Singer on Aid and the United Nations System*, Basingstoke: Palgrave (edited by D. J. Shaw).
Standing, G. [2000] "Brave New Words? A Critque of Stiglitz's World Bank Rethink", *Development and Change*, Vol. 31.

Stern, N. [2001] "A Strategy for Development", Annual World Bank Conference on Development Economics Keynote Address, Washington, D.C., May.
Stiglitz, J. [1998] "Towards a New Paradigm for Development: Strategies, Policies, and Processes", 1998 Prebisch Lecture at UNCTAD, October 19, Geneva.
―――― [1999a] "Participation and Development: Perspectives from the Comprehensive Development Paradigm", February 27, Seoul.
―――― [1999b] "Whither Reform?: Ten Years of the Transition", World Bank, Annual Bank Conference on Development Economics, Washington, D.C., April.
Stinebower, L. [1946] "Book Review: *National Power and the Structure of Foreign Trade*. By Albert O. Hirschman", *American Economic Review*, Vol. 36, No. 3.
Streeten, P. [1984] "Comment", in Meier et al., eds. [1984].
末廣　昭 [1998a]「開発主義・国民主義・成長イデオロギー」川田ほか編 [1998] 所収。
―――― [1998b]「発展途上国の開発主義」東京大学社会科学研究所編 [1998] 所収。
―――― [2000]『キャッチアップ型工業化論――アジア経済の軌跡と展望』名古屋大学出版会。
鷲見一夫 [1994]『世界銀行――開発金融と環境・人権問題』有斐閣。
Swedberg, R. [1991] *J. A. Schumpeter: His Life and Work*, Cambridge: Polity Press.
Swedberg, R., ed. [1990] *Economics and Sociology: Redefining Their Boundaries: Conversations with Economists and Sociologists*, Princeton, NJ.: Princeton University Press.
田淵太一 [2002]「ケインズの能率賃金論」『山口経済学雑誌』第50巻第1号。
高橋　進 [1999]『歴史としてのドイツ統一――指導者たちはどう動いたか』岩波書店。
田巻松雄 [1994]「アジアの経済成長と権威主義体制」板谷ほか [1994] 所収。
Taylor, L. [1994] "Hirschman's *Strategy* at Thirty-Five", in Rodwin et al., eds. [1994].
Teitel, S., ed. [1992] *Towards a New Development Strategy for Latin America: Pathway from Hirschman's Thought*, Washington, D.C.: Inter-American Development Bank.
Thirlwall, A. P., ed. [1987] *Keynes and Economic Development*, London: Macmillan Press.
トクヴィル（Tocqueville），A. [1987]『アメリカの民主政治』（下）（井伊玄太郎訳）講談社学術文庫。
―――― [1988]『フランス二月革命の日々――トクヴィル回想録』（喜安朗訳）岩波文庫。
東京大学社会科学研究所編 [1998]『20世紀システム4　開発主義』東京大学出版会。
Toye, J. [1993] *Dilemmas of Development*, 2nd edn., Oxford: Blackwell.
トリフィン（Triffin），R. [1968]『国際通貨制度入門――歴史・現状・展望』（柴田裕・松永嘉夫訳）ダイヤモンド社。
恒川惠一 [1998]「開発経済学から開発政治学へ」川田ほか編 [1998] 所収。
都留重人 [1998]「現代帝国主義の分析のために」『経済』12月号。
内橋克人 [1995]『共生の大地』岩波新書。
――――編 [1997]『経済学は誰のためにあるのか』岩波書店。
UNDP [1993] *Human Development Report 1993*, New York: Oxford University Press.

宇野重規［1998］『デモクラシーを生きる——トクヴィルにおける政治の再発見』創文社.
宇沢弘文［2000］『ヴェブレン』岩波書店.
Wade, R. ［1990］ *Governing the Market: Economic Theory and the Roll of Government in East Asian Industrialization*, Princeton, NJ.: Princeton University Press（部分訳：長尾伸一ほか訳『東アジア資本主義の政治経済学——輸出立国と市場誘導政策』同文舘, 2000年）.
——— ［1996］"Japan, the World Bank, and the Art of Paradigm Maintenance: *The East Asian Miracle* in Political Perspective", *New Left Review*, No. 217.
——— & F. Veneroso ［1998］"The Asian Crisis: The High Debt Model Versus the Wall Street-Treasury-IMF Complex", *New Left Review*, No. 228.
ウォーラーステイン（Wallerstein）, I. ほか［1996］『社会科学をひらく』（山田鋭夫訳）藤原書店.
渡辺利夫［1995］『新世紀アジアの構想』ちくま新書.
——— ［1999］「『開発主義』と『開発独裁』をどう評価する」『日本労働研究雑誌』第469号.
Wattel, H., ed. ［1985］ *The Policy Consequences of John Maynard Keynes*, New York: M. E. Sharpe.
ヴェーバー（Weber）, M. ［1988］『プロテスタンティズムの倫理と資本主義の精神』（大塚久雄訳）岩波書店.
——— ［1998］『社会科学と社会政策にかかわる認識の「客観性」』（富永祐治ほか訳）岩波文庫.
Wilber, C. K., et al. ［1986］"The Methodological Basis of Hirschman's Development Economics: Pattern Model vs. General Laws", in Foxley et al., eds. ［1986］.
Williams, J. H. ［1929］"The Theory of International Trade Reconsidered", *Economic Journal*, Vol. 39.
Williamson, J. ［1996］"Lowest Common Denominator or Neoliberal Manifesto? The Polemics of the Washington Consensus", in Auty et al., eds. ［1996］.
Williamson, O. ［1976］"The Economics of Internal Organization: Exit and Voice in Relation to Markets and Hierarchies", *American Economic Review*, Vol. 66, No. 2.
ウィンチ（Winch）, D. 『アダム・スミスの政治学——歴史方法論的改訂の試み』（永井義雄ほか訳）ミネルヴァ書房.
Wolfenson, J. ［1999］"A Proposal for a Comprehensive Development Framework: Discussion Draft", 21 January, Washington, D.C.: World Bank (http://www.worldbank.org).
World Bank ［1993］ *The East Asian Miracle: Economic Growth and Public Policy*, New York: Oxford University Press（白鳥正喜監訳『東アジアの奇跡——経済成長と政府の役割』東洋経済新報社, 1994年）.
——— ［1997］ *World Development Report 1997*, New York: Oxford University Press（海外経済協力基金開発問題研究会訳『世界開発報告1997』東洋経済新報社, 1997年）.

―――［1998］*Assessing Aid: What Works, What Doesn't, and Why*, New York: Oxford University Press（小浜裕久・富田陽子訳『有効な援助――ファンジビリティと援助政策』東洋経済新報社, 2000年）.

―――［1999］*World Development Report 1998/1999*, New York: Oxford University Press（海外経済協力基金開発問題研究会訳『世界開発報告1998/99』東洋経済新報社, 1999年）.

―――［2000］*World Development Report 1999/2000*, New York: Oxford University Press（小浜裕久監訳『世界開発報告1999/2000』東洋経済新報社, 2000年）.

―――［2001］*World Development Report 2000/2001*, New York: Oxford University Press（西川潤監訳『世界開発報告2000/2001』シュプリンガー・フェアラーク東京, 2001年）.

Wuyts, M.［1992］"Deprivation and Public Needs", in Wuyts et al., eds.［1992］.

――― et al., eds.［1992］*Development Policy and Public Action*, Oxford: Oxford University Press.

Wynarczyk, P.［1999］"Convergences with Schumpeter: An Essay Hirschman Has Yet to Write", *Journal of Evolutionary Economics*, Vol. 10, No. 3.

八木紀一郎［1999a］『近代日本の社会経済学』筑摩書房。

―――［1999b］「経済の市場的発展とボイス形成」横川信治ほか編著『進化する資本主義』日本評論社。

―――［2001］「シュンペーターの経済学と社会学」シュンペーター［2001］所収。

山川雄巳［1996］「東ドイツの崩壊とハーシュマン理論」『立命館法学』第245号。

山之内靖［1993］「訳者あとがき」ピオリ（Piore）ほか『第二の産業分水嶺』所収。

矢野修一［1989］「第三世界の開発戦略と政治的制約」『経済論叢』第144巻第5・6号。

―――［1993］「『柔軟な専門化』論の現代経済認識――ピオリ＝セーブル『第二の産業分水嶺』への覚え書き」『産業研究』第29巻第1号。

―――［1994］「スーザン・ジョージの債務危機分析」（Ⅰ・Ⅱ）『高崎経済大学論集』第36巻第4号・第37巻第1号。

―――［1995］「A. O. ハーシュマンの開発論と市場経済観――情念制御の開発思想」本山編著［1995］所収。

―――［1997］「可能性追求主義・不確実性・民主主義――ハーシュマン的方法論への視座」『産業研究』第33巻第1・2合併号。

―――［1999a］「『可能性追求』と『越境』の日々――亡命知識人ハーシュマンの回想」『高崎経済大学論集』第42巻第1号。

―――［1999b］「『Exit-Voice』論と公共性」（上・下）『高崎経済大学論集』第42巻第2号・第3号。

―――［2000a］「開発論から見た『現代アジア』と日本――開発主義論争と日本的アプローチ」高崎経済大学附属産業研究所編『『現代アジア』のダイナミズムと日本』日本経済評論社。

—――［2000b］「開発プロジェクト評価と発展プロセスへの視点」『高崎経済大学論集』第 43 巻第 3 号。

—――［2001a］「書評　J. A. シュンペーター『企業家とは何か』」『高崎経済大学論集』第 44 巻第 2 号。

—――［2001b］「開発・市場移行過程における社会的学習」『高崎経済大学論集』第 44 巻第 3 号。

—――［2002］「世界銀行内部におけるハーシュマン評価について」『高崎経済大学論集』第 45 巻第 3 号。

米倉誠一郎［1986］「企業家精神の発展過程」小林規威ほか編『現代経営事典』日本経済新聞社。

吉岡秀輝［1989］「第三世界諸国における経済発展と政治発展の不均衡について――ハーシュマンの『トンネル効果』仮説の研究」『北見大学論集』第 22 号。

尹春志［1999］「金融パニックと日本問題としての東アジア危機――東アジア通貨・金融危機と構造的脆弱性」（Ⅱ）-（1）『東亜経済研究』第 58 巻第 1 号。

あとがき

　本書は，大学院修士課程以来，筆者が長く関心を抱き，向き合ってきたアルバート・O. ハーシュマンに関する研究をまとめたものである。本書執筆のきっかけのひとつとなったのは，1999 年度から 2001 年度にかけ 3 カ年にわたり，科学研究費補助金を給付されたことである（課題番号 11630051「開発・市場移行論における新自由主義へのオルターナティブの研究――公共性概念の復権」）。

　この期間中，中間的成果としていくつかの論稿を発表したが，科研費の成果報告書をまとめる際，それらとともに過去の論文も検討し直し，その成果も随所に盛り込んだ。本書は，2003 年 3 月，日本学術振興会に提出した科研費成果報告書を母体としている。今回の出版にあたり，文章を紡ぎ直し，新たな章を書き加えるとともに，内容についてさらなる検討を重ね，「ハーシュマン研究」としての充実を図った。慣例に従い以下に初出一覧を掲げておくが，こうした事情もあって，ベースになった論文は若干の手直しにとどめた第 6 章以外，大幅に加筆・修正が施され，論題も変更されている。

序　章「変化を誘発する知性の組織化に向けて」………………書き下ろし
第 1 章「ワシントン・コンセンサス批判と日本式開発主義」……矢野［2000a］
第 2 章「ポシビリズム・不確実性・民主主義」…………………矢野［1997］
第 3 章「大戦間期世界経済の構造分析」…………………………書き下ろし
第 4 章「情念制御の開発思想」……………………………………矢野［1995］
第 5 章「企業家的機能と改革機能」………………………………矢野［2001a］
第 6 章「開発プロジェクト評価と発展プロセスへの視点」……矢野［2000b］
第 7 章「世界銀行『改革』のさざ波と社会的学習」……………矢野［2001b, 2002］
第 8 章「経済学・政治学架橋の試み」……………………………矢野［1999b］
終　章「極論との訣別」……………………………………………書き下ろし

自分の非力さ，そして時間的制約もあり，本書においてハーシュマンの業績をどこまで咀嚼し正当に評価できたのか，誠に心許ない。だが拙いながらも，こうして修士論文以来の長年のテーマをようやく形にすることができ，安堵しているというのがいまの正直な気持ちである。あらためて思い返せば，出会いに恵まれ，これまで数多くの方々に支えていただいた。この場を借りて，お礼を申し上げたい。

　京都大学経済学部の本山美彦先生から受けた学恩は，ここで書きつくすことなど到底できない。1981年4月の入学式当日，新入生歓迎企画として行なわれた先生の講演会をお聴きし，「この先生のゼミに入るのだ」と決めた。学部ゼミに入れていただいて以来，できが悪く，いろいろとご迷惑をおかけしたにもかかわらず，見捨てられることなく今日までご指導いただいている。20年以上にわたるお付き合いのなかで，先生と一緒にどれだけ酒を飲んだか，もはや数えきれないが，素面で行なわれる正規のゼミよりも，経済学について，そして人生について，酒席で教えていただいたことのほうが身についている気がするのも，できの悪さの証左かもしれない。

　「矢野，まだまだ脇が甘いな」とお叱りを受けるかもしれないが，先生が京大を退官される前に本書を出版することができ，ホッとしている。1988年3月，皆で寄宿生活をしたオーストラリア・ブリスベーンで，とはいかないまでも，あの頃と同じように，また先生とジョギングでどこかの街を駆けぬけてみたい。とりあえず，ひと区切りをつけたいま，そんな気分に浸っている。

　学部も大学院も，本山ゼミには先生の研究，人柄を慕って数多くの人が集まってきた。本山ゼミは，研究者に限っても多士済々の人材を輩出しているが，ゼミの先輩・同期・後輩諸兄から受けた数々の知的刺激ぬきには，本書の出版は考えられなかった。あまりにも多くの方々にお世話になっており，ここですべての名前をあげることはできない。今回は，直接引用させていただいた一部の方々を参考文献目録にあげるにとどめるが，それでも，自主ゼミや院試に向けた勉強会のテューターをしていただいた櫻井公人氏（立教大学），現在も研究室を切り盛りし奮闘していただいている岩本武和氏（京都大学），学部ゼミ以来現在に至るまで，いろいろな節目でお世話になってきた中島健二氏（金沢大学），学部1回生の語学クラス以来，四半世紀近い付き合いとなる高英求氏（中部大学），ユニークなハーシュマン研究で刺激を

与えてくれた峯陽一氏（中部大学）の名前は記しておきたい。

　本山先生の後ろをくっついてまわり，学部時代から国際経済学会に出向いていた関係で薫陶を受けている方も多い。本多健吉先生（鹿児島国際大学）には，先生が大阪市立大学におられた頃，開催されていた大学院の合同ゼミにおいて，ハーシュマン研究について貴重なコメントをいただいた。吾郷健二先生（西南学院大学）は，国際経済学会だけではなく，いろいろな研究会でご一緒する機会が多い。本多・吾郷両先生には，いつもさまざまな場でご教示いただき，研究の糧を頂戴している。平川均先生（名古屋大学）が主宰される「新アジア研究会」では，東アジア・東南アジアをフィールドとする研究者の方々と接する機会が多く，研究室にこもりがちな私に大きな刺激を与えていただいている。これらの先生方より若く年齢も近い鳴瀬成洋氏（神奈川大学）には，抜刷を送るたび，いつも丁寧なコメントをいただき励まされてきた。

　亡くなられた小野一一郎先生（京都大学），森田桐郎先生（東京大学）にも大変お世話になった。修士論文執筆の時期と本山先生の海外留学が重なり，不安になったが，小野先生のご教示を受け，なんとか提出にこぎつけた。御用納めも過ぎた1987年の年の瀬，奈良のご自宅にまで押しかけ，ご指導を仰いだのも昨日のことのように思い出される。そして森田先生は，右も左も分からぬ関東にはじめてやってきた私に何かと気を遣っていただき，高崎赴任当初，なんども興味深い研究会にお誘いいただいた。最後となった葉山の研究会にフル参加できなかったのは今でも悔やまれる。

　現在勤務している高崎経済大学では，自由な雰囲気のなかで研究・教育活動に携わることができ，充実した日々を過ごしている。これも赴任以来，公私にわたりお世話になってきた加藤一郎教授（財政学），西野寿章教授（地理学），高橋伸次教授（スポーツ科学）のおかげである。

　高崎経済大学は小さな公立大学であるが，研究に関しては，通常の研究費以外にも特別研究奨励金等，さまざまなサポート体制が整っており，大変ありがたいことに，本書の出版についても助成金を給付していただいた。関係各方面の方々に感謝申し上げたい。

　また高崎では，ゼミ生をはじめ，多くの学生諸君に恵まれてきた。全国各地から集う素朴でまじめな学生たちは，研究・学習のみならず，いろいろな場面で素直な頑張りを見せてくれる。その熱い姿に励まされ，私自身ここま

でやってこられた気がする。私のゼミを卒業し，いろいろな大学・大学院，研究機関で研究を続ける人たちとともに，1998年の夏，研究会を立ち上げ，今日にいたっているが，その研究会に「ポシビリズム研究会」と名づけた理由も，本書を一読していただければわかっていただけるだろう。ゼミ生は，私の誇りであり，財産である。

　このたびの出版では，法政大学出版局編集部の勝康裕氏にご尽力いただいた。10年ほど前，一緒に仕事をする機会があり，その仕事ぶりに惚れ込んだ。自分が単著を出すときは勝氏にお願いしようと，そのときから決めていた。にもかかわらず，私の執筆が思うように進まず，原稿提出が遅れ，勝氏の手を必要以上に煩わせてしまった。ここにお詫び申し上げたい。

　本書執筆中，家族にも重苦しい緊張感を与えてしまったことを謝らねばならない。煮詰まってくると，志に反し，いらついた雰囲気を漂わせてしまうのは，まだまだ修行が足りないからであろう。それでも最後まで執筆の環境を整えてくれた妻，長女，次女に感謝したい。

　そして最後に，私の両親には心の底から「ありがとう」といいたい。浪人，留年と学生生活は必ずしも順調に進まず，またなかなか研究成果もだせなかったが，それでも挫折しなかったのは，両親が何もいわず，いつも温かく見守ってくれていたからである。「おまえの好きにすればいい」と，わがままを許してくれなければ，こうして研究を続けることなどできなかったであろう。恩返しなどはとてもできないが，親不孝のせめてもの償いとして，本書を遠く離れて暮らす両親に捧げる。

矢野　修一
わが子とゼミ生の写真があふれる研究室にて
2004年3月

人名索引

[ア 行]
麻田四郎　81, 149, 207
アムスデン（Amsden, A.）　24, 30
アンダーソン（Anderson, B.）　33
アーント（Arndt, H. W.）　89
石川　滋　24, 27, 238
石田　雄　47
板垣与一　146, 149, 152, 194
伊丹敬之　58, 287, 333-334
伊東光晴　178-179, 279
ヴィナルチェク（Wynarczyk, P.）199-203
ウィリアムソン（Williamson, J.）　20-21, 237
ウィリアムソン（Williamson, O.）285-286, 296
ウィルバー（Wilber, C. K.）　176
ウィンチ（Winch, D.）　73
ウェイド（Wade, R.）　22-26, 238, 261
ヴェーバー（Weber, M.）　8-9, 165, 278
ウォーラーステイン（Wallerstein, I.）56
ウォルフェンソン（Wolfenson, J.）240-241, 259, 261
宇沢弘文　43, 312
内橋克人　52, 312, 345
宇野重規　279-281, 342
絵所秀紀　29, 35, 65, 138, 140, 142
エルラーマン（Ellerman, D.）　246-252, 255, 257
大野　泉　237-241, 264
大野健一　24, 27-33, 237-238

オドーネル（O'Donnell, G.）　15, 49, 318-321, 325
尾上久雄　286
オルソン（Olson, M.）　285, 295, 328

[カ 行]
カー（Carr, E. H.）　5-6, 57, 82, 89
金子　勝　283-284, 313
カポラソ（Caporaso, J.）　80, 120-123
カミュ（Camus, A.）　76
カルドーゾ（Cardoso, F. H.）　123, 318
ガルブレイス（Galbraith, J. K.）　36, 265-266, 337-339, 341
ギアーツ（Geertz, C.）　317
北川一雄　81, 94, 107, 133
喜多村浩　227, 230
ギデンズ（Giddens, A.）　311
キルケゴール（Kierkegaard, S.）　59-61, 75
クラウチ（Crouch, C.）　161
クルーグマン（Krugman, P.）　51-52, 55, 57, 137, 144, 175, 230-231, 246, 249
ケインズ（Keynes, J. M.）　2, 7, 72, 82, 140, 156, 159, 200, 204, 245
コーザー（Coser, L.）　4
コロルニ（Colorni, E.）　4, 43, 61, 79, 264, 334

[サ 行]
サイード（Said, E. W.）　77
齋藤純一　310, 332
サイモン（Simon, H.）　249-250, 289

佐藤　寛　　207, 229-230
サマーズ（Summers, L.）　241
澤邉紀生　287, 328-331
サンヤール（Sanyal, C.）　52-53, 55, 265-269, 273
シアーズ（Seers, D.）　51-52, 139
シェーン（Schön, D.）　249-250, 267, 272-273
塩野谷祐一　178-179, 202
シーハン（Sheahan, J.）　75, 159-160
シュンペーター（Schumpeter, J. A.）　17, 145, 176-189, 191-193, 195-196, 198-203, 243, 245, 266
ジョージ（George, S.）　21-22, 237-238, 261-262
ジョンソン（Johnson, S.）　341
シンガー（Singer, H.）　20, 80, 151, 156, 178, 187-188, 237
スウェッドベリ（Swedberg, R.）　9-10, 199, 203, 275
末廣　昭　35-36, 185-188, 190
スターン（Stern, N.）　242
スタンディング（Standing, G.）　259-264
スチュアート（Steuart, J.）　168-169
スティグリッツ（Stiglitz, J.）　180-181, 236, 241-246, 249-250, 257-259, 261-262, 264, 267-268, 274
ストリーテン（Streeten, P.）　49, 156
鷲見一夫　237-238, 241
スミス（Smith, A.）　62, 73, 83-84, 168-169, 209, 316
セーブル（Sabel, C.）　39, 41-42, 46, 49, 249-250
セン（Sen, A. K.）　22, 34, 43-46, 49, 52, 63-66, 73, 139, 142-143, 165, 211, 340-341

[タ　行]
ダット（Dutt, A. K.）　140
チェネリー（Chenery, H.）　51-52, 246
恒川惠一　34-35, 37
都留重人　241

ティブー（Tiebout, C. M.）　295, 306
テイラー（Taylor, L.）　231, 246
トクヴィル（Tocqueville, A.）　60, 62, 67-68, 279-281, 342-343
ドラモンド（Drummond, I. M.）　132
トリフィン（Triffin, R.）　132
ドーンブッシュ（Dornbush, R.）　315

[ナ　行]
中谷　巌　287
長峯晴夫　207, 227-230
中村政則　36
ニーチェ（Nietzsche, F.）　77
ヌルクセ（Nurkse, R.）　80, 145, 147, 149, 151, 188-190, 192
野口建彦　283

[ハ　行]
ハイエク（Hayek, F. A.）　62, 65, 73, 243, 245
バグワティ（Bhagwati, J.）　22, 142
ハーシュ（Hirsch, F.）　161, 193
蓮見重彦　11
速水佑次郎　287
原田太津男　59, 72, 264, 287
原　洋之介　27, 238
バラン（Baran, P.）　81, 145-146
バリー（Barry, B.）　285-286, 331
バルダーン（Bardhan, P.）　172
ピアティ（Peattie, L.）　52, 55, 138, 232
ピオーリ（Piore, M.）　39, 41-42, 46, 231
ピチョット（Picciotto, R.）　207, 242
平川　均　26, 35
ヒルガート（Hilgerdt, F.）　104, 130-134
ピンカス（Pincus, J.）　237, 239, 258-263
ファイン（Fine, B.）　237, 241, 259, 262-264
ファーニヴァル（Furnivall, J. S.）　194, 213
フィリックス（Felix, D.）　246
フォックスレイ（Foxley, A.）　15
プシェヴォルスキ（Przeworski, A.）

22-23, 31, 34, 69
藤原帰一　35-36
フライ（Fry, V.）　4, 79
フリードマン（Friedman, D.）　30, 38-42, 46
フリードマン（Friedman, M.）　279, 295, 302-303, 306, 312
フリーマン（Freeman, R.）　286
ブルートン（Bruton, H. J.）　54-55, 138, 153-154, 176
フレイレ（Freire, P.）　3-4, 6
ブレヒト（Brecht, B.）　340
ブローデル（Braudel, F.）　71
ホジソン（Hodgson, G.）　58, 200-201, 203
ポランニー（Polanyi, K.）　282-284
ボールドウィン（Baldwin, D. A.）　122, 134
本多健吉　123, 145, 149, 197
本田創造　312

[マ　行]
マイヤー（Maier, C. S.）　193
マイヤー（Meier, G.）　79, 139-140, 147
マクファーソン（Macpherson, C. B.）　279
マクファーソン（McPherson, M.）　15, 58, 71
マーシャル（Marshall, A.）　87
間宮陽介　278, 282-283
マルクス（Marx, K.）　60-61, 169, 180, 200, 209
峯　陽一　43, 65, 142, 175, 213, 284, 287, 300, 332, 338
ミュルダール（Myrdal, G.）　59-60, 155, 174-175, 230, 249, 308
村上泰亮　27, 32, 238
メルドレージ（Meldolesi, L.）　12, 61, 71-72, 85, 123, 264, 266, 334
毛利健三　81, 117, 131
本山美彦　19, 72, 80-81, 83, 130-132, 175, 238
森脇俊雅　287, 328
モンテスキュー（Montesquieu, C. L.）　84, 165, 168-169, 316

[ヤ　行]
八木紀一郎　33, 178, 287, 300, 321, 333
山之内靖　41-42

[ラ　行]
ラッシュ（Lasch, C.）　308-310, 313
ラル（Lal, D.）　141-142
ラル（Lall, S.）　141
リッチル（Ritschl, A. O.）　123-130
リンドブロム（Lindblom, C.）　215, 249-250
ルイス（Lewis, W. A.）　80, 123, 138-139, 142, 144, 175, 213, 300
レーニン（Lenin, V. I.）　61, 159, 312
ロストウ（Rostow, W. W.）　182
ロッカン（Rokkan, S.）　285-286, 323
ロドウィン（Rodwin, L.）　49, 231, 250

[ワ　行]
渡辺利夫　32, 238

事項索引

[ア 行]

IMF（国際通貨基金） 12, 19-23, 26, 28, 47, 235-239
依存（dependence） 121-122
イデオロギー上のエスカレート 4, 157, 271
意図せざる結果 9, 50, 58, 61-68, 72-74, 171, 175, 209, 211, 261, 268, 333
インフレーション 28, 155, 158-162, 270
　社会的安全弁としての── 158-161, 218
ヴァウチャー・システム 243, 303-304
迂回的問題解決 157, 225
越境（trespassing） 9, 15, 49, 77, 285
エリートの反逆 307-311
延期選択（postponement choices） 151, 227
援助
　──の社会的影響 207, 229
　プログラム── 17, 247, 255-256
　プロジェクト── 18, 255-256
オーナーシップ 241, 249, 252, 257, 262
お雇い経済学者症候群（the visiting-economist syndrome） 157, 253
穏和な商業（doux commerce） 168-169, 315

[カ 行]

改革機能 16, 163, 176-177, 191, 195-198, 203
改革屋（reformmonger） 270
開発経済学
　──とケインズ経済学 140-141, 151, 156
　──と新古典派 28, 238
　──の衰退 51, 54, 138, 142-144, 171-172, 177, 230
　──における反革命 19, 137
　──における反・反革命 137, 175-176
開発主義 17, 27, 30, 33, 176, 339
　──の本質 35-36
　──論争 12, 16, 19, 47
　日本式── 13, 16, 19-20, 43, 45, 47, 138, 162, 191, 207, 241
外部経済（不経済） 150, 156, 163, 174
　──の内部化 147-148
ガヴァナンス 241, 263-264, 337
　コーポレート・── 23, 180-181, 243
隠された合理性 53, 157, 267
確実性（certainty） 5, 73
学習 9, 204-207, 218, 220, 251, 273, 301
　──効果 150, 157, 190-191, 206, 224
　──と忠誠 330-331
　──の機会 270-273
　行為・実践を通じた── 190, 210-211, 229, 232, 266, 272
　社会的── 17, 190, 232, 249-251, 269-274, 276
関係断絶の機会費用 122, 129
機械ペースの作業 150, 154, 217, 270
企業家的機能 16, 163-164, 176-177, 196-198, 203
企業者（家） 17, 149, 152, 164, 177-190,

201-203, 269
──能力　145, 151, 187, 189-190, 269-270
──の機能　182-189, 195-196
──の創造的反応　182-184
──の適応的反応　183
希望　2, 5-6, 58, 79, 193, 291
キャッチアップ型工業化　16, 177, 185
教科書経済学　243, 244
許容性（latitude）　154, 204, 215-221, 226, 233, 271, 273, 287, 289
均整成長（論）　70, 147-152, 248, 268
緊張
──の緩和　59, 75, 160
管理しやすい──　52, 231
緊張経済（taut economy）　288-289, 291
空想的資本主義　235
経営学　196, 285
計画化されない未来　74, 275, 277
継起（sequence）　10, 55, 150, 154, 223, 225, 230
経済学者の「夢」　278, 280-281, 290, 314
経済学と政治学の合体（economics-cum-politics）　8, 294
経済社会学　177-179, 199
経済の社会的被拘束性　178, 203, 235, 284
決定論　5, 59-61, 183, 332
自由意志と──　6, 11, 57, 66
結論を急ぐ激情　11, 226
権威主義　173
──（開発）体制　20, 30-31, 39-40, 42-46, 159-162, 196-198, 245, 318-321, 339-341
──（開発）体制と予見可能性　68-70
──（開発）体制と冷戦　36
──（開発）体制容認論　16, 32-35
権力　7, 35, 133, 150, 158, 166, 204, 257, 322, 325, 339
──の行使（濫用）　15, 44, 80-84, 135, 167-168, 314
──の制御（抑制）　12, 14, 136, 170-171, 314
経済学と──　8, 82-85, 143-144, 171
公共空間　278, 301, 326-327, 331
公共性　284, 298, 313-314
構造調整（政策）　13, 19, 21-22, 26, 80, 135, 137, 161, 235, 237-238, 339
拘束性（discipline）　154, 204, 215-219, 226, 247, 271, 273
合目的的歴史観　41-42, 74
国際通貨基金→IMF
国際貿易機関（ITO）　119
国際連合　227-228, 337-338, 341
国際連盟　92, 104, 107, 130-131
コミュニケーション　191-198, 204, 207, 291, 319, 329-331
固有性　55-58, 67, 71, 183
コンディショナリティ　237, 246-249, 252, 263
根本的解決　69, 337

［サ　行］
作業員ペースの作業　154, 217
搾取命題　123-126, 129
自己破壊（self-subversion）　76-77
シジフォスの神話　76-77
市場
──原理主義（者）　7, 38, 46, 163, 203, 241, 278, 285, 302
──による社会統合（社会編成）　165, 279
──の育成　27-28, 32, 37
──の失敗　27, 140, 149, 174, 279
──メカニズム　2, 19, 21, 149, 155, 185, 190, 267, 273, 290, 294-295, 298, 317
「精密な時計」としての──　170, 173, 280
「下から」
──のエネルギー　274-275
──の経済性　286-287
──の反応・不満　291, 307, 323, 327
実現しなかった意図　72-73, 170, 282

失敗コンプレックス　270-271
失望　9, 11, 50, 66, 291, 326, 331
私的行為の公的帰結　304
資本主義市場経済の擁護　14-15, 72, 164-173, 279, 314-316
社会科学
　——と物理学　9-10
　——と法則　8-10, 50, 55-58, 74
　——の可能性　1-2, 17
　戦後日本の——　47
　文化科学としての——　8
　わが孫たちの——　204, 345-346
社会工学　206, 246, 260-261
社会主義　2, 49, 81, 142, 177, 181, 195, 202, 235
社会的間接資本不足型発展　150, 153, 270
社会的シャドーボクシング　160
社会的上昇移動　314
　——と開かれた社会　307-309, 311, 313
社会的能力　186, 190, 245, 269
社会の壊れやすさ　2, 50, 79, 235
収穫逓増　51, 147, 174, 176
集合行為　285, 321, 326-328
重商主義　25, 82-83, 118, 134
従属（dependency）　83, 85, 121, 129, 134-135, 318
　——理論（学派）　80, 120-123, 140-141, 175
宿命論　6, 59-61
需要の品質弾力性　292-293, 295-296
情念（passions）　16, 73, 165, 167-169, 232, 236
　——の制御　16, 137, 144, 158, 177, 218
　——の爆発　15, 166, 171, 235
　穏和な——　15, 72, 166, 170
　可能なるものへの——　59, 74, 275, 339
情報の経済学　258, 262, 264
人格化された流動性選好　189, 201, 269
新自由主義
　——宣言　20-21, 237
　——と権力・権威主義の親和　69-79, 176, 280, 339-340
　——と排除　277, 310-311
　——と保守的思考　2, 63
　——批判　16-17, 22-23, 31, 47
新生産物創出的工業化　150, 153-154, 270
浸透効果　155, 174
進歩のための同盟　253-254
スラック（slack）　146, 287-289
　——経済（観）　60, 145, 153, 225, 287-290
生起しつつある現実　5, 55, 135, 339
生産工程中心産業　154, 217, 270
生産物取り替え的革新　154
政治
　大文字の——　38, 260, 274, 277
　狭義の——　39-40
　広義の——　38-42, 46, 260
政治経済学（political economics）　1-2, 8-10, 12, 177, 277, 294, 335
制度　28, 41, 44, 54, 200, 206, 225, 228, 279, 333, 340
　——構築　236, 241, 252, 257-261, 264
　——主義　58, 200
　——能力の向上　29, 31
　——の変化・変革　206, 249, 258, 267
　権力制御の——　12-15
　市場を支える——　163, 283-284
世界観（Weltanschauung）　61, 65, 264, 344-345
世界恐慌　7, 103, 132, 135, 231
世界銀行
　——『世界開発報告』（World Development Report）　21, 143, 258-259, 337
　——の援助政策　12-13, 19-20, 24-26, 30, 47, 233, 235-236, 246, 248-249, 257-264
　——の援助プロジェクト　205-207, 252-253
　——の「ニッチ・バンク」化　239

——への批判と改革　17, 22-23, 236-242
　中世キリスト教会としての——　22, 259
　ナレッジ・バンクとしての——　236, 241, 257-261, 263-264
絶望　1, 6, 59-60, 341
潜在的余剰（資源）　145-147, 150, 158, 176
漸進主義　31, 33, 244, 339
全体主義　70, 172-173, 341
前提条件　53, 75, 146, 190, 205-206, 211, 271, 274, 338-339
　——の物神化　53, 57, 236, 248, 265-267, 269, 337-338
相互依存　84, 149-150, 156, 164, 167, 173-174
総合化の呪縛　236, 248, 265, 267, 338
相互利益　83, 140-141, 146, 156, 164, 196, 269

[タ　行]
代替選択（substitution choices）　151, 227
対立　4, 9, 41, 46, 144, 147, 153, 158-161, 176, 198, 212, 263, 270, 306
　——と遠心化　342-343
　——と求心化　18, 204, 342-343
　——と差異（性）　14, 68, 342-343
　——の否定・一掃　14, 34, 48, 69, 162, 341-342
　発展圧力としての——　14, 48, 162, 229, 342
　理想的な——　75, 160
多角的貿易（網）　130-134
多元的
　——価値　163
　——社会　34, 70, 74
　——政治　323
　——体制　197-198, 343
　——知識　189, 199, 240-241, 265, 267-268, 273, 333
　——ギャップ　252, 258-259, 262

——の独占・ヘゲモニー　260, 263, 317
　価値中立的な——　259
　不完全な——　9, 13
知識人　4, 49, 77, 157, 193, 254
　——救援活動　4, 79
忠誠（loyalty）　198, 201, 298, 301, 317, 320
　——と活性化プロセス　330-331
　——と衰退プロセス　330-331
　防護壁としての——　299-300
帝国主義　80-81, 89
　経済学——　8, 10, 74, 199-200, 203, 295, 345
　自由貿易——　131
デウス・エクス・マキーナ（deus ex machina）　120, 282, 341
動機先行型問題解決　157, 270
特性形成（trait-making）　219-222, 226, 261
特性受容（trait-taking）　219-222, 226
とりかえしのつく過失　287-288, 292
トンネル効果　191, 193-195

[ナ　行]
ナチス　89, 93, 102-103, 113-114, 123-124, 128-130, 134, 298
人間観
　誤りうる人間　11, 50, 66, 301
　ありのままの人間　167, 170-171
　合理的経済人　8, 11, 50, 65-66, 267, 278, 290-291, 326-327
　哲人　11, 14, 50, 290, 341
　人間以下の道楽者（wanton）　290
　フルタイム市民　327
　学びうる人間　11, 12, 50, 66, 290, 301
農業　87, 102, 155, 159, 258
　——国　88, 103, 106-109, 112, 118

[ハ　行]
バーゲニング・ポジション　121, 134-135

事項索引　373

ハーシュマン・セミナー　49, 54, 231-232, 242, 250
ハーシュマン命題　154
ハーシュマン様式　51
発言（voice）　163, 198, 201-202, 274
　──と学校教育　304
　──と黒人解放運動　311-313
　──のコスト　297
　──の制度化　285, 316
　垂直的──　318-320
　水平的──　318-321
パートナーシップ　241, 252
反動のレトリック
　危険性（jeopardy）テーゼ　63
　逆転（perversity）テーゼ　62-63
　無益（futility）テーゼ　62-63
東アジアの奇跡　13, 24-25, 261
非市場（的）要因　20, 44, 136, 156, 274, 282, 298
非対称性　89, 120-121, 129
ビッグ・プッシュ　51, 147, 230
必然性　56, 59, 66, 69, 74-75, 281, 289, 333
ビルトインされた不活性　200-201, 218, 296
不確実性
　──確実化の帰結　68-70
　──と開発戦略　163, 250, 268
　──と開発プロジェクト　9, 211-215, 226, 232, 261, 271, 273
　──と開放的社会認識　58, 65-66, 74-75
不均整成長（論）　50, 150-152, 154-157, 162-163, 228, 248-249, 289
副次効果　65, 190, 219, 222-227, 230, 232, 264, 271
　混合──　223
フリーライダー　295, 326-328
プロジェクト・サイクル・マネジメント　207, 229
分裂効果　155, 174, 308
　──と逆流効果　308

プロクルーステースの寝床　278
ベルリンの壁　318, 322-325
変動観念
　自己中心的──　192, 196, 201, 269
　集団中心的──　192, 196
変動局面の主観的認識　17, 191-196, 225, 236
貿易
　──における排他的補完性　88, 101
　──による国力増強政策　81-82, 84-85, 94, 102-103, 130
　──の影響効果　85-88
　──の供給効果　85-87
　──の集中度　90, 94, 96-103, 129
　──の小国選好度　90-96, 129
　──の政治化　79-81, 85, 89-90, 130, 133, 156
　──の伝統的観念　103, 118, 133-134
　──の途絶　83-84, 87, 118
　自由──　22, 25, 82-85, 118
　保護──　82-85
貿易の商品構造
　工業製品－食料・原材料貿易（伝統的交換パターン）　103, 106-108, 110-118
　工業製品（製造業）部門内貿易　80, 105-118, 129-130
　食料・原材料部門内貿易　105-118
冒険主義　211, 222
法則（性）　5, 41, 61, 71, 73, 76, 116, 172, 175-176, 183
ポシビリズム　2-6, 8, 13-16, 20, 42, 47, 49-52, 58-61, 66, 68, 70-71, 73-75, 79, 135-136, 156, 206, 211, 261, 333
ポスト・ワシントン・コンセンサス　17, 233-234, 236, 251-252, 257-259, 261-264, 269, 273-274

[マ 行]
マーシャル・プラン　136, 139, 264
マルクス主義（経済学）　2, 61, 67, 145, 172
ミクロ・マルクシズム　61

未決定性　　65-66, 68, 70, 74, 345
民主主義　　12-17, 23, 34-35, 42-43, 47, 160, 162, 294, 303, 307
　　――と過剰な離脱　　298, 311
　　――と経済成長　　32-33, 36-37, 339-341
　　――と討議　　343-345
　　――と非妥協的レトリック　　76, 343-345
　　――の「構成上の役割」　　45-46, 340
　　――の持続可能性　　22, 31
　　――の「手段としての役割」　　45-46, 340
　　足で投票する――　　306
目隠しの手（hiding hand）　　9, 60, 208-211, 223, 233, 271, 273
『メルツァー報告』　　239-240
モノ・エコノミクス（mono-economics）　　139-140

[ヤ　行]
ユートピア　　210, 283, 328
　　――とリアリティ　　5-6, 11, 57, 66
誘発機構　　149, 153-155, 269
輸入代替　　129-130, 152-153, 270

[ラ　行]
利益（interests）　　15, 72, 166-170
　　――の可測性・恒常性　　167, 170
理解先行型問題解決　　157, 270
理性　　4, 15, 62, 72, 166-167, 170

離脱（exit）　　198, 201-202
　　――と学校教育　　302-304
　　――と黒人解放運動　　311-312
　　――と発言の管理　　323-324
　　――と発言の組み合わせ　　300-301, 312, 334
　　――と反資本主義革命　　164, 316
　　――・発言・忠誠　　17, 46, 156, 222, 233, 276-278, 285-287, 321, 323, 325-328, 332-333
　　過剰な――　　295, 298, 315-318, 332-333
　　完全な――　　304-305, 310, 332
　　公共財からの――　　304-305
理論
　　均衡過程の表現としての「経済――」　　54
　　問題解決作業としての「経済――」　　54
　　累積性のある――　　333-334
理論化の強迫観念　　11, 226
連関
　　――効果　　79-80, 150, 162, 270
　　後方――　　153, 155-156, 251
　　前方――　　152, 155, 251

[ワ　行]
ワシントン・コンセンサス　　16, 19-25, 47, 158, 178, 181, 187, 191, 233, 235-238, 243-245, 259-260, 262-264

《著者紹介》

矢野 修一（やの しゅういち）
1960年，愛知県豊川市生まれ
1986年，京都大学経済学部経済学科卒業，88年，京都大学大学院経済学研究科修士課程修了，91年，同博士後期課程単位取得退学
1991年，高崎経済大学経済学部専任講師，94年，同助教授を経て，2002年，同教授，現在に至る
（世界経済論・アジア経済論担当）

【主要業績】
『貨幣論の再発見』（共著）三嶺書房，1994年；『開発論のフロンティア』（共著）同文舘，1995年；『開発の断面』（共著）日本経済評論社，1995年；『「現代アジア」のダイナミズムと日本』（共著）日本経済評論社，2000年；『新・東アジア経済論』（共著）ミネルヴァ書房，2001年；S. ストレンジ『国際通貨没落過程の政治学』（共訳）三嶺書房，1989年，ほか。

可能性の政治経済学

2004年10月20日　初版第1刷発行

著者　矢　野　修　一
発行所　財団法人 **法政大学出版局**
〒102-0073東京都千代田区九段北3-2-7
電話03(5214)5540／振替00160-6-95814
製版・印刷 平文社／製本 鈴木製本所

©2004 Shuichi Yano
Printed in Japan
ISBN4-588-64536-6

A. O. ハーシュマン／既刊書

佐々木毅・旦祐介訳
情念の政治経済学 1800 円

佐々木毅・杉田敦訳
失望と参画の現象学 1900 円
私的利益と公的行為

岩崎稔訳
反動のレトリック 2800 円
逆転・無益・危険性

田中秀夫訳
方法としての自己破壊 3900 円
〈現実的可能性〉を求めて

金子勝編
現代資本主義とセイフティ・ネット 4000 円

佐藤良一編
市場経済の神話とその変革 5800 円
〈社会的なこと〉の復権

J. H. ミッテルマン／田口富久治・中谷義和他訳
グローバル化シンドローム 4700 円
変容と抵抗

韓培浩／木宮正史・磯崎典代訳
韓国政治のダイナミズム 5700 円

法政大学出版局　　（本体価格で表示）